Christian Nürnberger
Petra Gerster

MARTIN LUTHER und KATHARINA VON BORA

Der rebellische Mönch, die entlaufene
Nonne und der größte Bestseller aller Zeiten

INSEL VERLAG

Der Text erschien erstmals 2016 bei
Gabriel Thienemann-Esslinger Verlag GmbH, Stuttgart.
Er wurde für die vorliegende Ausgabe neu bebildert.

Erste Auflage 2017
insel taschenbuch 4606
© dieser Ausgabe Insel Verlag Berlin 2017
Für den Text: © by Gabriel in der Thienemann-Esslinger
Verlag GmbH, Stuttgart
Vertrieb durch den Suhrkamp Taschenbuch Verlag
Umschlag: Rothfos & Gabler, Hamburg
Umschlagabbildung: Lucas Cranach d. Ä., Martin Luther
und seine Frau Katharina von Bora, 1529.
Foto: akg-images, Berlin
Druck: CPI – Ebner & Spiegel, Ulm
Printed in Germany
ISBN 978-3-458-36306-4

INHALT

EIN JUNGPHILOSOPH IM GEWITTER

Wir schreiben den zweiten Juli 1505, und die Welt weiß noch nicht, dass gerade das Mittelalter vergeht und die Neuzeit begonnen hat. Ein frischgebackener Magister der Philosophie, 21 Jahre jung, marschiert auf einsamen Wegen in Richtung Erfurt, wo er an der dortigen Universität Philosophie unterrichtet und ein Zweitstudium, Jura, begonnen hat. Er war bei seinen Eltern zu Besuch in Mansfeld, einem kleinen Ort zwischen Magdeburg und Erfurt.

Gleich wird der Blitz neben ihm einschlagen und seinem Leben eine entscheidende Wende geben. Nur zwölf Jahre später wird diese Wende im Leben des Magisters Martin Luder eine weltgeschichtliche Wende einleiten, und Luder wird sich Luther nennen, was von »Eleutherius« kommt und so viel bedeutet wie »der Befreite«. Doch bis dahin ist es noch ein weiter Weg.

Erfurt dagegen ist jetzt nahe. Sechs Kilometer noch. Den größten Teil seines rund hundert Kilometer langen Fußmarsches hat der Magister Luder hinter sich. Hundert Kilometer Einsamkeit. Hundert Kilometer über Felder und Wiesen, durch die Hitze des Tages und die Kühle der stockdunklen Nacht. Mühsame Wege durch Brachland und Heidelandschaft, vorbei an unbegradigten Bächen und Flüssen, an Sümpfen, Tümpeln und Weihern, über Berge und durch Täler. Viel Wald. Ab und zu eine dem Wald durch Brandrodung abgetrotzte Lichtung. Hier und da ein Weiler, seltener ein Dorf mit einer Gastwirtschaft, die zum Rasten und Essen und Trinken einlädt, noch seltener eine Ansammlung von Häusern, die man Stadt nennen könnte. Weit und breit nur Natur und Wildnis und Gefahr.

Für die Schönheit der Natur hat der junge Mann keinen Blick, denn darin konnte man umkommen. »Extra muros«, außerhalb der sicheren Stadtmauer, lauern Räuber, wilde Tiere, Geister, Hexen und Dämonen. Daher atmet er auf, als er müde, einsam und gedankenversunken in der Ferne die Stadtmauern von Erfurt erblickt. Aber nun zieht ein Gewitter auf. Wieder so eine Gefahr. Er fürchtet Gewitter. Obwohl er doch studiert hat, glaubt er, dass es bei einem Gewitter Gott ist, der donnert. Oder der Teufel. Jedenfalls eine überirdische, außernatürliche Macht, die strafen oder gar töten will.

Es wird noch zwei Jahrhunderte dauern, bis die Menschheit lernt, dass der Blitz eine natürliche Erscheinung ist, hervorgerufen durch den Zusammenstoß kalter und warmer Luftmassen, die sich elektrisch entladen – und nicht durch den Zorn Gottes. Und es ist dieser mittelalterliche, abergläubische Luther, der ohne eigenes Wollen dem menschlichen Denken einen Weg bahnt, an dessen Ende die »Krücke Gott« als Erklärung für die vielfältigen Erscheinungen der Natur nicht mehr gebraucht wird.

Er selbst bleibt dem Mittelalter verhaftet bis zu seinem Tod. Bis zuletzt ist er von der Vorstellung durchdrungen, dass Gott und der Teufel immer und überall unsichtbar anwesend sind und in das Weltgeschehen und jedes einzelne Leben eingreifen. Deshalb versteht er Blitz und Donner als Sinnbild für Gottes Zorn, aber auch als Warnungen und Drohgebärden, die sich an Einzelne oder Gruppen richten.

Besser so eine Warnung als ewig in der Hölle schmoren – die schlimmste Strafe, vor der sich alle immerzu fürchten. Dass die Guten in den Himmel kommen, die Bösen in die Hölle, und ein großer Teil erst im Fegefeuer für seine Sünden büßen muss, bevor es doch noch den ersehnten Passierschein in den Himmel gibt, glauben zu jener Zeit fast alle. Wer daran zweifelt, tut es heimlich und ist sehr wahrscheinlich ein Fürst, König oder Kaiser, vielleicht auch ein Bischof, Kardinal oder Papst im fernen Rom.

Das normale Volk aber lebt in der Überzeugung, dass sein Erdenleben nur eine kurze, jedoch entscheidende Zwischenstation auf dem Weg in den Himmel oder zur Hölle ist. Die Erde ist eine Scheibe, darunter verbirgt sich die Hölle, und von dort aus versucht der Teufel, möglichst viele Seelen zu sich nach unten zu ziehen. Aber darüber wölbt sich der Himmel, und von dort aus versuchen Gott, Jesus, der Heilige Geist, Maria und alle Engel und Heiligen, die Seelen zu sich nach oben zu ziehen. Der Schauplatz dieses Ringens zwischen Himmel und Hölle um jede einzelne Menschenseele ist diese flache Erdscheibe, sie ist der Ort der Bewährung des Menschen. Hier muss der Mensch sich entscheiden zwischen Gut und Böse, Gott und dem Teufel.

Aber kann er das? Hat er überhaupt einen freien Willen? Was kann denn der Mensch tun, dass er in den Himmel kommt? Viel, sagen die Priester, die Mittler zwischen Gott und Mensch. Gute Werke soll er tun. Gehorsam gegenüber Papst und Kaiser, allen Obrigkeiten, und natürlich auch gegenüber jedem Priester soll er seine Pflichten erfüllen. Vater und Mutter ehren, den Feiertag heiligen, Gott fürchten und beten soll er. Nicht stehlen soll er, nicht lügen, nicht betrügen, nicht morden, keine Unzucht treiben, nicht schlecht über andere reden und keine sündigen Gedanken hegen. Aber weil besonders Letzteres fast unmöglich ist, soll er regelmäßig beichten, seine Sünden und seine sündigen Gedanken aufzählen, bereuen, büßen, fasten, sich von seinen Sünden loskaufen und sicherheitshalber auch für seine verstorbenen Angehörigen eine Messe lesen lassen, eine Kerze stiften, einen Ablassbrief kaufen. Der Papst in Rom und die Bischöfe und Kardinäle in ganz Europa leben gut davon.

Aber wenn es hilft? Wenn man sich tatsächlich seine Planstelle im Himmel durch gute Werke auf Erden erarbeiten und, wenn's nicht ganz reichen sollte, den Rest kaufen könnte, dann wäre ja alles gut.

Wenn es aber nicht hilft? Warum überhaupt sollte es helfen?

Das ist die Frage, die Luther seit seiner Jugend umtreibt und in späteren Jahren immer stärker plagt, oft schier verzweifeln lässt und in eine Frage mündet, die uns heute völlig fremd ist: Wie bekomme ich einen gnädigen Gott? Letztlich ist es diese Frage, aus der sich alles Weitere entwickelt und schließlich in jenen Vorgang mündet, der »Reformation« genannt wird.

Heute tun wir uns so schwer damit, das zu verstehen, weil Luthers Frage schon lange nicht mehr unsere ist. Unsere Frage lautet eher: Gibt es überhaupt einen Gott? Und vielen stellt sich nicht einmal mehr diese Frage. Sie ist ihnen gleichgültig, oder sie haben längst entschieden, dass Gott eine Illusion sei.

Für Luther aber und seine Zeitgenossen war die Existenz Gottes und auch des Teufels eine selbstverständliche Realität, und auch, dass dieser Gott am Ende aller Tage über jedes einzelne Menschenleben richten und entscheiden wird: ewiges Glück im Himmel oder immerwährende Qualen in der Hölle. Und dieses Ende ist nah. Viele, auch Luther, erwarteten den baldigen Weltuntergang, das Jüngste Gericht, die ewige Höllenqual.

Hieronymus Bosch hat sie gemalt, diese Qualen der Hölle. Sein Weltgerichtstriptychon versetzte die Betrachter in Angst und Schrecken, vor allem auch deshalb, weil der Tod allgegenwärtig, die durchschnittliche Lebenserwartung niedrig war. Krankheiten, Seuchen, eine hohe Kindersterblichkeit, das Kindbettfieber, das viele Mütter umbrachte, aber auch die harte Arbeit, die feuchte Kälte in vielen Wohnungen, das alles schuf ein Bewusstsein für den Tod, der jederzeit an die Tür klopfen konnte.

Was muss ich tun, damit mir das Fegefeuer oder gar die ewigen Qualen der Hölle erspart bleiben? Was kann ich für meine verstorbenen Verwandten tun? Das war die Frage, die alle umtrieb.

Und Luther kam, je länger er darüber nachdachte, umso sicherer zu der niederschmetternden Erkenntnis: Nichts kannst du tun. Jeder landet in der Hölle. Wir sind alle verloren, denn der Kampf gegen das Böse in uns ist von uns nicht zu gewinnen.

Gott sieht doch ins Herz hinein, grübelt Martin Luther, und da sieht er das unstillbare Verlangen nach Sex, Macht, Reichtum, Ehre, Ansehen, Geltung – ein kochendes, mühsam unter dem Deckel gehaltenes Gebräu, das einer mithilfe eines äußerlich tadellosen Lebens gut vor allen anderen und sogar vor sich selber verbergen kann, aber nicht vor Gott. Luther, und das unterscheidet ihn möglicherweise von fast allen seinen Zeitgenossen, blickt offenen Auges in dieses Gebrodel aus unbefriedigten Sehnsüchten, heimlichen Wünschen und Begierden, um zu sehen, was Gott sieht. Wo andere wegsehen, bewusst die Augen schließen oder sogar instinktiv und unwillkürlich den Blick abwenden, da schaut Luther geradezu magisch angezogen hin.

Er erblickt einen Abgrund, über den der Mensch keine Macht hat. Vier Jahrhunderte vor Sigmund Freud entdeckt Luther, was Freud später das »Es« nennen wird, jene Wirklichkeit in uns, die uns nicht bewusst ist und über die wir deshalb keine Kontrolle haben.

Wohl kann einer gute Werke tun, aber die heimliche Freude verhindern, die sich automatisch einstellt, wenn er jemandem begegnet, der kleiner, dümmer, hässlicher, ärmer ist als er selbst, kann er nicht. Schneller, als man sich einen schlechten Gedanken verbieten kann, ist er schon da. Unsere Wünsche und Gedanken kommen aus einem Reich, das wir nicht kontrollieren können, und oft münden sie in Taten, die besser nie geschehen wären.

Deshalb braucht es die Polizei, Richter, Henker und das Jüngste Gericht. Ohne sie bräche das ganze widerliche Gebräu aus den Menschen hervor, und sie würden einander belügen und betrügen, berauben, vergewaltigen und umbringen.

Luther erschrickt zutiefst, als er erkennt, dass er den Kampf gegen das Gebrodel nicht gewinnen kann, dass niemand ihn gewinnen kann, also alle verdammt sind, denn Gott, so steht es in der Bibel, ist ein gerechter Gott. Und wenn er wirklich gerecht über jeden Einzelnen urteilt, kann dieses Urteil eigentlich nur die Verdammung sein.

Das und seine Angst vor der fürchterlichen Strafe Gottes treiben diesen Luder in eine Entwicklung, die ihn zu Luther reifen lässt, zum Reformator, Entdecker des Gewissens, Widerständler gegen die höchsten Autoritäten, zum Ketzer. All das hat er eigentlich nie werden wollen. Stets ist es ihm nur darum gegangen, Gewissheit darüber zu erlangen, dass er in den Himmel kommt und nicht in die Hölle. Sein ganzes Leben entwickelt sich aus diesem Kampf um sein privates Seelenheil, aber dieser private Kampf treibt Luther voran zu Gedanken, die ihn selber verblüffen, von denen er weiß, dass sie ketzerisch sind, aber wahr und daher wert, gegen alle Welt, auch gegen den Papst, verteidigt zu werden.

Leidenschaftlich, verzweifelt, bar aller Hoffnung, angstgepeinigt, masochistisch wie wohl keiner seiner Zeitgenossen forscht, denkt und grübelt er, ob das wirklich sein kann, dass es keinen Ausweg gibt. Und dann macht er die Entdeckung seines Lebens, die zur Jahrhundertentdeckung wird und – wiederum für uns heute schwer verständlich – die ganze Welt umkrempelt: Wir brauchen diesen Kampf nicht zu gewinnen, denn er ist schon gewonnen. Von Gott. Für uns. Und wir müssen das nur glauben.

Die Erkenntnis, dass wir nicht verloren, sondern längst gerettet sind, hat Luther so sehr von seiner erdrückenden Last befreit, dass explosive Kräfte in ihm freigesetzt wurden – Kräfte, die viele seiner Zeitgenossen erschüttert haben, bis nach Rom gedrungen sind und die Mauern des Vatikans und der ganzen katholischen Kirche erbeben ließen. Ohne dass er es wollte und ohne dass er es gleich bemerkt hätte, geriet der kleine unbekannte Bergmannssohn aus der sächsischen Provinz durch seine befreiende Erkenntnis – und einen »Zufall« namens Tetzel, von dem wir noch hören werden – fast zwangsläufig in eine lebensbedrohliche Auseinandersetzung mit einer fast unumschränkt herrschenden Supermacht: der römischen Kirche.

Aus diesem Konflikt kommt der Nobody aus Sachsen nicht mehr heraus, sondern gerät immer tiefer hinein und entwickelt sich dadurch im Lauf der Jahre zum weltbekannten Ketzer, der dem Papst die Stirn bietet, zum Rebellen, der nur noch Gott und dessen Wort als einzige Autorität anerkennt, und darum weder den Tod noch den Kaiser oder irgendeine andere irdische Macht fürchtet, der den Mönchstand als nichtsnutzig und Klöster zu überflüssigen Einrichtungen erklärt, daher seine Mönchskutte auszieht, und verlässt das Kloster – Skandal – eine entlaufene Nonne schwängert und heiratet. So wurde er zum Reformator und Gründer einer neuen Kirche und nebenher auch noch Bibelübersetzer, Schöpfer der deutschen Sprache, Schriftsteller, Bestseller-Autor und Ahnherr der Institution des evangelischen Pfarrhauses.

Doch davon ahnt die Welt im Jahre 1505 noch nichts. Und auch der Student, der an jenem zweiten Juli 1505 bei Stotternheim das letzte Stück Weges von Mansfeld nach Erfurt zurücklegt, weiß nichts davon, ahnt nicht, dass zwölf Jahre später sein Name dem Papst, dem Kaiser und allen Fürsten bekannt sein wird. Er hätte es wohl kaum geglaubt, wenn ihm damals jemand gesagt hätte, dass er als einer der ganz großen Beweger eine schon länger gärende Entwicklung so beschleunigen wird, dass es zu einem Epochenwechsel kommt, dem Übergang vom Mittelalter zur Neuzeit.

Heutigen Historikern ist diese Einteilung in Antike, Mittelalter und Neuzeit viel zu grob und daher schon lange suspekt. Ihre Fülle an Wissen über Details, einzelne Entwicklungsstränge und deren komplizierte Verästelungen in der Zeit erlaubt es ihnen nicht mehr, in solch grobschlächtigen Kategorien zu denken.

Für uns Laien, die wir das Ganze aus großer Distanz nur grob überblicken, bleibt diese Einteilung weiterhin hilfreich, denn trotz allen Differenzierens ragen vier Namen aus der damaligen Zeit bis heute so hoch heraus, dass wir von einem Epochenwechsel sprechen können: Johannes Gutenberg, Erfinder des Buchdrucks (1400 bis 1468), Christoph Kolumbus, Entdecker Amerikas (1451 bis 1506), Nikolaus Kopernikus, Lehrer des heliozentrischen Weltbilds (1473 bis 1543) und eben: Martin Luther, Entdecker des Gewissens, Ketzer, Reformator, Kirchenspalter und vieles mehr (1483 bis 1546). Noch heute wirkt auf der ganzen Welt nach, was diese vier mutigen Männer vor fünf Jahrhunderten gedacht und getan haben.

Dass Luther seine Ketzereien überlebt hat, ist fast ein Wunder. Mit Leuten wie ihm hatte die Kirche eigentlich immer kurzen Prozess gemacht. Ketzer wurden in den Kerker geworfen, gefoltert, gerädert, geviertteilt, verbrannt. 90 Jahre vor Luthers Fußmarsch nach Erfurt wurde Jan Hus in Konstanz auf dem Scheiterhaufen verbrannt, weil er in Prag etwas gelehrt hatte, was der offiziellen Wahrheit der Kirche widersprach. Luther wird an einem ähnlichen Schicksal knapp vorbeischrammen und es nur einer Serie von Zufällen, politischen Verwicklungen und Interessenskonstellationen zu verdanken haben, dass er dem Feuer entgeht.

Aber nun schlägt erst einmal der Blitz neben ihm ein, und damit beginnen die Geschichten und Legenden, die sich später um sein Leben ranken werden. Er selbst ist häufig die Quelle solcher Legenden, auch für die vom Blitzschlag. Er habe sich in Todesangst auf den Boden geworfen, erzählte er später, und geschrien: »Hilf du, Sankt Anna, ich will ein Mönch werden.« Und Anna, die Schutzpatronin der Bergleute, half.

Luthers Vater war Bergmann und später Besitzer einer eigenen Mine. Die ganze Gegend, in der Luther aufwuchs, entwickelte sich damals dank des Bergbaus zu einer wirtschaftlich aufsteigenden Region. Deshalb rief Luther die heilige Anna um Hilfe.

Luther überlebt den Blitzschlag, aber ob er eine Strafe Gottes war oder ein Anschlag des Teufels auf ihn oder ob Gott erzwingen wollte, dass er ein Mönch wird, oder ob es gar der Teufel war, der ihn im Kloster sehen wollte – darauf gibt Luther zu verschiedenen Zeiten verschiedene Antworten. Fakt ist: Nachdem er heil in Erfurt angekommen war, dauert es noch vierzehn Tage, dann geht er dort tatsächlich ins Schwarze Kloster der Augustiner-Eremiten und wird Mönch.

Warum? Nur weil er es so gelobt hat?

Es gibt selten nur ein einziges Motiv für das, was man tut. Meistens vermengen sich mehrere Motive miteinander, edle mit unedlen, bewusste mit unbewussten. Luthers »Über-Ich« könnte gesagt haben: Du musst ins Kloster, weil Gott es so will. Luthers »Ich«: Das Kloster muss jetzt einfach sein. Es kann mir helfen, meine drängenden Fragen zu klären. Das »Es«: Du willst doch gar nicht Jura studieren. Du willst dich nicht dem Willen deines Vaters unterwerfen. Du kannst ihm mit dem Kloster ein Schnippchen schlagen.

Aber klar ist: Nur mit einem »Gott will es, und ich habe es bei der heiligen Anna geschworen«, also mit der höchsten Autorität ausgestattet, kann Luther sich dem Willen der anderen Autorität, der seines strengen Vaters, widersetzen.

HUNDERT KILOMETER EINSAMKEIT

Sein Weg von Mansfeld nach Erfurt führte Luther durch ein sonderbares Land. Von der Grafschaft Mansfeld gelangte er über das Herzogtum Sachsen ins Kurfürstentum Sachsen und von dort ins kurmainzische Erfurt. Wäre er weitermarschiert, wäre er durch weitere zahlreiche Herzogtümer, Grafschaften, Fürstentümer, freie Städte, Reichsstädte, Bistümer und Erzbistümer gekommen. Alle zusammen nannten sich zwar schon deutsch, aber Deutschland gab es noch nicht. Eine deutsche Hauptstadt gab es nicht. Und obwohl dieses deutsche Kleinstaaten-Konglomerat Teil eines sogenannten »Heiligen Römischen Reiches Deutscher Nation« war, hat es auch noch keine deutsche Nation gegeben und auch keinen klassischen Nationalstaat von der Art, wie er heute üblich ist.

Zu Luthers Lebzeiten glich das Heilige Römische Reich Deutscher Nation ein bisschen der heutigen EU, nur ohne einheitliche Währung. Es gab den Taler, den Heller und Pfennig, den Rappen, Schilling und Dukaten, und die Umrechnung war schwierig. Das große Reich umfasste ganz Mitteleuropa sowie Teile West-, Ost-, Mittel- und Südeuropas.

An der Spitze dieses Reiches stand ein Kaiser. Der hatte aber keinen festen Amtssitz, sondern zog durchs Reich und hielt Reichstage ab. Einer dieser Reichstage wird später zur großen Bühne für Martin Luther.

Die Macht des Kaisers war begrenzt. Er wurde gewählt von den sieben Kurfürsten, einem Gremium aus vier weltlichen und drei geistlichen Herrschern. Und der Papst in Rom, wenngleich nicht wahlberechtigt, hatte ebenfalls ein gewichtiges Wörtchen mitzureden.

Der Kaiser, mit dem Luther es schon bald zu tun bekommen

sollte, war Karl V., der Mann, der von sich sagen konnte, dass in seinem Reich die Sonne nicht untergehe – weil es sich inzwischen mit dem Segen des Papstes bis nach Amerika ausgedehnt hatte, wo die kaiserlichen Truppen in Begleitung von Mönchen den Heiden die Bibel brachten und ihnen dafür Land und Besitz nahmen.

Luther hat sich zeit seines Lebens nie dafür interessiert, was sich im neu entdeckten Kontinent abspielte. Und als er von seinem Elternhaus in Mansfeld aufbrach, um nach Erfurt zu marschieren, wird er sich kaum Gedanken über die große Weltpolitik gemacht haben. Die hat ihn nie so fasziniert wie das Thema Himmel und Hölle. Aber nicht nur darüber wird er gegrübelt haben auf seinem Fußmarsch, sondern auch über Näherliegendes, über das, was jeden Menschen dieses Alters bedrängt: seine Zukunft. Welchen Beruf soll ich ergreifen? Wo will ich arbeiten? Für wen? Wofür? Aber auch: Soll ich heiraten? Wann? Wen? Will ich Kinder haben? Eine Familie gründen?

Allerdings war über diese Zukunft eigentlich schon entschieden. Sein Vater, ein sozialer Aufsteiger, der sich im Bergbau vom »armen Häuer«, wie Luther einmal sagte, zum wohlhabenden Bergbau-Unternehmer und angesehenen Stadtrat hochgearbeitet hatte, plante den weiteren Aufstieg der Familie und hatte daher seinem Sohn gesagt, was er zu tun habe: Du wirst Jura studieren.

Das versprach die besten Karriereaussichten: Beamtenlaufbahn, in den Dienst eines Fürsten treten, sich hochdienen, in gesicherten finanziellen Verhältnissen leben und die glänzende Karriere vielleicht sogar mit einer Erhebung in den Adelsstand krönen – in solchen Kategorien dachte Luthers ehrgeiziger Vater.

Und natürlich gehört dazu auch eine standesgemäße Ehe. Möglicherweise war sogar schon eine Frau für ihn ausgesucht worden, wir wissen das nicht, aber es war ja damals und noch lange danach üblich, dass erfahrene Väter die Ehepartner für ihre unerfahrenen Kinder aussuchten. Und knapp ein Jahrzehnt später wird Luther selbst erzählen, dass sein Vater ihn »durch eine ehrenvolle Heirat zu fesseln« versucht hatte.

Wahrscheinlich waren diese väterlichen Pläne sogar der Grund, warum der Sohn mitten im Semester von Erfurt nach Mansfeld beordert wurde. Ein Vater plante das Glück und Wohlergehen seines Sohnes, der kurz zuvor sein geisteswissenschaftliches Grundstudium als Zweitbester von 17 Kandidaten abgeschlossen hatte. Stolz redete der Vater den Sohn jetzt nicht mehr mit »du« an, sondern mit »Ihr«, und er überreichte ihm eine ansehnliche Summe, damit er sich davon die fürs Jurastudium nötigen Bücher kaufe.

Luther hatte sich ganz selbstverständlich dem väterlichen Willen gefügt. Er war ja, wie alle seine Zeitgenossen, dazu erzogen, dem Vater, den Lehrern, den Amtspersonen, dem Bischof, dem Fürsten, dem Kaiser und dem Papst zu gehorchen. Das Gehorchen wurde den Kindern eingeprügelt, auch dem kleinen Martin. »Denn welchen der Herr lieb hat, den züchtigt er«, sagt Paulus, und das haben jahrhundertelang alle frommen Hausväter auf ihre Rolle als Erzieher übertragen und bis ins letzte Jahrhundert beherzigt. Zum Teil tun sie es heute noch.

Als erwachsener Mann erzählte er: »Meine Eltern haben mich in strengster Ordnung gehalten, bis zur Verschüchterung. Meine Mutter stäupte mich um einer einzigen Nuss willen bis zum Blutvergießen … Mein Vater stäupte mich einmal so sehr, dass ich vor ihm floh und dass ihm bange war, bis er mich wieder zu sich gewöhnt hatte.«[1]

Diese Prügelei ging weiter in der Schule. Die Lehrer dort, sagt Luther, waren »grausam wie die Henker«. Ein Schulmeister rühmte sich, im Lauf seines Berufslebens »911.527 Stockhiebe,

124.000 Peitschenhiebe, 136.715 Schläge mit bloßer Hand und 1.115.800 Ohrfeigen«[2] ausgeteilt zu haben.

Dass er eigentlich immer eine eher ängstliche Natur gewesen ist, schreibt der spätere Luther im Rückblick auf seine von Furcht vor Strafe und Prügel geprägte Kindheit und Jugend: »Ein Kind, das einmal kleinmütig geworden ist, ist zu allen Dingen untüchtig und verzagt. Es fürchtet sich allezeit, sooft es etwas tun und anfangen soll. Was aber noch ärger ist: Wo eine solche Furcht in der Kindheit einreißt, kann sie schwerlich wieder ausgerottet werden ein Leben lang, denn weil sie bei einem jeden Worte der Eltern erzittern, so fürchten sie sich auch nachher ihr Leben lang vor einem rauschenden Blatte.«[3]

Zunächst scheint es so, als ob genau diese Entwicklung auch bei Luther vorgezeichnet wäre, aber es kommt anders. Aus einem ängstlichen, immer mit der schlimmsten Gottesstrafe rechnenden jungen Mann wird fast über Nacht ein Kerl, der einmal dichten wird:

Ein feste Burg ist unser Gott, ein gute Wehr und Waffen.
Er hilft uns frei aus aller Not, die uns jetzt hat betroffen.
...
Und wenn die Welt voll Teufel wär und wollt uns gar
*   verschlingen,*
so fürchten wir uns nicht so sehr, es soll uns doch gelingen.
Der Fürst dieser Welt, wie sau'r er sich stellt,
tut er uns doch nicht; das macht, er ist gericht':
ein Wörtlein kann ihn fällen.

Vor dieser Wandlung, als er noch ängstlich jeder Autorität gehorchte und kurz davor war, sich dem Willen seines Vaters zu fügen, schien Luther aber schon bewusst gewesen zu sein: Ich gehorche nur äußerlich, nicht innerlich, nicht aus eigenem Wollen und eigener Überzeugung. Ich gehorche, um Nachteile zu vermeiden, keinen Ärger zu machen. Ich gehorche, weil es nun mal seit Menschengedenken so üblich ist, dass gute Kinder tun, was die Väter sagen. Also gehorche auch ich. Deshalb das Jurastudium. Weil der Vater es so will und weil er seinen Vater liebt. Weil dieser Vater auf ihn stolz ist und weil er seinem Vater dankbar sein muss für die kostspielige Ausbildung, die er ihm ermöglicht hat. Und er sieht keine Möglichkeit, dieser geplanten Zukunft zu entkommen. Er möchte es zwar, aber er möchte seinen Eltern auch keinen Kummer bereiten – ein Konflikt, den heute junge Migranten und besonders Migrantinnen erleben, die sich der Macht ihrer Clans und Väter entziehen und eigene Wege gehen möchten. Es endet fast immer mit einem Bruch zwischen Vater und Kind, einem Bruch mit der ganzen Familie.

Etwas Ähnliches stand nun Martin Luther bevor. Sein Jurastudium, das er als gehorsamer Sohn begonnen hatte, endete schon nach wenigen Wochen. Weil der Blitz eingeschlagen hatte. Ein Zeichen Gottes, wie Luther glaubt, wie er glauben möchte – der rettende, höchst willkommene Vorwand, um selbst über sein Schicksal zu entscheiden. Damit konnte er nun vor seine Autorität, den Vater, treten, und sagen, eine noch höhere Autorität habe ihm geboten, einen ganz anderen Weg einzuschlagen. Aus mir wird kein Staatsbeamter werden, wie du es wünschst, sondern ein Mönch, wie Gott es wünscht.

Oder wie der Teufel es wünscht, wird der erzürnte Vater antworten. »Möchte es nur nicht eine Täuschung und Blendwerk gewesen sein.«[4]

Oder wie Martin es heimlich wünscht? Er hatte viel Zeit zum Denken und Grübeln auf seinem einsamen Weg von Mansfeld nach Erfurt. Viele Stunden, Tage standen zur Verfügung, um ungestört über die eigene Zukunft nachzudenken, den Beruf, eine Frau, eine Familie.

Vielleicht war es bei Martin nur eine ihm selbst nicht bewusste innerliche Auflehnung vor der Zwangsverheiratung, die ihn ins Kloster flüchten ließ. Oder der Wunsch, endlich der väterlichen Autorität zu entkommen. Außerdem hatte er bohrende Fragen an Gott. Wo anders als in einem Kloster hätte er die Antwort finden sollen?

Jura zu studieren, eine Familie zu gründen, Karriere zu machen hätte bedeutet, viele Jahre und voraussichtlich für den Rest des Lebens vom Wesentlichen abgelenkt zu sein, daran gehindert zu werden, sich ganz auf das zu konzentrieren, was ihn allein interessierte, ihn im Innersten beschäftigte: Was hat es mit diesem Gott auf sich? Wie muss ich leben, dass er mit mir zufrieden ist? Da kam doch der Blitz gerade recht.

In der Nacht des 16. Juli 1505 bittet der Magister Martin Luder um Aufnahme in das Erfurter Augustiner-Eremiten-Kloster. Seinen Eltern teilt er den Entschluss brieflich mit. Er weiß, dass dies den Bruch mit seinem Vater bedeutet, und tatsächlich droht dieser seinem Sohn, ihm »alle Gunst und väterlichen Willen« zu versagen, wenn er seinen Entschluss nicht rückgängig machen wird. Der Sohn denkt nicht daran, seinen Entschluss zu revidieren, und damit tritt erstmals eine typische Charaktereigenschaft dieses Mannes hervor, die sich später noch öfter zeigen wird und die ihn in seine Rolle als Reformator tragen wird: Obwohl ängstlich, voller Furcht, tut dieser Mann, was er einmal als zu tun richtig und notwendig erkannt hat.

Später, als er zu der Überzeugung gelangt, dass Mönchtum und Klosterleben nur unnütze Zeitverschwendung bedeuten und gar nicht Gottes Willen entsprechen, wird er seinem Vater recht geben und sagen, dass es der Teufel war, der ihn durch den Blitz ins Kloster bugsiert hat. Wieder ein andermal wird er sagen, dass es doch Gott war, der ihn ins Kloster geschickt hat, denn nur im Kloster konnte er erkennen, was falsch läuft in

der Kirche. Und nur im Kloster hatte er die Zeit, durch intensives Bibelstudium zu erkennen, warum das, was in der Kirche
läuft, falsch ist.

Was genau überhaupt passiert ist, damals in Stotternheim, ob
Luther wirklich aus lauter Angst vor Blitz und Donner die heilige Anna angerufen und ein klösterliches Leben versprochen
hat, wissen wir nur aus Geschichten, die Luther viele Jahre später erzählt hat, als er schon eine internationale Berühmtheit war.
Vieles, was man im Alter über sich erzählt, ist eine Konstruk-
tion aus Erinnerung, gefüllten Erinnerungslücken, Verschwei-
gen und nachträglicher Selbstdeutung und Sinngebung. Man
kann dann oft nicht mehr unterscheiden zwischen äußeren Ereignissen, die einer inneren Entwicklung eine andere Richtung
gaben, und inneren Entwicklungen, die zu Bewusstwerdung und
äußeren Ereignissen führten. Selbst mit der größten Wahrhaftigkeit entgeht man diesen Hürden der Erinnerung nicht, und
noch viel schwieriger ist das für berühmte Menschen, an deren Biografien im Lauf von Jahrzehnten und Jahrhunderten
viele andere Menschen mitschreiben.

Und Luther selbst war gewiss einer, der sich beim Erzählen
an das Motto gehalten hat: »Nur wer gar keine Fantasie hat, erzählt eine Geschichte so, wie sie wirklich war.« Es ist aber heute völlig unwichtig, welche Einzelheiten Luther dazu brachten,
sein Studium zu schmeißen und Mönch zu werden. Wichtig
bleibt nur: Wenn er damals, an jenem Sommertag im Juli 1505,
nicht an die Klosterpforte geklopft und sich stattdessen dem
väterlichen Willen gefügt hätte, wäre die Weltgeschichte anders
verlaufen. Aber er hat es getan. Und sich damit die Zeit erkämpft,
die er brauchte, um in der Stille des Klosters, über Bücher ge-
beugt, zum Wesentlichen vorzustoßen. Das dauerte zwölf Jahre.
Dann machte er Geschichte.

EIN MÖNCH GEHT SEINEN WEG

Am Morgen des 17. Juli 1505 schließt sich die Pforte des Erfurter Augustinerklosters hinter Martin Luther. Zwanzig Jahre lang, zwischen seinem 22. und 42. Lebensjahr, wird er nun als Mönch leben. Jetzt, so denkt er, könne seinem ewigen Heil nichts mehr im Wege stehen, denn nun gehört er Gott ganz, mit Leib und Seele, mit Haut und Haaren. Eifrig erfüllt er alle seine Pflichten. Dass er wie ein Hausknecht gehalten wird, dem der Besen in die Hand gedrückt wird, damit er Demut und Gehorsam erlerne und er sich auf seine universitären Abschlüsse nicht allzu viel einbilde, findet er gerade richtig.

Obwohl die Augustiner ein Bettelorden sind, ist das Kloster vermögend. Schenkungen, Erbschaften, Vermächtnisse, Spenden, der Fleiß der Mönche – da hat sich viel angesammelt im Verlauf der Jahrhunderte. Dennoch wird der Novize Martin Luder zum Betteln über die Dörfer geschickt, damit er die Lebensweise Jesu und seiner Jünger am eigenen Leib erfahre. Auch sonst ist das Leben im Kloster streng: eine unbeheizte Sechs-Quadratmeter-Zelle, ein Tisch, ein Schemel, eine Pritsche mit Strohsack, ein Wasserkrug und ein Kruzifix. Zwei karge Mahlzeiten pro Tag, dafür aber sieben Gebete, das erste morgens um drei, das letzte um Mitternacht. Rund hundert Fastentage pro Jahr sind einzuhalten.

Bruder Martinus, wie er jetzt heißt, ordnet sich willig allem unter, steigt in dieses Leben ein, als ob er nie anders gelebt hätte, und absolviert sein Probejahr problemlos. Vom ersten Tag an gab er seinen Oberen und Mitbrüdern zu verstehen, dass es ihm tief ernst ist mit seinem Entschluss. Dieser Mönch wird alles tun, was verlangt wird, um das ewige Seelenheil zu verdienen, und wenn es sein muss, auch mehr.

Im September 1506 wird er für immer in die Ordensgemeinschaft aufgenommen und gelobt Armut, um sich von der Gier nach Reichtum und Besitz loszusagen. Das fällt ihm leicht. Reich zu werden und große Besitztümer zu erwerben war nie Luthers Ziel. Zwar wird aus ihm später ein relativ wohlhabender Mann, aber das ergab sich als Nebenwirkung aus seiner unbändigen Schaffenskraft, seinem Fleiß und nicht zuletzt aus der Tüchtigkeit seiner späteren Frau Katharina von Bora.

Er gelobt Gehorsam gegenüber Gott, um sich von der Gier nach Macht und Geltung loszusagen. Das Problem an diesem Gelöbnis ist, dass man von Gott keine Briefe mit Anweisungen bekommt, die man nur ausführen muss. Nein, es sind immer andere fehlbare Menschen – der Vater, der Abt, der Beichtvater, der Bischof, der Papst – die angeblich wissen, was Gottes Wille sei. Also gehorcht man Gott, indem man diesen anderen gehorcht. Genau das wird Luther später zum Problem.

Und er gelobt Keuschheit, um dem sexuellen Begehren zu entsagen. Das fällt ihm schwer, aber er habe sich – nach eigener Auskunft – daran gehalten, wenn auch nicht lebenslang, denn irgendwann gelangt er zu der Überzeugung, dass das Unsinn ist, dieses Ehe- und Sexverbot für Priester. Und dann bricht er es.

Das Streben nach Geld, Macht und Sex – diese drei sind es, mit denen die Menschen selten richtig umzugehen wissen. Luther wird das nie bestreiten, denn er weiß: Aus dem falschen Umgang mit diesen drei Mächten entsteht jene Folge von Verhängnissen und Katastrophen, die wir als Weltgeschichte bezeichnen. Die Frage lautete daher schon immer: Wie können wir das Zusammenleben der Menschen so organisieren, dass nicht diese drei Mächte uns beherrschen, sondern wir diese?

Eine Antwort der Kirche war das klösterliche Leben. Wie Jesus einst aus der Menge seine Jünger berufen und mit ihnen einen exklusiven Kreis der zwölf gegründet hatte, von denen jeder zu hundertprozentiger Hingabe und zum Verzicht auf Autonomie verpflichtet war, so sollten Mönche und Nonnen sich von Jesus berufen fühlen, ihm ganz zu dienen nach dem Grundsatz: Nicht, was ich will, soll mein Handeln bestimmen, sondern was Gott will. Durch diese radikale Absage an die eigene Selbstverwirklichung wurde man Mitglied eines herausgehobenen Kreises, der sich von der Menge deutlich unterschied und stellvertretend für die Menge die Forderungen Gottes lebte und dieser zugleich eine Orientierung gab.

Ein weiterer Gedanke war: Wenn sich Menschen aus freien Stücken an einem Ort versammeln, um radikal allen weltlichen Mächten und Einflüssen abzuschwören, müsste dann nicht eine ganz andere Welt entstehen? Müsste man in so einer Welt nicht einen Vorgeschmack auf jenes Reich Gottes bekommen, das uns in der Bibel verheißen ist? Und müsste sich die Gewissheit des ewigen Heils nicht wie von selbst einstellen? Das ist die allen Ordensgründungen zugrundeliegende gemeinsame Erwartung. Gott stellt radikale Forderungen an den Menschen. Aber wenn er sie erfüllt, wird er etwas vom Reich Gottes schmecken.

Bruder Martin ist ganz begierig auf diesen Geschmack. Wird aber nie dergleichen zu schmecken bekommen, und warum das so ist, darüber zu grübeln hat er jetzt Zeit.

Schon zwei Jahre nach seinem Eintritt wird der eifrige Mönch im April 1507 zum Priester geweiht. Am 2. Mai feiert er seine erste Messe, die feierliche Primiz, zu der seine Familie und frühere Freunde aus Eisenach und Mansfeld anreisen.[5] Zu Luthers Freude kommt auch sein inzwischen halb versöhnter Vater, der einerseits nun auch auf diesen »Karriereschritt« seines Sohnes stolz ist und deshalb ein großzügiges Fest bezahlt und dem Kloster den ansehnlichen Betrag von 20 Gulden stiftet, und andererseits doch weitergrummelt und die Entscheidung seines Ältesten für töricht hält.

Das Beste an dessen Leben im Erfurter Kloster ist, dass ihm jetzt ein großer Schatz zur Verfügung steht, Bücher – die Bücher des Kirchenvaters Augustinus, aus dessen Gedanken Luther Funken schlagen wird; die Bücher des Aristoteles, dessen Einfluss auf die Kirche Luther für unheilvoll hält; Schriften der Mystiker Johannes Tauler und Meister Eckhart, die sein eigenes Denken stark beeinflussen, schließlich die Bibel, das wichtigste aller Bücher, das Buch, ohne das man alles andere nicht versteht und das er am eifrigsten studiert. »Als ich jung war, gewöhnte ich mich zur Bibel, las dieselbe oftmals und machte mir den Text vertraut; da ward ich darin so bekannt, dass ich wusste, wo jeglicher Spruch stünde und zu finden war, wenn davon geredet ward.«

Doch je eifriger er die Bibel erforscht, desto mehr schwindet seine Hoffnung, in ihr den ersehnten gnädigen Gott zu finden. Wann immer er das Buch aufschlägt, trifft er auf einen fremden, zornigen, strafenden, fordernden Gott, vor dem kein Mensch bestehen kann. »Keine Zunge kann sagen, keine Feder beschreiben, was der Mensch in solchen Augenblicken erleidet. Da erscheint Gott über alle Begriffe furchtbar in seinem Zorn und mit ihm die ganze Kreatur. Keine Flucht ist möglich, nichts gibt es, was einen trösten könnte. Alles ist eine einzige Anklage.« Vom Reich Gottes ist nichts zu schmecken.

Bruder Martin reagiert darauf mit gesteigerter Leistung, legt zusätzliche Fastentage ein, schläft auf dem Steinfußboden, sitzt als Dauergast im Beichtstuhl, kniet nieder, bekennt seine Schuld, bereut, erhält Lossprechung, arbeitet die verordneten Bußstrafen ab und besetzt gleich darauf wieder den Stuhl. Kapituliert ein Beichtvater vor diesen stundenlangen Geständnissen, geht Martinus zum nächsten. Und geht damit seinen Beichtvätern allmählich auf die Nerven.

Was tun mit so einem Hochleistungschristen? Was tun mit einem, der Gott mit guten Werken zwingen, ja geradezu erpressen will? Der Mann muss raus, muss unter die Leute, bevor er sich selbst und die anderen verrückt macht. Also schicken sie ihn nach Wittenberg. Dort soll er ab dem Jahr 1508 an der Universität Philosophie unterrichten und weiter Theologie studieren und promovieren. Dort haben die Augustiner auch ein Kloster, in dem Luther wohnen kann.

Einerseits ist das eine Beförderung. Andererseits ist es eine Versetzung aus dem städtischen Erfurt in die ländliche Provinz. Wittenberg mit seinen höchstens zweieinhalbtausend Einwohnern ist ein »Nest am Rand der Barbarei«, wo der Marktplatz ein »Dunghaufen« ist, wie Bruder Martinus später sagen wird.

So schlecht war dieser Ort – aus der Rückschau betrachtet – gar nicht, denn Luther kam an eine im Jahr 1502 neu gegründete, also junge Universität. Es gab keine verkrusteten Strukturen, alles war noch offen, formbar, und der einzige Platzhirsch, dem sich Luther unterordnen musste, wurde bald dessen Beichtvater, Gesprächspartner, Förderer und väterlicher Freund: Johann von Staupitz, Gründungsprofessor der neuen Universität in Wittenberg, zugleich Dekan an deren theologischer Fakultät und Generalvikar des Augustinerordens. Er erkannte früh Luthers Fähigkeiten und Talente.

Staupitz war es auch, der Luther im Jahr 1510 – vielleicht auch 1511, da streiten die Gelehrten noch – nach Rom schickt, um dort, zusammen mit einem Klosterbruder, eine Ordensangelegenheit zu klären. Eigentlich eine tolle Sache. Nur: Es sind 1.500 Kilometer zurückzulegen, zu Fuß, dann wieder zurück, im Winter, über die Alpen.

Andererseits: Ein junger Mönch auf seiner ersten großen Reise von einem »Nest am Rand der Barbarei« über Nürnberg, Ulm, Bregenz, die Schweiz, Norditalien in die Welthauptstadt Rom und über Bayern wieder zurück – was für ein Abenteuer.[6] Wer das hinter sich bringt, der hat was zu erzählen.

Aber seltsam: In Luthers späteren Aufzeichnungen findet sich kaum ein Wort darüber. Und wenn er bei seinen berühmten Tischgesprächen doch ab und zu auf Rom zu sprechen kam, dann schilderte er die Stadt als babylonischen Sündenpfuhl, in dem der Papst, dieser Teufel, dieser Antichrist, residierte.

Hatte Luther kein Auge für die Seen, Berge, Täler, Schluchten, den Schnee, das Eis? Natürlich nicht, denn schließlich befand sich der mittelalterliche Mensch Luther wieder »extra muros«, draußen, in der abweisenden, lebensfeindlichen Natur. Besonders wilde, halsbrecherische Gegenden trugen Teufels- und Höllennamen. Da musste man halt – mit Gottes gnädiger Hilfe – irgendwie hindurch. So etwas wie Tourismus oder gar Bergsteigen gab es natürlich noch nicht, und doch: Etwa zur gleichen Zeit, als sich Luther über das Hochgebirge quälte, »soll Leonardo da Vinci einen der Berge – vermutlich den zweieinhalbtausend Meter hohen Monte Bo südlich des Monte Rosa aus reinem Forscherdrang bestiegen haben«.[7] Aber Leonardo lebte nicht mehr im Mittelalter, sondern schon in der Welt der Renaissance. Wie fast alle Menschen in Italien, in Rom.

Dort wurde bereits heftig an der Peterskirche gebaut. Raffael bemalte die Gemächer des Papstes. Michelangelo lag rücklings auf einem Gerüst und malte in der Sixtinischen Kapelle. Der Bergsteiger, Bildhauer, Maler, Dichter und Ingenieur Leonardo da Vinci entwickelte Pumpen und Flugmaschinen.

Luther scheint von alldem nichts mitbekommen zu haben, auch nichts von den antiken Ruinen, von denen die Humanisten so schwärmten, und hätte er die erotischen Engel Michelangelos in der Sixtinischen Kapelle gesehen, hätte er vermutlich »Pfui Teufel« ausgerufen und daheim von der dekadenten Verkommenheit des römischen Klerus erzählt. Er hatte gar kein Interesse an dem aufregend Neuen, von dem Künstler, Dichter und Philosophen in Rom ergriffen waren. Er war ja auch nicht als Tourist oder wie wenige Jahre zuvor Albrecht Dürer als Bildungsreisender nach Rom gekommen, sondern als Beauftragter seines Ordens, aber vor allem: als frommer Pilger. Seine Pilgerreise in die heilige Stadt wollte er, wie er Jahre später sagte, nutzen, um eine ganze Beichte von Jugend auf abzulegen und fromm zu werden.[8] Luther war fixiert auf sein Seelenheil.

Sein Blick ist also während der ganzen Reise nach innen gerichtet. Mit diesem Blick tut er in Rom, was Pilger in Rom eben so tun. Er geht den vorgeschriebenen Pilgerweg, beichtet, liest Seelenmessen für verstorbene Freunde und Verwandte und rutscht andächtig auf Knien jene 28 Stufen der Pilatustreppe hinauf, auf der Jesus ins Haus des Pontius Pilatus gegangen sein soll. Mit dem Blut des Erlösers, gerissen von der Dornenkrone und den Geißeln der Soldaten, soll diese Treppe benetzt sein.

Wie die Treppe nach Rom kam? Da gibt es zwei Versionen. Nach der einen wurde sie auf Befehl der heiligen Helena, Mutter des Kaisers Konstantin, von Jerusalem nach Rom gebracht. Nach einer anderen sollen Engel die Treppe nach Rom versetzt haben.

Wer die Treppe erklimmt, dem wird das Fegefeuer erspart. Also rutscht auch Bruder Martinus hoch, spricht auf jeder Stufe ein Gebet, verharrt geduldig, bis sich der Pilger vor ihm um eine Stufe höher bewegt. Dreizehn Jahre später wird der Reformator Martin Luther sich ärgern, dass er diese Rutscherei mitgemacht hat, und in der ihm eigenen drastischen Art sagen: »Ich hab zuvor glauben können allen Scheißdrecken.«

Nicht nur die Romreise hinterlässt kaum Eindrücke bei ihm. Auch all die aufregenden Entwicklungen um ihn herum, die vom Anbruch einer neuen Zeit künden, nimmt er anscheinend nicht zur Kenntnis. Schon seit 1450 gab es den Buchdruck, jene

Erfindung Johannes Gutenbergs, von der Luther Gebrauch gemacht hatte wie kaum ein anderer, aber die historische Tragweite dieser Erfindung hatte er so wenig erkannt wie die Entdeckung eines neuen Kontinents durch den Genuesen Christoph Kolumbus im Jahr 1492. Der hatte zwar geglaubt, einen Seeweg nach Indien gefunden zu haben, weshalb er die von ihm auf dem Weg nach Westen entdeckten Inseln auch Westindische Inseln und ihre Bewohner Indianer nannte. Aber der Seefahrer Amerigo Vespucci (1451, 1452 oder 1454) hatte rasch gemerkt, dass es sich um einen neuen Kontinent handelte. Nach ihm wurde die Neue Welt schließlich Amerika genannt.

Die Portugiesen waren bereits um ganz Afrika bis nach Indien gesegelt, und 1513 kreuzten sie vor der Küste Chinas. Südamerika hatten sie um das Jahr 1500 betreten und dort später Brasilien gegründet. Und seit 1443 mischten sie sich zunehmend in ein Geschäft ein, das bis dahin ein Monopol der Muslime gewesen war: den Sklavenhandel. Die Eroberung der Welt durch Europäer hatte begonnen – fern von Luther.

Während Kolumbus nach Amerika segelte, hatte in Nürnberg der Tuchhändler Martin Behaim den ersten Globus anfertigen lassen, auf dem Amerika natürlich fehlte. Aber in der Kugel steckte eine andere Sensation von historischer Tragweite, welche die Gemüter heftig bewegte: der Sturz des kirchlich gelehrten »ptolemäischen geozentrischen Weltbilds«, der sich nun anbahnte. Ptolemäus und mit ihm die Kirche hatten gelehrt, die Erde stehe im Mittelpunkt des Weltalls, um welche sich die Sonne und die Planeten drehten. Nikolaus Kopernikus (1473) kam durch astronomische Beobachtung und mathematische Berechnung zu dem Schluss, dass es anders sei: Die Erde umkreist die Sonne – das heliozentrische Weltbild setzt sich durch, weil seine Wahrheit bewiesen werden kann.

Luther schien das alles weder sonderlich interessiert noch

beeindruckt zu haben, und die Ideen des Kopernikus tat er, wie viele seiner Zeitgenossen, ab als Hirngespinst. »Der Narr will mir die ganze Kunst Astronomia umkehren«, sagte er über Kopernikus. »Aber wie die Heilige Schrift zeigt, hieß Josua die Sonne stillstehen und nicht die Erde!« Nach dieser Bibelstelle ließ Gott die Sonne für einen Tag stillstehen, und da Luther die Bibel als historischen Bericht wörtlich nahm, schloss er aus der Bibelstelle, dass die Sonne normalerweise in Bewegung sein müsse.

Stur und unbeeinflusst von außen, konzentrierte er sich auf sein Lebensthema, von dem er vermutlich angenommen hatte, dass es sowieso das wichtigste Thema überhaupt sei: das Verhältnis des Menschen zu Gott. Ist das geklärt, kann auch das Verhältnis der Menschen untereinander, das Verhältnis des Menschen zur Welt geklärt werden. Gibt es spannendere Fragen als diese?

Mehr unbewusst als bewusst mag Luther vielleicht gedacht haben: Was soll ich mich um Naturwissenschaft, Malerei, Astronomie, Geografie und Schifffahrt kümmern, wenn sich längst Berufenere und Tüchtigere als ich an diesen Dingen abarbeiten? In der Theologie aber, das begann er nun allmählich zu spüren, galt es etwas zu entdecken, was vielleicht nur er zu entdecken imstande sein würde: ein neues Bild von Gott. Und damals, als fast alle an denselben Gott glaubten und fast alle diesen Gott gleichsetzten mit dem offiziellen Bild, das die Kirche gemalt hatte, war die Entdeckung eines neuen Gottesbildes mindestens so bedeutsam wie die Entdeckung eines neuen Kontinents oder die Entdeckung, dass nicht die Erde, sondern die Sonne im Mittelpunkt steht.

Ein neues Bild von Gott, ergänzt um die weiteren neuen Bilder, die von der Astronomie, der Geografie, der Philosophie und den Künsten beigesteuert wurden, musste daher zwangsläufig zu einem neuen Bild von der Wirklichkeit führen. Veränderte Sichten auf die Wirklichkeit aber verändern immer auch die Wirklichkeit selbst, denn neue Bilder bilden den Geist um. Der umgebildete Geist bildet entsprechend die vorhandenen politischen, gesellschaftlichen, wirtschaftlichen und materiellen Strukturen um. All diese Umbildungen erzeugen wiederum neue Bilder im Kopf, die zu neuen Umbildungen der Wirklichkeit führen – und so fort. So entsteht Geschichte. Sie verläuft mal schneller, mal langsamer, und manchmal rast sie.

Damals, als sich Luther zwischen 1514 und 1518 in seiner Turmstube des Wittenberger Klosters zu einem neuen Bild von Gott vorarbeitete, kam sie in Bewegung, und nach 1518 geriet sie ins Rasen. Und als sie ein paar Jahrzehnte später wieder in ruhigeren Bahnen verlief, fanden sich die Menschen in einem neuen Kontinent vor, der zwar immer noch im alten Europa lag, mit dem alten Europa aber nicht mehr viel gemein hatte.

DIE ENTDECKUNG EINES NEUEN GOTTESBILDES

Im Frühjahr 1512 promoviert Luther in Wittenberg und macht Karriere im Orden, wird stellvertretender Prior des Klosters, erhält die geistliche Aufsicht über zwölf Klöster und bekommt im Turm des Klosters eine Vergünstigung: einen eigenen, beheizten Arbeitsraum, das berühmte Turmzimmer, wo er sein »Turmerlebnis« haben wird. Nur noch fünf Jahre, dann ist Reformation.

Unterdessen geht die Welt ihren gewohnten Gang. Auch in Wittenberg. Bruder Martinus hat jetzt viel zu tun. Nicht nur sein Lehrauftrag ist zu erfüllen, auch predigen muss er, seine zwölf Klöster sind zu verwalten, um deren wirtschaftliche und landwirtschaftliche Angelegenheiten er sich zu kümmern hat, die Messe muss er lesen, die Beichte abnehmen, Briefe schreiben, und er lernt auch noch Griechisch und Hebräisch, um die Bibel im Urtext lesen zu können, denn seine lateinische Bibel ist ja nur eine Übersetzung. Bei all den Pflichten, die er zu erfüllen hat, vergisst er nicht die Hauptsache: seine Frage nach dem gnädigen Gott.

Vier Jahre lang, zwischen 1514 und 1518, quält sich Luther mit den Schriften des Kirchenlehrers Augustinus, dem Alten und Neuen Testament, den Briefen des Paulus und besonders dessen Römerbrief. An einer Stelle dieses Briefes bleibt Luther immer wieder hängen, meint sie zu verstehen, und versteht doch wieder nicht, aber spürt, dass in dieser Bibelstelle der Schlüssel zur Lösung stecken könnte.

Der schwer verständliche Satz, über dessen Sinn sich Luther den Kopf zerbricht, lautet: »Sintemal darin offenbart wird die

Gerechtigkeit, die vor Gott gilt, welche kommt aus Glauben in Glauben; wie denn geschrieben steht: ›Der Gerechte wird seines Glaubens leben‹.« Gleich zu Beginn des Römerbriefes, im ersten Kapitel, Vers 17, steht dieser rätselhafte Satz. Um ihn kreisten Luthers Gedanken.

»Sintemal« – schon so ein ausgedientes, heute von niemandem mehr benutztes Wort für »weil« schreckt unsereins ab, überhaupt weiterzulesen, und noch mehr der Rest. Gesetz, Gerechtigkeit, Glauben, Evangelium – was jedes einzelne dieser Wörter bedeutet und wie sie miteinander zusammenhängen, damit hat sich Luther ein Leben lang gequält. Müssen wir uns deshalb heute, ein halbes Jahrtausend später, auch noch damit quälen? Müssen wir noch verstehen, worum es eigentlich ging?

Vordergründig lautet die Antwort: Nein, eigentlich nicht. Es ist nur noch eine Frage für die Theologen, Philosophen, Historiker und Kirchengeschichtler. Selbst für christliche Laien hat diese vor 500 Jahren geschlagene Schlacht nur noch eine begrenzte Bedeutung, für Atheisten und Agnostiker hat sie gar keine mehr, und für den Rest der Welt, Angehörige aller anderen Religionen, hatte sie noch nie eine Relevanz gehabt.

Aber: Die Antwort, die sich Luther im Lauf der Jahre auf diese scheinbar bedeutungslosen Fragen abquält, führt kurzfristig zur Entstehung eines neuen Gottes und zu einer Teil-Entmachtung der römischen Kirche, ihrer Päpste und Bischöfe. Mittelfristig entwickelt sich aus dem neuen Gottes- auch ein neues Menschenbild, und die ganze reformatorische Denkweise verändert langfristig auch das Denken der Philosophen und die gesamte weitere geisteswissenschaftliche, geschichtliche und kulturelle Entwicklung nicht nur in Europa, sondern in der Welt (vgl. dazu Kapitel 15). Daher bleiben die Spezialistenfragen unaufgeklärter Theologen des 16. Jahrhunderts eben doch wichtig für uns.

Darum: Wer verstehen will, wie wir wurden, was wir sind, wie es zu großen geschichtlichen Umbrüchen und Epochenwechseln kommt, warum die Welt von heute ist, wie sie ist, kurz: wie Geschichte funktioniert – der muss eben in Gedanken den Weg zurückgehen von heute zu damals und wird dann immer wieder verblüfft erkennen, wie unmerklich klein die großen Dinge begonnen haben und dass man meist erst später erkennt, wie die vielen kleinen Dinge miteinander zusammenhingen. Genau dieses Erlebnis steht uns bevor, wenn wir uns jetzt auf die Suche nach den Ursprüngen der Reformation machen.

Zwangsläufig werden wir bei jenem unbekannten, merkwürdigen sächsischen Mönch landen, der mit seiner Besessenheit die halbe Welt in Aufruhr versetzt hatte und über den bis heute Geschichten erzählt werden, die Geschichte machten. Und die Anfangsgeschichte, sozusagen die Mutter aller Geschichten, erzählt, wie der Doktor Martin Luther über viele Jahre eine Antwort auf die scheinbar theoretische Frage nach dem gnädigen Gott gesucht und gefunden hat. Daher kann man diese Antwort als das Samenkorn betrachten, aus dem die Pflanze der Reformation gewachsen ist.

Auf dem Weg von der Frage zur Antwort lag ein sperriges Hindernis namens »Gerechtigkeit Gottes«. Jahrelang hatte Luther unter »Gerechtigkeit Gottes« genau das verstanden, was alle Autoritäten der Kirche auch verstanden und darum gelehrt und alle Christen geglaubt haben: Gott werde beim Jüngsten Gericht gute und böse Taten jedes Einzelnen in die Waagschale werfen und danach unerbittlich und streng, also gerecht, seinen Urteilsspruch fällen: Himmel, Fegefeuer oder Hölle.

Seit er denken konnte, hatte Luther aber die Erfahrung gemacht, dass weder er noch irgendein anderer Sterblicher den strengen Ansprüchen dieses Gottes genügen konnte. Er war einfach nicht in der Lage, seinen Nächsten zu lieben wie sich selbst. Und die anderen konnten es ebenfalls nicht. Er konnte nicht verhindern, dass schlechte, ungerechte, schadenfreudige, hasserfüllte Gedanken in ihm aufblitzten. Und die anderen, das wusste er, konnten es auch nicht. Also sind wir alle verdammt, und es gibt keine Rettung vor der Höllenstrafe – in dieser verzweifelten Erkenntnis endeten jedes Mal Luthers Denkanstrengungen.

Luthers Zeitgenossen mögen das ähnlich empfunden haben, aber entweder ist ihnen das nicht so nahegegangen wie Luther, sodass sie frei waren, sich abzulenken und ihre Aufmerksamkeit auch wieder anderen Dingen zuzuwenden, oder es war ihnen einfach zu anstrengend, ihr Gehirn so zu zermartern, wie Luther das getan hat. Die meisten aber haben freudig nach jener bequemen Lösung gegriffen, die ihnen von der Kirche angeboten wurde und für beide Seiten ein praktischer Deal war: Sündenerlass gegen Bares. Aber genau mit diesen Sünden-Ablassbriefen, die gehandelt wurden wie Wertpapiere, wird Luther das Feuerchen entzünden, aus dem sich der Flächenbrand der Reformation entwickelt.

Den dafür nötigen Funken schlug er aus der Frage, die ihn so quälte: Dass wir Geschöpfe Gottes nicht so sind, wie wir nach dem Willen dieses Schöpfers sein sollten, das ist doch nicht die Schuld der Geschöpfe, sondern die des Schöpfers, dachte Luther. Er hat uns gemacht, und nun macht er uns den Prozess, weil wir so sind, wie er uns gemacht hat. Das soll gerecht sein? Das soll ein fairer Prozess sein?

Irgendwann zwischen 1514 und 1518 muss sich neben der Frage nach dem gnädigen Gott noch eine weitere, gefährlichere Frage in Luthers Kopf eingenistet haben: Dieses Bild, das die Kirche von Gott zeichnet – stimmt es denn? Wer sind die Zeichner? Woher haben sie selber das Bild? Aus welchen Quellen schöpfen sie?

Ja, er weiß natürlich: Der Papst, die Bischöfe und Priester sind die Zeichner. Sie berufen sich auf die Kirchenlehrer. Diese berufen sich auf die Apostel und Evangelisten, und diese auf Jesus. Eine lange Kette. Wer kann garantieren, dass das ursprüngliche Bild nicht bei jeder Weitergabe ein klein wenig verändert, verfälscht wurde? Deckt sich das heutige Bild tatsächlich mit dem Original?

Es war eine besondere Zeit damals, als sich Luther solche Fragen stellten – Renaissance eben. Mit diesem Begriff wurde im 19. Jahrhundert die Tatsache beschrieben, dass zwischen dem 14. und 16. Jahrhundert in Europa etwas Neues geschehen war, nämlich die Wiederentdeckung von etwas sehr Altem: die antiken Wurzeln. Plötzlich interessierte man sich in Rom für die antiken Ruinen, an denen man bisher achtlos vorbeigegangen war. Plötzlich erforschte man die Geschichte der griechischen Städte und der Römischen Republik. Manche, wie etwa der italienische Dichter Francesco Petrarca (1304-1374), waren davon so begeistert, dass sie von »Wiedergeburt« – renascità – sprachen. Der italienische Künstler Giorgio Vasari bezeichnete 1550 die Überwindung der mittelalterlichen Kunst als *rinascità* oder *Rinascimento* – daraus entwickelte sich dann später über das Französische die Bezeichnung Renaissance.

Aber das eigentlich erstaunlichste Kennzeichen dieser Epoche ist, dass damals so viele Gelehrte wie auf ein geheimes Zeichen hin an ganz verschiedenen Orten, anscheinend unabhängig voneinander – und doch auf nicht mehr ganz zu klärende Weise miteinander verbunden –, auf verschiedenen Gebieten das Gleiche taten. Luther zum Beispiel überprüfte das offizielle Gottesbild. Aber eigentlich tat er etwas viel Grundlegenderes: Er zweifelte. Er zweifelte an den alten Autoritäten und begann zu prüfen, ob deren Lehren denn stimmen. Genau das taten andere auch und beackerten mit ihren Zweifeln andere Felder.

Sie prüften, ob es stimmt, dass sich die Sonne um die Erde dreht. Andere überprüften die Kugelgestalt der Erde. Künstler, Maler, Architekten stellten plötzlich die Regeln infrage, nach denen bisher gebaut, gemalt und gestaltet wurde. Dann brachen sie die Regel, probierten andere Methoden aus, riskierten etwas Neues.

Luther war ein Teil dieses nicht abgesprochenen Aufstands gegen die Autoritäten. Vermutlich war ihm das gar nicht bewusst. Rebellion lag ihm fern, lag auch den anderen fern. Pure Neugier war es, was sie antrieb. Wissbegierde, ein Drang nach Wahrheit, Lust an Forschung hatte sie erfasst, und eine Konsequenz daraus lautete: Zurück zu den Ursprüngen, zurück zu den reinen, unverfälschten Quellen. Und diese Quellen lagen in der Antike. Die wurden jetzt mit großer Leidenschaft erforscht.

Da es sich dabei in der Regel um nicht theologische Texte handelte, sondern um philosophische, geistes- und naturwissenschaftliche, wurden diese Studienfächer als *humanae litterae* bezeichnet (Schriften, die sich auf die menschlichen Dinge beziehen im Unterschied zu den göttlichen), und wer sich damit befasste, war ein *humanista* – was wiederum dazu führte, dass diese Menschen später, auch wieder im 19. Jahrhundert, Humanisten genannt wurden, und deren Weltanschauung Humanismus.

Luther wurde bald schon von den Humanisten ebenfalls für einen solchen gehalten. Aber war er wirklich einer? Jedenfalls stand er während seines Studiums an der Universität Erfurt unter humanistischem Einfluss, und es ist nicht bekannt, dass er sich dagegen gewehrt hätte. Im Gegenteil. Von den an der Uni gelernten Methoden der Textanalyse macht er nun fleißig Gebrauch auf seiner Wittenberger Turmstube. Er tut dort, was Humanisten tun: Er geht zurück zu den Quellen. In seinem Fall: zum Alten Testament, zum Neuen Testament, zu den Schriften des Augustinus und des Aristoteles, den er nicht mag. Aber er muss sich trotzdem mit ihm auseinandersetzen, will herausfinden, warum er ihn nicht mag.

Aber vor allem will er das Bild, das die Bibel von Gott zeichnet, rekonstruieren und es mit dem Bild vergleichen, das die Kirche von ihm zeichnet. Das aber tut er nicht nur, wie die Humanisten, aus reiner Neugier und Forscherdrang, sondern aus existenzieller Not. Ihm geht es nicht primär um Bildung, schon gar nicht um eine romantisierende Verehrung der Antike – ihm geht's um Hölle, Tod und Teufel. Ihm geht's ums ewige Leben und das Heil seiner eigenen Seele.

Daher nähert er sich seiner Quelle mit größtem religiösen Respekt, zugleich aber mit der unbekümmert forschenden Neugier der Humanisten. Er weiß: Eigentlich hatte Gott verboten, sich ein Bild von ihm zu machen. Andererseits haben schon die Autoren der Bibel eine Fülle sprachlicher Gottesbilder benutzt. Diese ergänzen, widersprechen und korrigieren einander. Man findet in der Bibel den zornigen Gott, der sich rachsüchtig, unheimlich, cholerisch, ungerecht gibt, der sogar mordet und wie ein Despot zur Willkürherrschaft neigt. Man findet aber auch den anderen Gott, einen gnädigen, liebenden, zärtlichen, treu sorgenden, barmherzigen Vatergott, der geradezu vernarrt ist in seine Geschöpfe.

Was stimmt denn nun?

Um sich in den verwirrenden Gottesbildern zurechtzufinden, geht der mittelalterliche Luther sehr neuzeitlich vor. Er isoliert ein einzelnes Problem und versucht zunächst, dieses zu lösen. Daher konzentriert er sich ganz auf die eine Frage, ob der Gott der Bibel tatsächlich so ungerecht ist, dass er alle verdammt. Und ob es wirklich wahr ist, dass man ihn mit guten Werken besänftigen und sich damit seine Planstelle im Himmel sichern kann.

Beim Versuch, darauf eine Antwort zu finden, bleibt er immer wieder an dem rätselhaften Pauluswort hängen, das von jener Gerechtigkeit handelt, »die vor Gott gilt, welche kommt aus Glauben in Glauben«. Noch einmal und noch einmal liest Luther, was der Apostel Paulus über Gottes Gerechtigkeit sagt. Auch die Schriften des Augustinus zieht er zurate. Dazu einen weiteren, deutlicheren Vers weiter hinten im Römerbrief: »So halten wir nun dafür, dass der Mensch gerecht werde ohne des Gesetzes Werke, durch den Glauben.« (Römer 3,28)

Eigentlich steht da die Lösung schon: »… ohne des Gesetzes Werke, allein durch den Glauben.« Obwohl: Dieses »allein« steht nicht dabei im Original. Luther wird es später eigenmächtig einsetzen, und in allen Lutherbibeln wird das Wörtchen bis auf den heutigen Tag immer dabeistehen. Aber noch traut er sich das nicht, denn derselbe Paulus schreibt an die Galater, auf »den Glauben, der durch die Liebe tätig ist«, komme es an (Galater 5,6). Tätige Liebe, also doch wieder die »Werke«, irgendwie. Und ganz eindeutig steht es im Jakobusbrief (2,14): »Was hilft's, liebe Brüder, wenn jemand sagt, er habe Glauben, und hat doch keine Werke? Kann denn der Glaube ihn selig machen?« Und ein paar Verse weiter kommt die Antwort: »So seht ihr nun, dass der Mensch durch Werke gerecht wird, nicht durch Glauben allein.« (Jakobus 2,24)

Eindeutiger kann man es nicht mehr sagen. Ohne gute Werke geht es nicht.

Trotzdem zweifelt Luther. Und man bedenke: Es ist jetzt nicht mehr irgendein Text einer kirchlichen Amtsautorität, sondern die Heilige Schrift, an der er zweifelt. Oder genauer: Es ist der Jakobusbrief, dessen Weisheit er bezweifelt. Er spricht es noch nicht aus. Erst später wird er tatsächlich den Jakobusbrief als »nicht wirklich apostolisch« abtun, aber jetzt, in seiner Klosterzelle, bahnt sich an, was er später tun wird. Im radikalen Nachdenken über die Bibel tut der mittelalterliche Luther, was er von den neuzeitlichen Humanisten gelernt hat: Er betreibt Textkritik. Er nimmt sich die Freiheit, die unantastbare Heilige Schrift zu relativieren, indem er fragt: Könnte es sein, dass manche Bibelworte mehr Gewicht haben als andere, weil sie das Ganze der Bibel, dessen Geist, besser zusammenfassen als weniger wichtige Texte?

In dem Moment, in dem einer so fragt, ist die Heilige Schrift nicht mehr der unantastbare Text, der als fertiges »Wort Gottes« vom Himmel gefallen ist, sondern ein von Menschen geschriebenes Werk. Und waren es auch die Urväter, Propheten und Apostel, die da geschrieben haben, so waren es doch Menschen, fehlbare Menschen. Warum also sollte man jedes ihrer Wörtchen als nicht zu hinterfragen hinnehmen? Ein gefährlicher Gedanke. Schnell kann zum Ketzer werden und auf dem Scheiterhaufen landen, wer es wagt, selbstständig an allem Gedachten und verbindlich Gelehrten vorbeizudenken. Luther riskiert es und bahnt damit der neuzeitlich-wissenschaftlichen Erforschung der Bibel und des Glaubens den Weg.

Der kritische Luther nimmt tatsächlich den Jakobus-Text weniger ernst als den Paulus-Text. Er spürt, dass Jakobus das eigentliche Problem gar nicht erkannt und darum an ihm vorbeigeschrieben hat. Dass ein Christ gute Werke tun sollte, ja, geschenkt, dagegen ist ja nichts einzuwenden. Aber, so weiß Luther längst, gute Werke sind nicht das, was Gott eigentlich will, sondern gute Menschen will er. Und ein Mensch wird nicht schon dadurch gut, dass er gute Werke tut. Gute Werke tun kann auch der Böse. Jedes gute Werk kann für böse Zwecke instrumentalisiert werden. Und einer, der das tut, kommt gewiss nicht in den Himmel. Aber auch der, der gute Werke nur deshalb tut, damit er in den Himmel kommt, der also anderen hilft, um sich selbst zu helfen, wird von Gott durchschaut.

Nein, das Herz muss gut sein.

Das aber ist böse von Jugend auf. Steht so in der Bibel (1. Mose 8,21). Steht auch wieder bei Paulus im Römerbrief: »Wollen habe ich wohl, aber das Gute vollbringen kann ich nicht. Denn das Gute, das ich will, das tue ich nicht; sondern das Böse, das ich nicht will, tue ich« (Römer 7,18f.). Stimmt.

Wir werden so geboren. Kaum dass wir auf der Welt sind, schreien wir schon und benehmen uns, als ob wir der Nabel der Welt seien und diese dazu da sei, unsere Bedürfnisse zu befriedigen, und zwar alle, sofort. Deshalb werden wir anschließend durch Dressur und Erziehung so »abgerichtet«, dass wir die Existenz anderer Weltnabel und deren Maßlosigkeit zur Kenntnis nehmen, uns mit deren Ansprüchen abfinden, einander besänftigen durch gute Werke und gute Worte, mindestens versuchen, einigermaßen sozialverträglich miteinander auszukommen, uns an die Gesetze zu halten, und wenn nicht, muss halt die Polizei einschreiten.

Wie könnte so ein Nabel der Welt – und mag er auf noch so viele gute Werke verweisen können – je vor Gott bestehen? Wir halten uns an Regeln und Gesetze, nicht weil wir gut sind, sondern weil wir mit dem Verstand eingesehen haben, dass die Regeln gut sind für alle, es sogar von Vorteil sein kann, nicht immer nur an sich zu denken, und ein Regelverstoß, bei dem man ertappt wird, meist nachteilige Folgen hat.

Das Herz muss gut sein, aber es kann gar nicht anders, als böse sein, und wir können es nicht ändern. Wie kann Gott uns dafür bestrafen?

Darüber zermartert sich Luther auf seiner Turmstube über Jahre das Hirn, und irgendwann, vermutlich um das Jahr 1517, vielleicht auch etwas später, kommt die Erleuchtung. Luther wird von dem Gefühl überwältigt, die Antwort auf all seine Fragen plötzlich gefunden zu haben: Gott weiß das doch alles. Er weiß, dass wir nicht aus eigener Kraft und durch eigene Willensanstrengung gut werden können. Genau deshalb hat er seinen eigenen Sohn für uns geopfert und mit diesem Opfer für alle Zukunft all die Sünden getilgt, die unserem bösen Herz entspringen. Ein Vater, der seinen Sohn opfert für andere – gibt es einen größeren Liebesbeweis? Dieser eine Beweis macht alles zunichte, was sonst noch in der Bibel über Gott als zornigen Rächer und Despoten steht. Ein Gott, der so etwas tut, muss ein liebender Gott sein, der sich um jede einzelne Menschenseele sorgt. Dieser liebende Gott löst das Problem der menschlichen Unfähigkeit zum Guten, indem er einfach barmherzig darüber hinwegsieht, und darum ist sein Interesse an der Frage, was so ein Menschenkind auf Erden an religiösen Leistungen vollbracht hat, sehr gering, ja eigentlich gleich null.

Daher ist das Einzige, was ein Mensch jetzt noch tun muss, dieses Geschenk anzunehmen. Wer es annimmt, wird zwar nicht gut werden, aber wie neugeboren sein und deshalb mit den anderen Neugeborenen zusammen eine Welt errichten, in der das Schlechte, das aus dem immer noch bösen Herz kommt, in Gutes verwandelt wird. Und wer so lebt, der glaubt, und der Glaube macht ihn gerecht.

Ganz so hat es Luther nicht gesagt. Aber so lautet heute – 500 Jahre danach – die Übersetzung des Lutherworts »Wir sind gerechtfertigt durch den Glauben« in unsere Sprache.

Ob Luther die Tragweite dieser scheinbar kleinen Korrektur am offiziellen Gottesbild gleich erkannt hat, darf bezweifelt werden. Zwar wusste er, dass er mit dieser Korrektur der offiziellen Lehre widerspricht, aber er dachte, die Kirche werde sich über seinen theologischen Erkenntnisfortschritt freuen, denn er bedeutet eine sehr gute Nachricht für die ganze Christenheit.

Doch die gute Nachricht enthielt eine ziemlich schlechte Nachricht für den Papst und seine Bischöfe. Das haben diese vermutlich schneller verstanden als Luther, denn dessen reformatorische Entdeckung hatte eine unvermeidliche Nebenwirkung: Die Priester, die sich als Mittler zwischen Gott und die Menschen gedrängt hatten, um den Menschen die Zeit im Fegefeuer zu verkürzen, werden überflüssig, wenn es genügt, einfach nur das Geschenk Gottes anzunehmen. Und die Bedeutung der Heiligen einschließlich der Jungfrau Maria sinkt.

Wer braucht noch deren Fürsprache bei Gott, wenn dieser den wahrhaft Glaubenden schon freigesprochen hat?

Nebenbei hat Luther damit auch noch der Pilger-, Reise-, Wallfahrts- und Reliquienbranche einen sehr empfindlichen Schlag versetzt. Der von Gott bedingungslos angenommene Mensch hat es nicht mehr nötig, von einem Wallfahrtsort zum nächsten zu pilgern und dort viel Geld zu lassen für die Besichtigung von Wunderorten und Reliquienschreinen, den Kauf heils- und gesundheitsfördernder Devotionalien, die Stiftung von Kerzen und die Dienste des Hotel- und Gastronomiegewerbes. Einem wesentlichen Teil des päpstlichen Religionsbusiness hat Luther die Geschäftsgrundlage entzogen.

Wie immer, wenn etwas Großes passiert, bilden sich Legenden drum herum. Auch um diese »Rechtfertigung allein aus Glauben« entsteht eine Geschichte, und es ist der Geschichtenerzähler Luther selbst, der daraus ein legendäres Ereignis machte: In seinem Turm-Studierzimmer habe ihn blitzartig, wie durch göttliche Eingebung, die neue, bahnbrechende Erkenntnis durchzuckt, dass wir keiner guten Werke bedürfen, weil Gott uns schon längst so angenommen hat, wie wir sind, in all unserer Sünd- und Fehlerhaftigkeit und Bosheit und Schwäche.

Im Turm also. In seiner Gelehrtenstube. Wie der Blitz. Wieder ein Blitz. Die plötzlich im Turm aufblitzende Wahrheit, also Luthers »Turmerlebnis«, führte zur »reformatorischen Wende«. Große Worte. Geht's auch eine Nummer kleiner?

Nun, vielleicht war's ja doch eher auf dem Klo. Ein geistiger Durchbruch während eines Durchfalls. Luther selbst in seiner unbändigen Fabulier- und Provozierlust hatte einmal die Aufmerksamkeit auch auf diese Variante gelenkt: »Diese Kunst hat mir der Heilige Geist auff dieser cloaca auff dem thorm eingeben.«[9]

Gegner wie Anhänger haben das begierig aufgegriffen – »die einen, um die Reformation als Kloakentheologie zu verspotten; die anderen in andächtiger Verehrung als »das Turmerlebnis«.[10]

Turm, Klo, Blitz – wie es wirklich war, und wann genau das eigentlich gewesen sein sollte, lässt sich heute nicht mehr rekonstruieren und bleibt eine Herausforderung für Kirchengeschichtler und Lutherforscher. Vom Blitz in Stotternheim konnte Luther das Jahr und den Tag nennen, an dem es geschah. Vom Blitz im »thorm« gibt es kein Datum, weshalb die Lutherforscher annehmen, dass das mit der plötzlichen Erleuchtung im Turm vielleicht doch auch wieder eine dieser typischen Geschichten ist, die Luther nur deshalb so erzählt hat, weil sich eine Blitz-Geschichte nun mal besser erzählt und einprägt als die Geschichte eines langwierigen Erkenntnisprozesses. Die Wahrheit, meinen Lutherforscher, liege aber trotzdem eher in der Geschichte von der allmählichen Verfestigung eines neuen Gedankens als in der Geschichte einer blitzartigen göttlichen Eingebung.

Die Lutherforscher tun sich auch schwer mit der Datierung. Die einen vermuten, schon zwischen 1511 und 1513 habe Luther seine reformatorische Entdeckung gemacht, andere verlegen den Zeitraum auf die Jahre 1515 bis 1519. Aber: Hätte

Luther den souveränen Furor, mit dem er gegen das Ablass-Geschäft wetterte und seine 95 Thesen veröffentlichte, ohne »Turmerlebnis« schon gehabt? Vielleicht war ihm die Tragweite seiner Erkenntnis nicht sofort bewusst, und es musste erst ein Tetzel kommen, um ihm bewusst zu machen, was er da in seiner Turmstube ausgebrütet hatte. Daher spricht doch manches für das Jahr 1517.

Aber ist das so wichtig? Egal, wie es zu dem neuen Gedanken kam – als er da war, hat er eingeschlagen wie der Blitz. Und das erlaubt es, weiterhin vom »Turmerlebnis« oder der »reformatorischen Wende« zu sprechen.

Als Luther begriffen hatte, welches Licht ihm aufgegangen war, hatte er erkannt: Der Begriff »Gottes Gerechtigkeit« ist wie eine Kippfigur, die zwei sich ergänzende Bilder in sich vereint. Bisher hat man in all den Jahrhunderten immer nur das eine Bild gesehen, das Bild vom strengen Richter, der gute und böse Taten und Gedanken gegeneinander aufwiegt. Lohn oder Strafe nach Verdienst und Leistung.

Aber jetzt kippt das Bild, und Luther sieht verblüfft etwas völlig Neues, was zwar schon immer da war, aber bisher eben noch von niemandem gesehen wurde. Jetzt sieht der Mann in der Turmstube: »Der Gerechte lebt aus Glauben.« Und das bedeutet: Wer glaubt, ist freigesprochen. Lohn ohne eigene Leistung und Verdienst.

Damit hat Luther dem rätselhaften Paulus-Wort einen neuen Sinn abgetrotzt, und wenn er diesen jetzt auf das Wort anwendet, kann er es besser, »sinngemäßer« übersetzen. Dann lautet der Satz: »So halten wir nun dafür, dass der Mensch gerecht werde ohne des Gesetzes Werke, allein durch den Glauben.«

So einfach soll das sein? Einerseits: Ja, so einfach ist das. Im Prinzip. Andererseits: Wenn man genauer hinsieht, ist es so einfach auch wieder nicht. Was Glaube eigentlich ist, wie man zu diesem Glauben kommt, wie er sich auf die praktische Lebensführung auswirkt, das sind andere Fragen, die Luther in seinem weiteren Leben noch in starke Widersprüche verwickeln werden, die er mit einem Feuerwerk paradoxer Behauptungen zu kontern versucht.

Aber ab ungefähr dem Jahr 1517 steht zunächst einmal Luthers Entdeckung eines neuen Gottesbildes im Vordergrund. Das war mehr als die Lösung irgendeines theologischen Problems. Für Luther war es die Er-lösung. Seine verzweifelte Angst vor dem Zorn Gottes hatte ein Ende. Seine religiösen Höchstleistungen, die ihn bis an die Grenze seiner körperlichen und seelischen Belastbarkeit brachten und dennoch nie genügten, waren überflüssig. Als ihm das aufging, habe er sich »völlig neu geboren« gefühlt. Ihm war, als ob er »durch die geöffneten Pforten des Paradieses selbst eingetreten« sei.

Glücklich, befreit, nun besessen von dem Drang, die ganze Welt an seiner Freude teilhaben zu lassen, verlässt er seine Turmstube, geht hinaus und predigt allen, die ihm zuhören: Hört auf mit eurer frommen Selbstoptimierung. Die Sorge um euer Seelenheil ist unbegründet. Beendet eure religiöse Hochleistungsturnerei und nutzt die dadurch gewonnene Energie, um die Welt zu gestalten und zum Guten zu verändern.

Jetzt ändert Bruder Martinus seinen Namen. Jetzt will er nicht mehr Luder heißen, sondern Luther, was von Eleutherius kommt und »der Befreite« heißt. Ab jetzt hat Luther keine Angst mehr. Und den anderen, die diese Angst noch haben, wird er sie nehmen.

Es ist heute fast nicht mehr zu begreifen, wie sich aus solch einer Frage nach dem gnädigen Gott und der gefundenen Antwort darauf so umwälzende Entwicklungen ergeben konnten,

die noch immer nachwirken und die gesamte weitere Geschichte bis auf den heutigen Tag beeinflussen und es weiter tun werden. Auch der Bruder Martinus hatte es zunächst nicht gleich
begriffen. Eleutherius, der Befreite, wird aber nun recht bald in
eine lokale Angelegenheit verwickelt werden, auf die er ganz
naiv einfach seine taufrische Erkenntnis anwendet. Und ent-
zündet damit ein Feuer, das ganz Europa erfassen wird.

WIE ALLES ANFING

Das Feuer wäre vermutlich nie entbrannt, wenn zu Luthers Turmerlebnis nicht ein zweites, eher geringfügiges Erlebnis hinzugekommen wäre: das Beichtstuhl-Erlebnis. Ohne dieses Zweite wäre Luther zwar der Urheber einer geistesgeschichtlich bedeutsamen Erkenntnis gewesen, aber sehr wahrscheinlich nicht zum Reformator geworden.

Dieses Zweite ereignet sich an einigen Tagen im Jahr 1517 im Beichtstuhl der Wittenberger Stadtkirche. Dort nimmt Luther den Wittenbergern die Beichte ab.

Einige Beichtende, deren Zahl im Jahr 1517 rasant steigt, kommen mit amtlichen Bescheinigungen zu ihm und meinen, die Beichte eigentlich gar nicht mehr nötig zu haben, denn der Papst selbst habe ihnen schon längst alle Sünden erlassen. Auf so einem Schein steht beispielsweise:

Wir tun kraft der uns verliehenen Gewalt durch diesen Brief kund und zu wissen, dass der M. Menner von dem von ihm verübten Totschlag freigesprochen ist. Wir befehlen allen und jedem Einzelnen, kirchlichen Amtspersonen und Laien, dass niemand diesen M. Menner irgendwie wegen dieses Totschlages anklage, verurteile oder verdamme. Kostenpunkt: 7 Dukaten.[11] Unterschrift: der Papst.

Ein Ablassbrief. Gekauft von einem Totschläger. Erworben vom Dominikanermönch Johann Tetzel. Tatsächlich unterschrieben vom Papst.

Luther weiß: Der Papst sammelt mit diesen Ablassverkäufen Geld für den Bau des Petersdoms. Die Ablasspraxis der Kirche gibt es schon lange. Dagegen gibt es nichts einzuwenden, denkt Luther, der damals noch ein sehr frommer, ziemlich gehorsamer und eifriger Diener seiner Kirche war.

Aber: Sieben Dukaten für einen Totschlag? Straffreiheit nicht nur im Himmel, sondern schon auf Erden, und das alles ohne einen Hauch von Reue und Buße? Einen Dom zur Ehre Gottes mit Blutgeld erbauen?

Es kommt noch schlimmer. Die Beichtenden sehen keinerlei Anlass zur Reue und zu dem Versprechen, ihre Untaten künftig zu unterlassen, denn davon war bei diesem Deal nie die Rede. Wenn es also dem Herrn Menner künftig einfällt, noch jemanden zu erschlagen, dann spart er eben so lange, bis er wieder sieben Dukaten zusammenhat, und schreitet zur nächsten Tat.

Es wird aus jener Zeit auch berichtet, Räuber hätten dem Tetzel für wenig Geld Ablassbriefe für Diebstahl und Raub abgekauft, und ihn hinterher – mit dessen Freibrief in der Hand – überfallen und ihm die prall gefüllte Kasse abgenommen. Ein glänzendes Geschäft. Wissenschaftlich belegt ist das aber so wenig wie die Erzählung, Tetzel habe für seine Ablassbriefe marktschreierisch mit dem Spruch geworben: »Sobald das Geld im Kasten klingt, die Seele (aus dem Fegefeuer) in den Himmel springt!«

Zwar zirkulierte dieser Spruch im ganzen Land, aber manche sagen, so originell sei Tetzel nicht gewesen, und schreiben Luther die Urheberschaft zu, der damit das System des Ablasshandels mit einem einzigen Satz erklärt hatte. Verbürgt jedoch ist, dass Tetzel einmal geprahlt haben soll, vom Papst persönlich so viel Gewalt und Gnade bekommen zu haben, dass er sogar jemandem vergeben könnte, der die Heilige Jungfrau vergewaltigte.

Nicht nur das eigene Sündenkonto konnte durch Geld entschuldet werden, sondern auch das der verstorbenen Angehörigen. Dadurch verkürzte sich deren Aufenthaltsdauer im Fegefeuer. Nach kirchlicher Lehre kamen nur Heilige sogleich nach ihrem Tod in den Himmel. Normal Sterbliche jedoch mussten erst im Fegefeuer schmerzhaft von ihren Sünden »weiß gebrannt« werden, ehe sie mit »weißer Weste« durch die Himmelspforte schlüpfen durften. Und der Aufenthalt im Feuer dauerte umso länger, je schwärzer die Weste war.

Auch bei diesem Deal erwies sich Tetzel als äußerst rührig und geschäftstüchtig, und es war Luther selbst, der schimpfend erzählte, wie skrupellos der Mönch an das Gewissen der Leute appellierte, um an deren Geld zu kommen: »Der Tetzel machte es zu grob mit dem Ablass, denn er war so unverschämt zu predigen: Siehe deine Mutter an, wie sie von den Flammen des Fegefeuers gequält wird! Und das leidet sie nur deinetwegen, weil du zu geizig bist, ihr mit einem Groschen zu Hilfe kommen.«[12]

Das ganze Ablasswesen samt Fegefeuer wird Luther erst etliche Jahre später auf den Abfallhaufen für religiöse Irrtümer werfen. Jetzt aber, im Jahr 1517, wo er zum ersten Mal von diesem Tetzel hört, regt ihn vor allem dessen Marktschreierei auf. Und dass der Sündenerlass nicht mehr an die Bedingung von Reue und Buße geknüpft wird, gefällt ihm gar nicht. Am meisten aber quält Luther der Betrug an seinen Schäflein. Die zahlen Geld für ein Produkt, das gar nicht funktioniert, aber marschieren im Vertrauen darauf, dass ihre Sünden vergeben seien, geradewegs in die Hölle. Also: Nicht die Ablasspraxis kritisiert Luther, sondern nur deren Missbrauch. Er wähnt sich in dieser Kritik in Übereinstimmung mit dem Papst, der diese Praxis, wenn er davon wüsste, gewiss unterbinden würde, denkt Luther.

Seinen Schäflein im Beichtstuhl sagt er: Sündenvergebung ohne Reue und Buße, aber mit Geld – das wird Gott nicht anerkennen. Das wird ein böses Erwachen geben, wenn ihr einst vor eurem Richter steht und er euch das Konto mit den Sünden zeigt, von denen ihr gedacht hattet, sie seien getilgt. Deshalb weigert Luther sich, die Beichtenden von ihren Sünden freizu-

sprechen und mahnt sie eindringlich, diesem Tetzel nichts ab-
zukaufen.

Daraufhin gehen diese ins benachbarte Brandenburg nach
Jüterbog oder Magdeburg, wo Tetzel die Ablässe verkauft. Und
natürlich erzählen sie ihm, was Luther ihnen gesagt hat. Und
damit nimmt die Geschichte nun ihren Lauf.

Tetzel wütet und tobt. Seit mehr als zehn Jahren schon betreibt er im Auftrag des Papstes sein Ablassgeschäft, und noch
nie hat es irgendwelche Beanstandungen gegeben. Was bildet
dieser Luther sich ein? Was glaubt der, wer er sei? Wie kann der
unbedeutende Prediger aus Wittenberg es wagen, ihm, dem vom
Papst Bevollmächtigten, ins Handwerk zu pfuschen? Was geht
diesen Kerl in Wittenberg überhaupt an, was er in Magdeburg
tut?

Rasch holt der Dominikaner die Keule hervor, mit der bisher
schon jeder Unruhestifter wieder zur Vernunft gebracht werden konnte: Wer gegen ein Schreiben aufbegehrt, das die Unterschrift des Papstes trägt, begehrt gegen den Papst auf, ist ein
Ketzer, und also des Todes. »Der Ketzer soll mir in drei Wochen
ins Feuer geworfen werden«, sagt Tetzel im November 1517.[13]
Wütend berichtet der Mönch den Fall »nach oben« und lässt Luther dies auch wissen.

Dabei ist Tetzel nun aber an den Falschen geraten. Als dem
zugetragen wurde, dass der Dominikanermönch nicht daran
denke, seinen Ablasshandel einzustellen, ist es Luther, der wütet
und tobt. Und später berichtet er: »Da ging ich herzu wie ein
geblendet Pferd, denn der Tetzel machte es gar zu grob mit seinem Ablass.«

Und nachdem er herzugegangen war wie ein geblendet Pferd,
kündigte er an, »nun will ich der Paucke ein Loch machen«.
Das tut er, und zwar so wirkungsvoll, dass er selber davon überrascht wurde.

Er setzt sich hin und schreibt auf, was aus theologischer Sicht gegen die Tetzel'sche Art des Ablasshandels spricht. Da geht es um Sünde, Strafe, Buße und Reue – ein Thema, bei dem er sich nun wirklich auskennt. Und er wendet auf das Thema auch gleich alles an, was er sich in jahrelanger Mühe in seinem Turmstübchen erarbeitet hatte.

Jetzt spricht nicht mehr der Seelsorger, sondern der Wissenschaftler, der die Ablasslehre seiner Kirche theologisch zu durchdringen versucht und dabei frisch und unbefangen seine nagelneue Erkenntnis auf das Problem anwendet. Selbstbewusst bemerkt er, der Papst habe es nötiger, dass man für ihn bete, als dass man ihm Geld schicke. Und er fragt: Wenn er schon die Macht hat, Sünden zu vergeben, warum erlässt er sie dann nicht den Menschen aus Liebe und Barmherzigkeit? Oder, und da kündigt sich bereits der spätere, schärfere, den Papst nicht fürchtende Luther an: Warum erbaut der Papst, der reicher ist als die reichsten Leute, nicht die Peterskirche mit seinem eigenen Geld?

Solche Worte hat die Welt noch nicht gehört. Aber die Ohren dafür waren gespitzt.

Am Ende hat Luther 95 Thesen über den Ablasshandel zusammen, und die nagelt er am 31. Oktober 1517 eigenhändig und unter großem öffentlichen Aufsehen mit dem Hammer an die Tür der Wittenberger Schlosskirche. Es sind Hammerschläge mit Donnerhall, deren Lärm im ganzen Heiligen Römischen Reich Deutscher Nation und darüber hinaus vernommen wird. Deshalb feiern die evangelischen Christen an jedem 31. Oktober nicht Halloween, sondern den Beginn der Reformation, und im Jahr 2017 wird das dann 500 Jahre her sein.

So jedenfalls wurde die Geschichte im weiteren Verlauf bis ins letzte Jahrhundert erzählt. Und man kann sie ruhig auch heute noch so erzählen, obwohl wir inzwischen auch von dieser Geschichte wissen: sehr schön, aber eigentlich ist es wieder einmal ein bisschen anders gewesen.

Zwar stimmt die Hauptsache: Luther hat die 95 Thesen um den 31. Oktober herum tatsächlich geschrieben. Aber die schmückenden Details, die ein Ereignis erst zu einem großen geschichtlichen Datum machen – der Reformator, wie er eigenhändig seine Thesen an die Wittenberger Kirchentür schlägt, und wie diese donnernden Anschläge augenblicklich im ganzen Reich nachhallen –, sind sehr wahrscheinlich eine spätere Erfindung der Luther-Verehrer, denn: Luther war damals von seiner Reformatorenrolle noch weit entfernt. Und er hat die Thesen auf Lateinisch verfasst, also nicht fürs Volk, sondern für seine akademischen Kollegen, die Fürsten und Fürstbischöfe. An sie, auch an Albrecht von Brandenburg, in dessen Machtbereich Tetzel die Ablässe verkaufte, hatte Luther seine Thesen per Post geschickt. Wenn es ihm um Aufruhr gegangen wäre, hätte er schon auf Deutsch schreiben müssen. Tatsächlich wollte er aber eigentlich nur erreichen, dass dem Tetzel mit seiner gar zu groben Marktschreierei jemand von oben in die Parade fährt und dafür sorgt, dass der Ablassverkauf wieder in die theologisch korrekte Spur gebracht wird.

Es war der katholische Lutherforscher Erwin Iserloh, der im Jahr 1961 an der schönen Geschichte vom Thesenanschlag zu zweifeln begann. Seine Begründung: Luther selbst hat in all seinen vielen Reden und Schriften diese Kirchentürgeschichte nie erwähnt. Ist das nicht seltsam? Wenn er die 95 Thesen tatsächlich eigenhändig an die Kirchentür genagelt hätte, hätte er doch bestimmt eine schöne Geschichte daraus gemacht und sie in immer neuen Varianten immer wieder erzählt. Aber nichts dergleichen liegt vor. Kein Wort.

Urheber der Geschichte war Luthers wichtigster Partner, Philipp Melanchthon, der jedoch kein Augenzeuge gewesen sein konnte, da er erst 1518 als Professor an die Wittenberger Universität berufen wurde. Und er hat die Geschichte erst nach Luthers Tod erzählt.[14]

Der Sache deutlich näher gekommen sind die Lutherforscher, als sie vor einigen Jahren ein Neues Testament entdeckten, mit dem Luther gearbeitet hatte. In diesem Buch fanden sie eine handschriftliche Bemerkung von Luthers Sekretär Georg Rörer. Darin heißt es: »Im Jahr 1517 am Vorabend von Allerheiligen sind in Wittenberg an den Türen der Kirchen die Thesen über den Ablass von Doktor Martin Luther vorgestellt worden.«[15]

Also: Die Thesen wurden tatsächlich an der Kirchentür angebracht, aber nicht nur an einer, sondern an mehreren Kirchentüren, und nicht von Luther persönlich, sondern sehr wahrscheinlich vom Pedell der Wittenberger Universität. Der Zweck dieser Plakatierung bestand nicht darin, das Heilige Römische Reich in seinen Grundfesten zu erschüttern, sondern darin, zu einer öffentlichen Fachdiskussion an der theologischen Fakultät einzuladen. Thema der Diskussion: die 95 Thesen. In dieser Einladung heißt es: »Aus Liebe zur Wahrheit und in dem Bestreben, diese zu ergründen, soll über die folgenden Sätze diskutiert werden.«[16] Das Echo auf diese Einladung war so gering, dass die Veranstaltung abgesagt wurde.[17]

Übrigens hat Luther auch nie eine Antwort von Albrecht von Brandenburg erhalten, auch von anderen Klerikern nicht, schon gar nicht aus Rom. Das war für Luther die eigentliche Überraschung. Er hatte damals noch eine hohe Meinung von seiner Kirche und ein fast kindliches Zutrauen zu deren Führungspersonal. Wieso halten die ihn für einer Antwort nicht würdig? Wieso erkennen sie nicht, dass die Ablasspraxis eindeutig gegen die kirchliche Lehre verstößt und dringend korrigiert werden muss? Wieso danken sie ihm nicht für seinen Hinweis auf den Missbrauch des Ablasses?

Wenn Luther später – zum Teil bis heute – von katholischer Seite als Kirchenspalter, Ketzer und Häretiker bezeichnet wurde, dann war das insofern ungerecht, als der Ursprung dieser Spaltung von Rom zu verantworten ist. Luther hat in seinen 95 Thesen berechtigte Fragen an den Papst und an die Kirche gestellt und verdient, darauf eine Antwort zu erhalten. Hätte er diese bekommen und hätte sie zu einer Korrektur der Ablasspraxis geführt, wäre Luther vermutlich der brave Mönch und treue Diener seiner Kirche geblieben, der er war.

Aber was dann aus Rom kam, war eine römische Machtdemonstration, die ihn zwingen sollte, den Mund zu halten. Und weil Luther sich weigerte, das zu tun, eskalierte die Geschichte, in deren weiterem Verlauf sich dann auch Luther und viele andere schuldig machten. Aber ihren Ursprung hat die Geschichte in der Weigerung Roms, auf Luthers begründete Kritik zu antworten und zu reagieren.

Seine 95 Thesen wären möglicherweise auch versandet und vergessen worden oder allenfalls eine Angelegenheit für Theologen, Juristen und Verwaltungsbeamte geblieben, wenn nun nicht ein weiterer Mechanismus das Räderwerk der Reformation vorangetrieben hätte: der Buchdruck, vom Mainzer Johannes Gutenberg um das Jahr 1450 erfunden. In dem halben Jahrhundert, das seitdem vergangen war, sind überall im Land Druckereien entstanden. Daher passiert nun etwas, womit Luther nicht gerechnet hatte und was das Bild von den Hammerschlägen dann doch wieder stimmig macht: Auf nicht mehr nachvollziehbaren Wegen gelangten Luthers Thesen in die Hände auswärtiger Drucker, die, ohne Luther zu fragen, dessen Thesen einfach druckten.

Die Geschichte »Mönch gegen Rom« kam ihnen gerade recht,

da ihr Geschäft schon lange kriselte. Es mangelte an Themen, für die sich ausreichend viele Käufer interessierten. Die 95 Thesen aber lasen sich wie etwas, worauf die Welt schon lang gewartet hatte. Der Geldhunger Roms und die Art, wie Papst und Kurie Geld eintrieben, war unter den Gebildeten im deutschen Reich schon seit Jahrzehnten ein häufig diskutiertes Thema und Anlass für Kritik, Spott und Satire.

Generell herrschte im ganzen deutschen Reich der Eindruck vor, »dass man in die Kirche, besonders in die Kurie und das Papsttum, mehr hineinsteckte, als man wieder herausbekam«.[18] Der Eindruck war nicht ganz falsch, wie wir heute wissen. Zwar lässt sich widerlegen, »dass das Papsttum Deutschland durch überzogene Abgaben ausplünderte, … andere Länder zahlten mehr«,[19] aber: Sie bekamen auch ein Mehrfaches zurück.

Vor diesem Hintergrund stieß Luthers akademisch verpackte Kritik am Ablasshandel sofort auf hohe Aufmerksamkeit. Schnell wurden die Thesen ins Deutsche übersetzt und nachgedruckt, denn sie verliehen der populären Kirchenkritik ein seriöses wissenschaftliches Fundament und passten zum humanistischen Zeitgeist dieser Jahre. So wurden Luthers erste Leser zu Multiplikatoren seiner Ideen.

»Das weitere erledigte das von der Kirche unabhängige Kommunikationsnetz der Humanisten- und Intellektuellenzirkel, die begierig alles Gedruckte aufnahmen und öffentlich zur Diskussion stellten.«[20]

Verblüfft notiert Martin Luther: »Ehe 14 Tage vergangen waren, hatten diese Thesen das ganze Deutschland und in vier Wochen fast die ganze Christenheit durchlaufen, als wären die Engel selber Botenläufer (…) und trügen sie vor aller Menschen Augen. Es glaubt kein Mensch, was für ein Gerede davon entstand.«[21]

Die neue Drucktechnik war den konservativen Herren im Klerus so gleichgültig und fremd, dass sie deren Wirkung nicht nur falsch, sondern überhaupt nicht einschätzten. Dass ihnen diese Technik gefährlich werden könnte, ahnten sie zunächst überhaupt nicht. Daher kamen sie auch nicht auf die Idee, diese Technik unter ihre Aufsicht zu zwingen. So konnten die zahlreichen, im ganzen Reich verteilten Druckereien ungestört von kirchlicher und staatlicher Kontrolle verbreiten, was sie wollten.

Durch diese kontinuierliche Produktion von Diskussionsstoff entstand erstmals so etwas wie eine unabhängige öffentliche Meinung. Und die richtete sich gegen Rom.

Innerhalb weniger Monate wurde die bis dahin nur lokal und regional bekannte Größe Martin Luther berühmt im ganzen Reich, und dann dauerte es nicht mehr lange, bis auch der Papst und der Kaiser erstmals diesen Namen hörten. In den anschließenden drei Jahren passiert nun mehr als im ganzen Jahrhundert davor.

Was den Herren in Rom als »kleines Mönchsgezänk« zwischen dem Augustiner Luther und dem Dominikaner Tetzel erscheint, setzt plötzlich jene Maschinerie in Gang, die zur Kirchenspaltung führt, zur Gegenreformation, in den Dreißigjährigen Krieg, in die Veränderung ganz Europas. In diesem Frühstadium hätte sich noch manches regeln lassen, wenn Rom nicht so abgehoben, nicht so arrogant und nicht so fern von der Lebenswirklichkeit der Menschen gewesen wäre. Und wenn nicht der bei den Fuggern hoch verschuldete Albrecht von Brandenburg so dringend des Verkaufs der Ablässe bedurft hätte, denn er verdiente gut daran. Auch die Fugger verdienten bestens. Und natürlich der Papst. Das – und das selbstherrliche Vertrauen in die eigene Macht, die sich um Wahrhaftigkeit nicht scheren muss – erklärt die Weigerung Roms, auf die 95 Thesen zu antworten.

Das blinde Interesse am Geld hinderte die Interessierten daran, die überall am Horizont sich abzeichnenden Zeichen einer heraufziehenden neuen Zeit – Renaissance, Humanismus, Kopernikus, Kolumbus – zu sehen. Und wo man etwas sah, wurde es falsch gedeutet oder unterschätzt. Aber vor allem fehlte jegliches Schuld- und Unrechtsbewusstsein für das, was man eigentlich tat: die Verwandlung der Gnade Gottes in eine Vollkaskoversicherung, deren Einnahmen dazu dienen sollten, den aufwendigen Lebensstil der Fürsten und Bischöfe zu finanzieren.

Natürlich haben sie auch Luther total falsch eingeschätzt. Was will der denn? Dieser Mann ist ein Nichts, und der will dem Papst und den Fürsten vorschreiben, was sie zu tun hätten? Mit dem werden wir ganz schnell kurzen Prozess machen, wenn er weiter unsere Kreise stört. Sie konnten sich nicht im Traum vorstellen, in welch große Schwierigkeiten dieser völlig unbedeutende Dickschädel aus der deutschen Provinz den gesamten Klerus, die Kirche, die Christenheit, Europa noch bringen würde.

Auch Luther hat sich das zum damaligen Zeitpunkt kaum vorstellen können und merkte zunächst nicht, wie er in einen Sog geriet, aus dem es schon bald kein Entkommen mehr geben sollte. Es hat eine Weile gedauert, bis ihm aufging, dass er, der eigentlich nur ganz fromm und naiv, als guter Seelsorger und treuer Diener seiner Kirche, ohne Arg und mit reinem Herzen die Tetzel'sche Ablasspraxis kritisierte, plötzlich gezwungen war, ein immer größeres Rad zu drehen.

Luther wird nun bald die nächste überraschende Erfahrung machen: Er, der bisher ein fast kindliches Zutrauen in den fernen Papst, dessen Kardinäle und Fürstbischöfe hatte, wird dieses kirchliche Führungspersonal im weiteren Verlauf zum Teil persönlich kennenlernen und die Erfahrung machen, dass dessen Handeln von allem Möglichen bestimmt ist, nur nicht von der Sorge um die Kirche und der Verantwortung für die Gläubigen. Und bald merkt er auch, dass er mit seiner naiven Unschuld mächtigen Gegenspielern in die Quere gekommen ist und so ungewollt in die große Politik gerät. Die Kirchenführer, denen er bisher vorbehaltlos vertraut hatte, werden ihm spinnefeind.

Die Geschichte einer enttäuschten Liebe beginnt. Aber Enttäuschungen sind »Ent-Täuschungen«, der Verlust von Illusionen, also Aufklärung, Erkenntnis. Luther wird über diese Desillusionierung wortmächtig schreiben und sprechen und großen Widerhall finden im Volk, denn halb gewusst, geahnt, vermutet hat man schon lange, dass diesem kirchlichen Führungspersonal nicht zu trauen ist.

Aber wenn so eine Enttäuschung aus Liebe einmal begonnen hat, bleibt es nicht bei bloßer Desillusionierung. Der Prozess entwickelt sich weiter: Aus enttäuschter Liebe wird Hass.

Luthers eigenes Naturell hat dann erheblich dazu beigetragen, dass sein klarsichtiger Zorn des Gerechten manchmal in blinden Hass umschlug und er Gegen-Hass provozierte. So geriet er in immer tiefere Konflikte mit den leitenden Herren der Kirche und des Staates, später auch mit den Bauern und den Humanisten, hinein. Jede Teufelei, die sich seine Gegner ausdachten, beantwortete er mit einer eigenen Teufelei. Immer häufiger ging er »herzu wie ein geblendet Pferd«, das dann ab einem bestimmten Zeitpunkt eine Eigengesetzlichkeit entwickelte, die von niemandem mehr zu steuern und zu stoppen war.

ROM – DIE GROSSE HURE BABYLON

Als Luther in Rom war, entstand dort gerade die große europäische Kunst der Renaissance, und die Wissenschaft begann, sich von der Theologie zu emanzipieren. Die Stadt selbst, die damals rund 50 000 Einwohner zählte und damit bedeutend kleiner war als die Metropolen Venedig und Mailand, entwickelte sich aber dank der internationalen römischen Kirche mit dem Papst als europäischem Machtzentrum zum kosmopolitischsten Ort Europas.[22] Und dank des ungeheuren Drangs des Klerus nach Prunk und Glanz und Gloria, nach Bildern, Skulpturen, Parks, Kapellen, Springbrunnen, gab es für die Künstler in Rom viel zu tun.

Für all das hatte Luther kaum einen Blick. Was ihm später, als er mit dem Papst schon heftig im Clinch lag, in der Erinnerung unangenehm aufstößt, ist das geschäftliche Treiben an den Pilgerstätten. Vielleicht hätte er es schon damals am liebsten wie Jesus gemacht, der einst die Händler in Jerusalem aus dem Tempel getrieben hat. Aber so weit war Luther damals noch nicht. Später hat er es getan, mit seinen Worten.

Auch für die hinter Rom stehende politisch-kirchliche Weltordnung hatte der fromme Mönch Luther noch kein kritisches Bewusstsein. Dass »Rom« die damals herrschende Supermacht war, die Kaiser und Könige krönte, daran fand Luther nichts auszusetzen, betrachtete er doch deren Herrschaft, wie diese selbst, als gottgewollt – Kaiser von Gottes Gnaden, und auf dem Stuhl Petri dessen legitimer Nachfolger, der Papst.

In Rom wurde das Bündnis von Thron und Altar zum beiderseitigen Vorteil erfunden. Der Kaiser beschützt den Papst vor seinen Feinden. Der Papst legitimiert ihn dafür als gottgewollten weltlichen Herrscher, dem alle Untertanen zu gehorchen haben. Der Papst führt Krieg oder lässt Kriege führen, wenn er seine Macht bedroht sieht. Der Papst bestimmt, was als wahr zu gelten habe und was als Irrlehre zu verwerfen sei. Und wenn ein kleiner König, Stadtfürst oder Ketzer hier und da gegen die Papstherrschaft aufbegehren sollte, wurde er eben vom Papst exkommuniziert, gebannt, verdammt, hingerichtet, verbrannt oder militärisch bekämpft.

»Rom«, das war der Papst. Und der Papst war die Kirche. Ihre führenden Köpfe, die Kardinäle und Bischöfe, lebten fürstlich auf Kosten der Bauern und aller Übrigen, ließen sich in Sänften tragen und gründeten diese Privilegien auf den, der einmal gesagt hatte, im Reich Gottes werden »die Letzten die Ersten und die Ersten die Letzten sein«. Sie lebten in Schlössern inmitten von Luxus und Reichtum und erzählten dem Volk von »Jesus Christus«, dem Weltenherrscher und Weltenlenker. Dass dieses arme, machtlose »Lamm Gottes« einst gesagt hatte, die »Füchse haben Gruben, und die Vögel unter dem Himmel haben Nester; aber des Menschen Sohn hat nicht, da er sein Haupt hinlege« – erzählten sie dem des Lesens unkundigen Volk lieber nicht.

Was sie erzählten, war eine andere Geschichte: Ihr seid Sünder, und ihr seid alle verdammt, auf ewig in der Hölle zu schmoren, aber ihr habt Glück, denn ihr habt uns und ihr habt Jesus. Dieser ist für eure Sünden gestorben und hat durch seinen Tod im Himmel einen Schatz angehäuft, der allein schon reichen würde, um allen Menschen dieser Welt alle Sünden zu vergeben, aber es kommen auch noch die Verdienste der Heiligen und der Gottesmutter Maria hinzu, die diesen Schatz vergrößern. Und uns, Papst, Bischöfe und Priester hat Jesus eingesetzt als Hüter und Verwalter dieses Schatzes.

Wir haben den Zugriff und dürfen ihn anzapfen zum Zweck der Vergebung eurer Sünden. Aber diese Vergebung gibt es nicht umsonst. Ihr müsst etwas dafür tun: bereuen, büßen, eine Kerze stiften, so und so viele »Vater unser« oder »Ave Maria« beten, auf eine Pilgerreise gehen, nach Rom wallfahren, gute Werke tun, aber vor allem und immer wieder: zahlen. Zuletzt, als Tetzel sein Ablassgeschäft optimierte, reichte es der Kirche, wenn gezahlt wurde. Allerdings reichte es nie bis zur letzten Sicherheit für die Gläubigen, daher tat man gut daran, immer wieder zu zahlen. Lag man auf dem Sterbebett und verlangte nach der letzten Ölung durch einen Priester, empfahl dieser, zur Sicherheit einen beträchtlichen Teil seines Vermögens der Kirche oder einem Kloster zu vermachen.

Nicht nur jede Sünde hat ihren Preis. Alles hat einen Preis in Rom. Jeder, der Bischof oder Kardinal werden wollte, muss zahlen. Der Verkauf von Bischofsämtern und Kardinalswürden ist eine lukrative Einnahmequelle für den Papst und für den Käufer eine Investition in seine Zukunft.

So entwickelte sich die Kirche zu einem mächtigen, reichen, multinationalen Konzern, der mit Priester-, Bischofs- und Verwaltungsposten, Sündenvergebung, Heilsversicherungen und Jenseitsgarantien handelte. Zeitweise befand sich rund die Hälfte des deutschen Bodens im Besitz der mittelalterlichen Kirche. Wer sich bei diesem Konzern ein Amt kaufte, tat dies in der Regel nicht aus Frömmigkeit und dem ehrlichen Bestreben, Gott zu dienen, sondern aus dem Interesse an einer sicheren Stellung, einem hohen sozialen Status, einem guten Leben und einer ordentlichen Machtfülle. Es gab viele Gelegenheiten, sich zu bereichern und Freunden und Verwandten eine Stelle oder anderweitige Vorteile zu verschaffen. Ein Studium der Theologie war für den Erwerb eines Bischofsamts nicht nötig, ja nicht einmal die Priesterweihe. Geld genügte und war eine sichere und rentable Investition, denn man verfügte über genügend Untertanen, deren Arbeitskraft so weit ausgebeutet werden durfte, dass es für einen fürstlichen Lebensstil der Bischofsfamilien reichte.

Schon lange vor Luther hat es immer wieder Kritik an dieser totalen Verweltlichung und Kommerzialisierung der Kirche gegeben. Aber alle guten Vorsätze und alle Bemühungen um Reformen verliefen irgendwann im Sande. Die Profiteure des Systems sahen nicht ein, warum sie etwas ändern sollten an einem System, das sich doch – für sie – bewährt hatte. Unbekümmert und äußerst professionell verarbeiteten sie den Schatz im Himmel, den Jesus und die Heiligen produziert hatten, zu handlichen Päckchen und verkauften ihn teuer in alle Welt. Das erste multinationale kapitalistische Unternehmen war entstanden. Immerhin hatte es auch eine soziale Komponente. Arme bekamen den Ablass billiger oder sogar umsonst.

Und innovativ war man auch schon: Im Jahr 1476 erfand der Theologe Raimund Peraudi den Ablass für die bereits Verstorbenen. Deren Aufenthalt im Fegefeuer konnte nun erheblich verkürzt werden, wenn die Lebenden an die Kirche zahlten. Bereitwillig und schnell gab der Papst dieser Erfindung seinen Segen, denn sein Geldbedarf – und der seiner Kardinäle und Bischöfe – war unermesslich.[23]

Der Papst hieß damals Leo X. und war keineswegs, wie Luther gedacht hatte, einer der reichsten Männer der Welt, sondern schrammte hoch verschuldet bei den Fuggern immer knapp an der Pleite vorbei. Zwar floss Geld in Strömen nach Rom, aber noch mehr als hereinkam, gab der Papst aus. Seine Kriege, seine Bauwut, seine Förderung der Kunst, notwendige Bestechungen, teure Gefälligkeiten, Feste, Gelage, Mätressen, die Ansprüche der Familie, das alles verschlang mehr Geld, als der Papst hatte.

Einer seiner Kunden war jener Albrecht von Brandenburg, Erzbischof von Magdeburg und Administrator der Diözese

Halberstadt, an den Luther seine 95 Thesen geschickt, von dem er aber nie eine Antwort bekommen hatte. Diesem Brandenburger Kirchenfürsten hatte nicht gereicht, was er an Reichtümern schon besaß, er wollte noch mehr und erkannte seine Chance, als das Erzbistum Mainz, ein ganz besonders attraktives Kirchenstück, einen neuen Erzbischof brauchte. Der Posten versprach nicht nur noch mehr Reichtum, sondern auch noch mehr Macht. Der Erzbischof von Mainz war automatisch Reichskanzler und deutscher Primas.[24]

Aber Rom verlangte für diese Goldgrube mehr, als Albrecht zahlen konnte, dazu auch noch weitere jährliche Abgaben, denn eigentlich war es nach dem Kirchenrecht verboten, mehr als einen Bischofssitz innezuhaben. Aber wenn die Zahlung hoch genug war, konnte man als Papst schon mal eine Ausnahme machen. Albrecht war gewillt, jeden Preis zu zahlen, und lieh sich daher das Geld von den Fuggern. So wurde er 1514 Erzbischof und Kurfürst von Mainz und ein guter Kunde der Fugger.

Auch der Papst war ein wertvoller Fugger-Kunde, jedoch nur unter der Bedingung, dass er immer pünktlich seine Raten für Zins und Tilgung beglich. Sorgen machte der Bank, dass der Papst sich in das Abenteuer des Petersdoms stürzte. Dessen Wiederaufbau hatte 70 Jahre zuvor unter Papst Nikolaus V. begonnen, war aber noch lange nicht beendet und sollte nun nach Leos Willen zügig vorangetrieben werden, einerseits zum höheren Ruhme Gottes, andererseits zum höheren Ruhm von Leo X. Und das verschlang nun mal sehr hohe Summen.

Um hier mehr Sicherheit hineinzubringen, kam die Fuggerbank auf die rettende Idee, Ablassbriefe in großem Stil und im ganzen Reich zu verkaufen. Und so schlugen die Banker dem Papst vor, den Erzbischof Albrecht von Mainz zum »päpstlichen Ablasskommissar« zu ernennen. Er soll dafür sorgen, dass der

Verkauf sicher und ordentlich über die Bühne gehe, dafür würde er an den Einnahmen beteiligt. Ein perfekter Deal, von dem alle profitieren: Die Gläubigen bekommen ihren Sündenerlass, Albrecht und Leo entledigen sich ihrer Geldsorgen, auch für die mit dem Verkauf beauftragten Dominikaner fällt etwas ab, die Bank macht ein gutes, sicheres Geschäft, und in Rom wird die Peterskirche gebaut.

Es hätte alles so einfach und schön werden können, wenn ihnen nicht dieser halsstarrige, weltfremde, unkooperative Wittenberger Idiot Martin Luther in die Quere gekommen wäre. Aber, so dachten sie noch immer, mit dem werden wir schon fertig werden – wären sie vielleicht auch geworden, wenn Luther allein in einem isolierten Umfeld gehandelt hätte.

Aber er war nicht allein. Und sein Umfeld war bestens präpariert. Die antiklerikale Stimmung – befördert durch Berichte und Gerüchte über geldgierige Kleriker, geile Mönche, verlogene Priester – wurde durch die Humanisten auf ein wissenschaftliches Fundament gestellt. Durch ihr Studium alter Texte hatten sie sich zu intimen Kennern des Wortes entwickelt, sich von der antiken Begeisterung für das Wort und den Glauben an die Macht des Wortes anstecken lassen, aber trotz aller Begeisterung die Texte kritisch gelesen.

Dafür hatten sie an etlichen europäischen Universitäten Methoden für die Analyse erarbeitet. Sie waren nun in der Lage, jeden Text in all seinen Facetten systematisch zu untersuchen, zu gewichten und aus dem Entstehungsdatum, der Herkunft, dem Anlass, dem Erscheinungsbild und seinem Gehalt die richtigen Schlüsse zu ziehen, zum Beispiel, ob ein Text echt oder gefälscht ist.

Dazu hatte man allen Grund. »In früheren Jahrhunderten hatten Mönche in großem Stil und leichten Herzens Dokumente zum größeren Ruhme Gottes gefälscht, insbesondere

Urkunden, die den rechtmäßigen Anspruch ihres Klosters auf Ländereien oder Privilegien bezeugten. Diese Mönche hatten in einer Welt gelebt, in der es viel zu wenige Dokumente gab, also mussten sie die nötigen Belege und Urkunden selbst herstellen, um das zu beweisen, was sie aus tiefstem Herzen als wahr und richtig erachteten.«

Daher unterzogen die Humanisten auch kirchliche Dokumente und Schriften der Kirchenväter ihrer kritischen Lesart. Und kamen teilweise zu verblüffenden Ergebnissen. Zum Beispiel kam heraus, dass es sich bei der »Konstantinischen Schenkung« um eine um das Jahr 800 gefälschte Urkunde handelt, die angeblich in den Jahren 315/317 vom römischen Kaiser Konstantin ausgestellt worden sei. Darin wird Papst Silvester I. (Pontifex von 314 bis 335) und all seinen Nachfolgern bis ans Ende der Zeit die Oberherrschaft über Rom, Italien, die gesamte Westhälfte des Römischen Reichs, aber auch das gesamte Erdenrund mittels Schenkung übertragen. Mit diesem Dokument in der Hand begründeten die Päpste territoriale Ansprüche und ihre Herrschaft über die gesamte Christenheit.

Aus Dankbarkeit, so steht in der Urkunde, weil Silvester den Kaiser vom Aussatz geheilt habe, habe dieser dem Papst die kaiserlichen Insignien und Vorrechte verliehen (Diadem, Purpurmantel und Zepter). Somit stand also nun der Papst im selben Rang wie der Kaiser.

Drei Gelehrte des 15. Jahrhunderts – der deutsche Kardinal Nikolaus von Kues, der Italiener Lorenzo Valla und der englische Bischof Reginald Pecock – haben unabhängig voneinander diesen päpstlichen Anspruch zu Fall gebracht mithilfe der neuen textkritischen Methoden, die sie zwischen 1432 und 1450 auf diese Schenkungsurkunde angewendet hatten. Alle drei waren zu dem Schluss gekommen, dass es sich um eine Fälschung handle, weil der Stil, in dem der Text geschrieben ist, überhaupt nicht zu dem Stil passte, in dem im 4. Jahrhundert geschrieben wurde.[25]

Die drei Forscher haben das aber nie an die große Glocke gehängt. Lange blieb das ein Wissen unter Eingeweihten. Luther und die Deutschen erfuhren davon erst, als der deutsche Humanist Ulrich von Hutten (1488–1523) Vallas Traktat über die Fälschung übersetzen, nachdrucken und ab 1517 verbreiten ließ. Nun war bewiesen, was man schon immer geahnt hatte: »Rom« – das ist nicht nur der Ort, an dem der Klerus in Saus und Braus lebt, das Geld der Gläubigen verprasst, Mätressen beschäftigt, mit Ämtern schachert und dauernd uneheliche Kinder zeugt, die es zu versorgen gilt, nein, Rom ist auch ein einziger großer Priesterschwindel.

So arbeiteten Luther und die Humanisten zu Beginn der Reformation Hand in Hand gegen die römische Kirche. Das kleine Korn der reformatorischen Erkenntnis wurde vermehrt vom gerade erfundenen Buchdruck, gesät von den Humanisten und Luthers Sympathisanten, gewässert von Rom, gedüngt vom Dominikanermönch Tetzel – und ging auf unter der Sonne der Renaissance, die aus Italien über die Alpen schien.

ES GEHT LOS

Nicht nur Tetzel hatte sich in Rom über Luther beschwert. Auch jener Albrecht von Brandenburg, der bei den Fuggern tief in der Kreide stand, seit er sich die Titel Erzbischof von Mainz, Metropolit der Kirchenprovinz Mainz, Landesherr des Erzstifts Mainz, Kurfürst und Erzkanzler des Heiligen Römischen Reiches teuer erkauft hatte, war unter den Beschwerdeführern. Als päpstlicher Ablasskommissar durfte der Mann, der Luther nie auf dessen 95 Thesen geantwortet hatte, Zweifel an der Wirksamkeit des Ablasses gar nicht erst aufkommen lassen. Auch die Fugger, deren Abgesandte an jedem Abend das neu eingenommene Sündengeld zählten, hatten ein vitales Interesse an einer reibungslosen Fortsetzung des Geschäfts. Da störte dieser Mönch aus Wittenberg gewaltig.

Nun liegen aber zwischen Wittenberg und Rom ungefähr anderthalbtausend Kilometer. Eine einzelne Nachricht, die so einen weiten Weg zurücklegen muss, verliert schon allein durch diese Entfernung einen Teil ihrer Brisanz. Den Rest verliert sie, wenn der Adressat, in diesem Fall also Papst Leo X., beim Eintreffen ganz andere Sorgen hat und Nachrichten erhält, die zwar auch von weit her kommen, aber sofortiges Handeln erfordern.

Und diese Nachrichten kamen von den Ostgrenzen des Reiches. Die Osmanen breiteten sich immer mehr nach Westen aus, und wenn sie nicht endlich gestoppt würden, stünden sie irgendwann vor Rom. Daher rief Leo einige Stadtstaaten, Fürstentümer und den König von Frankreich zu einem Kreuzzug auf, stieß aber auf wenig Begeisterung und war nun damit beschäftigt, diese Begeisterung zu wecken. Die Nachricht von dem Ärger mit diesem Luther erreichte den Papst zu einer Zeit, in der es galt, eine schlagkräftige Koalition gegen die Türken zu schmieden.

Da möchte man nicht mit Nebensächlichkeiten behelligt werden, also wurden die deutschen Augustiner angewiesen, dieses Mönchsgezänk doch bitte schön auf ihrem Ordenskonvent im April 1518 in Heidelberg selbst aus der Welt zu schaffen. So vergingen wertvolle Monate, während denen sich Luthers Thesen weiter im Reich verbreiteten. Er selbst findet unterdessen Zeit, seine 95 wissenschaftlichen, auf Latein verfassten Thesen in gut verständlichem Deutsch für das Volk zu schreiben und Anfang April als »Sermon von Ablass und Gnade« zu veröffentlichen.

In dem Sermon vereinfacht, verschärft und erweitert Luther, was er sich in seiner Turmstube erarbeitet hat. Der für Rom und Albrecht so geschäftsschädigende Ablass-Sermon verbreitete sich noch schneller in noch höherer Auflage als die 95 Thesen. Bis 1520 erscheinen zwanzig Auflagen, Luther wird zum ersten Bestseller-Autor der Welt.

Am 26. April 1518 sollte dann der vorlaute Augustinermönch Luther in Heidelberg nach dem Willen Roms vom Generalkapitel des Ordens zum Schweigen und zurück ins Glied befördert werden. Dazu musste er jedoch erst einmal angehört werden. Also hatte Luther das Wort, und als er fertig war, passierte das Gegenteil. Statt Luther zu disziplinieren, solidarisierten sich die Augustinermönche mit ihm. Von Luthers Wortgewalt hatte man bei den Dominikanern, den Fuggern und in Rom offenbar noch keine Vorstellung. Während seines Vortrags herrschte angespannte Stille, in der die Zuhörer spürten, dass dieser Mann nicht labert, sondern Wahrheiten ausspricht, gefährliche Wahrheiten, die man selbst vielleicht auch schon einmal so ähnlich gedacht, aber nicht auszusprechen gewagt hatte.

Da die Anhörung öffentlich war, hatten auch viele Neugierige – Theologen, Wissenschaftler, Laien, Mönche anderer Ordensgemeinschaften – die Chance genutzt, diesen Luther selbst einmal zu erleben. Sie gingen tief beeindruckt nach Hause. Zwei der Zuhörer, Martin Bucer und Johannes Brenz, waren so mitgerissen, dass sie später selber in den Kreis der Reformatoren hineinwuchsen, und Bucer war damals sogar ein Mitglied der »feindlichen« Dominikaner, die Luther auf dem Scheiterhaufen sehen wollten.

Diese erste Runde war also an Luther gegangen, was in Rom offenbar zu der Erkenntnis führte, dass man sich doch selber um den Fall kümmern musste. Daher wurde nun das Räderwerk eines Ketzerprozesses in Gang gesetzt. Wenige Monate nach seinem Heidelberger Auftritt erhielt Luther am 7. August 1518 eine Vorladung nach Rom.

Das hätte das frühe Ende Luthers und der Reformation sein können, aber nun schaltet sich erstmals ein mächtiger Verbündeter ein: sein Landesherr, Kurfürst Friedrich der Weise von Sachsen, dem Luther nie persönlich begegnen wird, der aber nun lebenslang seine schützende Hand über ihn halten wird. Ob aus Begeisterung für Luthers Thesen oder machtpolitischem Kalkül oder weil Luther die Wittenberger Universität berühmt machte, wissen wir nicht. Vielleicht war's von allem ein wenig, aber diese Erfahrung, dass die weltliche Obrigkeit ihn, den Mönch und Gottesdiener, vor der geistlichen Obrigkeit, dem angeblichen Stellvertreter Christi und der heiligen Mutter Kirche schützen muss, wird Luthers weiteres Denken tiefer beeinflussen, als ihm vielleicht selbst je bewusst war.

Der Kurfürst gehört zu denen, die den Kaiser wählen dürfen, ein Privileg, das ihm Macht und Einfluss verschafft. Und so kann er durchsetzen, dass Luther nicht in Rom, sondern in Deutschland verhört wird. Hier könnte der Kurfürst notfalls eingreifen, bevor man Luther auf dem Scheiterhaufen verbrennt.

Das Verhör sollte während des Augsburger Reichstags 1518

stattfinden, auf dem die »causa Luther« aber nur ein Tagesordnungspunkt weit hinten ist. Hauptzweck ist die Aufstellung einer Streitmacht gegen die Türken. Dafür brauchen Kaiser Maximilian und Papst Leo die deutschen Kurfürsten, also auch Friedrich den Weisen.

Hinzu kommt: Kaiser Maximilian ist amtsmüde, will König Karl von Spanien inthronisieren. Das aber liegt nicht im Interesse des Papstes, da käme zu viel weltliche Macht in einer Hand zusammen, und in Rom fährt man besser mit schwachen Kaisern. Die Wahlfürsten aber sind nicht abgeneigt, Karl zu wählen. Nur der Kurfürst Friedrich hat Bedenken und könnte daher zu einem Verbündeten des Papstes werden – ausgerechnet dieser Lutherfreund. Das verlangt diplomatisches Fingerspitzengefühl, degradiert gleichzeitig Luther zu einem Rädchen im großen Getriebe der Weltpolitik, was aber gut für ihn ist. Das Rädchen zu eliminieren ist nicht vordringlich, eilt nicht, viel wichtiger ist es, eine Streitmacht gegen die Türken und einen genehmen Kaiser zu bekommen.

Für komplizierte diplomatische Angelegenheiten hat der Papst seinen Kardinal Cajetan, einen intelligenten Kirchenkarrieristen. Er hat den klaren Auftrag, Luther zu vernehmen und zum Schweigen zu bringen, aber so, dass ihm nichts passiert. Cajetan soll ihn freundlich behandeln, damit der Kurfürst nicht vergrault wird. Am 12. Oktober 1518 soll dieses Verhör stattfinden. Im Prinzip bekommt Luther damit, was er sich knapp ein Jahr zuvor gewünscht hatte: die Gelegenheit, seine Thesen mit einem ranghohen Kirchenfunktionär zu diskutieren. Andererseits waren die äußeren Bedingungen nicht ganz so, wie er sie sich vorgestellt hatte.

Er wollte nicht verhört, sondern gehört werden. Und er wollte nicht hinter verschlossenen Türen, sondern öffentlich diskutieren, und nicht nur mit einem einzigen Abgesandten des

Papstes, sondern mit der ganzen Community der Kirche und der Theologie.

Aber Luther war zu diesem Zeitpunkt natürlich schon nicht mehr in der Lage, die Bedingungen zu diktieren, und musste schon froh sein, dass er wenigstens die Bedingung »in Rom« losgeworden war. Die andere Bedingung aber, eine wissenschaftliche Disputation, wenn auch unter Ausschluss der Öffentlichkeit, die würde er sich schon erkämpfen, dachte Luther. Er würde sich nicht vernehmen lassen wie ein Angeklagter, sondern diesen Cajetan in einen theologischen Disput verwickeln.

Doch davon weiß Cajetan nichts. Luther wird einfach widerrufen müssen, denkt Cajetan. Allein schon, weil wir so freundlich sind, auf die üblichen Mittel – Drohung, Folter, Zwang – zu verzichten, müsste dieser Störenfried doch gerne und dankbar die Chance ergreifen, durch Widerruf fröhlich am Leben zu bleiben.

Als sich die beiden erstmals einander gegenüberstehen, erkennen vermutlich beide auf Anhieb, dass sie nicht nur theologisch Antipoden sind. Hier der wenig weltgewandte, mit Tricks und Finessen nicht vertraute Luther, der das holprige Kirchenlatein deutscher Theologen spricht – dort der weltmännisch-erfahrene Diplomat Cajetan, der das elegante Latein der römischen Dichter spricht und hinter einer höflichen Maske den knallharten Verhandler verbirgt.[26]

Und so eröffnet der Kardinal das Gespräch mit Luther am 12. Oktober 1518 scheinbar freundlich und ehrerbietig mit der Mitteilung, dass er nicht disputieren, sondern die leidige Angelegenheit väterlich aus der Welt schaffen wolle. Eine Zeit lang reden die beiden daher aneinander vorbei. Cajetan argumentiert juristisch, zitiert Erlasse, Verfügungen, Dekrete. Luther argumentiert theologisch, zitiert die Briefe des Paulus, die Evangelien, die Propheten. Der eine beruft sich aufs irdische Kirchenrecht, der andere auf Gottes Weltgericht, und der Ton zwischen den beiden wird zunehmend schärfer. Schließlich spricht Cajetan Klartext: »Du wirst widerrufen müssen, ob du willst oder nicht.«

Luther bittet sich bis zum nächsten Tag Bedenkzeit aus, sortiert seine Gedanken, geht noch einmal alles durch und kommt zu dem Ergebnis: Kirchenrecht, Tradition und Menschenverstand sind für theologische Sachfragen nicht entscheidend. Das ist allein die Bibel. Und mit der Bibel lassen sich der Ablass, die Stellung des Papstes und noch vieles mehr nicht begründen.

Genau das sagt er am nächsten Tag dem verblüfften Kardinal. Und noch etwas macht er deutlich: Er möchte nicht, dass über seine Lehre per Befehl, allein durch päpstliche Macht entschieden wird. Er möchte, dass über die Wahrheit oder Falschheit seiner Thesen an Europas Universitäten öffentlich diskutiert wird.

Der Kardinal und dessen Begleiter sind entsetzt über so viel Sturköpfigkeit und den Leichtsinn, mit dem Luther seinen Kopf riskiert. Sie reden auf ihn ein, können nicht glauben, dass Luther ihr freundliches Angebot ausschlägt, bestürmen ihn, er solle doch widerrufen, nur eines einzigen Wörtleins – revoco – bedürfe es, und alles sei wieder im Lot.

Nicht für Luther. »Niemals«, sagt er.

Ein drittes Gespräch mit Cajetan endet wie die beiden Gespräche davor.

Cajetan probiert es ein viertes Mal. Jetzt legt er alle diplomatische Höflichkeit ab. Er will die Sache endlich abhaken. Lautstark monologisierend, seine ganze Macht und Amtsautorität ausspielend, mit Einschüchterung und Drohung fordert er Luther ein letztes Mal auf, zu widerrufen, sonst ….

»Fast zehnmal fing ich an zu reden«, berichtet Luther später seinen Freunden, »ebenso oft donnerte er mich nieder und redete allein. Endlich fing auch ich an zu schreien.«[27]

Endlich fing auch er an zu schreien – so geht es jetzt immer weiter.

Der Eindruck, den die beiden Streitparteien voneinander haben, verfestigt sich nun von Jahr zu Jahr. Für die Deutschen sind die »Römlinge« aalglatte, geschmeidige, intrigante, korrupte, verlogene, dekadente Südländer. Für die Italiener sind die Lutheraner die hässlichen Deutschen, ungebildete, jähzornige, hochmütige, trunksüchtige, unberechenbare, wankelmütige, grobschlächtige Barbaren.[28]

Wann immer die mächtige Kirche und der ohnmächtige Luther aufeinanderprallen, spielen die Römlinge ihre Überlegenheit aus, und vermutlich empfindet Luther auch eine gewisse Unterlegenheit, denn oft weicht er erst einmal zurück, bis er mit dem Rücken zur Wand steht. Dann aber springt er wie ein wildes Tier seine Gegner an, überschreitet seine Verteidigungslinie und verwandelt seine Ohnmacht mithilfe seiner Wortmacht in Gegenmacht. Je mehr sie ihn zu drangsalieren versuchen, desto entschlossener geht er in die Offensive.

In Rom ist längst klar, dass dieser Mann auf den Scheiterhaufen muss.

Luther wird klar, dass er sich nichts und niemandem mehr beugen wird, selbst wenn er auf den Scheiterhaufen muss. Er lässt nur noch einen Herrn über sich zu: Gott.

DER BRUCH, DER BANN UND DER
BEGINN EINER NEUEN ZEIT

Als Luther nach dem letzten Gespräch mit Cajetan gefragt wird, wie es denn jetzt weitergehen soll und wo er bleiben wolle, sagt er: »Unterm Himmel.« Was so viel heißt wie: in Gottes Hand.

Luther weiß jetzt, dass es sich bei dem Personal, mit dem er es zu tun bekommen hatte und noch zu tun bekommen würde, nicht um Glaubende und Gottesfürchtige handelt, sondern um Glaubensbeamte, professionelle Manager des Kirchenbetriebs, Karrieristen, Funktionäre, die selten oder noch nie um die Wahrheit gerungen, einen theologischen Gedanken gründlich durchdacht, geschweige denn existenziell durchlitten hatten. Die vielen Argumente, die sich Luther für das Gespräch mit Cajetan zurechtgelegt hatte, die befreienden Erkenntnisse, die er sich über viele Jahre mühsam erkämpft hatte, die existenziellen Erfahrungen im Ringen mit Gott – das alles hat diesen Kirchenkarrieristen überhaupt nicht interessiert.

War ja auch nicht mein Job, würde Cajetan heute darauf antworten. Ich bin doch nicht nach Augsburg gereist, um mich für die aus dem Ruder gelaufenen Gedanken eines unbedeutenden Mönches aus der Provinz zu interessieren. Vielmehr lautete mein Auftrag, die Störung, die von Luther ausging, zu beseitigen und ihm klarzumachen, dass es nur noch zwei Möglichkeiten gibt: Entweder du widerrufst und wirst fortan wieder still sein, oder du bekommst einen »fairen« Ketzerprozess, der im Feuer enden wird.

Luther in seiner unschuldigen Naivität war diese Klarheit des Cajetan'schen Auftrags vor seinem Gespräch wohl kaum so bewusst. Danach aber war er um eine Erfahrung reicher, zu der sich im weiteren Verlauf immer mehr ähnliche Erfahrungen gesellten, die ihn seiner einst geliebten Kirche zunehmend entfremdeten.

In unserer heutigen Sprache kann man diese Erfahrungen folgendermaßen zusammenfassen: So wie Cajetan sind sie alle, die ranghohen Kleriker. Keine Hirten sind sie, keine Seelsorger, keine Verkünder des Evangeliums, keine demütigen Sünder, sondern eitle Manager des Kirchenbetriebs, gewiss tüchtig, intelligent, fleißig, gebildet, weltgewandt, manche sogar sympathisch, andere arrogant, faul und überheblich, aber alle sind zuvörderst Profis der Macht, der sie dienen, die ihnen ihr Auskommen sichert, sie mit regelmäßigen Beförderungen erfreut, ihnen einen hohen sozialen Status und Privilegien verschafft. Ihr Bestreben ist es, gemäß ihrer Funktion innerhalb der Hierarchie der Macht möglichst reibungslos und effizient zu funktionieren. An so etwas wie Wahrheit, die ja doch meistens nur stört, ja sogar der eigenen Stellung und dem eigenen Betrieb gefährlich werden kann, besteht daher ausdrücklich kein Interesse. Das Schicksal ihrer anvertrauten Gläubigen ist ihnen schon seit Jahrhunderten so vollkommen gleichgültig wie die Botschaft dieses Christus, dem sie ja eigentlich dienen sollten. In den ihnen als »Hirten« anvertrauten »Schafen« vermögen sie nichts anderes zu erkennen als Futter und Zugvieh für ihren Betrieb, dessen Sinn es ist, sich selbst zu erhalten, zu wachsen und Macht, Geld, Besitz und Pfründe zu akkumulieren. Für dieses Ziel arbeiten sie hochprofessionell an jedem Tag von morgens bis abends. Begierig eignen sie sich jenes Wissen, Herrschaftswissen und Know-how an, das ihnen hilft, ihr Ziel zu erreichen. Alles andere blenden sie aus.

Und von diesen Typen soll ich mich fertigmachen lassen?, muss Luther gedacht haben, als er diese mit Cajetan gemachte Erfahrung verarbeitete. Sie gehen über Leichen und wollen auch über meine gehen, wollen mich zertreten wie eine Fliege. Sollen sie es versuchen, aber ich werde es ihnen so schwer wie möglich machen, ich habe der Welt noch einiges mitzuteilen, und erst, wenn ich alles gesagt habe, was zu sagen ist, werde ich bereit sein fürs Märtyrerschicksal.

So organisiert Luther seine Flucht aus Augsburg.

In der Nacht zum 21. Oktober wird er aus dem Schlaf gerissen und von Augsburger Bürgern auf Schleichwegen zum Stadttor geschmuggelt, hinausgeführt und auf ein bereitstehendes Pferd gesetzt. In der Kutte, »ohne Hosen, Stiefel, Sporn und Schwert«, wie er später erzählte, reitet er zehn Tage lang, bis er in Wittenberg ankommt.

Dort wird er von seinem Ordensoberen, Johannes von Staupitz, mit einer harten, aber wenig überraschenden Nachricht empfangen: Er, Staupitz, sei von seiner Ordenszentrale aufgefordert worden, ihn, Luther, »an Händen und Füßen gefesselt« einzusperren.

Staupitz war Luthers Beichtvater und geistlicher Lehrer, hat ihn über zehn Jahre hinweg begleitet, kennen und schätzen gelernt und ihn gefördert, hegte Sympathien für seine Ideen, und darum kommt es für den Ordensgeneral nicht infrage, den Befehl auszuführen. Reagieren aber muss er auf das Begehren der Zentrale. Daher legt er Luther nahe, den Orden zu verlassen.

Luther versteht, dass es wohl anders nicht geht, fügt sich. Staupitz entbindet ihn von seinem Gelübde, und Luther ist nun eigentlich kein Mönch mehr, nicht mehr Mitglied seines Ordens, kehrt aber – mit Staupitz' Erlaubnis – diskret ins Kloster zurück, wo er wieder sein Turmzimmer bezieht und dort weitermacht, wo er vor Augsburg aufgehört hat. Auf diese sanfte Tour torpediert Luthers Vorgesetzter ohne viel Aufhebens die Bemühungen Roms, des Ketzers habhaft zu werden.

Auch der Kurfürst spielt mit, leistet Widerstand. Er hat schon recht bald einen Brief von Cajetan erhalten. Inhalt: Luther sei entweder an Rom auszuliefern oder des Landes zu verweisen. Die päpstliche Tötungsmaschinerie war angesprungen. Es ist der 25. Oktober 1518. Die Lage wird nun allmählich wirklich ernst für Luther.

Wahrscheinlich waren die Wochen und Monate nach diesem 25. Oktober die letzte Zeitspanne, in der die Reformation noch zu stoppen gewesen wäre. Hätten der Kurfürst und Staupitz die Befehle aus Rom sofort ausgeführt, wäre es mit Luther und der Reformation vorbei gewesen. Hätten umgekehrt die Verantwortlichen der Kirche ein Gespür dafür gehabt, wie es im Volk gärte und wie dieser Luther der Stimmung des Volkes gegen die Kirche eine Stimme verlieh, hätten sie schnell ihr Kriegsbeil gegen Luther begraben, eine Reformkommission gegründet und Luther zu dessen Vorsitzenden gemacht. Aber hinter dicken Kirchenmauern merkt man zu spät, was die Stunde geschlagen hat.

Und zur Auslieferung Luthers kam es nicht. Staupitz torpedierte das Ansinnen aus Rom, indem er nach oben meldete, Luther sei nicht mehr Mitglied des Ordens und unterstehe daher nicht mehr den Machtbefugnissen des Ordens-Chefs. Und der Kurfürst zögerte die Sache einfach hinaus, was damals wesentlich einfacher war als heute, in Zeiten von E-Mail und Internet. Anweisungen aus Rom und Berichte nach Rom waren nicht schneller als die Pferde, mit denen sie transportiert wurden.

Dennoch: Auch ein Kurfürst kann eine rechtsverbindliche Anordnung von oben nicht ewig hinauszögern, das war ihm natürlich klar. Unklar war, was zu tun sei, wenn er sich durch weitere Verzögerungen selbst in Schwierigkeiten brächte. Doch dafür sorgen manchmal glückliche Zufälle oder göttliche Fügungen, so auch im Fall Luther.

Während Luthers Kurfürst und sein Orden die Sache mit der Verhaftung vor sich hindümpeln ließen, funkte die tagesaktuelle Weltpolitik in die Angelegenheit hinein. Im Januar 1519 starb Kaiser Maximilian. Jetzt hatte man in Rom keine Zeit mehr für Ketzerfragen und Luther-Ärger. Jetzt musste möglichst schnell ein der Kirche genehmer Nachfolger für Maximilian gefunden werden. Der spanische König Karl, ein Habsburger, also ausgerechnet der, den man in Rom nicht will, wird bereits für dieses Amt gehandelt. Kann man ihn noch verhindern? Wer käme noch infrage? Franz I. von Frankreich hat seinen Hut in den Ring geworfen. Den will man in Rom eigentlich auch nicht. Wen aber dann? Wie kann man von Rom aus die Sache so steuern, dass sie günstig ausgeht für das Anliegen des Klerus? Wie findet man einen Kaiser, der mächtig und stark genug ist, den Osmanen Paroli zu bieten, aber nicht so stark, dass er auch dem Papst in die Quere kommen kann? Schwierig. Wird wohl doch nicht so schnell gehen.

Und so war nun erst einmal Wahlkampf im Heiligen Römischen Reich, und dabei ging es zu wie in der FIFA und dem IOC. Es flossen reichlich Bestechungsgelder an die Wahlmänner. König Karl soll insgesamt 852 000 Gulden in die Waagschale geworfen haben, geliehen von den Fuggern, die ihn als Kaiser haben wollten. Sie wussten von den sagenhaften Silber- und Goldschätzen, welche die spanischen Schiffe aus Amerika nach Europa brachten, und dachten, mit solchen Leuten ließen sich bessere Geschäfte machen als mit dem päpstlichen Pleitier in Rom. Aber auch die Franzosen ließen sich nicht lumpen und halfen mit Geld nach, um ihren König Franz durchzusetzen. Die öffentliche Meinung der Deutschen, der Adel im Reich, die Bürgerschaft, die Professoren, die einflussreichen humanistischen Literaten fürchteten den französischen Einfluss insgesamt mehr als den habsburgischen. Karl war zwar in Burgund aufgewachsen, konnte nicht mal Deutsch, hatte aber deutsche männliche Vorfahren, war also irgendwie deutscher als der Franzose.

So neigte sich die Waage zugunsten des Königs Karl. Um diese Neigung zu stoppen, bot Papst Leo X. in seiner Not dem sächsischen Kurfürsten Friedrich dem Weisen an, ihn zum König zu machen, falls er wenigstens zwei Kurstimmen erhalte. Friedrich aber trug nicht umsonst den Beinamen »der Weise«. Er erkannte sofort, was auch der Papst wusste, und weshalb dieser ihn haben wollte: Er wäre ein schwacher König geworden, denn ihm fehlte die Machtbasis, Geld, Soldaten. Daher lehnte er ab, schlug sich auf Karls Seite und ermöglichte dessen einstimmige Wahl zum Kaiser am 28. Juni 1519 – allerdings nicht umsonst. Kein Profi tut einem anderen einen Gefallen ohne Gegenleistung.

Und so rang der weise Friedrich dem jungen, noch unerfahrenen Kaiser eine kleine Maßnahme für seinen Schützling Luther ab, allerdings ohne dessen Namen zu erwähnen. Die Maßnahme bestand in einer scheinbar unwesentlichen Änderung des Verfahrens beim Erlass der Reichsacht: Der Kaiser sollte über die von Rom Gebannten die Reichsacht erst dann verhängen, wenn diese zuvor von einem ordentlichen Gericht und in aller Öffentlichkeit gehört und vernommen worden waren.[29]

Friedrich, der alte Fuchs, hatte intelligent vorgesorgt für das, was unweigerlich kommen würde: die Bann-Androhungsbulle aus Rom für Luther. Sein sturer Luther wird sich davon nicht einschüchtern lassen, auch das war für Friedrich vorhersehbar. Also wird der Kirchenbann folgen. Auf den Kirchenbann hat automatisch die Reichsacht zu folgen.

Und beides zusammen, in »Acht und Bann« geschlagen zu sein, heißt, vogelfrei zu sein. Heißt wiederum, des Todes zu sein. Jeder kann einen Vogelfreien erschlagen, sich seines Besitzes ermächtigen, ihn irgendwo verscharren wie einen Hund. Wenn ein Ketzer – aus welchen Gründen auch immer – nicht der Kirche ausgeliefert werden kann, wird eben der Ketzer den Mördern und Räubern ausgeliefert.

In diesen Straf- und Tötungs-Automatismus hat der weise Kurfürst durch sein geschicktes Taktieren bei der Kaiserwahl mit seiner dem Kaiser aufgeschwatzten Reichsacht-Klausel eine Bremse eingebaut, die sich schon bald als lebensrettend erweisen sollte. Zunächst aber passierte erst mal nichts. Der Kaiser war zwar gewählt, aber noch nicht gekrönt. Es dauert mehr als ein weiteres Jahr, bis ihm im Herbst 1520 in Aachen die Krone aufs Haupt gesetzt wird.

So vergingen zwischen dem Tod des alten und der Krönung des neuen Kaisers fast zwei Jahre, während denen der Fall Luther ruhte, weil Papst, Kaiser und die Fürsten Wichtigeres zu regeln hatten. In diesen zwei Jahren entschied sich das Schicksal der Reformation. In diesen zwei Jahren ratterten die Druckmaschinen im ganzen Land und verbreiteten Luthers Schriften immer weiter. Er sorgte für stetigen Nachschub, und so setzte eine Entwicklung ein, die allmählich unumkehrbar wurde.

Die alten Eliten in der Kirche und im Staat hatten die revolutionären Folgen des Buchdrucks nicht auf dem Schirm, hatten keine Vorstellung von der Informationsbeschleunigung, die von dieser Erfindung ausgehen würde, wussten nicht, wie viele Druckmaschinen es schon gab und wo überall sie ihre Arbeit verrichteten, und hatten lange nicht gemerkt, wie sich durch die neue Technik etwas ganz Neues, noch nie Dagewesenes aufbaute: eine öffentliche Meinung, die nicht mehr so leicht wie früher durch Zensur zu stoppen sein würde, eine öffentliche Debatte, die von keiner Macht mehr unterbunden werden konnte, ein öffentlicher Informationsfluss, an dem jeder des Lesens Kundige, aber auch der Unkundige – durch gedruckte

Bilder, Karikaturen und mithilfe von Vorlesern – teilnehmen konnte.

Während die alten Eliten den Epochenwechsel verschlafen, ist Luther hellwach, gerät in einen wahren Schaffensrausch, schreibt, redet, predigt, lehrt und diskutiert wortmächtig, für alle verständlich und so aufregend, dass die Zuhörer in Scharen zu ihm kommen. Und Luther genießt es, fühlt sich beim Predigen wie eine Bauersfrau, die ihre Kinder an die Brust legt. »Man soll auf der Kanzel die Zitzen herausziehen und das Volk mit Milch tränken.« Und das Volk trinkt. Es ist nicht nur harmlose Milch, womit Luther sein Volk säugt, auch scharfe, mit allerlei Ausfällen gegen Rom gewürzte Unflätigkeiten gibt er ihm zu trinken. Luther wird immer frecher, immer polemischer, immer rücksichtsloser gegenüber Rom. Und dadurch immer interessanter für die Öffentlichkeit.

Den innerlich letzten Schritt macht er bei seinem berühmten Streitgespräch mit Johannes Eck. Der süddeutsche Theologe, ein brillanter Intellektueller, vermutlich fürstlich bezahlt von den Fuggern, führte Luther aufs Glatteis. Eck konfrontierte Luther mit Sätzen, die von dem ein Jahrhundert zuvor in Konstanz verbrannten Ketzer Jan Hus stammen. Und Luther lässt sich tatsächlich zu der Aussage provozieren, die Eck aus ihm herauskitzeln wollte: Hus hat recht. Nicht der Papst, sondern Christus ist das Haupt der Kirche, und darum habe in der Kirche Christus das letzte Wort, und nicht der Papst.

Das aber ist die Ketzerei, wegen der das Konzil in Konstanz Hus verdammt und auf dem Scheiterhaufen verbrannt hat. Eck triumphiert und erwartet, dass Luther nun einen Rückzieher macht. Tut er aber nicht. Im Gegenteil. Er geht noch einen Schritt weiter und sagt: Auch Konzilien können irren und haben geirrt.

Die Zuhörer im Saal schreien auf vor Schreck, denn damit

hat Luther die nächste Eskalationsstufe gezündet: Nicht nur, was der Papst bestimmt, ist Luther egal, auch den Beschlüssen der Konzilien spricht er die Autorität ab. Das bedeutet den endgültigen Bruch mit der Kirche, und zugleich hat Luther damit sein eigenes Todesurteil ausgesprochen, denken die Zuhörer, auch Eck, der sich nun stolz zugutehält, Luther eindeutig, endgültig und in aller Öffentlichkeit als Ketzer überführt zu haben.

Aber für Luther war es gut so. »Der Eck hat mich munter gemacht«, wird Luther später sagen. »Er hat mich auf Gedanken gebracht, da ich nimmer sonst hingekommen wäre.«

Tatsächlich hätte es ohne Eck wohl länger gedauert, bis Luther auch die Konzilsbeschlüsse als »nicht bindend« verworfen hätte, denn wenn er von Eck nicht so in die Enge getrieben worden wäre, wäre ihm sicher ein schwerwiegendes Problem der reformatorischen Entwicklung bewusst geworden: Wer soll in Streitfragen verbindlich entscheiden, was wahr oder unwahr sei, wenn es weder der Papst noch die Konzilien sind? Luther etwa? Sollen wir statt des Papstes nun Luther als oberste Autorität anerkennen?

Luther hat erst nach dem Disput mit Eck Zeit, darüber nachzudenken und findet schließlich eine Antwort, die er zunächst für sich behält, weil sie ihn in ihrer Radikalität selber verwundert und ihm möglicherweise nicht ganz geheuer ist: Natürlich wolle er sich nicht an die Stelle des Papstes setzen, nein, denkt Luther, das Gewissen sei es, das Gewissen eines jeden Einzelnen sei die letzte Instanz, die darüber entscheidet, was zu denken und tun richtig und gut sei. In aller Deutlichkeit öffentlich aussprechen wird er das aber erst einige Zeit später auf dem Reichstag in Worms.

Ist ihm klar, was das bedeutet? Vermutlich nicht sofort. Erst später äußert er selbst den Gedanken: Da kann es also sein, »dass der ganze Haufen mit allen großen Hansen irrt und eine ungerechte Sache verteidigt«, während die Wahrheit nur bei ein paar wenigen ist. Schwindelt ihm selbst vor den Konsequenzen dieser Einsicht? Schon ein wenig. Aber mit schlafwandlerischer Sicherheit hält er gelassen dagegen: »Wenn du Gottes Wort hast, kannst du sagen: Was brauche ich weiter zu fragen, was die Konzilien sagen?«

Das in Gott verankerte Gewissen als letzte Instanz, die über dem Papst und über den Konzilien steht – das ist ein revolutionär neuer Gedanke, den Luther da denkt, und dass er sich damit selbst der Ketzerei überführt hat, schreckt ihn nun nicht mehr. Im Gegenteil: Nach ausführlicher Prüfung vor seinem Gewissen kommt Luther zu dem Schluss, dass jetzt eben seine Ketzerei die rechtgläubige Lehre ist, weshalb er der römischen Kirche selbstbewusst und reinen Herzens sagt: »Frömmere Ketzer habt ihr nie gehabt, werdet sie auch nicht frömmer kriegen. Bittet Gott, dass sie euch mögen erhalten bleiben«, denn seine Ketzerei richtet sich ja nicht gegen Gott, sondern gegen eine irdische Organisation namens Kirche.

Innerlich hat er also jetzt den Bruch mit seiner Kirche vollzogen. Bis er ihn auch öffentlich und endgültig vollzieht, vergeht noch eine gewisse Zeit. Während jener Zeit verfasst er eine Streitschrift nach der anderen: *An den christlichen Adel deutscher Nation; Von der Freiheit eines Christenmenschen; Von dem Papsttum zu Rom; Von der babylonischen Gefangenschaft der Kirche* (1520).

Alle sind sie gegen Rom gerichtet. Alle bestreiten die Autorität des Papstes, alle betonen, worauf allein es ankommt in einem Christenleben: Glaube, Gnade, Schrift, Christus. Es braucht keine Heiligen und keine Priester als Mittler zwischen Mensch und Gott, es braucht keine Mönche und Nonnen, keine Reliquien, Prozessionen, Wallfahrten, Pilgerreisen. Jeder ist ein Kind Gottes und jeder dient ihm am besten dort, wo er von Gott hingestellt wurde, also in seinem Beruf, und die Arbeit, die er dort ausführt, ist heiliger als das scheinheilige Leben der Priester, Mönche und Nonnen. Der klerikale Stand wird abgewertet, der weltliche Stand wird aufgewertet.

Luthers Zeitgenossen schlackern nur noch mit den Ohren. Sie reißen sich um seine Schriften. Eine Auflage nach der anderen verlässt die Druckerpressen. Ein Drittel dessen, was während der ersten Hälfte des 16. Jahrhunderts auf Deutsch gedruckt wurde, stammt von Luther.[30]

Ab dem Jahr 1520 sind seine Gedanken in der Welt. Wer jetzt noch versucht, ihn zu verbrennen, kommt zu spät. Man könnte ihn zwar verbrennen, man könnte auch seine Schriften verbrennen. Seine Lehre aber nicht mehr. Ideen lassen sich nicht töten. Und Verbranntes kann man nachdrucken. Irgendwo gibt es immer noch ein Exemplar, das dem Feuer entging. Kaiser und Papst haben das Steuer nicht mehr allein in der Hand.

Die kirchliche Amtsgewalt versucht natürlich trotzdem zu stoppen, was nicht mehr zu stoppen ist. Nachdem der Kaiser gekrönt ist, rollen sie den Fall Luther in Rom wieder auf. Der Papst schickt ihm, wie es Friedrich der Weise erwartet hat, die Bann-Androhungs-Bulle nach Wittenberg. Die Drohung ergeht nicht nur an Luther, sondern auch an seine Anhänger und die Obrigkeit, und sie lautet: Wer Luthers Lehre verbreitet, seine Schriften besitzt und nicht verbrennt, verfällt der Exkommunikation. Sie haben sechzig Tage Zeit dazu. Luther kann während dieser Frist in den sächsischen Bischofskirchen von Meißen, Merseburg oder Brandenburg schriftlich oder durch persönliches Erscheinen widerrufen und dadurch seine volle Kirchenmitgliedschaft wiederherstellen.

Die sechzig Tage vergehen und die Obrigkeit hat keine einzige Schrift Luthers verbrannt. Luther widerruft nicht, sondern denkt die ganze Zeit nur, was er schon früher gesagt hat: Wenn ich Gottes Wort habe, was brauche ich weiter zu fragen, was der Papst oder die Konzilien sagen? Ich bin mir meiner Sache sicher und mit mir im Reinen.

Und dann, am 10. Dezember 1520, einen Tag nach Ablauf der Widerrufsfrist, nimmt er die Bann-Androhungsbulle des Papstes und verbrennt sie öffentlich vor dem Elstertor in Wittenberg. Mehrere Ausgaben des *Corpus iuris canonici*, Sammlungen des römischen Kirchenrechts, verbrennt er gleich mit und spricht dazu die Worte: »Weil du die Wahrheit Gottes verderbt hast, verderbe dich heute der Herr.« Luther, der kleine Mönch aus der sächsischen Provinz, exkommuniziert die Papstkirche kraft der Vollmacht seiner vor Gott und seinem Gewissen geprüften Glaubensgewissheit. Luther spricht vom Papst hinfort nur noch vom »leibhaftigen Antichrist«.

Das ist der endgültige Bruch. Ab jetzt gibt es kein Zurück mehr. Hunderte von Wittenberger Studenten, Professoren und Bürger wohnen der Sache bei, jubeln Luther zu, und wieder sorgen die vielen Druckereien des Reiches für eine schnelle Verbreitung der neuesten Nachrichten vom Ketzer aus Wittenberg. Die Profis in Rom merken nicht, wie sie selbst mit jedem weiteren Versuch, Luther mundtot zu machen, am meisten dazu beitragen, dass sich alle Welt für Luther zu interessieren beginnt und ihm die Sympathien des Volkes zufliegen.

In Rom haben sie noch immer nicht verstanden. Er hat die Bann-Androhungsbulle verbrannt? Umso besser, denken sie. Dann folgt jetzt eben der Bann und dann wird das Problem Luther gelöst sein.

Sie merken nicht, dass große Teile des Volkes, zahlreiche Fürsten, Professoren und Adlige überhaupt nicht damit einverstanden sind, wie hier der Papst die geistige Auseinandersetzung verweigert und sich durch pure Machtausübung des Problems Luther zu entledigen versucht. Rom wähnt sich im Recht.

Viele Menschen aber fragen sich jetzt, ob denn das Recht, mit dem Luther der Prozess gemacht wurde, so gut begründet und legitimiert ist, dass alle, die ihm unterliegen, das Gefühl haben, es mit einem guten, einem gerechten Recht zu tun zu haben. Nicht mehr das Recht interessierte, sondern die Legitimität des Rechts.

Weil Rom diese Frage nicht beantwortete, ja nicht einmal zur Kenntnis nahm, glaubte man dort, das Problem Luther so lösen zu können, wie immer. Gleichgültig, routiniert und in der trügerischen Sicherheit, unangreifbar zu sein, warf die Sakramentenverwaltungsbehörde ihre Ketzermühle an, spuckte die Bannbulle aus und hakte das Problem als erledigt ab.

Am 3. Januar 1521 wird die Bulle im ganzen Reich publik gemacht und damit der Öffentlichkeit mitgeteilt, dass Luther aus der Gemeinschaft der Gläubigen ausgestoßen und der Umgang mit ihm untersagt ist. Der Rest ist nur noch Formsache. Der Kaiser muss nun automatisch die Reichsacht über Luther aussprechen, ihn verhaften lassen und nach Rom ausliefern, damit dieser Trottel endlich seiner gerechten Strafe zugeführt werden kann.

Nur: So glatt und reibungslos wie früher läuft die Ketzer-Erledigungsmaschine nicht mehr. Kaum dass ihr Motor angeworfen wurde, gerät er auch schon ins Stottern und wird abgewürgt vom Kurfürsten Friedrich dem Weisen. Der erinnert nun den Kaiser an die Klausel, die er auf dem Reichstag in Augsburg unterschrieben hat: Jeder, der zur Ächtung freigegeben werden soll, muss vorher angehört werden.

Der Kaiser hält sein Versprechen, gegen heftigen Widerstand aus Rom. Luther soll im April 1521 zum nächsten Reichstag nach Worms kommen. Ihm wird »freies Geleit« versprochen, das heißt, er darf als freier Mann an- und auch wieder abreisen.

In Rom findet man sich damit ab und denkt: Na gut, das wird die Sache um ein paar Monate verzögern, aber danach wird endgültig Schluss sein.

Dann reist Luther nach Worms. Showdown. Reichstag. Die größte denkbare Bühne, die es damals gab. Die Reise nach Worms gerät zum Triumphzug. Dank der vielen Bilder aus Lucas Cranachs Werkstatt wird er erkannt, wo immer er gerade Station macht. Die Menschen jubeln ihm zu.

Und dennoch: Wohl ist Luther nicht dabei. Es könnte der letzte Triumph vor seinem Tod sein. Er weiß, dass er in Worms verbrannt werden kann, aber: Er ist sich seiner Sache so gewiss, dass er jetzt auch bereit wäre, den Tod in Kauf zu nehmen. Natürlich hofft er trotzdem, ihm zu entgehen, hofft auf den jungen Kaiser, der noch nicht in die Händel der Kirche verstrickt ist, hofft auf die Möglichkeit, doch noch einmal all seine Argumente vortragen zu dürfen und den Kaiser und vielleicht sogar die Kirchenvertreter zu überzeugen. Obwohl er schon mehrmals die Erfahrung gemacht hat, dass die Obrigkeit nicht diskutiert, sondern nur befiehlt, fährt er mit dem Fünkchen Hoffnung nach Worms, dort seine Sache vor dem Kaiser ausfechten zu können.

Natürlich irrt er sich. Wieder dasselbe Spiel wie mit Cajetan. Niemand interessiert sich für die Frage, ob Luther vielleicht recht haben könnte.

Auf einem Tisch liegen zwanzig seiner Schriften, und man hat dazu nur zwei Fragen an ihn: Hast du das alles geschrieben, was hier vorliegt? Und Luther antwortet, ja, das habe er geschrieben.

Aber das sei eine Irrlehre, bekommt er gesagt, und daher stellt man ihm die zweite Frage: Bist du bereit zu widerrufen?

Niemand will jetzt noch Argumente hören, gar mit Luther diskutieren. Zur Überraschung vieler bittet er sich einen Tag Bedenkzeit aus.

Wozu noch Bedenkzeit? Er hatte doch sechzig Tage Zeit, über die Bann-Androhungsbulle nachzudenken, und hat darauf eine klare Antwort gegeben, indem er sie verbrannte. Warum also sagt er jetzt nicht, dass er sich weigere zu widerrufen? Ist er im letzten Moment doch noch unsicher geworden? Fürchtet er seinen Tod? Manche seiner Freunde, aber auch seiner Gegner, beginnen an Luthers Standhaftigkeit zu zweifeln. Und unterschätzen ihn.

Selbstverständlich war er entschlossen, nicht zu widerrufen. Aber er wollte sich nicht einfach mit einem kurzen Nein aus Worms verabschieden, sondern in seine Antwort vor diesem höchsten Gremium des Reiches seine wichtigsten Argumente packen. Die Formulierung dieser Antwort musste er sich genauestens überlegen, denn nun war klar, dass man ihm nur wenige Sätze zugestehen würde.

Und so tritt er am nächsten Tag wieder vor die höchsten Repräsentanten des Reiches und sagt, er bekenne sich zu seinen Schriften. Und diese teilt er in drei Kategorien ein: erstens die seelsorgerlichen, die allgemein anerkannt würden und keines Widerrufs bedürften, zweitens die Schriften gegen das Papsttum, die sich auf die Bibel, die Kirchenväter, kirchenkritische Stimmen aus dem Reich und sogar auf einzelne Aussagen des Rechts berufen und deshalb nicht zu widerrufen sind, und drittens seine Schriften gegen einzelne römische Theologen. Hier gestand er ein, vielfach zu heftig gewesen zu sein, doch in der Sache zu keinem Widerruf Anlass zu haben.

Aber dennoch, so sagt er, sei er »wohl bereit, wenn ich gründlich belehrt bin, jeden Irrtum zu widerrufen, und ich werde der Erste sein, der meine Bücher ins Feuer wirft. Aus diesem allen, glaube ich, geht klar hervor, dass ich mich genügend bedacht und die Gefahren und den Streit erwogen habe, die aus Anlass meiner Lehre auf der Erde erweckt wurden.« Er will, dass sie sich endlich inhaltlich mit ihm streiten. Sein letzter Versuch.

Doch deren Geduld ist längst zu Ende. Genug jetzt, sagen sie, widerrufst du oder nicht?

Und da wirft Luther den höchsten Autoritäten des Staates und der Kirche eine ungeheure Provokation vor die Füße, indem er sie fragt: Wenn ich nicht durch Zeugnisse der Schrift und klare Vernunftgründe überzeugt werde, warum soll ich dann widerrufen? Nur weil der Papst oder irgendwelche Konzilien es fordern? Die haben sich schon öfter selbst widersprochen und sogar geirrt. Was von ihm zu fordern sei, habe daher er allein mit seinem Gewissen vor Gott zu bestimmen, denn es »ist unsicher und bedroht die Seligkeit, etwas gegen das Gewissen zu tun. Gott helfe mir, Amen!«

Dass Luther »Hier stehe ich und kann nicht anders!« gesagt haben soll, ist schon wieder eine Erfindung derer, denen eine gute Geschichte mindestens so wichtig ist wie das eine oder andere Detail der Wahrheit. Aber die Pointe der Geschichte steckt sowieso nicht in diesem »Hier stehe ich«. Diese steckt vielmehr in den drei Wörtchen »Zeugnisse der Schrift«, »Vernunft« und

»Gewissen«. Sie sind die große, welterschütternde Provokation. Ein kleines, unbedeutendes Individuum mit der Bibel, seinem Verstand und seinem Gewissen steht vor den mächtigsten Autoritäten der Welt und sagt ihnen: Ihr seid abgesetzt. Mit Eurer Macht und Autorität ist es vorbei. Das hier sind die drei neuen Autoritäten einer neuen Zeit: Schrift, Vernunft und Gewissen.

Das hatte vor Luther noch keiner gesagt im Heiligen Römischen Reich Deutscher Nation. Der entsetzte Reichssprecher rief aus, was in diesem Moment viele dachten, die im Saal anwesend waren und Luther gehört hatten: »Martin, lass dein Gewissen fahren! Du bist im Irrtum!« Sich auf sein privates Gewissen berufen – da könnte ja jeder kommen!

Im Sitzungssaal wird es nun unruhig, lautes Durcheinander entsteht. Der Kaiser erhebt sich, geht wortlos und hat vermutlich so wenig verstanden, was soeben passiert ist, wie alle anderen, einschließlich Luther. Martin aber wirft beide Arme in die Luft und lacht und schreit: »Ich bin hindurch! Ich bin hindurch!«

Ja, er war hindurch, insofern er der Erste war, der auf dem Reichstag in Worms einfach eine grundlegend neue Spielregel in die Welt setzte und danach spielte. Was künftig gelten soll, so lautet nun die neue Regel, muss einen Grund in der Bibel haben, vor der allgemein menschlichen Vernunft Bestand haben und von dem Gewissen eines jeden Einzelnen verantwortet werden können. Und wenn diese drei Bedingungen nicht erfüllt sind, dann können Kaiser, Papst und Konzilien beschließen, was sie wollen, es hat für einen freien Christenmenschen keine Gültigkeit mehr.

Damit, so wird gesagt, habe Luther das Tor zur Neuzeit aufgestoßen. Deshalb sei er einer der Wegbereiter der Aufklärung gewesen.

Ganz so einfach war es aber auch wieder nicht. Zwar hört es sich tatsächlich sehr neuzeitlich an, wenn sich einer im 16. Jahrhundert auf Vernunft und Gewissen beruft, aber im Falle Luthers wird dabei etwas Entscheidendes überhört: Stets hat er sich auf ein im Wort Gottes gefangenes Gewissen berufen, nie auf ein autonomes. Und auch die Vernunft ließ Luther nur gelten, wenn sie in der Schrift wurzelte. Auf diese »Krücken« – Gott und die Schrift – meinten die späteren Aufklärer getrost verzichten zu können. Luther wäre damit wohl kaum einverstanden gewesen.

Wenn es auch übertrieben ist, zu sagen, Luther habe das Tor zur Neuzeit aufgestoßen: Die Klinke gedrückt und um einen Spalt geöffnet, das hat er getan. Hindurchgegangen ist er selber nie. Hindurchgegangen ist er durch die Versuchung, sein Leben zu retten durch Widerruf. Hindurchgegangen ist er durch das Feuer innerer Zweifel und Ängste, durch Ringkämpfe mit den Mächten dieser Welt und durch Kämpfe um die Wahrheit. Und nun denkt er: Sollen sie mich doch verbrennen, der Ertrag meiner Kämpfe wird bleiben.

Abb. 1: Martin Luthers Geburtshaus in Eisleben wurde 1689 durch einen Brand zerstört, diente danach als Armenschule und zugleich als Luther-Gedenkstätte. Gedenkstätte ist das Haus noch heute.

Abb. 2: Luthers Vater Hans – die erste Autorität, gegen die Martin sich auflehnte. Und durchsetzte.

Abb. 3: Luthers Mutter Margarete wirkt auf diesem Bild arm und verhärmt. Aber arm war sie nicht. Ihre stattliche Mitgift bildete den Grundstein für den Wohlstand der Familie.

Abb. 4: Friedrich der Weise, Kurfürst von Sachsen, hat mit Luther nie persönlich gesprochen, ließ ihn aber stets gewähren und hielt seine schützende Hand über ihn bis zuletzt.

Abb. 5: Philipp Melanchthon, hochgebildet und gelehrt, war Luthers wichtigster Partner, der dessen ungestüme Neuerungen systematisierte und theologisch fundierte.

CLARISSIMUS · ET · DOCTISSIMUS · DOC
TOR · NICOLAUS · COPERNICUS · TORU-
NENSIS · CANONICUS · WARMIENSIS
ASTRONOMUS · INCOMPARABILIS 1575

Abb. 6: Nikolaus Kopernikus stellte Luthers neuem Bild von Gott
ein neues Bild von der Welt zur Seite, das Luther aber verwarf. Er blieb
dem mittelalterlichen Weltbild verhaftet.

AETHERNA IPSE SVAE MENTIS SIMVLACHRA LVTHERVS
EXPRIMIT·AT VVLTVS CERA LVCAE OCCIDVOS
·M·D·X·X·

Abb. 7: Luther als Mönch – eines der vielen Bilder, mit denen Lucas
Cranach den Reformator populär machte im ganzen Reich.

Abb. 8: Ohne Gutenbergs Erfindung der Druckerpresse wäre die Reformation nicht möglich gewesen. Und alles Weitere auch nicht. Deshalb wird die Epoche, die ihr folgte, heute »Gutenberg-Galaxis« genannt.

Abb. 9: Katharina von Bora, Mitbegründerin der Institution des protestantischen Pfarrhauses. Aber als Luther starb, wurde sie in den großen
Reden, die gehalten wurden, mit keinem Wort erwähnt.

Abb. 10: Das Flugblatt aus dem Jahr 1530 nennt »drei Feinde des deutschen Geldes«: den Papst und dessen Ablassbriefe, die Kaufleute und
die sich ständig ändernde Mode in der Bekleidung.

Abb. 11: Christoph Kolumbus' Entdeckung Amerikas hatte Luther nicht interessiert. Später machten die europäischen Auswanderer den nördlichen Teil des Kontinents protestantisch.

Abb. 12: Kaiser Karl V., jener mächtige Herrscher, dem Luther sein »Hier stehe ich« entgegenschleuderte. Verstanden hatte der Kaiser das wohl nie.

Abb. 13: Albrecht Dürer, der die Renaissancemalerei aus Italien nach
Deutschland brachte und aus ihr seinen eigenen Stil entwickelte, war
ein glühender Anhänger der Reformation.

Abb. 14: Der Papst-Esel, eine der vielen Karikaturen gegen Rom.
Von Political Correctness war noch nicht die Rede, aber die Gegenseite
wusste sich genauso deftig zu wehren.

Abb. 15: Mit seinen 95 Thesen gegen den Ablass wollte Luther eigentlich nur eine Diskussion anzetteln, nicht die Kirchenspaltung. Dass es anders kam, überraschte ihn selbst am meisten.

Abb. 16: Portal mit den 95 Thesen an der Schlosskirche Wittenberg, 2016 – heute wissen wir: Es war gar nicht Luther, sondern der Pedell, der die Thesen an die Kirchentüren schlug.

Abb. 17: Die Reformation war kein Werk der Tat, sondern ein Werk des Worts, sprich: der zahlreichen Schriften Martin Luthers. Eine davon war eine Erklärung der zehn Gebote.

+ 1525.

Sichem excudit.

TOMAS MVNCER PREDIGER ZV ALSTET IN DVRINGEN.

Abb. 18: Thomas Müntzer verstand Luthers »Freiheit eines Christenmenschen« anders als Luther und wurde darüber zu dessen Antipoden und zum Anführer der Bauernkriege.

Abb. 19: Luther empfand den Aufstand der Bauern gegen die Obrigkeit als einen Aufstand gegen die göttliche Ordnung. Deshalb schlug
er sich auf die Seite der Fürsten.

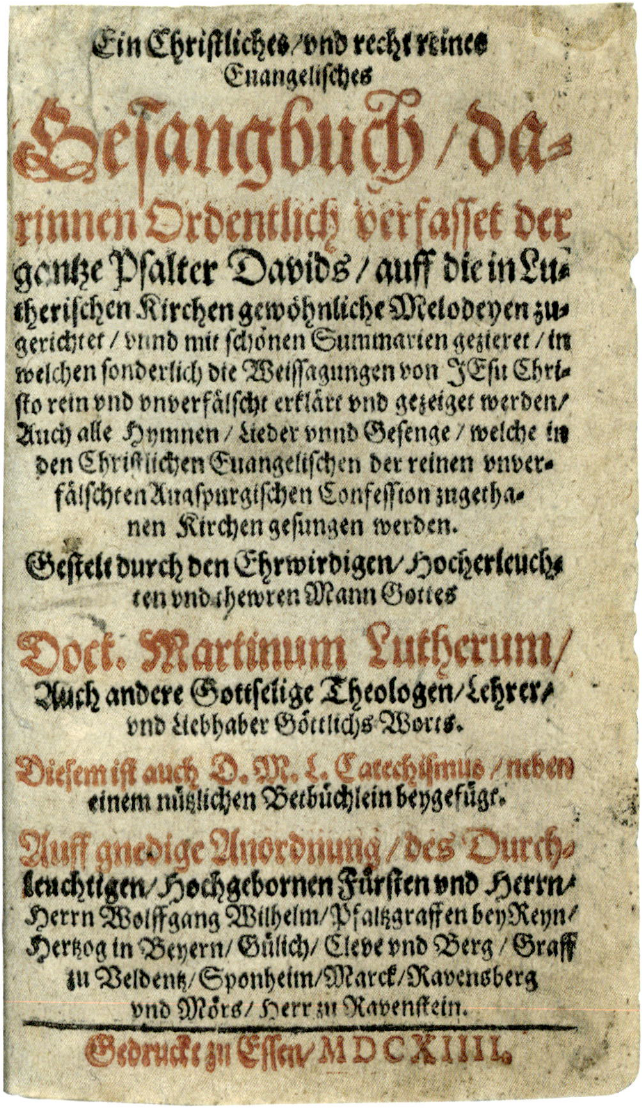

Ein Christliches/ vnd recht reines Euangelisches

Gesangbuch / da-

rinnen Ordentlich verfasset der gentze Psalter Davids / auff die in Lutherischen Kirchen gewöhnliche Melodeyen zugerichtet / vnnd mit schönen Summarien gezieret / in welchen sonderlich die Weissagungen von JEsu Christo rein vnd vnverfälscht erkläret vnd gezeiget werden/ Auch alle Hymnen / Lieder vnnd Gesenge / welche in den Christlichen Euangelischen der reinen vnverfälschten Augspurgischen Confession zugethanen Kirchen gesungen werden.

Gestelt durch den Ehrwirdigen/ Hocherleuchten vnd thewren Mann Gottes

Doct. Martinum Lutherum/

Auch andere Gottselige Theologen/Lehrer/ vnd Liebhaber Göttlichs Worts.

Diesem ist auch D. M. L. Catechismus / neben einem nützlichen Betbüchlein beygefügt.

Auff gnedige Anordnung / des Durchleuchtigen/ Hochgebornen Fürsten vnd Herrn Herrn Wolffgang Wilhelm/ Pfaltzgraffen bey Reyn/ Hertzog in Beyern/ Gülich/ Cleve vnd Berg / Graff zu Veldentz/ Sponheim/ Marck/ Ravensberg vnd Mörs/ Herr zu Ravenstein.

Gedruckt zu Essen/ MDCXIIII.

Abb. 20: Ein christliches/evangelisches Gesangbuch, Titelblatt der Erstausgabe, 1614

Abb. 21: Luther bei seinem wichtigsten Amt: Predigen. Das sei, als ob man auf der Kanzel die Zitzen herausziehe und das Volk mit Milch tränke, sagte er einmal.

Abb. 22: Die berühmte Lutherstube auf der Wartburg, wo Luther als »Junker Jörg« das Neue Testament übersetzte.

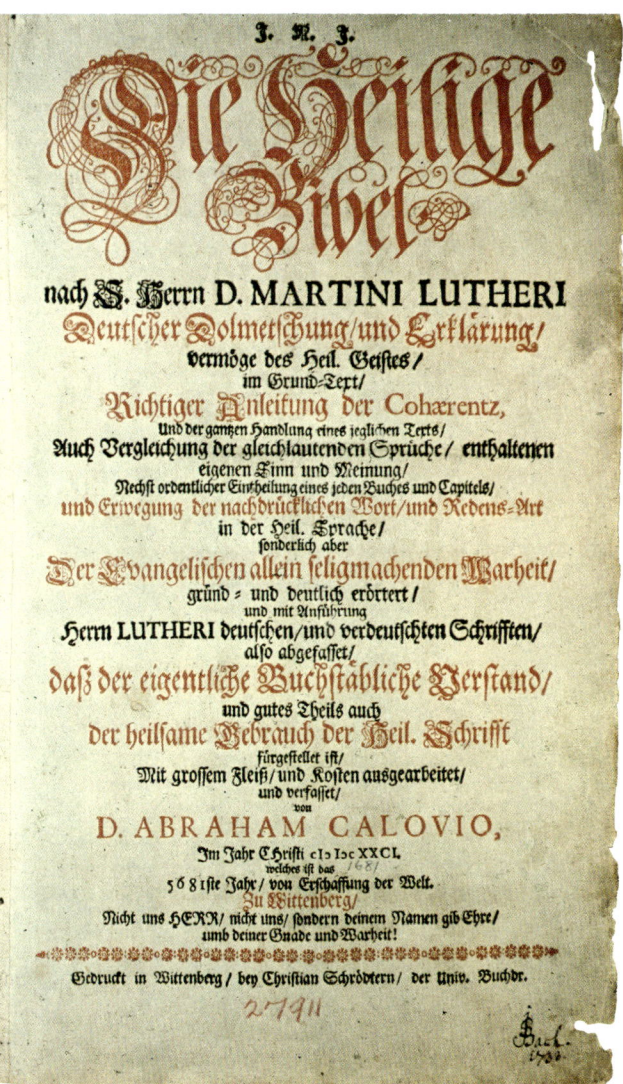

J. N. J.

Die Heilige

Bibel

nach S. Herrn D. MARTINI LUTHERI
Deutscher Dolmetschung/ und Erklärung/
vermöge des Heil. Geistes/
im Grund-Text/
Richtiger Anleitung der Cohærentz,
Und der gantzen Handlung eines jeglichen Texts/
Auch Vergleichung der gleichlautenden Sprüche/ enthaltenen
eigenen Sinn und Meinung/
Nechst ordentlicher Eintheilung eines jeden Buches und Capitels/
und Erwegung der nachdrücklichen Wort/ und Redens-Art
in der Heil. Sprache/
sonderlich aber
Der Evangelischen allein seligmachenden Warheit/
gründ- und deutlich erörtert/
und mit Anführung
Herrn LUTHERI deutschen/ und verdeutschten Schrifften/
also abgefasset/
daß der eigentliche Buchstäbliche Verstand/
und gutes Theils auch
der heilsame Gebrauch der Heil. Schrifft
fürgestellet ist/
Mit grossem Fleiß/ und Kosten ausgearbeitet/
und verfasset/
von
D. ABRAHAM CALOVIO,
Im Jahr Christi cIɔ Iɔc XXCI.
welches ist das 1681
5 6 8 1ste Jahr/ von Erschaffung der Welt.
Zu Wittenberg/
Nicht uns HERR/ nicht uns/ sondern deinem Namen gib Ehre/
umb deiner Gnade und Warheit!

Gedruckt in Wittenberg/ bey Christian Schrödevern/ der Univ. Buchdr.

27911

Abb. 23: Eine Lutherbibel kostete zu Luthers Zeiten so viel wie ein Ochse mit einem Karren, heute so viel wie eine viertel Tankfüllung für einen Mittelklassewagen.

Abb. 24: Erasmus von Rotterdam, einer der wichtigsten Humanisten nördlich der Alpen, fühlte sich anfangs Luther verbunden, scheiterte aber später an dessen Dogmatismus.

Abb. 25: Ein Ausdruck christlicher Judenverachtung ist die an vielen Kirchen angebrachte »Judensau«. Luthers Judenhass gehört zu dessen beschämendsten Seiten.

ÆTATIS SVÆ LXXVII·
·1 5 5 0·

Abb. 26: Neben dem Theologen Melanchthon war der Maler Lucas Cranach die wichtigste Person für Luther. Cranach popularisierte Luther als Doktor, Reformator, Ehemann, Familienvater.

Abb. 27: »Die Lutherin«, wie Katharina genannt wurde, baute aus dem Wittenberger Kloster einen kleinen mittelständischen Betrieb auf, der es Luther ermöglichte, ein großes Haus mit vielen Gästen zu führen.

Abb. 28: Nicht nur auf der Wartburg, auch im ehemaligen Kloster in Wittenberg gibt es eine Lutherstube. Hier hielt Luther im Kreis von Gästen und der Familie seine berühmten Tischreden.

Abb. 29: Luther starb ganz normal im Frieden mit Gott – dies öffentlich und mit Bild mitzuteilen, war wichtig, denn die Gegner behaupteten, er sei gleich nach dem Tod zur Hölle gefahren.

EIN FÜRST VERSTECKT SEINEN
UNTERTAN VOR PAPST UND KAISER

Luther war nun also »durch«. Die Welt aber war es noch lange nicht. Die Kirche sowieso nicht. Zwar war klar: Er ist des Todes. Aber wird danach wieder Ruhe einkehren im Land?

Aus der Rückschau lautet die Antwort: Egal, ob wir ihn umbringen oder weiter gewähren lassen – es ist vorbei. So oder so haben wir jetzt soeben den Anfang vom Ende der Alleinherrschaft von Papst und Kirche erlebt. Das wird allenfalls unter Inkaufnahme von viel Gewalt und Blutvergießen noch rückgängig zu machen sein.

Für die damals Lebenden war das aber keineswegs so deutlich zu erkennen. Zu erahnen war allenfalls: Wenn sie Luther umbringen, wird es ein Pyrrhussieg sein für die Kirche. Sie haben dann zwar ihn umgebracht, nicht aber seine neue Lehre. Die ist nun da, und den Glauben an eine Idee kann man zwar unterdrücken, bestrafen, behindern, wo immer es geht, und man kann auch die Gläubigen umbringen, aber die Idee wird weiterleben, und wer wird bereit sein, massenhaftes Blutvergießen um der reinen katholischen Lehre willen zu verantworten?

Man könnte auch den Druckereien im Reich verbieten, Luthers Schriften weiter zu drucken, aber das erfordert einen hohen Aufwand an Kontrolle. Und wenn außerhalb des Reichs nachgedruckt wird, ist man machtlos.

Nein, es war zu Ende. Nur wahrhaben wollte das damals in Rom niemand. Man glaubte, wieder so weitermachen zu können wie bisher, wenn das Ärgernis Luther erst mal aus der Welt sei. Das war ein Irrtum, an dem die römische Kirche noch lange festhielt und der dann tatsächlich ein Jahrhundert später dazu beigetragen hat, dass Ströme von Blut flossen.

In ganz Europa begann nun ein schmerzhafter Lernprozess, nicht nur für die Anhänger Roms, auch für die Anhänger Luthers und sogar für Luther selbst, denn es gab nun ein Problem: Wenn es keine oberste Instanz mehr gibt, die im Konfliktfall entscheidet, was gut, wahr und richtig ist, wie soll man sich dann noch auf verbindliche Wahrheiten einigen können? Was tun, wenn verschiedene einzelne Gewissen trotz ihrer Bindung an Gott zu verschiedenen Ergebnissen kommen? Und das sollte schon bald der Fall sein: dass Luthers Anhänger zu anderen Schlüssen kamen als Luther und einander alle widersprachen.

Luther wird dieses Problem bis zu seinem Tod nicht lösen können, aber auch seine Nachfolger nicht. Eine Lösung kann es auch nicht geben in einer Gemeinschaft, die für sich eine letzte Instanz und oberste Autorität nicht gelten lässt. Daher müssen die Menschen seit der Reformation reif werden für die Erkenntnis, dass die einzige absolute Wahrheit, die es nun noch gibt, lautet, dass es keine absolute Wahrheit gibt. Und wenn es sie aber dennoch geben sollte, dann kennen wir sie nicht, und wer behauptet, in ihrem Besitz zu sein, irrt sehr wahrscheinlich. Sollte er aber nicht irren, hätte das für die Welt und alle anderen so lange keine Bedeutung, solange es ihm nicht gelingt, den Rest der Welt von seiner Wahrheit zu überzeugen. Er muss dann eben damit leben, dass die anderen seiner Meinung nach irren, das darf er auch sagen, nur eines darf er nicht: Seine eigene Wahrheit für absolut erklären und keine andere mehr gelten lassen. Und schon gar nicht darf er seine eigene Wahrheit mit Gewalt gegen alle anderen durchsetzen.

Der Weg zu dieser Einsicht war in den Jahrhunderten nach Luther mit erbitterten Auseinandersetzungen, tödlichen Feindschaften, Orgien von Gewalt und Strömen von Blut begleitet. Er mündete schließlich in das Grundrecht der Religionsfreiheit und im weltanschaulich neutralen Staat, der dafür zu sorgen hat, dass keine Religionsgemeinschaft allen anderen ihren Willen aufzwingt und die eigene Religion über alle anderen stellt. Der Prozess ist noch nicht zu Ende, wird gegenwärtig sogar wieder neu aufgerollt, seit einzelne unter uns lebende Muslime mit ihrer Vorstellung von einem Gottesstaat in Kollision kommen mit unseren Vorstellungen von einem weltanschaulich-neutralen demokratischen Rechtsstaat, in dem Religion Privatsache ist.

Damals in Worms war für alle Beteiligten völlig unvorhersehbar, zu welch weitreichenden Konsequenzen Luthers neue Spielregel führen würde. Alle standen unter dem unmittelbaren Eindruck der Standhaftigkeit Martin Luthers und fragten sich: Wie konnte er sich seiner Sache so sicher sein?

Weil er verrückt ist, sagten die einen. Weil er nun mal recht hat, die anderen. Es sei an der Zeit, die schier unumschränkte Macht eines einzelnen fehlbaren Menschen, der sich göttliche Rechte und Unfehlbarkeit anmaßt, zu brechen.

Auf seine Weise anmaßend war aber auch Luther. Allen Päpsten und Konzilien zu sagen, ihr alle irrt, ich allein weiß, was richtig ist, das könnte auch von einem kommen, der ein Fall für die Psychiatrie ist.

Andererseits: Wenn er mit seiner neuen Lehre auf Zustimmung stößt und wenn er mit seiner Forderung nach einer grundlegenden Spielregel-Änderung nicht der Einzige bleibt, sondern Millionen andere ihn unterstützen, dann ist es keine Anmaßung mehr, sondern die Durchsetzung einer neuen Wahrheit und ein dringender Anlass, die Regeln zu überprüfen und gegebenenfalls zu ändern. Rom aber gab um kein Jota nach und dekretierte, dass Luther und seine Anhänger sich irren.

Damit war die Kirchenspaltung unausweichlich, denn dass viele Menschen im ganzen Reich lieber Luther als dem Papst folgen würden, zeichnete sich sofort ab, als er in Worms, von seinen Freunden umringt, das Reichstagsgebäude verließ, hinausging und laut bejubelt wurde. Ebenso zeichnete sich aber ab, dass ihm nicht alle folgen würden, denn unter die Jubelrufe auf seinem Weg ins Quartier mischten sich auch die Rufe »Al fuego, al fuego! — Ins Feuer mit ihm!«

Es waren vor allem diese »Ins Feuer!«-Rufe, die Luthers Freunde und Sympathisanten alarmierten. Nicht die politischen und geistesgeschichtlichen Konsequenzen des »Hier stehe ich« hatten die Leute im Sinn, die damals in Worms vor dem Bischofshof Luther feierten, sondern die naheliegendste Frage: Wie kriegen wir Luther hier lebend wieder raus?

Sie zweifelten an dem vom Kaiser zugesagten »freien Geleit« für Luther. Denn sie erinnerten sich an Jan Hus, dem rund ein Jahrhundert zuvor in Konstanz ebenfalls freies Geleit zugesichert worden war. Am 3. November 1414 in Konstanz angekommen, wurde er am 28. November verhaftet, rund ein halbes Jahr lang eingekerkert und schließlich am 6. Juli 1415 auf dem Scheiterhaufen verbrannt.

Die Befürchtung, dass sich die Geschichte wiederholt und Luther 106 Jahre später in Worms das gleiche Schicksal erleiden könnte wie Hus, wurde spürbar, als die Nachricht von Luthers »Hier stehe ich« nach draußen auf die Plätze drang, wo viele seiner Sympathisanten warteten. Zwar herrschte darüber große Begeisterung, aber auch große Aufregung. Über der gesamten Stadt lag eine gespannte Nervosität, die von allerlei Gerüchten und zwei Drohzetteln befeuert wurde. Einer war gegen Luther gerichtet, ein anderer für ihn, aber das war der gefährlichere, weil er Luther eher schadete als nützte. Darin wurde gedroht, dass 8 000 Reiter mit Fußvolk bereitstünden, um loszuschlagen, falls Luther in Gefahr geriete. Viele seiner Freunde hielten das für eine Fälschung, ersonnen von seinen Gegnern, um ihn der Anzettelung gewaltsamer Aufstände zu bezichtigen und ihn damit umso schneller dem Feuer auszuliefern.

In dieser mit Spannung und Nervosität aufgeladenen Atmosphäre kam es daher prompt zu Unruhen, als die vor dem Bischofshof wartende Menge Luther nicht nur in Begleitung seiner Freunde, sondern auch zweier Soldaten herauskommen sah und annahm, er würde gefangen abgeführt. Es dauerte eine geraume Zeit, bis die Menge erkannte, dass die Soldaten Luthers Geleitschutz sind, die ihn sicher in sein Quartier bringen sollen.

Dort bereitete er sich auf seine Abreise vor, musste aber noch auf seine formelle Entlassung warten. Er bekam sie am 25. April nachmittags. In dem Entlassungsschreiben wurde er angewiesen, sich binnen 21 Tagen an seinen Wohnort zu begeben und »unterwegen nicht predigen, schreiben, noch in andere wege das volk regig (zu) machen«.[31] Die kaiserliche Zusage auf freies Geleit hatte also Bestand. Zumindest diese Sorge wurde Luthers Sympathisanten genommen.

Die Gesetze hatten aber ebenfalls noch Bestand, und darum musste der Kaiser nun tun, wozu er verpflichtet war: die Reichsacht über Luther verhängen. Das geschah noch in Worms am 8. Mai, wurde aber erst am 24. Mai öffentlich verlesen und am 26. Mai von Kaiser Karl unterschrieben. Es ging als »Wormser Edikt« in die Geschichte ein, und darin stand über Luther, dass niemand den Ketzer beherbergen, versorgen, verstecken oder ihm irgendeine Hilfe leisten dürfe, sondern jedermann verpflichtet sei, ihn zu ergreifen oder zu denunzieren und in kaiserlichen Gewahrsam zu überführen. Jeder, der Luther unterstützt oder ihm anhängt, verfällt ebenfalls der Reichsacht.

Seine Schriften sind zu verbrennen oder sonst wie zu vernichten. Anonyme Publikationen und alle dem katholischen Glauben widersprechenden Druckerzeugnisse sind verboten, ebenso ihr Besitz und deren weitere Verbreitung. Neue Schriften, die den Glauben betreffen, dürfen nur nach einer Prüfung des zuständigen Ortsbischofs und der nächstgelegenen theologischen Fakultät gedruckt werden. Aber auch andere Veröffentlichungen sollen nur mit Wissen und Willen des Bischofs erscheinen dürfen.

Da war er also, der zum Scheitern verurteilte Versuch, das Rad der Geschichte in die Zeit vor Luther zurückzudrehen. Die Drucker ignorierten einfach das Wormser Edikt und druckten weiter. Die Käufer der Drucke ignorierten es ebenfalls und kauften einfach weiter Luthers Schriften. Sehr viele Menschen im Reich interpretierten das Edikt als Dokument des höchsten Unrechts, ja als Eingeständnis des Scheiterns von Kaiser und Papst, denn diese hatten sich als unfähig erwiesen, den kleinen Bettelmönch mithilfe der Schrift und der Vernunft zu widerlegen. Also musste er im Recht sein.

So wurde aus dem Geächteten ein Held, der, von Lucas Cranach entsprechend gemalt, gezeichnet, in Kupfer und in Holz gestochen wurde. Rasch kursierte das Bild von Luther, wie er sich auf dem Reichstag in Worms, tapfer und standhaft dem Kaiser und Papst widersetzt.

Aber viele fragten sich bang: Was wird jetzt aus ihm? Wie können wir ihn schützen?

Er war längst in Sicherheit. Sein treuer Kurfürst hatte wieder einmal vorgesorgt und dem Ganzen eine neue abenteuerliche Wendung gegeben. Auf der Rückreise von Worms nach Wittenberg hat er Luthers Wagen am 4. Mai nahe der Burg Altenstein in Thüringen von Reitern überfallen und Luther entführen lassen. Die Reiter trennten ihn von seinen übrigen Begleitern und brachten ihn auf die Wartburg im Thüringer Wald bei Eisenach. Die zurückgebliebenen – und nicht eingeweihten – Mitreisenden erzählten anschließend schockiert von dem Überfall, und bald glaubte alle Welt, Luther sei nach diesem Überfall ermordet worden.

Genau das hatte der Kurfürst mit seinem Manöver beabsichtigt. Nicht nur das Volk, sondern vor allem der Klerus in Rom sollte glauben, Luther sei tot, damit man sich in Rom beruhige, ablenke und aufhöre, nach Luthers Verbleib zu fragen und dessen Auslieferung zu fordern.

Wie gut der Plan aufging, zeigte sich an der Klage des prominenten Luther-Verehrers Albrecht Dürer: »O Gott, ist Luther tot, wer wird uns hinfürt das heilig Evangelium so klar fürtragen! Ach Gott, was hätt er uns noch in 10 oder 20 Jahrn schreiben mögen! O ihr alle fromme Christenmenschen, helft mir fleißig beweinen diesen gottgeistigen Menschen und ihn bitten, daß er uns ein andern erleuchten Mann send.«[32]

Luther blieb nun zehn Monate auf der Wartburg, Friedrich wurde tatsächlich von Rom in Ruhe gelassen, aber nun zeigte sich: Luther mag tot sein, aber seine Ideen leben. Der totgeglaubte Luther war weiterhin imstande, für Aufruhr zu sorgen im ganzen Land, mit seinen frei herumvagabundierenden Gedanken, Schriften, Bildnissen. Alles, was er bis zu diesem Zeitpunkt schon geschrieben hatte, verbreitete sich wie von selbst weiter, jetzt, nach seinem Auftritt in Worms, noch schneller in noch höheren Auflagen – was für Luther den großen Vorteil hatte, dass er sich nun in aller Ruhe ganz auf seinen nächsten Coup konzentrieren konnte.

DIE ERFINDUNG DER DEUTSCHEN
SPRACHE DURCH JUNKER JÖRG

Nur wenige Menschen leben in den verfallenen Gemäuern der Wartburg. Und von den wenigen weiß nur einer, Burghauptmann Hans von Berlepsch, dass »Junker Jörg«, der neue Gast, der sich da auf unbestimmte Zeit einrichtet, Martin Luther ist. Der lässt sich jetzt die Haare und einen Bart wachsen, damit bald nichts mehr an den Mönch Luther erinnert.

Der Burghauptmann, sorgfältig instruiert von Kurfürst Friedrich, verwöhnt seinen 38-jährigen Zwangsgast mit erlesenen Speisen und Getränken und lehrt ihn Reiten, Fechten und Jagen. Das Gerücht, dass Luther tot sei, will der Kurfürst so lange wie möglich nähren. Deshalb sollten so wenig Menschen wie möglich Umgang mit Luther haben und so wenig Menschen wie möglich wissen, dass er tatsächlich noch am Leben sei.

Luther ist über diese Zwangsinternierung nicht gerade glücklich, aber so richtig unangenehm ist sie ihm auch nicht. Immerhin befindet er sich an einem sicheren Ort. Außerdem ist ihm die Stadt unter der Burg, Eisenach, ein Erinnerungsort, denn hier verbrachte er wichtige Jahre seines Lebens. Von 1498 bis 1501 besuchte er die Eisenacher Lateinschule St. Georgen. Hier verdiente sich Luther seinen Lebensunterhalt als Kurrende-Sänger – wie später auch Johann Sebastian Bach, der berühmteste Eisenacher.[33]

Aber vor allem kann er sich jetzt weitgehend ungestört von äußeren Einflüssen wieder auf seine theologische und schriftstellerische Arbeit konzentrieren. Im Obergeschoss des Vogteigebäudes hat Berlepsch ihm eine Studierstube einrichten lassen. Dort pflegt er seine weitverzweigte Korrespondenz. So spricht sich, zumindest unter jenen Eingeweihten, mit denen Luther korrespondiert, doch allmählich herum, dass er am Leben ist, wenngleich er die meisten Adressaten über seinen Aufenthaltsort im Unklaren lässt.

Anfangs verfasst Luther Traktate über die Beichte, das Mönchswesen und die heilige Messe. Dann aber beginnt er eine Arbeit, die Eisenach und die Wartburg bis heute zu einem Erinnerungsort für alle Deutschen, alle evangelischen Christen, ja eigentlich alle Christen überhaupt macht. Ende 1521 wagt er sich an die Übersetzung der Bibel ins Deutsche.

Sie ist das Buch, das für ihn nie einfach nur Handwerkszeug, sondern immer schon die einzig gültige Quelle des Glaubens gewesen ist. »Erstmals im Alter von 20 Jahren hatte Luther in der Erfurter Universitätsbibliothek eine vollständige Bibel gesehen, sogleich in ihr gelesen«[34] und seitdem nicht mehr aufgehört, sie zu studieren. Bald schon kannte er sich in ihr besser aus als die meisten seiner theologischen Zeitgenossen.

Aus der Bibel erhoffte sich Luther Antworten auf Lebensfragen für sich und für alle Menschen. Und er hat diese Antworten ja auch gefunden, vor allem die Hauptantwort, dass es keiner guten Werke bedürfe, um von Gott angenommen zu werden. Daher erschien es Luther schon lange selbstverständlich, dass diese gute Botschaft unverfälscht und für alle verständlich unters Volk gebracht werden muss. Die ganze Christenheit sollte selbst in der Bibel lesen oder das Vorgetragene zumindest verstehen, denn nicht jeder war des Lesens kundig. Aber jeder konnte zuhören, wenn ein Lesekundiger aus der Bibel vortrug.

Luther war nicht der Einzige und schon gar nicht der Erste, der gefordert hatte, die Bibel zu übersetzen, damit sich jeder Christ unabhängig von der Kirche und den Priestern mit den Inhalten des Glaubens vertraut machen könne. Schon zweihundert Jahre vor ihm hat ein bis heute Unbekannter eine beachtliche Übersetzung der Evangelientexte zustande gebracht, die heute unter dem Namen »Klosterneuburger Evangelienwerk« bekannt sind. Unter Experten wird der Verfasser »ÖBü« genannt – »Österreichischer Bibelübersetzer«. Man weiß nicht, wie er heißt, welchen Beruf er hatte und was ihn zu seiner Arbeit motivierte. Dass er in der ersten Hälfte des 14. Jahrhunderts in dem damaligen Herzogtum Österreich gelebt hat, schließt man aus den Fundorten der überlieferten Kopien und den in den Schriften gemachten Zeit- und Ortsangaben.[35]

Wissenschaftler zählen bisher insgesamt 70 Übersetzungen von Bibeltexten ins Deutsche vor der Veröffentlichung der Lutherbibel. Von diesen Laienbibeln wurden 14 gedruckt, jedoch handelte es sich stets nur um Bibelfragmente, für Laien schwer verständliche Wort-für-Wort-Übertragungen der lateinischen Vulgata, die selbst schon eine oft ungenaue Übersetzung aus dem griechischen Original ist. Keine dieser in deutsche Dialekte übersetzten Bibeln schafft es, die Botschaft der Heiligen Schrift wirklich »rüberzubringen«. Luther erkennt sofort: Durch das Kleben am Wort haben die Übersetzer den ursprünglichen Sinn des Textes mehr entstellt als wirklich übersetzt.

Statt Wort für Wort wollte Luther daher Sinn für Sinn ins Deutsche übertragen. Aber was heißt schon »Deutsch«? Es gibt »das Deutsche« ja noch gar nicht. Was es gibt, sind drei Varianten des Deutschen: das »Oberdeutsche« Bayerns, Frankens, Badens, Schwabens und Österreichs; das »Niederdeutsche« an Nord- und Ostsee, in Niedersachsen und Westfalen; das »Mitteldeutsche« von Sachsen und Thüringen über Hessen bis ins Rheinland. Im Norden wird kaum verstanden, was im Süden gesprochen wird, und umgekehrt.

Nur das Mitteldeutsche, die Sprache Luthers, wird auch einigermaßen in nördlicheren und südlicheren Landesteilen, also in einem großen geografischen Raum, verstanden. In dieser

Schreibsprache verständigen sich die Beamten der Fürsten mit den Beamten des Kaisers. Auch die Kaufleute bedienen sich dieser Sprache. So gesehen ist es ein glücklicher Zufall, dass Luther im Mitteldeutschen angesiedelt und mit dieser Kanzlei-Sprache vertraut ist. Sie bildet den Grundwortschatz für sein Bibelprojekt.

Daher beginnt Luther nun noch einmal ganz von vorn. Statt an die lateinische Vulgata hält er sich ans griechische Original und später – für die Übersetzung des Alten Testaments – ans hebräische. Aber bei dem Versuch, den Sinn der griechischen Sätze in deutsche Sätze zu gießen, gerät er mit seiner mitteldeutschen Kanzlei-Sprache immer wieder an die Grenzen des Sagbaren. Sein Kanzlei-Deutsch taugt allenfalls als Gerippe. Luther muss, um dem Gerippe eine Gestalt zu geben, Fleisch und Blut hinzufügen. Aber woher nehmen?

In dieser Not entfaltet sich Luthers Sprachgenie. Auf der Suche nach dem treffenden Wort geht er mit einer so leidenschaftlichen Akribie vor, dass er dieses »Fleisch und Blut Hinzufügen« manchmal fast im wahrsten Sinne des Wortes betreibt, so zum Beispiel, als er die im Alten Testament geschilderten Tieropfer zu verstehen versucht. Er geht deshalb tatsächlich zu einem Metzger und lässt sich die Innereien eines Schafes zeigen und benennen und kommt so an einer anderen Bibelstelle, einem Psalm, auf das Bild, etwas »auf Herz und Nieren« prüfen zu lassen.

Luther gelingen viele solcher Bilder und Wortschöpfungen, die bis heute im Deutschen in Gebrauch sind und so frisch wirken wie am Tag ihrer Erfindung. Er ersinnt Ausdrücke wie Bluthund, Barmherzigkeit, Bilderstürmer, Bosheit, Denkzettel, Gewissensbisse, Feuereifer, Feuertaufe, Friedfertige, Glaubenskampf, Lästermaul, Lockvogel, Lückenbüßer, Machtwort, Morgenland, Nachteule, Ordnung, Richtschnur, Rüstzeug, Schandfleck, Selbstverleugnung, Sicherheit, Sündenbock, Verdammnis, Winkelprediger und Wortgezänk.

Wir verdanken Luther das »Buch mit sieben Siegeln«, den »Wolf im Schafspelz« und den »großen Unbekannten«. Metaphern wie »Perlen vor die Säue werfen«, »die Zähne zusammenbeißen«, etwas »ausposaunen«, »im Dunkeln tappen«, »ein Herz und eine Seele sein«, »auf Sand bauen« gehen ebenso auf Luther zurück wie »Wes das Herz voll ist, des geht der Mund über«. Manchmal muss er tagelang grübeln, um für ein griechisches Wort ein treffendes Wort im Deutschen zu finden, und wenn er trotz langen Grübelns nichts gefunden hat, erfindet er eben ein Wort und übersetzt dann beispielsweise das griechische »proskairos« (unstet, vergänglich) mit »wetterwendisch« oder kommt auf Begriffe wie geistreich, gnadenreich, gottgefällig oder kleingläubig.

Hier, bei dieser schwierigen Arbeit am Wort, kommt ihm nun tatsächlich sein Klosteraufenthalt zugute, aber auch sein in Erfurt erworbener Magister Artium. Nicht allein dass er hier die erste lateinische Bibel in die Hand bekommt und er das Lateinische immer perfekter lernt, er gerät auch unter den Einfluss des Humanismus, dessen neuer Geist die Erfurter Universität beherrscht. Deren »zurück zu den Quellen« erforderte das Lernen von Griechisch, Hebräisch und Latein – wie es noch bis heute auf den altsprachlichen humanistischen Gymnasien der Brauch ist.

Luther lernte daher von Anfang an Latein und danach Hebräisch. Als er selber zu lehren begann und Vorlesungen über den Römer-, Galater- und Hebräerbrief hielt, merkte er, dass er Griechisch können sollte, und so brachte er es sich zwischen 1515 bis 1518 selber bei. Danach hatte er einen neuen Mitarbeiter an seiner Seite, der im Lauf der Jahre sein Freund und engster Berater wurde: der humanistisch gebildete Philipp Melanchthon. Durch ihn lernte Luther das Griechische immer besser, vor allem auf der Wartburg.

Zuvor schon, als er nicht nur Theologie-Vorlesungen zu halten hatte, sondern auch sehr gefragt war als Prediger, hatte er regelmäßig vor der Frage gestanden: Wie sage ich's dem Volk? Was steht da in den biblischen Urtexten, was ist die Botschaft, und in welche Worte muss ich sie kleiden, damit der Bauer und die Marktfrau es verstehen?

Luther hatte also, als er sich auf der Wartburg an das große Vorhaben der Bibelübersetzung wagte, schon sehr viel Übung darin, die griechischen und hebräischen Urtexte so ins Deutsche zu übersetzen, dass sie verstanden wurden. Er hatte diese Übung auch deshalb, weil er nach einem sehr modernen Verfahren übersetzte, das er einmal so beschrieb: »Denn man muss nicht die Buchstaben in der lateinischen Sprache fragen, wie man soll Deutsch reden, wie diese Esel tun, sondern muss die Mutter im Hause, die Kinder auf den Gassen, den gemeinen Mann auf dem Markt drum fragen und denselbigen auf das Maul sehen, wie sie reden, und darnach dolmetschen; da verstehen sie es denn und merken, dass man deutsch mit ihnen redet.«

Genau mit diesem Anspruch, also fast wie ein Journalist, hatte er gepredigt, und genau so versuchte er nun die Bibel zu übersetzen. Aber nicht nur darin ist er sehr modern. Er ist es auch in seinem Zweifel an den alten Autoritäten. Darum prüft er nach, was er nachprüfen kann. Wenn er sich von etwas selbst ein Bild machen kann, tut er's. Und vor allem: Er zieht andere zurate, Experten, die sich auf bestimmten Gebieten viel besser auskennen als er selbst. Er lässt sich Edelsteine aus dem Besitz des Kurfürsten Friedrich auf die Wartburg bringen und sich die Namen erklären, um die in der Bibel genannten Edelsteine richtig übersetzen zu können.

Einerseits nimmt er es also sehr genau mit seiner peniblen Arbeit an Wort und Sinn, denn die Schrift ist ihm heilig. Andererseits erlaubt er sich auch große Freiheiten dort, wo er es für nötig hält. Was ihm unwesentlich erscheint, lässt er weg. Da ist ihm nichts heilig. Und natürlich liest er die ganze Bibel unter dem Eindruck seines »Turmerlebnisses« und seiner reformatorischen Entdeckung eines neuen Gottesbildes. Genauso übersetzt er. Er lässt nicht nur weg, was ihm unwichtig erscheint, er schreibt auch hinein, was nicht drinsteht, ihm aber wichtig erscheint.

Katholische Kritiker werfen ihm daher vor, er habe den Bibeltext an vielen Stellen verfälscht, zum Beispiel an jener berühmten Stelle des Römerbriefs, an der Luther seine reformatorische Entdeckung festmacht (Römer 3,21–28). Dort steht: »So halten wir nun dafür, dass der Mensch gerecht wird ohne des Gesetzes Werke durch den Glauben.«

Luther schmuggelt hier eigenmächtig das Wort »allein« in den Satz, sodass es in allen Lutherbibeln nun heißt: »So halten wir nun dafür, dass der Mensch gerecht wird ohne des Gesetzes Werke, *allein* durch den Glauben« (sola fide).

Und er steht dazu, antwortet seinen Kritikern selbstbewusst: »Wahr ist's. Diese vier Buchstaben (sola) stehen nicht drinnen. Aber wo man's will klar und gewaltiglich verdeutschen, so gehöret es hinein.«

Modern ist Luther auch darin, dass er gern im Team arbeitet. Auf seiner Burg und später wieder in Wittenberg versammelt er andere Talente um sich, Menschen verschiedener Herkunft, um von deren Wissen und Kenntnissen zu profitieren. Philipp Melanchthon, Professor der griechischen Sprache und Kenner des Hebräischen, gehört natürlich dazu. Johannes Bugenhagen, Professor an der Universität und Pfarrer an der Stadtkirche Wittenberg, ist der große »Lateiner« der Gruppe. Matthäus

Aurogallus, Professor aus Wittenberg, ist der »Hebräer«. Georg Spalatin, hochgebildeter Humanist und Theologe, dient Luther als Verbindungsmann zu Friedrich dem Weisen. Die einzelnen Mitglieder des Teams sprechen niederbayerisch, böhmisch, fränkisch und kurpfälzisch, haben in Heidelberg, Tübingen, Greifswald, Leipzig und Erfurt studiert und gearbeitet. So bringt jeder seine landsmannschaftliche Sprachfärbung in die Arbeit am Bibeltext mit ein, und Luther erhält beständig Anregungen für die schwierige Arbeit des Übersetzens.

Trotzdem bringen sie, wie Luther einmal klagt, manchmal in vier Tagen kaum drei Zeilen zustande. Die Übersetzungsarbeit gerät ihm oft zu einer rechten Qual. Dabei litt er nach eigenem Bekunden häufig unter Visionen. »Tausend Teufeln bin ich ausgesetzt«, schrieb er. Aus solchen Erzählungen über sein Ringen ums richtige Wort wird ein Ringen mit dem Teufel, und aus seiner Aussage, er habe den Teufel mit Tinte vertrieben, entsteht wieder eine Lutherlegende: die Geschichte, dass Luther ein Tintenfässchen auf den Teufel geworfen habe. Den Tintenfleck habe man lange an der Wand sehen können.

Das stimmt. Bilder zeigen den Fleck, Schriftzeugnisse berichten davon. Dumm nur, dass die ältesten Zeugnisse dieser Art aus der Zeit um 1650 stammen, also rund ein Jahrhundert nach Luthers Tod. Der Fleck, der nun an der Wand wirklich zu sehen war, ist irgendwann aufgemalt und ein halbes Dutzend Mal nachgemalt oder an neuer Stelle angebracht worden. Manch ein Besucher der Lutherstube begnügte sich nicht damit, ihn anzufassen, sondern kratzte gleich ein Stückchen ab, um ihn als Reliquie mit nach Hause tragen zu können.

Trotz teuflischer Störungen und gelegentlicher Fortschritte im Schneckentempo ist die Übersetzung des Neuen Testaments ins Deutsche in der Rekordzeit von nur elf Wochen fertig. Ende Februar 1522 packt Luther seine Sachen, reist nach Wittenberg mit dem Neuen Testament im Gepäck, aber lässt es nicht gleich drucken, sondern von Melanchthon noch einmal gründlich überarbeiten. Pünktlich zur Leipziger Messe, die es schon seit dem 12. Jahrhundert gibt, erscheint im September 1522 die erste, in wenigen Wochen vergriffene Auflage von 3 000 Exemplaren.[36] Diese »Septemberbibel« ist so rasch ausverkauft, dass ihr drei Monate später die nächste Auflage folgt. Bald wird sie auf den Kanzeln zitiert, im Schulunterricht verwendet, als Volksbuch geschätzt.

Illustriert ist das Werk mit Bildern aus der Werkstatt des Reformations-Propagandisten Lucas Cranach, von dem schon zahlreiche Luther-Bilder in Umlauf sind, auch Bilder vom Junker Jörg auf der Wartburg. Anderthalb Jahrzehnte nach der ersten Auflage sind 200 000 Stück verkauft. Luther stand mit seinem Wunsch, sich selbst davon zu überzeugen, was wirklich in der Bibel steht, nicht mehr allein. Die Zahl der verkauften Bibeln zeigt, dass sich zahlreiche seiner Zeitgenossen ebenfalls nicht mehr mit dem begnügen wollten, was ihnen die Priester erzählten.

Luther kehrt nie mehr auf die Wartburg zurück und arbeitet jetzt in Wittenberg an der Übersetzung des Alten Testaments. Dafür braucht er, weil er sich nun wieder um vieles andere kümmern muss, wesentlich länger. Es dauert bis zum September 1534, also zwölf Jahre, bis erstmals die ganze Bibel auf Deutsch erscheint. Obwohl ihr Erwerb sehr kostspielig ist – zwei Gulden und acht Groschen, der Monatslohn eines Maurergesellen –, findet die Lutherbibel reißenden Absatz, wird ins Niederländische, Französische und Englische übersetzt und auch in die skandinavischen und slawischen Sprachen. Einmal erworben, wird sie als Familienbibel von Generation zu Generation weitervererbt.[37]

»Für meine Deutschen bin ich geboren, ihnen möchte ich auch dienen«,[38] soll Luther einmal gesagt haben. Dass er das wirklich getan hat, davon sind, besonders in katholischen Kreisen, noch heute nicht alle überzeugt. Aber eines wird man ihm nicht absprechen können: Er hat den Deutschen die Sprache gegeben, die bis heute von der Ostsee bis zu den Alpen gesprochen, verändert, verstanden wird.

Das allein macht ihn schon zu einer großen geschichtlichen Figur, der das fast Unvermeidliche widerfährt, die Ironie der Geschichte: In den Jahrhunderten nach seinem Tod wird er, der Mann, der sich gegen die katholische Heiligenverehrung ausgesprochen hatte, selbst zum Heiligen. Der Mann, der nichts von Pilgerreisen hielt, löst Pilgerströme auf die Wartburg aus. Der Schreibtisch des Mannes, der gegen den katholischen »Reliquienkram« polemisierte, wird zur Reliquie. Splitter für Splitter brechen die Pilger aus dem Tisch. Manche glauben, man könne Zahnschmerzen damit heilen, wenn man sich so einen Span in den Mund steckt. Irgendwann ist so viel Holz herausgebrochen, dass der ganze Tisch in sich zusammenfällt.[39] Heute steht eine Nachbildung dieses Tisches in der Lutherstube auf der Burg, in der das Neue Testament übersetzt und die deutsche Sprache erfunden wurde. Nur der Walfisch-Wirbelknochen, der Luther als Fußschemel diente – vermutlich ein Geschenk Friedrichs des Weisen –, ist das einzig noch erhaltene Stück aus der Lutherstube.

AUFRÄUMEN IN WITTENBERG

Der eine nannte den anderen »Erzteufel in Schafskleidern«, einen »reißenden Wolf«, der »nur Mord und Aufruhr und Blutvergießen anrichten« wolle. Der andere konterte mit Zuschreibungen wie »Bruder Mastschwein«, »Gevatter Leisetritt«, »Stocknarr«, »das giftige Würmlein mit seiner beschissenen Demut«.

Mit »Erzteufel in Schafskleidern« und »reißenden Wolf« hat Martin Luther Thomas Müntzer gemeint, von dem wir noch hören werden. Dieser sandte als Retourkutsche an Luther den Titel »Mastschwein« und die anderen Beschimpfungen.[40]

Man war nicht zimperlich damals. Die Political Correctness war noch nicht erfunden. Aus den Druckereien verbreiteten sich Karikaturen, Beleidigungen, Hasskommentare, die heutiger Facebook-Hetze durchaus ebenbürtig waren. Und sowohl Luther wie auch seine Gegner, die »Römlinge«, verstanden sich gut darauf. Bezeichnete Luther den Papst als »Antichrist«, so bezeichneten ihn die Papisten als »Afterpapst«. Machten sich Luther und Melanchthon über den Papst als Esel lustig und zeichnete Lucas Cranach den »Papstesel«, so beschimpften Luthers Kritiker ihn als Sprachrohr des Teufels und illustrierten die Schmähung mit des Teufels Sackpfeife – der Teufel bläst in einen Dudelsack, der die Form des Luther'schen Mönchskopfs hat.

Die Angriffe der Römlinge bekümmerten Luther weniger, die betrachtete er als »normal«, und sie konnten in gleicher Münze heimgezahlt werden. Schmerzlicher waren die Angriffe der ehemals eigenen Anhänger, die sich von Luther absetzten und – »auf eigene Faust«, wie Luther empfand – ihre eigenen Baustellen der Reformation errichteten.

Seit dem Anschlag der 95 Thesen waren noch keine vier Jahre vergangen, aber das, was sie im ganzen Land ausgelöst haben und was im weiteren Verlauf immer häufiger »reformatio« genannt, aber nirgends definiert wurde, hatte längst ein unkontrollierbares Eigenleben entwickelt, das nicht mehr steuer- und nicht mehr vorhersagbar war. Die Zahl der Baustellen des Reformationsprojekts wurde rasch immer größer. Und wenn Luther gedacht haben sollte, er sei der alleinige Bauherr und Architekt dieses Umbaus der mittelalterlichen Gesellschaft, dann wurde er schon während seines Aufenthalts auf der Wartburg eines Besseren belehrt. So drang etwa die Nachricht zu ihm, dass er in Wittenberg eine Lücke hinterlasse, die andere zu füllen trachteten und die sich berufen fühlten, Luthers Lehren schnell in eine neue kirchliche Praxis umzusetzen.

Da war zum Beispiel Andreas Karlstadt, Luthers Doktorvater, der die Heiligenbilder und die Musik aus den Kirchen verbannen, den Zölibat abschaffen, den Gottesdienst erneuern und das Abendmahl anders feiern wollte, als es bisher Tradition war. Seinen Studenten empfahl er, die Lehrbücher wegzuwerfen und die Hacke zur Hand zu nehmen, weil der Bauer der wahre, der gottgefällige Stand sei. Zum Weihnachtsfest 1521 zelebrierte er die erste evangelische Messe auf Deutsch, trug dabei kein Priestergewand, sondern weltliche Kleider und war davon überzeugt, sicher ganz im Sinne Luthers zu handeln. Die Heirat mit Anna von Mochau Anfang des Jahres 1522 bezeugte seinen Bruch mit dem Zölibat. Im Februar 1522 ließ er die Bilder aus Wittenbergs Kirchen entfernen. Dabei kam es zu Ausschreitungen und Tumulten, denn nicht alle Sympathisanten der Reformation waren damit einverstanden, und der junge Philipp Melanchthon schwankte unentschieden zwischen Anerkennung und Ablehnung der Wittenberger Bilderstürmer, hätte wohl auch zu wenig Autorität gehabt, um erfolgreich dagegen einzuschreiten.

Luther auf seiner Burg erkannte natürlich hinter all diesen Umtrieben seine eigenen Gedanken. Er selbst hatte gelehrt, dass Bilder zu Götzen werden, wenn man diese statt Gott anbetet. Er selbst hatte die Heiligen- und Reliquienverehrung verworfen, den Zölibat infrage gestellt, das Mönchtum als unnütz bezeichnet und das Priestertum aller Gläubigen gelehrt.

Aber bisher beruhte all seine Kritik auf theoretischen Überlegungen. Dass sie schon jetzt so schnell in die Praxis umgesetzt werden, noch dazu, ohne ihn zu fragen, empfand er als unerhört, und so sorgte er sich, dass ihm die Dinge entgleiten könnten. Als ihn dann der Rat der Stadt Wittenberg um Hilfe bat, weil die Karlstadt'schen Neuerungen in Wittenberg etlichen Gemeindemitgliedern zu weit gingen und es zu heftigen Auseinandersetzungen in der Gemeinde kam, hielt ihn nichts mehr auf seiner Burg. Gegen den Rat des Kurfürsten kehrte er am 6. März 1522 nach Wittenberg zurück.

Der Kurfürst bangte um Luthers Leben, denn noch immer schwebte das »Wormser Edikt« wie ein Damoklesschwert über ihm. Davor schützen konnte ihn der Kurfürst nur auf seinem eigenen kleinen Territorium, aber selbst dort war Luther nicht vor Entführung und dem Zugriff römischer Häscher gefeit. Der aber hatte schon lange keine Angst mehr, vertraute auf Gott und schrieb selbstbewusst und frohgemut an den Kurfürsten, er »komme gen Wittenberg in gar viel einem höheren Schutz denn des Kurfürsten«,[41] nämlich in dem Gottes. Er habe auch nicht im Sinn, den Schutz des Kurfürsten zu begehren, sondern wolle den Kurfürsten mehr schützen, als dieser ihn schützen könne, »denn wer am meisten glaubt, der wird hier am meisten schützen«.[42]

Als er in Wittenberg eintraf, wollte er sofort wieder sein gewohntes Leben als Wittenberger Mönch, Lehrer und Prediger fortsetzen, kehrte in die Turmstube seines Klosters zurück, ließ sich seinen Bart rasieren und die Haare schneiden, zog die Mönchskutte an – aber das Wittenberg, in das er nun kam, war nicht mehr dasselbe wie das, das er vor einem Dreivierteljahr verlassen hatte. Sein Kloster war fast unbewohnt. Und verarmt. Nur zwei seiner Mitbrüder lebten dort noch, die anderen hatten sich vom Mönchtum losgesagt und das Kloster verlassen. Da das Betteln nun aufgehört hatte und den Ausgetretenen Abfindungen gezahlt worden waren, fehlte es dem Kloster an Geld.

Damit kam Luther aber ganz gut zurecht. Sowieso hatte er für seine Lehrtätigkeit als Professor nie ein Gehalt bekommen, denn er war ja ein Bettelmönch. Fürs Predigen an der Wittenberger Stadtkirche bekam er acht Gulden pro Monat, weniger als ein Zwölftel von Melanchthons Professorengehalt, und für seine zahlreichen Schriften, die ihn hätten reich machen können, hat er nie ein Honorar genommen.

Geld war ihm nicht wichtig. Viel wichtiger war ihm, wieder Ordnung in das Chaos zu bringen, das er vorfand, nicht nur in Wittenberg, sondern im ganzen Reich, denn ihm war zu Ohren gekommen, dass es überall gärte.

Zunächst kümmerte er sich um Wittenberg. Mit der ganzen Autorität, die er sich inzwischen erworben hatte, nimmt er nun den Kampf auf gegen die, wie er sie nennt, »Schwärmer«, »Rottengeister« und »Aufrührer«. Seinem Doktorvater und ehemaligen Mitstreiter Karlstadt kündigt er nicht nur die Freundschaft, sondern setzt – autoritär wie ein Papst – ein Predigtverbot gegen ihn durch und erwirkt eine Zensur und Beschlagnahmung seiner Schriften durch die Universität.

Dann steigt er auf die Kanzel und predigt Geduld. Die Umsetzung reformatorischer Gedanken in reformatorische Praxis müsse wohl bedacht sein, aber vor allem habe man dabei Rücksicht zu nehmen auf jene, die nicht so schnell mitkommen. Das ist der Inhalt seiner acht »Invokavitpredigten« – benannt nach dem Namen des ersten Sonntags der Passionszeit –, die er im März 1522 in Wittenberg hält.

Hier entfaltet er seine Vorstellung davon, wie es nun im Leben der Gemeinde weitergehen solle: »So wie jede Mutter ihre Kinder ganz allmählich großziehe und kein sofortiges Erwachsensein erwarte, so sei der Gemeinde genügend Zeit einzuräumen, auf dass ihr Glaube allein durch Gottes Wort gestärkt werden könne.«

Und ja, selbstverständlich brauchen neue Inhalte auch neue Formen und selbstverständlich muss man daher auch neue Formen des Gottesdienstes entwickeln, aber zuvor muss das Wort nicht nur ins Ohr, sondern durchs Herz gedrungen sein.

Und ja, auch er verabscheue jede Abgötterei von Heiligenbildern – die er »Ölgötzen« nannte –, doch habe es Gott den Menschen überlassen, sie als Zeichen zu betrachten.

Und ja, er selbst habe sich schon auf der Wartburg vom Mönchtum losgesagt und die Gelübde für nichtig erklärt, dennoch trage er seine Mönchskutte weiter und werde sie erst ablegen, wenn er sich innerlich frei fühle dazu. Wer jedoch sein Kloster mit gutem Glauben und Gewissen verlassen wolle, der solle getrost gehen.

Luther wird seine Kutte noch zwei weitere Jahre tragen. Den Gottesdienst hält er in geweihten Gewändern, mit Gesang und mit lateinischen Zeremonien. Damit demonstriert er, wie er sich den Prozess der Reformation vorstellt: einen Schritt nach dem anderen machen und den Leuten genau begründen, warum nun dieser Schritt nötig ist und was der nächste sein wird.

Wenn man gedanklich zu dem Schluss gekommen ist, dass sich die Institution des Mönchtums nicht biblisch begründen lässt, muss man es natürlich abschaffen, aber doch nicht über Nacht. Es gibt schließlich zahlreiche praktische Fragen zu klären, wie etwa, was mit dem Besitz und den Gebäuden der Klöster geschehen soll. Und wenn man gedanklich zu dem Schluss gekommen ist, dass der Gottesdienst auf Deutsch, in neuen Formen und in anderen Gewändern gefeiert werden sollte, muss man doch vorher genau geklärt haben, in welchen Formen, welchen Gewändern und warum gerade in diesen.

Jeder Schritt will sorgsam bedacht sein, bevor man ihn ausführt. Hat man aber alles gründlich durchdacht, kann er entschlossen getan und der nächste Schritt überlegt werden. Änderungen kommen also für Luther erst dann infrage, wenn sie von der Bibel her so begründet werden können, dass sie auf einem sicheren theologischen Fundament stehen. Bis dahin muss erst mal mit dem Alten weitergemacht werden, denn wer ein altes Haus abreißt, bevor er ein neues gebaut hat, wird oft im Regen stehen. Aber vor allem: Nicht mit Gewalt sollen die Änderungen herbeigeführt werden, sondern durch die Kraft des Wortes.

Dieses Wort Gottes habe bisher allein den Kampf gegen das Papsttum geführt und es entscheidend geschwächt, während er mit Melanchthon in aller Ruhe wittenbergisch Bier getrunken habe.[43] Mit dieser besonnen-vermittelnden Haltung bei gleichzeitig scharfer Abgrenzung gegenüber Karlstadt und allen »Abweichlern« in den eigenen Reihen gelingt es Luther, wieder Ruhe hineinzubringen in die Wittenberger Gemeinde. Aber eben nur dort.

Was ihm in Wittenberg gelingt, gelingt nicht mehr im Rest der Welt. Andere sind ungeduldiger, preschen voran, wollen aus den Gedanken Luthers eine neue Welt und eine neue Kirche entstehen lassen oder doch zumindest sicht- und erlebbare Veränderungen als Konsequenz aus Luthers Lehren, und zwar schnell, notfalls auch mit Gewalt.

So berufen sich zwar alle auf Luther, aber legen ihn und die Bibel nach eigenem Gutdünken aus und fühlen sich dazu gerade durch Luther legitimiert, denn hatte er nicht das Priestertum aller Gläubigen gelehrt? Und wenn jeder ein vom Heiligen Geist geleiteter Priester ist, wer kann behaupten, was ihm der Geist eingegeben habe, sei falsch?

Da ist zum Beispiel der Reichsritter Franz von Sickingen, von Anfang an ein glühender Anhänger Luthers. Ihm gefällt dessen Angriff gegen den Papst, denn Sickingen hat selbst ein Problem mit Autoritäten. Aber vor allem hat er ein Problem mit dem Niedergang seines einst so stolzen Reichsritterstands. Ritter werden nicht mehr so gebraucht, seit mit Artillerie und Landsknechtsheeren erfolgreicher Krieg geführt wird. Der Niedergang schlägt sich direkt in den Finanzen der Ritter nieder und indirekt in sinkendem politischen Einfluss. Um dem Bedeutungsverlust entgegenzuwirken, wird Sickingen, zusammen mit anderen, ab dem Jahr 1515 zum Raubritter, nimmt Kaufleute als Geiseln, zündet Dörfer an, belagert Städte und baut sich mit der Beute eine Streitmacht auf, gegen die kaum ein Fürst zu kämpfen wagt.

Als dann Jahre später über Luther und dessen Anhänger die Reichsacht verhängt wird, bietet er diesem seinen Schutz an. Luther verzichtet darauf, aber andere Reformatoren wie etwa Martin Bucer oder Caspar Aquila finden Unterschlupf auf Sickingens Ebernburg südlich von Bingen. Auch Ulrich von Hutten, damals einer der bekanntesten Dichter des Reiches, verfasst auf dieser Burg Schmähgedichte gegen den Papst, den Klerus und das Mönchtum.

Im Lauf der Zeit entsteht auf der Burg eine evangelische Gemeinde, welche die tägliche Messe durch einen sonntäglichen Gottesdienst ersetzt. Die Ebernburg wurde deswegen als »Herberge der Gerechtigkeit« bezeichnet.

Im Jahr 1522 greift Sickingen den Trierer Erzbischof Richard von Greiffenklau an, um sich dessen Besitz anzueignen, verkündet aber offiziell, es gehe ihm um das Evangelium, daher habe der Bischof sich von seinem kirchlichen Besitz zu trennen. Doch Greiffenklau ist vorbereitet, hält Sickingens 7 000 Fußknechten stand, zwingt sie sogar zum Rückzug auf die Burg Nanstein bei Landstuhl, nimmt die Burg unter schweren Beschuss und belagert sie, bis der bei den Gefechten schwer verletzte Sickingen aufgibt. Am 7. Mai 1523 erliegt er seinen Verletzungen.

Die ehemals von Sickingen bedrohten Städte, Bischöfe und Fürsten holen nun zum großen Gegenschlag aus gegen die verbliebenen Ritter, darunter auch gegen den berühmt-berüchtigten Götz von Berlichingen. Davon erholt sich die Reichsritterschaft nicht mehr und verschwindet als politische Kraft.

Luther sah diese Verquickung des Evangeliums mit Gewalt, Raub und persönlichen Interessen mit wachsendem Unbehagen und gewann zunehmend die Überzeugung, dass hier der Teufel persönlich am Werk sei, um der Reformation zu schaden. Er reagiert darauf in der ihm eigenen Weise, indem er wieder ein Problem gründlich durchdenkt und dann daraus eine Schrift verfasst: *Von weltlicher Obrigkeit, wie weit man ihr Gehorsam schuldig sei.*

Luther entfaltet darin die später sogenannte Zwei-Reiche-Lehre, die besagt: Glaubensfragen unterstehen dem Regiment Gottes. Keine Macht der Welt darf den Christen in Glaubensfragen Vorschriften machen. Hier haben sich Kaiser, Könige und Fürsten gefälligst herauszuhalten.

Andererseits lebt auch ein Christ in der Welt unter dem Regiment von Kaisern, Königen und Fürsten. Deren weltliche Ordnung stammt ebenso von Gott wie die geistliche und ist darum im Kern auch gut, bewahrt sie doch die Welt vor Chaos und vor dem Faustrecht. Daher verbiete es sich einem Christen, gewaltsam gegen die weltliche Obrigkeit vorzugehen.

Beide Sphären sind für Luther getrennt, und darum dürfe man sie auch nicht vermischen. Die Heilige Schrift lehre nicht, wie man Ehen schließen, Häuser bauen, Kriege führen oder Schifffahrt treiben soll, dazu genüge die weltliche Vernunft, die natürlich schlechter sei als die göttliche, aber für irdische Belange ausreichend. Daher dürfe man das von göttlicher Weisheit regierte Reich nicht auf Erden erwarten, sondern erst im Jenseits. Hier im Diesseits jedoch habe man sich mit der Unvollkommenheit der Welt und dem Platz, der einem von Gott zugewiesen wurde, abzufinden.

Immer stärker schält sich nun heraus, dass dieser Luther kein Revolutionär ist, sondern tatsächlich »nur« ein Reformator. »Reformatio« – das heißt nicht Umsturz, sondern zurück zu den Ursprüngen, Wiederherstellung der guten alten Ordnung. Und Luther betont auch immer wieder, er habe nichts Neues hervorgebracht, sondern im Grunde nur das verschüttete Uranliegen Christi wieder freigelegt.

Im Lauf der Geschichte führte diese Zwei-Reiche-Lehre zu verhängnisvollen Folgen, denn es entwickelt sich daraus der autoritäre deutsche Obrigkeitsstaat mit obrigkeitshörigen Untertanen. Das hat Luther natürlich nicht voraussehen können. Ihm war es damals nicht um die zukünftigen Folgen seiner Lehren gegangen, sondern um eine Befriedung seiner Gegenwart, vor allem um die Vermeidung von Gewalt und Blutvergießen.

Wie berechtigt diese Sorge war, sollte sich schon bald herausstellen, als die Bauern Luthers »Freiheit eines Christenmenschen« gar zu wörtlich verstanden und in einen Krieg gegen die Obrigkeit zogen, den sie nicht gewinnen konnten. Ihr Anführer hieß Thomas Müntzer, jener ehemalige Anhänger Martin Luthers, der diesen als »Mastschwein« verunglimpft und den Luther als »Erzteufel in Schafskleidern« geschmäht hatte.

BLUT UND ENTZWEIUNG

»Kein ärmer Tier auf Erd' man find', muss arbeiten bei Regen, Wind und gewinnen, was all' Welt verschlingt, des Haferstrohs man mir kaum gönnt«[44] – so dichtete 1525 der Nürnberger Schuhmacher, Meistersinger und Dramatiker Hans Sachs über den Bauernstand. Auf diese Klage über das Los der Bauern antwortet höhnisch die Obrigkeit:

»Esel, du bist dazu geborn, dass du sollst bauen Weiz' und Korn und doch essen Distel, Dorn. Darum geh hin ohn alles Morrn. Willst nicht mit Lieb, so musst mit Zorn, denn ich sitz gewaltig auf dir vorn und schlag dich tapfer um die Ohrn, stupf dich dazu mit scharfem Sporn. Du bist mein eigen und geschworn, du musst tanzen nach meinem Horn.«[45]

Hans Sachs, auch ein Anhänger Luthers, zeigt hier Empathie für die Bauern und fragt zwischen den Zeilen: Dieses Unrecht, das den leibeigenen Bauern geschieht, diese Ausbeutung, diese Rechtlosigkeit gegenüber ihren Ausbeutern – das soll von Gott gedeckt sein?

Luther weiß durchaus, wie die Bauern von Abgaben (auch an die Kirche), Fronarbeit und Schulden geplagt waren. Und er sagt den Fürsten und Fürstbischöfen: »Man wird nicht, man kann nicht, man will nicht eure Tyrannei und Mutwillen auf die Dauer leiden. Gott will's nicht länger haben.« Er ermahnt also die Fürsten und Bischöfe, ihre Bauern besser zu behandeln. Er ermahnt aber auch die Bauern, nicht gewaltsam aufzubegehren. An deren Leibeigenschaft sieht er nichts Verwerfliches. So ist nun mal die weltliche Ordnung, und wenn Gott eine andere Ordnung wollte, würde er sie schon ändern.

Sie wissen inzwischen, dass die »Pfaffen« und Fürsten ein ausschweifendes Leben auf Kosten der Bauern führen. Sie sehen, wie die Kirchen und Klöster durch Stiftungen, Erbschaften, Spenden immer reicher werden und ihnen trotzdem immer mehr von dem abnehmen, was sie durch ihrer Hände Arbeit erwirtschaften. Auch alte, seit Jahrhunderten bestehende Rechte und ungeschriebene Gesetze zu ihren Gunsten – Weide-, Holzschlag-, Fischerei-, Jagdrechte – wurden von ihren Grundherren beschnitten oder abgeschafft, sodass immer mehr Bauern verarmten und in bitterster Not lebten.

Sie haben auch schon gehört, dass man in Rom durch Vetternwirtschaft und Bestechung in die höchsten Ämter kommt und in Saus und Braus lebt. Daher wurden sie hellhörig, als Luther gegen Rom aufbegehrte. Sie lasen oder ließen sich vorlesen, was Luther über die »Freiheit eines Christenmenschen« schrieb. Und sie suchten in der Luther'schen Bibelübersetzung nach Rechtfertigungen für die Ansprüche von Adel und Klerus, fanden aber nichts. Ganz in Luthers Sinn folgerten sie daher: Wenn von der Einschränkung ihrer Rechte durch die Grundherren nichts in der Bibel steht, kann es sich auch nicht um göttliches Recht handeln.

Also begehren sie nun auf. In Memmingen wollen sie nicht mehr darauf warten, dass Gott oder die Obrigkeit das Los der Bauern verbessern und sie erst im Jenseits für ihr Stillhalten belohnt werden. Stattdessen kämpfen sie – in der Überzeugung, dass Gott mit ihnen sei – für eine Verbesserung ihres Lebens im Diesseits.

Anfang des Jahres 1525 schreiben sie ihre Forderungen in zwölf Artikel: Der »Zehnte«, eine Abgabe an die Kirche, soll abgeschafft werden, ebenso der sogenannte Todfall, eine Art Erbschaftssteuer beim Ableben des Hofpächters, und auch die Leibeigenschaft. Die ausufernden Frondienste sollen vermindert werden. Die alten Jagd-, Fischerei- und Weiderechte fordern sie zurück.

Die zwölf Artikel, im März 1525 gedruckt, verbreiten sich genauso schnell wie einst Luthers Schriften und erreichen innerhalb von zwei Monaten eine Auflage von 25 000. Auch Luther kennt sie und kommt um eine Stellungnahme nicht herum. Er antwortet mit der Schrift *Ermahnung zum Frieden auf die zwölf Artikel der Bauernschaft in Schwaben*.

Obwohl er mit einigen Forderungen sympathisiert, verhält er sich anderen Forderungen gegenüber ablehnend. Er bittet die Bauern, sich mit ihren Obrigkeiten gütlich zu einigen und auf Gewalt zu verzichten. Tun die aber nicht. Im Gegenteil. Überall im Land stürmen sie Klöster und Burgen, auch in Thüringen und Sachsen und, ganz in Luthers Nähe, im Umkreis von Mansfeld.

Als er selber durch das thüringische Aufstandsgebiet reist, um die Bauern zur Mäßigung aufzurufen, macht er eine neue, für ihn ungewohnte und darum einschneidende Erfahrung: Statt ihm mit Respekt und Ehrerbietung zu begegnen, wird er mit Klingelgeläut verhöhnt, niedergeschrien und verlacht.

In Orlamünde und in der Saalegegend trifft er auf seinen alten Rivalen Karlstadt, den er doch aus Wittenberg gejagt und als erledigt betrachtet hatte, dem aber jetzt die Leute nachlaufen und aufmerksamer zuhören als ihm, Luther. Und Thomas Müntzer, der ebenfalls schon mehrfach aus verschiedenen Gemeinden verjagt worden war, ist auch wieder da und agiert einfach in anderen Gegenden weiter, in Eisenach, im Mansfelder Land und in der freien Reichsstadt Mühlhausen.

Dort versucht er seine Vorstellungen einer gerechten Gesellschaftsordnung umzusetzen: Klöster werden aufgelöst, Räume für Obdachlose geschaffen, eine Armenspeisung eingerichtet. Müntzer, seiner Zeit weit voraus, fordert die »Gemeinschaft aller Güter, die gleiche Verpflichtung aller zur Arbeit und die Abschaffung aller Obrigkeit«.

Während Luther von den Bauern verspottet wird, folgen sie dem »Satan Müntzer«, der nicht nur zu gewaltsamen Aufständen aufruft, sondern auch eine eigene Theologie vertritt, die, wie Luther meint, seine Lehre verfälscht. Zwar setzt auch Müntzer auf die Schrift, kommt aber zu einer anderen Auslegung. Die Buchweisheiten der Schriftgelehrten verachtet er, stattdessen setzt er auf Visionen und unmittelbare göttliche Eingebungen. Und mit biblischen Zitaten begründet er auch das Recht auf ein gewaltsames Vorgehen gegen die gottlosen Fürsten und Bischöfe.

In dieser Situation tut Luther etwas schwer Verständliches: Er schreibt einen Text, in dem er sich nicht nur auf die Seite der Fürsten schlägt, sondern diese zu gnadenlosem Vorgehen gegen die Aufständischen anstachelt. In seiner berühmt-berüchtigten Schrift *Wider die räuberischen und mörderischen Rotten der Bauern* sagt er den Fürsten, sie sollen die Bauern »zerschmeißen, würgen, stechen, heimlich und öffentlich, wer da kann, wie man einen tollen Hund erschlagen muss«.

Das hätte er den Fürsten gar nicht sagen müssen. Sie hätten das auch ohne Luther getan. Haben es schon getan. Und hier wäre es an Luther gewesen, die Fürsten zur Mäßigung aufzurufen. Stattdessen konnten sie auf das Einverständnis Luthers setzen, und auch auf das von Melanchthon. Der war am 18. Mai 1525 von Kurfürst Ludwig V. von der Pfalz gefragt worden, was vom Aufruhr der Bauern zu halten sei. Und Melanchthon hatte geantwortet, die Obrigkeit tue recht, wenn sie gegen das »wilde ungezogene Bauernvolk« vorgehe. Außerdem sei der Zehnte rechtens, die Leibeigenschaft und Zinsen nicht frevelhaft. »Die Obrigkeit kann die Strafe setzen nach der Not im Lande und die Bauern haben nicht das Recht, der Herrschaft ein Gesetz zu diktieren. Für solch ein ungezogenes, mutwilliges und blutgieriges Volk nennt Gott das Schwert.«

Nur vier Tage später zog der Kurfürst mit 4 500 Landsknechten, 1 800 Reitern und mehreren Geschützen von Heidelberg bis nach Bruchsal gegen die Bauern und rang sie blutig nieder. Aber das war fast schon ein Nachhutgefecht, denn die größte Niederlage war den Bauern schon eine Woche zuvor in der Schlacht bei Frankenhausen zugefügt worden.

In ihr wurden die Aufständischen unter Thomas Müntzer durch ein Fürstenheer vollständig besiegt. Müntzer selbst wurde gefangen genommen und am 27. Mai in Mühlhausen enthauptet, nachdem er auf die Festung Heldrungen gebracht und gefoltert worden war. Die überlebenden Bauern wurden danach vom geistlichen und weltlichen Adel mit maßlos überzogenen Schadenersatzforderungen und Strafen verfolgt. Ungerührt kommentiert Luther: »Wer den Müntzer gesehen hat, der mag sagen, er habe den Teufel leibhaftig gesehen.« Und Melanchthon: »Dieses Ende Thomas Müntzers ist zu bedenken, damit jeder daraus lerne, wie hart Gott Ungehorsam und Aufruhr gegen die Obrigkeit straft.«

Danach war für sehr lange Zeit wieder Ruhe im Lande – so wie Luther es gewollt hat.

Die Bauern ihrer Obrigkeit wieder untertan, Luthers schlimmster Feind, der »Teufel Müntzer«, nicht nur besiegt, sondern auch hingerichtet, die göttliche Ordnung also wiederhergestellt – so konnten sich die Wittenberger Reformatoren als Sieger fühlen. De facto waren sie das auch.

Jedoch: Beim gemeinen Volk hatte Luther an Ansehen verloren. Er war nun nicht mehr die von allen anerkannte unumschränkte Autorität, als die er sich selber gesehen hatte – und ist es auch nie mehr geworden.

Dass er nach dem Bauernkrieg an der Seite der weltlichen und geistlichen Obrigkeit als Sieger stand, hat der gerade ent-

standenen neuen Bewegung den revolutionären, vorwärtsdrängenden Geist genommen. Die herrschenden gesellschaftlichen
Verhältnisse wurden damit für lange Zeit zementiert mit dem
Glaubenssatz »Seid untertan der Obrigkeit«. Es dauerte bis 1789,
also mehr als zwei Jahrhunderte, bis sich in Frankreich die aus-
gebeuteten, entrechteten Massen wieder gegen ihre Ausbeuter
erhoben und die Herrschaft der Kirche und des Adels beende-
ten. In Deutschland hat es noch länger gedauert, und einer der
Gründe dafür ist bei Martin Luther zu finden. Der hieß Aufruhr
nur gut, wenn er selbst dessen Urheber war, und auch nur, wenn
es sich um geistigen oder geistlichen Aufruhr handelte, nicht
aber um gewaltsamen. Kam der Aufruhr von anderen, gar gewaltsam, sah er den Teufel am Werk.

Immer sah er den Teufel, Hexen, Dämonen am Werk, wenn
es nicht nach seinem Kopf ging. Tief im Herzen und auch im
Geist war er daher weiter dem mittelalterlichen Denken verhaftet geblieben. Dass ihn die Entdeckung Amerikas nicht sonderlich interessierte, wurde schon gesagt. Dass er Kopernikus
durch die Bibel widerlegt sah, wurde ebenfalls schon erwähnt.
Aber es gibt noch mehr Äußerungen, Verhaltensweisen, Gedanken, die ihn als Mann des Mittelalters ausweisen. So kam es, dass
etliche derer, die anfangs von Luther begeistert waren, weil sie
ihn für einen Geistesverwandten und Verbündeten hielten, sich
später enttäuscht von ihm abwandten.

Einer der Prominentesten unter den von Luther Enttäuschten ist der Humanist Erasmus von Rotterdam. Der dachte anfangs auch, dass in Luther ein moderner Mensch stecke, ein
Humanist, der das Alte abschütteln wolle, einer, der davon
überzeugt sei, dass die humanistische Bildung den Menschen
befähige, die in ihm angelegten Möglichkeiten optimal zu entfalten und seine wahre Bestimmung zu erkennen. Und er dachte, dass Luther ebenfalls von der in der Antike herrschenden

Geistesfreiheit angesteckt sei und gelernt habe, den kontroversen Streit um die Wahrheit als etwas Normales, ja Erwünschtes, den Erkenntnisfortschritt Beförderndes zu betrachten. Und er dachte, in Luther einem neuzeitlichen Skeptiker zu begegnen, der auch zur Skepsis gegenüber seiner eigenen Lehre imstande und daher bereit sei, sie jederzeit auf den Prüfstand zu stellen.

Aber all das war Luther nicht. Er war kein Mensch des Mittelalters mehr, aber ein Mensch der Neuzeit war er auch nicht. Er stand quer zu seiner Zeit.

Dass es sich so verhält, lernte Erasmus, als er mit Luther über die Willensfreiheit stritt. Luther hatte in einer seiner Disputationen bestritten, dass der Mensch über einen freien Willen verfüge. Diese Auffassung folgte logisch aus seiner Gewissheit, dass allein Gottes Gnade dem Menschen das Heil ermögliche und nicht dessen Tun.

Für Erasmus mit seiner humanistischen Hochschätzung der menschlichen Möglichkeiten war das eine Provokation. Deshalb veröffentlichte er 1524 die Schrift *De libero arbitrio* »Vom freien Willen«, worin er zu begründen versuchte, warum der Mensch eben doch über einen freien Willen verfüge. Und ganz vorsichtig gegen Luther gewandt schrieb er, dass nicht alles, was in der Bibel steht, so eindeutig sei, dass man felsenfeste Urteile auf sie gründen könne. Dies gelte auch und besonders für die Frage des freien Willens. Diese sei allein mit der Schrift nicht eindeutig zu klären.

Dem widersprach Luther 1525 in seiner Schrift *De servo arbitrio*, »Vom unfreien Willen«. Wo die Schrift unklar erscheine, liege der Fehler nicht in der Schrift, sondern in dem unzureichend erkennenden Menschen, erklärte Luther. Und mit dem Willen des Menschen verhalte es sich wie mit einem Zugtier: »Wenn Gott sich darauf gesetzt hat, will er und geht, wohin Gott will, wie der Psalm sagt. ... Wenn Satan sich darauf gesetzt hat, will und geht er, wohin Satan will. Und es steht nicht in seiner freien Entscheidung, zu einem von beiden Reitern zu laufen oder ihn sich zu verschaffen zu suchen, sondern die Reiter selbst kämpfen miteinander, ihn zu erlangen und zu besitzen.«

Folgenschwerer als diese Meinungsverschiedenheit war vermutlich die Art, wie sie ausgetragen wurde. Erasmus lieferte einen abwägenden, ergebnisoffenen Beitrag zu einer Debatte, deren Fortsetzung er sich erhoffte. Er schrieb in dem Bewusstsein, dass er über keine absolute Wahrheit verfüge und ein Suchender ist, der sich gern eines Besseren belehren lässt. Luther dagegen polterte dogmatisch und autoritär, er habe in seiner Schrift nicht Ansichten ausgetauscht, »sondern ich habe feste Erklärungen abgegeben und gebe feste Erklärungen ab. Ich will auch keinem das Urteil überlassen, sondern rate allen, dass sie Gehorsam leisten. Der Herr aber, um dessen Sache es geht, erleuchte dich und mache dich zu einem Gefäß zu seiner Ehre und Herrlichkeit. Amen.«

Auf das Erasmus'sche Angebot eines offenen Gesprächs antwortet Luther mit einer abschließenden Verkündung der Wahrheit. So autoritär er sich damit gebärdet, so sehr leidet darunter seine Autorität, vor allem seine eigene Glaubwürdigkeit, denn auf dem Reichstag in Worms hatte er für sich ganz selbstverständlich, neuzeitlich und modern das Recht beansprucht, sich gegen die höchsten Autoritäten auf Schrift, Vernunft und Gewissen zu berufen. Anderen verwehrte er dieses Recht, wenn sie nicht zu denselben Schlussfolgerungen gekommen sind wie er.

Seit seiner Rückkehr von der Wartburg wird Luther nun mit der Kehrseite und dem Problematischen seiner Lehre und seines Freiheitsverständnisses konfrontiert: Wer entscheidet, was als wahr gelten soll, wenn wir keinen Papst über uns akzeptieren?

Luther hat darauf die Antwort gegeben: die Schrift. Die Schrift aber ist, wie schon Erasmus richtig erkannte, nicht immer eindeutig, nicht selten in sich selbst widersprüchlich und kann verschieden interpretiert werden. Welcher Interpret kann dann mit welchem Recht behaupten, dass seine Interpretation die einzig richtige sei?

Das Problem verschärft sich noch, wenn einer unter Berufung auf das allgemeine Priestertum aller Gläubigen offensichtliche Spinnereien verkündet und behauptet, der Heilige Geist habe ihm das eingegeben. Wer soll entscheiden, wer ein Spinner, Schwärmer, Rottengeist ist? Und wenn einer eine Wahnsinnstat begeht und behauptet, sein Gewissen, oder gar Gott selbst, habe ihm diese Tat geboten, wer kann ihm sagen, dass sein Gewissen irrt?

Luther hat es nie so gesagt, aber stets so gehandelt und sich – insgeheim wohl – als von Gott gesandter Prophet verstanden. Womit er dann auch über dem Papst und praktisch allen anderen gestanden hätte.

Eine sehr große, ja fast unangreifbare Autorität ist ihm anfangs auch zugestanden worden, und die hatte er sich auch erarbeitet. Hohe Glaubwürdigkeit verschaffte ihm sein Status des Bettelmönchs, der mit den finanziellen Machenschaften und dem klerikalen Pfründensystem seiner Kirche nichts zu tun hat. Als Prediger, der dem Volk aufs Maul schaute, seine Sprache sprach und wusste, wo der Schuh drückt, erarbeitete er sich den Respekt seiner Mitbürger. Und als gelehrter Doktor und Professor fand er Aufmerksamkeit und Gehör bei den gebildeten Schichten, sprach öffentlich aus, was diese heimlich dachten, formulierte es besser, als sie selbst es hätten formulieren können, und brachte sie überdies auf neue Gedanken.

»Insbesondere sein theologisches Doktorat war ihm, zunächst gegenüber den ›Papisten‹, später auch gegenüber den ›Schwär-

mern‹ aus dem eigenen Lager, ein wichtiges Instrument, um
seinen eigenen Autoritätsanspruch zu legitimieren. Für die
Selbstinszenierung seines Wittenberger Kollegen, des Weltpries-
ters Karlstadt, der seine akademischen Titulaturen ablegte, sich
mit dem grauen Rock und Filzhut eines Bauern bekleidete,
sich als Ausdruck seiner Neubewertung des geistlichen Status
des Laien als ›neuer lay‹ bezeichnete und ›Bruder Andreas‹ nennen ließ, hatte der ernste Bettelmönch nur Spott und Verach-
tung übrig. Anbiedereien gegenüber Studenten oder niederen
Ständen widersprachen Luthers ständischen Ordnungsvorstel-
lungen, die auf dem Glauben an die gottgegebene soziale Un-
gleichheit der Menschen basierten, zutiefst.«[46]

Er hat auch immer darauf bestanden, mit »Herr Doktor«
angeredet zu werden von seinen Studenten. Verbrüderung war
seine Sache nicht, und nie hat er in seiner jeweiligen Umgebung je einen Zweifel daran gelassen, wer hier der Chef ist. Und
seine Umgebung hat diese Rolle immer anerkannt.

Aber beide, sowohl er wie auch seine Gefolgsleute, hatten
offenbar die Tragweite ihrer eigenen Gedanken nicht erfasst und
darum nicht vorhergesehen, welche Folgen sich unweigerlich
einstellen würden. Wer den Papst als oberste Instanz für die
Wahrheit mit guten Gründen stürzt, kann sich anschließend
nicht als neuer Papst installieren, denn dieselben Gründe, die
gegen den alten sprachen, sprächen ja auch gegen jeden neu-
en.

Daher müssen also alle Papststürzer fortan mit einem un-
lösbaren Problem leben: Wenn sie sich über die richtige Interpretation bestimmter Bibelstellen nicht einigen können, kann
nicht einer allein für sich beanspruchen, über die höhere Vernunft, das bessere Schriftverständnis, das reinere Gewissen zu
verfügen, es sei denn, er findet genügend Anhänger, die ihm
das glauben. Er wird aber damit leben müssen, dass es meist

noch mehr gibt, die ihm das nicht glauben und anderen Interpreten oder eigenen Interpretationen vertrauen.

Genau dieses Schicksal steht nun den Anhängern der Reformation bevor. Luther und Melanchthon müssen die Erfahrung machen, dass sie zwar neue Gedanken in die Welt entlassen, die Kontrolle darüber aber verloren haben. Die Gedanken sind frei, entfernen sich von ihren Urhebern, entwickeln sich unkontrolliert weiter und verändern sich, die Welt und die Menschen. Ab dem Jahr 1525 erleben Luther, Melanchthon und alle Anhänger der Wittenberger Reformation, wie sich ihre in Wittenberg entstandenen Gedanken zwar in alle Welt verbreiten, aber ein Eigenleben entwickeln, das dazu führt, dass an anderen Orten dieser Welt manches anders gesehen, gedacht und interpretiert wird als in Wittenberg.

In Zürich zum Beispiel gibt der Schweizer Reformator Huldrych Zwingli 1525 sein Glaubensbekenntnis *Von der wahren und falschen Religion* heraus, das er dem französischen König Franz I. schickte. In vielem ist er mit Luther einig, aber beim Abendmahlsverständnis, der Gottesdienstordnung und der Liturgie weicht er von Luther ab und geht eigene Wege. Bilder, Messen und Zölibat werden abgeschafft und es gibt eine geregelte Armenfürsorge.

Ein Jahrzehnt später veröffentlicht Johannes Calvin in Genf seine *Institutio Christianae Religionis*, zu Deutsch »Unterricht in der christlichen Religion«. Es wird zu einem der meistverkauften Werke der Reformation. Auch er ist von Luther beeinflusst, stimmt in vielem mit ihm überein, in anderen Dingen aber – unter anderem auch wieder beim Abendmahlsverständnis – unterscheidet er sich sowohl von Luther wie von Zwingli. Alle drei stehen wiederum gemeinsam gegen den Papst.

Und es ist gerade diese Entwicklung, die Luthers Verhaftetsein ans Mittelalter überwindet und den Weg vorbereitet für den freien Wettstreit der Gedanken, für Pluralismus, Meinungsfreiheit, Geistesfreiheit, Freiheit überhaupt. Luther, Melanchthon und seine Wittenberger Reformatoren siegen, insofern sich ihre Gedanken über die ganze Welt verbreiten. Und sie verlieren, indem andere sich die Freiheit nehmen, manche dieser Gedanken zu ändern, zu ergänzen oder zu streichen.

Das aber entspricht dem von Luther selbst in die Welt gesetzten reformatorischen Prinzip. Letztlich hat er damit über sich selbst gesiegt. Es war ihm nur nicht recht. Lieber hätte er gern alle anderen besiegt. Aber nirgends in der Schrift steht geschrieben, dass es immerzu allein nach dem sturen Kopf des Doktor Martinus Luther zugehen müsse.

UND PLÖTZLICH: »HERR KÄTHE«

Klösterliche Ruhe liegt über dem Garten von Marienthron. Man hört nur das Summen der Hummeln, das Gezwitscher der Vögel und das Geflüster der Nonnen, die im Garten Unkraut jäten, Kräuter ernten, Setzlinge pflanzen. Die Welt dort im Sommer des Jahres 1522 scheint stillzustehen. Es ist, wie es immer war, und es könnte werden, wie es schon immer geworden ist.

Aber eine der Zisterzienserinnen, die sich gerade vergewissert hat, wer in Hörweite ist, sagt zur anderen: »Hast du schon von diesem Doktor Martin Luther gehört, Katharina, dem Mann der in Worms Kaiser und Papst die Stirn geboten hat?«

»Ja, habe ich«, antwortet Katharina flüsterleise, »und ich habe auch seine 95 Thesen gelesen, seine Schrift über die Freiheit eines Christenmenschen und seine Ansprache an den christlichen Adel deutscher Nation.«

»Oh«, erwidert die andere, »ich kenne nur seine 95 Thesen, die anderen Schriften nicht. Hast du sie noch, kannst du sie mir geben?«

»Klopf heute Abend nach dem letzten Gebet an meine Tür, dann übergebe ich sie dir«, antwortet Katharina, »und gib sie dann an Schwester Else weiter, die hat mich auch schon danach gefragt«.

»Else? Die brave fromme Else?«

»Von wegen brav, von wegen fromm – und nicht nur Else, auch Margarethe, Ave, Veronika haben mich schon gefragt. Und von Vanetha …«

Katharina vollendet ihren Satz nicht, denn die Äbtissin nähert sich. Still widmen sich die Nonnen wieder ihrer Arbeit. Ebenso still, aber heimlich, verbreiten sie Luthers Gedanken unter den Nonnen des Klosters. Freiheit liegt in der Luft. Träume von einem anderen Leben werden geträumt. Und der Nervenkitzel der Gefahr, der immer mit Freiheit verbunden ist, beflügelt die Fantasie einiger Zisterzienserinnen im Kloster Marienthron in Nimbschen in der Nähe von Grimma an der Mulde.

So oder so ähnlich könnte ein Film über Katharina von Bora beginnen. Historisch verbürgt ist dieser Anfang natürlich nicht. Aber wie es weitergeht, das ist einigermaßen bekannt. Aus den Träumen von Freiheit und einem anderen Leben wird Realität, und die stinkt erst einmal nach Fisch.

Aber der Reihe nach: Katharina von Bora, 24 Jahre jung, schreibt einfach an Luther. Er solle ihr und acht weiteren Nonnen helfen, dem Kloster zu entkommen. Der Brief ist verschollen, aber wir wissen, dass Luther half. Er instruiert den mit ihm befreundeten Kaufmann Leonhard Koppe aus Torgau, der das Kloster Marienthron regelmäßig mit Fisch, Bier und Hirse beliefert. Er soll die Frauen nach Wittenberg bringen.

Koppe erklärt sich einverstanden, obwohl das Unternehmen auch für ihn hoch riskant ist: Wer Mönchen oder Nonnen zur Flucht verhilft, kann nach Landesrecht zum Tode verurteilt werden. Das Kloster liegt im Einflussbereich Georg von Sachsens, einem Gegner Luthers und der Reformation, und er gilt als gnadenlos. Einen Bürger seines Landes, der eine Nonne entführen wollte, hat er schon zu Tode martern lassen. Aber Koppe hat Mut, will seinem verehrten Luther und den Frauen einen Gefallen erweisen und willigt ein, das Abenteuer zu wagen.

Ostern um Mitternacht 1523 ist der verabredete Termin, da wollen die Frauen mit ihm zurück nach Torgau und dann weiter zu Luther nach Wittenberg fahren. Koppe begibt sich also nach der nächsten Fuhre Fisch für Nimbschen nicht sofort wieder auf den Heimweg, sondern wartet mit seinem Wagen in der Nähe des Klosters, bis es dunkel ist. Da schleichen sich die

Frauen aus dem Kloster und verstecken sich auf seinem Wagen, zwischen oder gar in den leeren Heringsfässern, wie die Chronik berichtet: »nemlich in jeder Tonne eine Jungfrau, darin sie bequem hocken konnt.«[47] Was für eine Fahrt muss das sein – mit dem Fischgestank in der Nase und der Angst im Nacken! Aufatmen können sie erst, als sie den Herrschaftsbereich Georgs verlassen und in das Sachsen Friedrichs des Weisen nach Torgau gelangen. Dort sind sie erst mal sicher, bevor es weitergeht zu Luther in Wittenberg.

Der reagiert auf die Flucht der Nonnen aus Nimbschen sofort mit einer neuen Kampfschrift: *Ursach und Antwort, dass Jungfrauen Klöster göttlich verlassen mögen.*[48] Und begründet darin, warum die Frauen recht haben zu fliehen und auch ihre Ehre dadurch keinen Schaden nimmt. Auch ermuntert er andere adelige Familien, ihre Töchter ebenfalls aus den Klöstern zu holen und in die Freiheit zu entlassen. Freund Koppe aber lobt er als guten und edlen Räuber, der arme Seelen aus dem Gefängnis menschlicher Tyrannei gerettet und damit ein wahres Wunder vollbracht habe.

Die Nacht vom Ostersamstag zu Sonntag, den 6. zum 7. April 1523, verbringt Katharina im Haus von Leonhard Koppe, hier legt sie ihre Ordenstracht ab und zieht an, was ihr die Damen der Umgebung aus ihren Kleiderschränken spendieren. Aber was soll nun aus den Frauen werden? Es läge nahe, in ihre Elternhäuser zurückzukehren. Aber nur drei wählen diesen Weg. Die anderen werden von ihren Eltern gar nicht zurückgenommen, denn erstens hat man sie ja einst ins Kloster gesteckt, weil man arm ist und die Töchter nicht ernähren und ausbilden konnte, zweitens ist es eine Schande, die Gelübde zu brechen und einfach aus dem Kloster zu fliehen, und drittens wird sich wegen dieser Schande auch kein Mann finden, der so eine heiraten würde.

Was also tun mit den sechs Abtrünnigen? Luther weiß: Das ist jetzt mein Problem. Ich habe sie aus dem Kloster geholt, jetzt muss ich mich auch um sie kümmern.

Und er kümmert sich. Am 10. April organisiert er am kurfürstlichen Hof eine Kollekte, um die Frauen mit dem Nötigsten zu versorgen. Und dann müssen sie schnell unter die Haube, passende Ehemänner unter den Junggesellen in Wittenberg und Torgau gesucht werden. Der Professor-Doktor-Reformator-Lehrer-Bibelübersetzer und Schriftsteller Martin Luther ist nun auch noch Heiratsvermittler. Ein schwieriges Geschäft. Die »geistlichen Nymphlein«, wie sie spöttisch genannt werden, sind keineswegs bereit, sich an den jeweils Nächstbesten verkuppeln zu lassen, sondern stellen Ansprüche. Eine zieht es vor, Leiterin der Mädchenschule in Grimma zu werden, zwei weitere Frauen kommen zunächst in Haushalten unter, die anderen finden schließlich akzeptable Ehemänner – bis auf eine: Katharina von Bora.

Sie lebt im Haus des Malers Lucas Cranach, wo sie sich nützlich macht und mit dessen Frau Barbara anfreundet. Die Beziehungen zwischen den Familien Luther und Cranach sind eng. Beide übernehmen wechselseitig Taufpatenschaften für ihre Kinder. Beide sind gesellschaftliche »Hotspots«, wo regelmäßig Berühmtheiten und Gelehrte aus dem ganzen deutschen Reich vorbeikommen, und Katharina von Bora ist jetzt mittendrin und lernt den dänischen König Christian II. kennen, der sich, aus seinem Land verjagt, quasi im Exil befindet. Er schenkt ihr aus Verehrung einen goldenen Ring. Macht er ihr den Hof? Gefällt er ihr? Vielleicht. Aber vermutlich lässt sie solche Fragen gar nicht zu, denn der königliche Däne ist ja schon verheiratet.

Interessanter ist daher ein anderer, viel jüngerer Mann, den sie ebenfalls bei den Cranachs kennenlernt, und der ihr sehr gefällt: der ehemalige Wittenberger Student Hieronymus Baumgartner, ein Nürnberger Patriziersohn aus reichem Haus. Und es sieht so aus, als erwidere er die Gefühle Katharinas, die sich – wohl zum ersten Mal in ihrem Leben – heftig verliebt. Doch dann reist der junge Mann ab und lässt nichts mehr von sich hören, Katharina wird fast krank vor Liebeskummer. Baumgartners Eltern seien entsetzt und hätten ihm die Heirat mit einer entlaufenen Nonne gründlich ausgeredet, heißt es. Und außerdem: eine Frau ohne Mitgift, arm wie eine Kirchenmaus, was soll das?

Luther macht sich noch Jahre später über diesen ihren ersten »Liebhaber« lustig, der so schnell von der Fahne ging. Aber jetzt sucht er erst einmal Ersatz und schlägt Katharina einen anderen Mann vor, den sehr viel älteren Wittenberger Stiftsherrn Kaspar Glatz; nur gilt der als wenig anziehend und soll noch dazu zänkisch und geizig sein. Für Katharina kommt diese Partie überhaupt nicht infrage, ihr Nein fällt kategorisch aus. Wenn sie heiratet, dann nur einen, den sie auch selbst gut findet. Warum also nicht Martin Luther persönlich? Sie denkt das nicht nur, sondern lässt es ihm ausrichten: Nur er selber, der Doktor Martin Luther, komme in Betracht, ihn sei sie bereit zu nehmen, sonst keinen.

Luther ist überrascht, damit hat er nicht gerechnet. Er propagiert ja, dass Priester, Mönche und Nonnen heiraten, denn Kinder zu bekommen und großzuziehen ist für ihn gottgefälliger als alles Beten im Kloster. Für sich selbst aber hat er diese Möglichkeit offenbar nie in Betracht gezogen. Auch ist er schon über vierzig, hat mehr als die Hälfte seines Lebens im Kloster verbracht, sich also daran gewöhnt, allein – oder zumindest ohne Frau – zu sein. »Nicht, dass ich mein Fleisch und Geschlecht nicht spüre – ich bin weder aus Holz noch Stein«[49], schreibt Luther noch 1524 sehr offen über die Schwierigkeit, zölibatär zu leben. Dennoch, an Ehe hat er bisher nicht gedacht. Und er fliegt auch nicht gerade auf Katharina, denn sie erscheint ihm »stolz und hochmütig«, wie er sich später erinnert; ein Etikett, das eine selbstbewusste Frau im 16. Jahrhundert wahrscheinlich schnell weghat. Lieber hätte er die sanfte Ave von Schönfeld gehabt, eine der anderen Nonnen aus Nimbschen, aber die ist schon an einen Apotheker und Arzt in Torgau vergeben.

Und überhaupt: Ist er nicht vor Jahren nicht nur hauptsächlich wegen eines Gewitters, sondern ein bisschen auch wegen drohender Zwangsverheiratung ins Kloster geflohen? Und nun kommt so ein freches 24-jähriges Weibsstück daher und sagt einfach: Heirate mich!

Andererseits imponiert ihm diese selbstbewusst zupackende Art. Schon im Kloster war sie ja diejenige, die Gedanken des Reformators in sich aufgesogen, die anderen Nonnen damit infiziert, die Initiative zur Flucht ergriffen und alles organisiert hat. Und jetzt ist sie diejenige, die dem 16 Jahre älteren weltberühmten Dr. Luther unverblümt erklärt, sie wolle ihn haben – statt abzuwarten, welche Pläne er mit ihr hat, wie es sich eigentlich gehört.

Luther mag sie deshalb als »stolz und hochmütig« beschrieben haben, aber vermutlich war es gerade das, was ihn an ihr gereizt hat. Also warum nicht? Und so vollbringt Luther wieder eine Tat, die das ganze Reich in Aufruhr versetzt: Der entlaufene Mönch und Kopf der Reformation heiratet eine entlaufene Nonne. Was für ein Skandal. Was für ein Gerede.

Wie hat die junge Katharina das verkraftet? Wir wissen es nicht. Wie wir überhaupt wenig wissen über sie.

Wäre die Reformation wirklich die große, alles verändernde, weltumstürzende Revolution gewesen, als die sie mancher Papsttreue der damaligen Zeit empfunden haben mag, wüssten wir heute über Luthers »Käthe« genauso viel wie über Luther, denn dann hätte diese Weltveränderung auch die herrschende Geschlechterordnung gestürzt. Die Gleichwertigkeit der Geschlechter wäre anerkannt und die Worte der Frauen genauso wichtig genommen worden wie die Worte der Männer. Und es wäre dann nicht nur aufgeschrieben worden, was Luther bei Tisch alles so gesagt hat, sondern auch, was Käthe zu erwidern hatte.

Es wurde aber nicht für wert befunden, Frauenworte aufzuschreiben. Niemand, nicht Luther, nicht die Humanisten, ja nicht einmal die Frauen selbst, wären damals auf die Idee gekommen, für Frauen dieselben Rechte zu fordern, wie die Männer sie haben.

Daher wissen wir über Katharina von Bora wenig und das wenige meist nur aus zweiter oder dritter Hand. Und noch weniger über die anderen Frauen der Reformationszeit und die anderen entlaufenen Nonnen. Denen gegenüber hatte Katharina immerhin einen kleinen Vorteil: Als Ehefrau des prominentesten Theologen der damaligen Zeit war sie für diesen häufig ein Anlass, sich über sie zu äußern, und so erfahren wir wenigstens aus dem Munde Martin Luthers einiges über Katharina. Und einiges lässt sich erschließen aus den vielen Briefen, die er an seine Frau geschrieben hat.

Von den vielen Briefen, die sie ihrem Mann schreibt, ist kaum einer überliefert. Dass sie sie schreibt, belegen seine Antworten. Ihre Briefe hingegen sind fast alle verschollen, Martin Luther wird sie nicht aufgehoben haben, wie auch vieles andere nicht, das ihm nicht wichtig scheint. Er hat genug eigenen Papierkram am Hals und zu ordnen, will sich nicht noch damit beschweren, Briefe anderer aufzuheben, und schon gar nicht will er dafür einen Sekretär beschäftigen, »denn da würde ein Papsttum wieder daraus werden«[50], wie er mit feiner Ironie vermerkt.

So kommt es, dass fast alles, was über Katharina von Bora bekannt ist, von Martin Luther selbst stammt. Also muss sie auch hier, in diesem Kapitel, das die Autorin aus Neugier und Anteilnahme am Schicksal der entlaufenen Nonne diesem Buch hinzufügt, um ihr ein wenig Gerechtigkeit widerfahren zu lassen, ein Teil *seines* Lebens bleiben. Wir können Katharina nur mit *seinen* Augen sehen, der Perspektive Martin Luthers, den wir wiederum durch die Brille der 500 Jahre später Lebenden wahrnehmen, wie durch ein Fernglas mit getrübter Linse, das kein ganz scharfes Bild mehr liefern kann.

Immerhin verfügen wir noch über eine zweite, vermutlich ebenfalls getrübte Linse, mit der sich dennoch das unscharfe Bild ein wenig schärfen lässt: die Augen des »Hofmalers« Lucas Cranach. Er erschafft das Bild, nach dem sich die Nachwelt Katharina vorstellen soll, er ist ja auch dicht dran bei den Luthers in Wittenberg, nicht nur als enger Freund und Anhänger des Reformators, sondern auch als sein Trauzeuge und Taufpate des ältesten Kindes Johannes.

Und sie wird sich einprägen, seine Version von Katharina von Bora neben ihrem schon berühmten Bräutigam, und als die Lutherin in die Geschichte eingehen: eine aparte junge Frau, mit schräg geschnittenen Augen, hohen Wangenknochen und selbstbewusstem Blick. Vielleicht keine Schönheit nach heutigem Geschmack, aber eine eigenwillig hübsche, ausdrucksstarke Erscheinung, die sich neben dem 16 Jahre älteren, körperlich sehr präsenten Dr. Martinus Luther durchaus behauptet.

Wenn sie auf den Bildern denn gut getroffen ist. Böse Zungen behaupten ja, dass Cranach Frauen immer so oder ähnlich malt. Wenn man sich seine Venus im Frankfurter Städel oder andere von Cranachs Frauengesichtern ansieht, meint man hin und wieder, die Züge von Katharina zu erkennen. Vielleicht ist sie ja für Cranach das Maß aller Frauen, oder er ist mit seinen

Luther- und von-Bora-Bildern derart im Geschäft, dass er nicht die Zeit hat, noch groß zu variieren. Er muss ja schnell arbeiten und seine Söhne und eine beträchtliche Anzahl von Hilfsmalern beschäftigen, um die im ganzen Reich steigende Nachfrage nach Lutherbildern zu befriedigen. Schon deshalb könnte es ja sein, dass sich die Gesichtszüge Luthers auf den Cranach-Bildern auffallend ähnlich bleiben. Oder bleiben sie sich so ähnlich, weil dieser Maler dem Original am nächsten kommt? Seine Porträts hat Luther jedenfalls autorisiert, die der anderen zeitgenössischen Maler nicht. Sie müssen also zumindest seinem Selbstbild nahekommen.

Aber es ist klar: Die Bilder erfüllen auch Propagandazwecke, sollen das Lauffeuer der Reformation am Lodern halten. Denn das wissen Lucas Cranach und Martin Luther aus Erfahrung: Bilder wirken stärker als Worte, gerade wenn nur wenige Zeitgenossen lesen können. Und so setzen sie die große Produktivität der Cranach-Werkstatt auch dazu ein, die Reformation und ihre Protagonisten im Volk zu verbreiten und durchzusetzen. Die gedruckten Lutherporträts nach den Holz- und Kupferstichen kursieren massenhaft unter den Leuten wie Heiligenbildchen. Mit dem Erfolg, dass Luther bald auch wie ein Heiliger verehrt wird. Heute würde man sagen: wie ein Popstar.

Diesem Zweck dienen auch die Doppelbildnisse von Katharina und Martin Luther, die in mehreren aufeinanderfolgenden Jahren entstehen, gleich bei ihrer Skandalhochzeit 1525 fängt Cranach mit dem Porträtieren an und malt das so ungewöhnliche wie provokante Paar aus Ex-Mönch und Ex-Nonne systematisch hof- und gesellschaftsfähig: Wer so bürgerlich-stolz repräsentiert, dem können die bösen Nachreden nicht mehr allzu viel anhaben, den muss man ernst nehmen. So ernst, wie Luther die Ehe nimmt und als gottgewollt gegen den Zölibat verteidigt.

Dank Luther, Cranach und einigen anderen Zeitgenossen wissen wir etliches über die Zeit Katharinas an der Seite ihres Mannes, dafür aber fast nichts über die Zeit davor. Halten wir uns also an das wenige, das verbürgt ist: Katharina wird 1499 geboren, am 29. Januar, auf einem Gut in der Nähe von Leipzig, wo genau lässt sich nicht sagen, weil die adeligen Sippen beider Eltern weit verbreitet sind im sächsischen Raum. Ihr Vater ist Hans von Bora, ihre Mutter eine geborene von Haubitz oder Haugwitz. Sie stirbt, als Katharina erst fünf Jahre alt ist.

Damit ist ihre Zeit im Elternhaus vorbei. Der Vater gibt die Kleine als »Kostkind« zu den Benediktinerinnen nach Brehna. Das ist zwar sehr früh, aber nicht unüblich. Die Klöster sind voll von Töchtern aus verarmten adeligen Häusern, die es sich nicht leisten können oder wollen, alle Kinder selbst großzuziehen, auszubilden und sich später um deren Verheiratung zu kümmern und eine ordentliche Mitgift aufzubringen.

Für die Frauen ist das nicht einmal das Schlechteste, denn mag das Leben im Kloster auch karg und nach rigiden Regeln geordnet sein, so eröffnet es ihnen doch auch Chancen, die anderen Frauen ihrer Zeit vorenthalten bleiben. Nonnen lernen nicht nur Rechnen, Lesen und Schreiben, sondern arbeiten auch in den Klostergärten, sind in der Kräuterkunde bewandert und wissen, welches Kraut gegen Kopfweh und welches bei Magenverstimmung hilft. Vor allem aber verfügen sie über gerade so viel Latein, dass sie am geistigen Leben ihrer Zeit teilnehmen können.

Ein Jahr nach dem Tod von Katharinas Mutter heiratet der Vater Hans von Bora wieder. Für Katharinas weiteres Leben spielt es keine Rolle mehr. Ihre drei Brüder übernehmen die beiden Familiengüter, können sie aber nicht halten, denn die Familie verarmt zusehends. Eine Erfahrung, die sich Katharina tief einprägt: Sie wird in der Ehe mit Luther diejenige sein, die das Geld nicht nur durch kluges Wirtschaften zusammenhält, sondern auch selbst für ein Familieneinkommen sorgt, indem sie später im Schwarzen Kloster zu Wittenberg Zimmer an Studenten vermietet. Außerdem kauft sie, gegen Luthers Willen, ständig Land hinzu, um Gemüse und Obst für den immensen Bedarf der großen Hausgemeinschaft anzubauen. Und wohl in Gedanken an eine mögliche Zukunft nach Luthers Tod wird sie – um wirtschaftlich unabhängiger zu sein – später sogar die beiden verlorenen Landgüter ihrer Eltern in Zülsdorf und Wachsdorf wieder zurückkaufen.

Mit neun oder zehn Jahren wechselt Katharina in das Zisterzienserinnenkloster Marienthron in Nimbschen, wo eine Verwandte ihrer verstorbenen Mutter als Äbtissin dient. Auch eine Schwester ihres Vaters, die geliebte Muhme Lene, lebt dort, das wird es ihr leichter machen, sich an die fremde neue Umgebung zu gewöhnen. In Nimbschen aber ist sie kein Kostkind mehr, sondern wird für den geistlichen Stand ausgebildet: Katharina soll Nonne werden. Sie liest und schreibt und singt schon die liturgischen Gebete auf Latein, kennt sich aus mit allen Heiligen, sie stickt und gärtnert. Aus den Annalen des Klosters geht hervor, dass sie in Marienthron zusammen mit acht anderen adeligen Klosterschülerinnen aus der näheren Umgebung lebt, alle entstammen dem sächsischen Adel.

Auf diese Herkunft seiner Frau wird Martin Luther später so stolz sein, dass er sie nicht nur Katharina Luther nennt, sondern fast immer auch bei ihrem Geburtsnamen Katharina von Bora. Wie sehr er seine kluge und durchsetzungsstarke Frau aber tatsächlich respektiert, erkennt man auch an der witzigen und liebevollen Anrede »Herr Käthe« – so nennt er Katharina, oder »Dominus Ketha«. In seinen Briefen, zum Beispiel am 4. Oktober 1529, schreibt er sie so an: »Meinem freundlichen, lieben Herrn Katharina Lutherin, Doktorin, Predigerin zu Wittenberg. Gnad und Friede in Christo! Lieber Herr Käthe!« Ein andermal, am 16. Juli 1540, beginnt er, auf ihren Kauf von Gut Zülsdorf anspielend, so: »Meiner gnädigen Jungfer Katherin Lutherin von Bora und Zülsdorf zu Wittenberg, meinem Liebchen« und den nächsten Brief, zehn Tage später, widmet er »Der reichen Frau zu Zülsdorf, Frau Doktorin Katherin Lutherin, zu Wittenberg leiblich wohnhaft und zu Zülsdorf geistlich wandelnd, meinem Liebchen, zu Händen.«[51]

Was lässt sich nicht allein aus dieser Anrede herauslesen: Liebevoll und ein bisschen ironisch geht er mit ihr um, vor allem was ihren Geschäftssinn als »reiche« Besitzerin eines eigenen Gutes außerhalb von Wittenberg angeht; die Anerkennung ihrer Klugheit steckt in der »Doktorin«, und nicht zuletzt das »Liebchen« zeigt, wie zärtlich sich dieser oft auch grobe Mann seiner Katharina gegenüber ausdrücken kann. Es wird ihr gefallen, so originell adressiert zu werden!

Aber noch ist sie im Kloster, bereitet sich 15-jährig auf ihr Noviziat vor, die einjährige Ausbildung und Vorbereitung auf die Heirat mit Jesus Christus, wie man den endgültigen Klostereintritt von Frauen auch nennt. Es ist der frühestmögliche Zeitpunkt, Nonne zu werden. Nutzt Katharina die Jahresfrist, die ihr zur Selbstprüfung gegeben ist, ob der eingeschlagene Weg der richtige ist – wir wissen es nicht. Von Zweifeln ist jedenfalls nichts überliefert. Und wie sollte sie sich auch prüfen – sie kennt ja nichts anderes als das Klosterleben, kann sich ein anderes Leben zu diesem Zeitpunkt sicher kaum vorstellen. Als Alternative käme nur eine standesgemäße Heirat in Betracht, die aber scheidet für eine so mittellose Nonne, wie sie es ist, aus.

Und so legt Katharina am 8. Oktober 1515 die drei Gelübde Armut, Keuschheit und Gehorsam ab und gehört nun zum geistlichen Stand der Nonnen. Ab jetzt trägt sie die weiße Kutte der Zisterzienserinnen und den schwarzen Schleier über dem nun kurz geschorenen Haar. Sie isst nur zwei Mal am Tag, fastet an zwei Tagen der Woche, singt und betet in den Gottesdiensten mehrmals am Tag, von früh vor Sonnenaufgang bis nach Mitternacht. Miteinander zu sprechen ist den Nonnen in der Kirche, im Esssaal und in den Schlafzellen verboten, lautes Lachen erst recht. So sind die Regeln, alle Nonnen leben danach.

Aber bei der Arbeit können sie sich austauschen, von Ausflügen in die Umgebung wird berichtet und von Besuchern, die ins Kloster kommen. Katharina und ihre Mitschwestern leben jedenfalls nicht so abgeschieden, dass sie nicht mitbekämen, was sich »draußen im Land« so tut.

Acht Jahre wird sich Katharina an ihre Gelübde gebunden fühlen, danach bricht sie konsequent und dauerhaft mit allen dreien. Mit dem Gehorsam zuerst, und ihr weiteres Leben bestätigt sie in der Erfahrung, dass sie gut damit fährt, ihren eigenen Kopf einzusetzen. Den Ungehorsam wird sie beibehalten, auch als spätere Ehefrau, zum Leidwesen Martin Luthers: »Wenn ich noch mal freien sollte, wollt ich mir ein gehorsam Weib aus einem Stein hauen, denn ich bin verzweifelt an aller Weiber Gehorsam«[52], klagt er einmal, aber sehr ernst klingt es nicht.

Nein, ein gehorsames Weib ist Katharina sicher nicht, sonst nähme ihr Leben jetzt nicht den abenteuerlichen Verlauf, der nun beginnt. Ein gehorsames Weib – und erst recht eine Nonne – lässt sich nicht von irgendwelchen Revoluzzerideen infizieren und entschließt sich dann auch noch davonzulaufen, in ein ihr völlig unbekanntes Schicksal jenseits der Klostermauern. Diese Flucht macht sie berühmt, und als entlaufene Nonne, die den gleichfalls entlaufenen Mönch Martin Luther heiratet, wird sie in die Geschichte eingehen.

Wie aber kam es zu diesem Entschluss? Was hat die acht anderen Nonnen von Marienthron bewogen, von heute auf morgen mit ihrer Vergangenheit zu brechen, den sicheren, Schutz bietenden Klosterkäfig zu verlassen und sich auf so ein Abenteuer mit ungewissem Ausgang einzulassen?

Wiederum kennen wir darauf keine Antwort. Keine der Nonnen hat die Geschichte ihrer Flucht und dem, was ihr vorausging, aufgeschrieben, zumindest wissen wir davon nichts. Dabei ist kaum vorstellbar, dass sie von so einschneidenden Erlebnissen *nicht* erzählen, sie nicht in Briefen an die Verwandten schildern – wenn nicht als großes Abenteuer, so doch vielleicht, um sich vor der Familie zu rechtfertigen. Denn die Anfeindungen sind enorm, die Gesellschaft ist gespalten in Anhänger und Gegner der Reformation und der Riss geht sogar quer durch die Sippen.

Wir wissen also nicht, was in den Köpfen der Nonnen aus Nimbschen wirklich vor sich geht. Wir wissen nur: Luthers gefährliche Gedanken haben auch dicke Klostermauern durchdrungen und Mönche und Nonnen angesteckt. Vermutlich war es brandgefährlich, Luthers Schriften heimlich zu lesen oder gar zu diskutieren. Aber auf viele wirkten die Luther-Worte so überzeugend, dass sie jede Gefahr in Kauf nahmen und ihr Leben radikal änderten. Immer mehr Mönche und Nonnen verließen ihre Klöster, und eine davon war Katharina, der Luther zur Flucht verholfen hat, und die ihm nun sagt: Heirate mich.

Und der mag sich gedacht haben: Ob ich mit dieser eigenwilligen Person glücklich werde, weiß ich nicht, aber wer so für die Ehe trommelt wie ich, sollte der nicht selbst mit gutem Beispiel vorangehen?

Theoretisch war Luther schon lange für die Ehe, lobt sie geradezu als »Gottesdienst«, zumindest als einen gottgewollten Dienst, den Ehepartner einander erweisen. Denn hat Gott nicht Mann und Frau erschaffen, damit sie fruchtbar seien und sich mehrten? Und ist Gott nicht »eine Magd, die ein Kind wickelt und ihm einen Brei kocht – und selbst wenn es das Kind einer Hure wäre –, lieber als alle Mönche und Nonnen dieser Erde, die sich nicht auf Gott berufen können?«[53]

Nur die Lust, die mit dem *fruchtbar sein* zwangsläufig verbunden ist – die macht den Kirchenleuten zu schaffen; für sie ist das kein Geschenk Gottes, sondern ein Fluch der Menschheit, seit ihrer Vertreibung aus dem Paradies. Daher halten sie die Fleischeslust nicht allein für sündig, sondern – weil unkontrollierbar – auch noch für hoch gefährlich. Vor allem bei den Weibern, deren Lust mit dem Teufel im Bunde scheint, unersättlich, wie sie sind.

Auch Luther hadert noch mit der Lust, er ist ja doch auch ein Mann der Kirche und Kind seiner Zeit. Aber es gibt sie nun mal, die Lust, man kann sie nicht wegdiskutieren, auch die Frömmsten schaffen das nicht. Also muss man sie in geordnete Bahnen lenken, die Ehe ist wie geschaffen dafür. »Die Begierde kommt ohne besonderen Anlass, wie Flöhe oder Läuse; Liebe aber ist dann da, wenn wir anderen dienen wollen«[54], erklärt er sein Ehe- oder Liebesverständnis. In der Ehe kann die Lust ausgelebt werden, um der Kinder willen, die sich – in möglichst großer Zahl – einstellen sollen. Das zähmt die gefährlichen Triebe und macht sie produktiv. Bedingung ist allerdings die Treue – der Pfeiler, auf dem Ehe hauptsächlich ruht. Einander dienen und sich treu sein sind die Voraussetzungen für eine gute Ehe.

Die positiven Erfahrungen, die Luther in der Ehe macht, werden seine Einstellung zur sündigen Sexualität jedoch ändern, und er wird zu der Überzeugung gelangen, dass Gott »Lust, Liebe und Freude«[55] gefallen.

Ein weiterer Grund, der Martin Luther nun für die Ehe erwärmt, sind seine Eltern, denen er damit eine Liebe tun kann. Denn die waren nie glücklich über seinen Entschluss, ins Kloster zu gehen, hätten ihren Sohn gerne eine juristische Laufbahn einschlagen sehen und Enkelkinder gehabt. Jetzt bietet sich eine Chance zur Aussöhnung.

Und dann kann es Martin Luther nicht schnell genug gehen: Verlobung und Hochzeit werden gleich zusammengelegt, auf den 13. Juni 1525. Da sind außer den alten Luders, seinen Eltern – von Katharinas Familie ist offenbar nur die Tante Lene anwesend –, die engsten Freunde aus Wittenberg dabei. Katharina wird von den Cranachs zu Luther ins Schwarze Kloster geführt, und was nach der Segnung durch Pastor Bugenhagen passiert, schildert der Freund Justus Jonas so: »Luther hat Katharina von Bora zur Frau genommen. Gestern war ich zugegen und sah das Paar auf dem Brautlager liegen. Ich konnte mich nicht enthalten, bei diesem Schauspiel Tränen zu vergießen.«[56]

Was bedeutet das? Haben Martin und Katharina etwa »das Beilager unter Zeugen abgehalten«, wie es in historischen Berichten heißt, also die Ehe – ihr erstes Mal – coram publico vollzogen, um die Jungfräulichkeit der Braut unter Beweis zu stellen? Denn böse Zungen haben ja das Gerücht gestreut, dass sie längst in Unzucht lebten, der abtrünnige Mönch und die entlaufene Nonne, und dass die Braut schon schwanger sei und deshalb so schnell geheiratet werden müsse.

Nichts davon stimmt, und im Juni 1525 ist das Beilager auch nur noch ein Ritus, der an die alte Sitte der öffentlich vollzogenen Ehe erinnert: Martin Luther und Katharina von Bora legen sich nur noch symbolisch auf ihr Brautlager, in den Kleidern, die eigentliche Hochzeitsnacht findet später ohne Zuschauer statt.

Philipp Melanchthon, der engste Mitarbeiter Martin Luthers, ist erst zur vierzehn Tage späteren großen Feier, der sogenannten Wirtschaft eingeladen, dem Fest für den großen Kreis der Freunde und Verwandten, unter ihnen als Ehrengast auch Leonhard Koppe, der Nonnenräuber und Befreier Katharinas. Melanchthon aber kränkt es sehr, nicht im engsten Kreis mitfeiern zu dürfen, der Brief an einen Freund verrät, wie sehr ihm das zu schaffen macht: »Unerwarteterweise hat Luther die Bora geheiratet, ohne auch nur einen seiner Freunde vorher über seine Absicht zu unterrichten … Du wunderst dich wohl, dass in so ernsten Zeiten, da die Guten überall so schwer leiden, dieser nicht mit den anderen leidet, sondern vielmehr … schwelgt und seinen guten Ruf kompromittiert … Der Mann ist überaus leicht zu verführen, und so haben ihn die Nonnen, die ihm auf alle Weise nachstellten, umgarnt, obgleich er ein edler und wackerer Mann ist.« Möge »der Ehestand ihn würdevoller« machen, auf dass er seine tadelnswerte »Possenreißerei«[57] verliere, schließt er.

So also urteilt der Mann, der als Luthers wichtigste Stütze im Kampf um die Reformation gilt. Ganz klassisch sieht er Martin als Opfer eines verführerischen Weibes, wie es ja schon der Sündenfall im Paradies lehrt. Wenn so schon Freunde urteilen – wie schlachten dann erst Luthers Feinde die Hochzeit aus! Da nennt man Luther einen »Nonnenhengst«, halt- und maßlos seinen fleischlichen Begierden ausgeliefert, und Katharina von Bora eine »treulose, meineidige, entlaufene Hure«[58].

Ob die meist anonymen Schmähschriften die beiden sehr verletzen? Oder können sie den Dreck, der nun kübelweise im Land über sie ausgeschüttet wird, tatsächlich ignorieren, wie Luther behauptet – wir wissen es nicht. Leicht ist es sicher für beide nicht. Doch kommt das erste Kind – Johannes – ganz ordentlich erst nach einem Jahr zur Welt und trägt auch keine zwei Köpfe auf den kleinen Schultern, wie zuvor geraunt worden ist, weil es heißt, dass Mönche und Nonnen miteinander nur Monster hervorbrächten. Nein, es ist ein gesunder kleiner Junge; er stopft den Abergläubischen das Maul und straft die Verleumder Lügen.

Üppig ist das Eheleben im Schwarzen Kloster nicht, wo Martin Luther nach seinem Austritt aus dem Augustinerorden drei Jahre zuvor einfach weiter wohnen bleibt, jetzt mit seiner Frau Katharina. Alle anderen Mönche sind längst in alle Winde zerstreut. Als Abfindung für die Klosterzeit bekommt Martin Luther etwas Geld und darf Mobiliar behalten. Aber das ist alt und schäbig und sein Gehalt als Prediger an der Stadtkirche knapp.

Aber Katharina von Bora hat das Wirtschaften in Nimbschen gelernt, oder ist sie vielleicht eine ökonomische Naturbegabung? Jedenfalls übernimmt sie die Geschäfte in dieser Ehe. Das zeigt sich erstmals beim Hochzeitsgeschenk des Kardinals Albrecht von Brandenburg (und Mainz), der ein Gegner der Reformation ist, weil er nicht auf das Geld aus dem Ablasshandel verzichten will. Immerhin sendet er aber eine Silberdose mit 20 Gulden. Doch Luther ist empört und weist die Gabe zurück. Doch hat er nicht mit seiner Frau gerechnet, die den Boten an der Hintertreppe abfängt und Gulden wie Silberdose in ihrem Reich verschwinden lässt. Sie kann das Geld für nötige Anschaffungen sehr gut gebrauchen.

Und dann räumt sie auf und bringt alles auf Vordermann, auch den Gatten. Als Erstes sorgt sie dafür, dass Luthers halbverfaulte Strohmatratze aus dem Schlafzimmer fliegt und außer einem neuen Bett auch ein anständiges Kopfkissen angeschafft wird. Dann macht sie nach und nach aus dem Refektorium, dem Essenssaal der Mönche, eine Riesenküche mit Brot-, Mehl- und Speisekammer, lässt einen neuen Herd mauern und Rohrwasseranschlüsse legen. Öfen werden gesetzt, wurmstichige Balken erneuert, der unebene Lehmfußboden begradigt. Wände, die winzige Mönchszellen trennten, lässt sie niederreißen und neue errichten, um größere Wohnräume zu schaffen, auch werden Treppen neu gebaut und das Ganze unterkellert. Eine Waschküche findet neben den Vorräten dort Platz, später wird sie zu einer richtigen Badestube erweitert. Die berühmte Lutherstube aber, Ort der Tischgespräche, Wohnzimmer und Treffpunkt von Familie, Studenten und Freunden, wird erst zehn Jahre nach dem Einzug fertig werden, nachdem die Stadt endlich das hierfür notwendige Bauholz genehmigt hat.

Das Schwarze Kloster zu Wittenberg ist nun auf Jahre eine Baustelle, die viel Lärm macht und den armen Doktor in seiner Turmstube peinigt. Verdrossen bemerkt er, dass Ehefrauen »ihren Männern, wenn diese auch noch so sehr beschäftigt sind, viele unnötige Störungen« bereiten. Die Baumaßnahmen Katharina Luthers aber verhelfen vielen Wittenberger Handwerkern zu Auftrag und Arbeit und verwandeln das Gebäude nach und nach aus einem schäbigen, abgewirtschafteten und baufälligen Kloster in einen ansehnlichen funktionalen – heute würde man sagen: mittelständischen – Betrieb mit Wohnhaus und Landwirtschaft drum herum. Und auch wenn ihm das manchmal alles zu viel wird – Luther weiß ganz gut, was seine Frau da leistet und was er an ihr hat, und er sagt es auch: »Meine Katharina macht aus diesem verrotteten Kloster ein Paradies auf dieser dunklen Erd.«[59]

Auch den Garten legt die Lutherin gleich nach dem Einzug an, noch im ersten Jahr. Und zieht dort alles selbst, was sie für die Küche braucht, Salat und Kräuter, Kürbisse und Melonen, Äpfel und Kirschen, Pfirsiche und Aprikosen, Brombeeren und Himbeeren, Sonnen- und Mohnblumen – sie sät und gräbt und pflanzt und erntet. Ein kleiner Wingert wird angelegt, und auch das Bier braut sie selber. Sogar Bienen schafft sie an, um an Honig zu kommen; aus dem Wachs zieht sie Kerzen.

Fehlen noch die Tiere, die Hof und Ställe in wachsender Zahl bevölkern, um den Bedarf der Wirtschaft zu decken: Im Jahr 1542 werden fünf Kühe, neun Kälber, eine Ziege mit zwei Zicklein, acht Schweine und drei Ferkel, außerdem Pferde, Hühner,

Gänse, Enten und Tauben zum Bestand gezählt – so ist es auf einer großen Tafel im Lutherhaus verzeichnet. Auch einen Fischteich hat Katharina Luther angelegt, später wird sie ein Stück Land hinzukaufen, durch das ein kleiner Fluss fließt, der Hechte, Forellen und Flussbarsche spendet. Einen Hund gibt es im Hause Luther auch, Tölpel mit Namen, ein Spitz, aber der gehört zur Familie; alle anderen Tiere steuern das Ihre zum Unterhalt der Hausgemeinschaft bei.

In Wittenberg gibt es niemanden, der mehr Land oder mehr Vieh besitzt. Für Luther unerklärlich, denn ihm scheint, dass »ich mehr verzehre, als ich einnehme«[60]. Doch manchmal ist das Geld so knapp, vor allem, wenn Katharina Luther mal wieder Land gekauft hat, dass Luther beispielsweise vom 24. August bis zum 19. Oktober »kein Bier im Haus (hat) und kein Geld, welches zu kaufen«, so notiert es ein wohl etwas frustrierter Gast am 19. Oktober 1540. Doch im Großen und Ganzen sieht Luther keinen Grund, sich über Käthes Haushaltung zu beklagen, der er den ganzen Wohlstand zu verdanken hat: »In häuslichen Dingen füge ich mich Käthe«, sagt er daher, nicht ohne auf seine – höhere – Sphäre hinzuweisen: »Im Übrigen regiert mich der Heilige Geist.«[61]

Fragt sich nur, wie diese Frau das alles schafft? »Ich muss mich in sieben Teile zerlegen, an sieben Orten zugleich sein und siebenerlei Ämter verwalten. Ich bin erstens Ackerbürgerin, zweitens Bäuerin, drittens Köchin, viertens Kuhmagd, fünftens Gärtnerin, sechstens Winzerin und Almosengeberin an alle Bettler in Wittenberg, siebentens aber bin ich die Doktorissa, die sich ihres berühmten Gatten würdig zeigen und mit 200 Gulden Jahresgehalt viele Gäste bewirten soll«[62], listet die Lutherin, wie sie überall genannt wird, selbst nicht ohne Witz all ihre Berufe auf. Gleichzeitig gibt sie ein Zeugnis ihrer Tüchtigkeit, die einem Angst und Bange machen kann.

Historiker haben Katharina Luthers Tagesablauf rekonstruiert und auf dieselbe Tafel im Lutherhaus geschrieben, die schon den Viehbestand im Jahr 1542 aufführt: Danach steht die inzwischen 43-jährige Mutter von fünf Kindern morgens früh um vier auf, um das *Frühmahl* zu bereiten. Anschließend wird die Morgenandacht im Kreis aller Hausgenossen gehalten. Dazu gehören inzwischen eine große, wechselnde Anzahl von Studenten, an die sie Zimmer vermietet, um die Haushaltskasse zu füllen. Zudem haben die Luthers außer den eigenen fünf noch 12 Pflegekinder von verstorbenen Angehörigen dauerhaft aufgenommen und beherbergen kurzfristig noch vier Kinder von Eltern, die durch die Pest umkommen. Katharinas Tante Magdalena, »Muhme Lene«, wohnt im Schwarzen Kloster ebenso wie Luthers Famulus (eine Art wissenschaftliche Hilfskraft) Wolf Sieberger. Und zehn Hausangestellte helfen, den Betrieb am Laufen zu halten: ein Verwalter, ein Hauslehrer für die Kinder, eine Köchin, ein Kutscher, ein Schweinehirt und fünf Knechte und Mägde.

»Im Haus des Doktors wohnt eine wunderlich gemischte Schar aus jungen Leuten, Studenten, jungen Mädchen, Witwen, alten Frauen und Kindern, weshalb große Unruhe im Haus ist, deretwegen viele Leute Luther bedauern«[63], bemerkt ein Zeitgenosse aus Wittenberg 1542. Katharina Luther, die die ganze Arbeit hat, bedauert offensichtlich niemand. Die Gäste geben sich die Türklinke in die Hand, bedeutende und weniger bedeutende und solche, die gleich auf Monate oder Jahre bleiben: ehemalige Nonnen, die nicht mehr zu ihren Familien zurückkönnen, andere politisch religiöse Flüchtlinge wie die Landesfürstin Elisabeth von Brandenburg, die sich gegen den Willen ihres Mannes der Reformation anschließt. Natürlich sitzt auch der gesamte Wittenberger Freundeskreis häufig am Tisch. Alle essen und trinken, brauchen eine Schlafstatt und vieles mehr –

die Lutherin hat täglich sage und schreibe bis zu 60 Personen zu versorgen. Selbst mit der Hilfe von Dienstboten ein schier mörderisches Pensum.

Nach der Morgenandacht mit all den gerade genannten Leuten ist es erst sieben Uhr. Jetzt setzt Katharina sich hin und macht einen genauen Plan, was an Arbeit in Küche, Ställen und Gärten in den nächsten 3 Stunden erledigt werden muss, und zwar von ihr persönlich – so steht es zumindest auf dieser Tafel: Sägen und Hacken von Brennholz, Kerzenziehen, Getreide mahlen und schroten, Brot backen, Bier brauen und Gerste kochen, um Malz zu gewinnen, Butter und Käse herstellen, nach dem Vieh schauen und schlachten, das Fleisch haltbar machen, also pökeln, dörren und räuchern.

Weinbau und Gartenarbeit komplettieren das Programm, Arbeiten, die aber je nach Jahreszeit sehr unterschiedlich ausfallen und im Winter wohl kaum Zeit beansprucht haben dürften. Aber nun stehen noch Waschen, Nähen, Flicken und Stopfen auf ihrer Agenda sowie die Zubereitung von Heilmitteln, also Salben, Tränklein und Tees für die Kranken oder für die Hausapotheke. Auf den Markt wird sie auch noch gehen müssen, um das wenige zu kaufen, was ihr eigener Betrieb nicht herstellt. Und schließlich heißt es noch *Mittagsmahl* kochen.

Das gibt es um zehn. Danach ist eine kurze Ruhepause, dann wird die Liste weiter abgearbeitet bis nachmittags um fünf. Da geht's zum Abendessen, anschließend hält man wieder eine Andacht und geht um neun zu Bett. Man sieht, die Luthers haben den alten Klosterrhythmus beibehalten. Dazwischen aber findet der sogenannte Feierabend statt, seit 1535 wohl hauptsächlich in der Lutherstube, mit Unterhaltung, Gesang und Lautenspiel im großen Kreis der Hausgenossen und Gäste, wie die Tafel vermerkt.

Ein praller Arbeitstag, und das wahrscheinlich 365-mal im

Jahr. Luther notiert anerkennend: »Meine Käthe ist der Morgenstern von Wittenberg. Sie steht auf morgens in der Früh um vier Uhr, fuhrwerkt, bestellt das Feld, weidet und kauft Vieh, braut und so weiter.«[64] Dazu kommen noch sechs Schwangerschaften in acht Jahren, von ihnen soll gleich noch die Rede sein.

Aber noch mal zurück zu den Anfängen dieses so produktiven Unternehmens, den ersten Wochen und Monaten der Ehe von Katharina und Martin Luther. Auch da sind *ihre* Eindrücke und Empfindungen leider nicht überliefert; *er* aber notiert: »Das erste Jahr einer Ehe macht einem Ehemann seltsame Gedanken. Sitzt er am Tisch, so denkt er: Früher warst du allein, jetzt selbander. Beim Erwachen sieht er zwei Zöpfe neben sich liegen, die er früher nicht sah.«[65]

Wäre die Luther-Ehe als unglücklich bekannt, könnte man hier vielleicht eine gewisse Skepsis heraushören. Aber das Gegenteil ist der Fall: Viele seiner Worte – und die wenigen von ihr – geben Anlass zu der Vermutung, dass sich Martin und Katharina nicht nur respektieren, sondern auch sehr gern haben: »Ich bin nicht leidenschaftlich verliebt, aber ich habe mein Weib lieb und wert«[66], sagt er nach seiner Heirat.

Die beiden Zöpfe, die Luther beim Erwachen nun neben sich sieht – sie sind das Bild dafür, wie sehr die Ehe sein Leben verändert hat: das Staunen darüber, dass da nun plötzlich noch jemand ist, eine junge Frau, die man vor Kurzem noch gar nicht kannte und die jetzt mit einem im Bett liegt und friedlich schläft. Und der Mann daneben, der lange, nein, immer allein war des Nachts, kann es kaum glauben, dass die Trägerin dieser Zöpfe von nun an immer da ist und sechs Kinder mit ihm bekommt, bis dass der Tod sie scheidet.

Diese Vernunftehe wird besser halten als so manche Liebesheirat in späteren, romantischeren Zeiten und wird auch dadurch Vorbildcharakter bekommen. »Ich wollte meine Käthe nicht um Frankreich und um Venedig dazu hergeben!«[67,] sagt Luther und klingt nach einem Ehemann, der es doch alles in allem recht glücklich mit seiner Frau getroffen hat. Auch wenn es in der Ehe nicht allezeit schnurleicht zugehe. Und nicht nur Generationen evangelischer Pfarrer werden sich an den Luthers orientieren; mit Martin und Katharina wird die Ehe, die vordem nur etwas für den Adel und betuchte Bürger war, als Lebensform weit über die protestantischen Kreise hinaus für alle Menschen populär.

Das »schönste Ehepfand« sind für Martin Luther aber die Kinder. Und er frohlockt: »Ich habe eheliche Kinder, die hat kein papistischer Theologe.«[68] Er ist ein engagierter Vater, der von unterwegs nicht nur Katharina schreibt, sondern auch den Kindern und ihnen kleine Geschichten erzählt. Wenn er nach Haus zurückkommt, bringt er Zuckerwerk und Spielzeug mit. Drei Söhne und drei Töchter bringt Katharina in nur acht Jahren zur Welt. In den Abendstunden sind die Kinder bei der großen Gesellschaft der Hausgenossen mit dabei, der Vater findet Zeit, sich mit ihnen zu beschäftigen, denn »sollen wir Kinder erziehen, müssen wir Kinder mit ihnen werden«[69], befindet er und zeigt damit, wie ernst es ihm damit ist, seine Kinder zu verstehen. Auch wenn er tagsüber manchmal streng sein muss, wenn sie ihn beim Arbeiten stören: »Wenn ich sitze und schreibe, so kommt das Hündchen Tölpel über meine Briefe, und mein Hänschen singt mir ein Liedlein daher; wenn er's zu laut will machen, so fahre ich ihn ein wenig an, so singt er gleichwohl fort, aber er machet's heimlicher und etwas mit Sorgen und Scheu.«[70] Auch seine Strenge klingt weniger autoritär, als man es für seine Zeit erwartet. Es ist bekannt, dass der Vater seine Kinder nie schlägt, so wie er von seinem strengen Vater geschlagen worden ist. Dennoch ist auch für

Martin Luther die Rangfolge eindeutig: Erst kommt Gott, dann der Fürst, dann der Mann, nach ihm die Frau und dann erst die Kinder.

Doch Hänschen, das älteste Kind, macht als Jugendlicher seinen Eltern Kummer, weil er zu Hause nicht so lernt, wie er soll. Die Eltern schicken ihn daher in die beste Lehranstalt des Landes nach Torgau zu Schulmeister Markus Crodel, wo er vor allem in Latein, Grammatik und den guten Sitten unterwiesen werden soll. Doch dann erkrankt seine jüngere Schwester Lene schwer – die Tochter, die nach dem Tod der kleinen Elisabeth, die ihren ersten Geburtstag nicht erlebt, als drittes Kind geboren worden ist. Die Luthers rufen Johannes zurück nach Wittenberg, weil Lene nach ihm verlangt: »Sie sehnt sich so danach, ihren Bruder zu sehen, dass ich einen Wagen schicken muss. Sie haben einander sehr lieb gehabt«, schreibt Luther an Crodel. »Lass ihn also mit dem Wagen hierher fliegen, aber verschweige ihm den Grund … vielleicht kann Lenchen sich durch seine Ankunft wieder etwas erholen.«[71]

Doch das kann sie nicht. Magdalene stirbt mit 13 Jahren. Und zwar in den Armen des Vaters, nicht der Mutter, die den Schmerz, der sie überwältigt, vor dem sterbenden Kind verbergen will: »Käthe war in derselben Kammer, doch weiter vom Bette um der Traurigkeit willen«[72], schreibt Luther auf. Schon bei Elisabeths Tod mit acht Monaten empfindet der Vater große Trauer, über die er fast ein wenig verwundert notiert: »Das hätte ich nie zuvor gedacht, dass ein väterliches Herz so weich werden könnte, wegen der Kinder.«[73] Doch bei Lieblingstochter Lene sind beide Eltern so untröstlich, dass ihnen nicht einmal »der Tod Christi« hilft, »wie es doch sein sollte«[74]. Bei der Trauerfeier fällt Martin Luther auf die Knie und weint bitterlich. Doch sind ja außer Johannes noch die drei jüngeren Kinder im Haus, die beiden Buben Martin und Paul und die jüngste Tochter Margarethe, sie werden die Eltern im Lauf der Zeit wohl trösten.

Vier Jahre später geht es auch mit Martin Luther zu Ende. Nach dem Tod von Lene haben seine Depressionen wieder zugenommen, auch plagen ihn unzählige andere Leiden wie die Gicht, Gallen- und Blasensteine, Magenprobleme, Verstopfung, Bluthochdruck und ein schwerer Tinnitus – wohl die Folgen von Fasten und jahrelangem Schlafmangel während seines Klosterlebens, das seine Gesundheit früh ruiniert hat. Er stirbt am 18. Februar 1546 in Eisleben. Katharina trifft die Nachricht ins Herz, seine so viel jüngere Frau wird ihn nur um sechs Jahre überleben.

Bei der Trauerfeier am 22. Februar sind außer Katharina Luther und den vier Kindern und den Freunden auch Hofbeamte, Wittenberger und die ganze Universität dabei. Bugenhagen und Melanchthon halten die Traueransprachen zu Ehren des verstorbenen Reformators. Die Witwe findet darin mit keinem einzigen Wort Erwähnung.

Dabei ist sie diejenige, die der Verlust Luthers am meisten trifft. Wie schlecht es ihr noch zwei Monate nach seinem Tod geht, wissen wir aus einem ihrer wenigen erhalten gebliebenen Briefe: »... wer sollte nicht billig betrübt und bekümmert sein wegen eines solchen teuren Mannes, wie es mein lieber Herr gewesen ist, der nicht allein einer Stadt oder nur einem Land, sondern der ganzen Welt viel gedient hat. Deswegen bin ich wahrhaftig so sehr betrübt, daß ich mein großes Herzeleid keinem Menschen sagen kann und ich weiß nicht, wie mir zu Sinn und zu Mut ist. Ich kann weder essen noch trinken. Auch dazu nicht schlafen. Und wenn ich ein Fürstentum oder Kaisertum gehabt hätte, hätte es mir darum nicht so leid getan, falls ich es verloren hätte als daß nun unser lieber Herr Gott mir und nicht allein mir, sondern der ganzen Welt diesen lieben und teuren Mann genommen hat. Wenn ich daran denke, so kann ich vor Leid und Weinen (was Gott wohl weiß) weder reden noch schreiben lassen«[75], schreibt sie am 25. April 1546 an ihre Schwägerin Christine. Der Brief zeigt, wie heftig sie trauert, wie sehr ihr dieser Mann nun fehlt.

Gleichzeitig ahnt Katharina Luther wohl auch schon, was nun auf sie zukommt: Denn trotz eines eindeutigen Testaments ihres Mannes, das sie zu seiner Alleinerbin macht, muss sie erbittert kämpfen, um im Schwarzen Kloster wohnen bleiben zu dürfen. Warum wird der letzte Wille ihres Mannes nicht respektiert? Weil er keinen Vormund für Katharina bestimmt hat. Das ist sein Fehler. Dabei wusste Martin Luther ja, dass seine Katharina die Letzte ist, die einen Vormund braucht. Aber das hilft ihr jetzt nicht. Sie muss Melanchthon anbetteln, um über die Runden zu kommen, schreibt einen Bittbrief nach dem anderen.

Schließlich überweist ihr der Kurfürst 100 Gulden Überbrückungsgeld, doch man verlangt von der Witwe, die Söhne zum Studium wegzugeben, das Kloster zu verlassen, sich einzuschränken und in eine kleinere Wohnung zu ziehen. Katharina Luther aber denkt nicht daran und macht das Gegenteil – und wieder zeigt sie ihren starken Willen und ihre Durchsetzungskraft: Sie zieht nicht nur nicht aus dem Schwarzen Kloster aus, sondern nimmt noch mehr Studenten auf und kauft zusätzlich zu Zülsdorf noch ein zweites Gut in Wachsdorf hinzu, um sich wirtschaftlich abzusichern. »Die Frau ließe sich doch nicht raten«, bemerkt Melanchthon schmallippig, »sondern ihr Gutdünken und Meinung müsse alleweg vorangehen.«[76]

Kurfürst und Hof fügen sich darein, allerdings bekommen Katharina und ihre Kinder verschiedene Vormünder; dass sie selbst Vormund der Kinder wird, wie ihr Mann es vorgesehen hatte, kann sie nicht erreichen. Aber das Wichtigste scheint

Katharina zu sein, dass sie alle im Kloster wohnen bleiben können, das sie ja ganz gut ernährt.

Doch Ruhe hat sie nicht lange nach diesem Kampf. Denn in den ihr noch verbleibenden wenigen Jahren muss sie das Schwarze Kloster drei Mal mit Sack und Pack verlassen: Zwei Mal erlebt sie, was Krieg, Not und Verwüstung sind: Noch in Luthers Todesjahr bricht der Schmalkaldische Krieg aus, die kaiserlichen – katholischen – Truppen versuchen, die evangelischen Landesteile zurückzugewinnen und stehen vor Wittenberg, Katharina flüchtet mit ihrer Familie im Oktober über Dessau nach Magdeburg. Bei ihrer Rückkehr Ostern 1547 ist alles Vieh tot, die Vorräte und Gärten geplündert, nur das Kloster steht noch. Die beiden Güter in Zülsdorf und Wachsdorf aber muss Katharina wohl abschreiben.

Doch hat sie in Wittenberg gerade alles mit viel Mühe wieder hergerichtet, als sich das böse Spiel wiederholt: Die Truppen kehren zurück, wieder flieht Katharina, diesmal bis nach Braunschweig, wo sie mit den Kindern in einem evangelischen Kloster unterkommt. Teuer ist ihre Flucht, die 600 Gulden, die das verschlingt, bringt sie auf, indem sie Luthers Silberbecher beleiht.

Bei ihrer Rückkehr im Juli dasselbe traurige Schauspiel: Alles, was sie mit ihren eigenen Händen aufgebaut hat, ist zerstört, abgebrannt, diesmal auch das Kloster, nur Ruinen stehen noch. Bis 1548 wird das Schwarze Kloster renoviert, dann floriert es wieder, Studenten ziehen wieder ein, in der Aula werden Vorlesungen abgehalten.

So könnte es weitergehen, Katharina ist ja erst fünfzig, sie hat wieder alles im Griff.

Doch schon zwei Jahre später muss sie wieder ihre Sachen und Kinder packen und vor einem neuen Feind fliehen – diesmal ist es die Pest, die nach Wittenberg kommt, der sogenannte

Schwarze Tod. Diesmal brechen sie in größter Hast und nur mit dem Nötigsten nach Torgau auf, wo sie sich vor der Seuche sicher glauben. Doch dort wird Katharina Luther nicht mehr ankommen: Kurz vor der Stadt scheuen die Pferde und gehen durch, Katharina stürzt vom Wagen und in eine kalte Pfütze, in der sie erst einmal liegen bleibt, weil sie sich mehrere Knochen und die Hüfte gebrochen hat.

Das ist ihr Todesurteil. Zwar wird sie eilends nach Torgau geschafft, wo sie ihre jüngste Tochter Margarethe noch drei Monate lang pflegt, doch Katharina ist zu schwach, um sich von diesem Sturz und der Unterkühlung zu erholen. Am 17. Dezember 1552 wird die Tochter 18 Jahre alt, am 20. stirbt Katharina Luther, geborene von Bora, mit gerade 53 Jahren. Am Haus ist heute eine Tafel angebracht, in der Torgauer Stadtkirche findet man ihr Grab.

21 Jahre ist Katharina an Luthers Seite gewesen. Wäre die Reformation ohne sie anders verlaufen? Sehr wahrscheinlich. Denn ohne die positiven Erfahrungen, die Luther in dieser Ehe machen konnte, wären viele seiner Erkenntnisse ganz anders ausgefallen, theoretischer, rigider. So aber kommt er zu der grundsätzlichen Erkenntnis: »Es ist keine lieblichere, freundlichere noch holdseligere Verwandtnis, Gemeinschaft und Gesellschaft denn eine gute Ehe.«[77]

Privat lief es also gut zwischen Martin und Katharina. Aber sonst?

Was ist aus dem Traum von Freiheit und Abenteuer geworden, den die jungen Nonnen einst im Kloster geträumt haben? Konnten sie das, was sie sich vorgestellt, gewünscht, ersehnt hatten, realisieren? Bei Katharina hat man den Eindruck: Doch, das Leben, das sie an Luthers Seite geführt hat, muss schon ungefähr ihren Erwartungen entsprochen haben. Schließlich hat sie weitgehend selbstbestimmt wie eine Unternehmerin schalten und walten können, wie sie es für richtig erachtet hatte.

Allerdings ändert sich das schlagartig nach dem Tod des Mannes an ihrer Seite. Mochte sie auch die Lutherin sein, das nützt ihr nun nichts mehr. Plötzlich ist sie eine Witwe und damit rechtloser, als sie es im Kloster gewesen ist. Einen Vormund braucht sie jetzt, um wenigstens in den Genuss minimalster Rechte zu kommen. Sie muss sich wehren gegen alle, die ihr das Recht absprechen, ihren Status als Lutherin auch ohne Luther zu verteidigen, und die Familie zusammenhalten. Und sich allein durchschlagen gegen alle Widrigkeiten, die sich einer Witwe in den Weg stellen.

Hat sie ein Gefühl entwickelt für das Unrecht, das in der Ungleichbehandlung von Mann und Frau steckt? Vermutlich eher nicht. Zu eindeutig scheint die patriarchalische Ordnung biblisch begründet zu sein, wonach die Frau dem Manne untertan sei. Generationen zitieren das berühmte Paulus-Wort so oft, dass es den Rang einer Wahrheit bekommt. Genau wie das andere ebenso berühmte Wort, das das Verhältnis der Kirche zu den Frauen bis in unsere Tage hinein geprägt hat und das selbst die kennen, die sonst nicht gerade bibelfest sind: »Wie in allen Gemeinden der Heiligen, lasset eure Weiber schweigen in der Gemeinde: Denn es soll ihnen nicht zugelassen werden, dass sie reden, sondern sie sollen untertan sein, wie auch das Gesetz sagt. Wollen sie aber etwas lernen, so lasset sie daheim ihre Männer fragen. Es steht den Weibern übel an, in der Gemeinde zu reden«[78], schreibt Paulus im Brief an die Korinther.

Diese Botschaft passt den Männern der Kirche besser ins Konzept als andere Aussagen der Bibel, wonach sich alle Menschen gleichermaßen als Kinder Gottes fühlen dürfen oder als ein Jesus, der sich gern mit Frauen umgab, weil er ihre Gesellschaft schätzte. Zudem steckt das mehr als zehntausend Jahre alte Patriarchat den Menschen so in den Genen und Knochen, dass sie gar nicht auf die Idee kommen, die uralte Herrschaft des Mannes über die Frau infrage zu stellen.

Auch Luther tut dies nicht, der doch so vieles infrage stellt. Und nicht einmal den Männern der Französischen Revolution 250 Jahre später ist die Gleichberechtigung zwischen Frau und Mann einen Gedanken wert, obwohl sie in der Nationalversammlung 1789 die Erklärung verabschieden, die noch heute Fundament der universalen Menschenrechte ist: »Von ihrer Geburt an sind und bleiben die Menschen frei und an Rechten einander gleich.«[79] Ein klarer Satz, sollte man meinen. Kein Wunder, dass die Philosophin und Schriftstellerin Olympe de Gouges, eine Anhängerin der Revolution, daraus logisch schließt: Alle Menschen sind gleich. Ich bin ein Mensch. Also bin ich gleich. Und sie fordert 1791 – rund ein Vierteljahrtausend nach Luthers Tod – in ihrer »Erklärung der Rechte der Frau und Bürgerin« für sich und ihre Geschlechtsgenossinnen die gleichen Rechte. Die Herren Revolutionäre sehen die Sache jedoch ein wenig anders und gewähren Olympe de Gouge 1793 das Recht, das Schafott zu besteigen.

So verwundert es nicht, dass Luthers Reformation so viel früher den Frauen nicht viel, ja eigentlich fast nichts gebracht hat, obwohl einige Frauen damit anfänglich große Hoffnungen verknüpften. In Genf gibt es zum Beispiel die zum Protestantismus übergetretene Äbtissin Marie Dentière, die alle Glaubensbrüder und -schwestern öffentlich dazu auffordert, die Frau als gleichwertigen Mitmenschen zu akzeptieren und ihr Mitspracherecht in religiösen Debatten zu gewähren. Prompt beschlagnahmen die Kirchenoberen ihre Schrift und erlassen sofort strenge Zensurgesetze, damit sich so ein Affront nicht wiederhole. Am Ende sind die Frauen wieder, was sie immer waren: geistliche Mägde, religiöse Gehilfinnen, die ihren Männern dienen, die Kirche putzen und für den Blumenschmuck sorgen.[80]

Und das bleiben sie noch lange. Bilder einer Luther'schen Familien-Idylle entstehen und werden im Verlauf der weiteren Jahrhunderte benutzt, um die patriarchalische Ordnung der Familie zu zementieren. Populär wird im 19. Jahrhundert das Bild des Malers Gustav Adolph Spangenberg, das den Laute schlagenden Martin Luther als pater familias inmitten seiner singenden Kinderschar zeigt, das Jüngste auf dem Schoß der Mutter, wahlweise vor dem Kachelofen der Lutherstube oder dem geschmückten Christbaum, den es zu Luthers Zeit dort gar nicht gab. Macht nichts. Das Motiv ist beliebt, wird tausendfach als Postkarte verschickt, und in zahlreichen Pfarrhäusern müht man sich, dem Bild zumindest nach außen hin zu entsprechen.

Daher verwundert es nicht, dass die Frau als Pfarrerin lange kein Thema war in den protestantischen Kirchen. In Deutschland hat es zwei Weltkriege gebraucht, um alles zu hinterfragen, was als protestantische Theologie gelehrt wurde. Im Verlauf dieses Prozesses wurde dann auch gefragt: Wieso sollen eigentlich Frauen vom Pfarramt ausgeschlossen werden? Gibt es dafür eine stichhaltige theologische Begründung? Und die Antwort lautete: Eigentlich nein, aber …

Das musste gründlich diskutiert werden, und das dauerte. Zwar wurde in einigen Landeskirchen der EKD schon während der 50er und 60er Jahre die Frauenordination eingeführt, aber die evangelisch-lutherische Kirche Schaumburg-Lippe hat sich damit bis 1991 Zeit gelassen. Die Wahl Maria Jepsens zur weltweit ersten lutherischen Bischöfin 1992 erregte auch weltweit Aufsehen. Die Amtseinführung Margot Käßmanns 1999 als Bischöfin der größten evangelisch-lutherischen Landeskirche in Deutschland – Hannover – erhitzte die Gemüter.

Aber immerhin: Die protestantische Kirche ist diesen Weg gegangen, und vielleicht konnte sie ihn leichter gehen, weil an Martin Luthers Seite sein »Herr Käthe« aller Welt gezeigt hatte, was alles eine Frau vermag, wenn man sie nur lässt. Sie wäre auch mit einer Pfarrstelle fertig geworden, wenn man ihr nur eine anvertraut hätte.

DER PATRIARCH VON WITTENBERG

Seit dem Bauernkrieg hat Luthers Autorität in der Welt einige Kratzer bekommen, und noch einige mehr, als er Katharina von Bora heiratete. Manch wohlgesonnenem Konservativen war dieser »Skandal« peinlich. Aber Luther wäre nicht Luther, wenn er es nicht verstünde, immer noch eins draufzusetzen: Der ehemalige Mönch wurde Vater. Seine ehemalige Nonne erwartete ein Kind. Der Skandal war perfekt.

Noch einmal ging der Erregungspegel hoch, wurde landauf, landab diskutiert über diesen Luther, der über seine Heirat sagt, dass er es »dem Teufel mit seinen Schuppen, den großen Hansen, Fürsten und Bischöfen zum Trotz getan« habe. Er wolle »auch gern noch mehr Ärgernisse anrichten, wenn ich nur noch mehr wüsste, was Gott gefiele und sie verdrösse … Denn ich gebe nicht auf und fahre immer fort und treibe es umso toller, je weniger sie es wollen« – Luther, wie er leibt und lebt.

Nichts ficht ihn noch an. In seiner Heimat in Wittenberg und Sachsen bleibt er der große Patriarch.

Und dabei schwebt er ja noch immer in Lebensgefahr. Er ist weiterhin mit dem Kirchenbann belegt, steht unter der Reichsacht, und in Rom warten sie zunehmend ungeduldig darauf, dass der Kaiser endlich liefert. Der aber hatte offenbar noch nicht die Zeit gehabt oder vielleicht auch nicht das nötige Interesse aufgebracht, um Luther gefangen zu nehmen und nach Rom zu bringen, denn es scheint wichtigere Reichsangelegenheiten zu geben, die seine Aufmerksamkeit erfordern – Meinungsverschiedenheiten mit dem Papst, Querelen mit dem französischen König und immerzu die aggressiven Osmanen vor der Ostgrenze seines Reiches, da will er sich nicht auch noch zusätzlichen Ärger mit den zahlreichen Luther-Sympathisanten aufhalsen.

Im Jahr 1526 ist wieder einmal Reichstag, diesmal in Speyer, wieder steht der Fall Luther auf der Agenda, aber Kaiser und Reichsstände können sich auf nichts einigen und vertagen die Sache auf später. Bis dahin solle jeder Regent selbst entscheiden, welche Konfession auf seinem Territorium gelte.

Diese pragmatische, als bloßes Provisorium gedachte Absprache jedoch etabliert sich als etwas Dauerhaftes. Im »Augsburger Religionsfrieden« von 1555 wird diese Regel »cuius regio, illius religio« – wessen die Herrschaft, dessen auch die Religion – schließlich zu einem Gesetz. Fast ein Jahrhundert lang bestimmt nun die Konfession des Fürsten die Konfession seiner Untertanen.

Auf dem nächsten Reichstag, wieder in Speyer, im Jahr 1529, fordert Erzherzog Ferdinand von Österreich, jetzt aber wirklich mal Ernst zu machen mit dem »Wormser Edikt« und den Ketzer Luther endgültig nach Rom auszuliefern. Doch alles, was er damit erreicht, ist ein Sturm der Entrüstung bei den lutherisch gesinnten Reichsständen, die deshalb unter Protest das Treffen verlassen. Seither heißen die Anhänger der Reformation auch Protestanten.

Noch einmal richtig ernst wird es für Luther ein weiteres Jahr später beim Reichstag in Augsburg. Diesmal ist es der Kaiser selbst, der nun darauf dringt, Luther gefangen zu nehmen, und erschwerend kommt hinzu: Luthers Beschützer und Gönner, Friedrich der Weise, ist tot.

In dieser Situation versucht Melanchthon den Nachweis zu erbringen, dass die Wittenberger Reformation mit der Heiligen Schrift und der wahren Kirche übereinstimmt. Ein halbes Dutzend evangelischer Landesherren und die Reichsstädte Nürnberg und Reutlingen unterschreiben den Text am 25. Juni 1530. Noch immer haben also die Reformatoren keine Kirchenspaltung im Sinn, wollen im Schoß der Kirche bleiben.

Der Kaiser und die katholische Mehrheit jedoch, gewohnt das Prinzip »Befehl und Gehorsam« zu exekutieren, haben schon lange keine Lust mehr, sich mit immer neuen langatmigen Texten der Gegenseite zu befassen und endlos darüber zu diskutieren. Daher bleiben sie stur und bestehen auf der Verhaftung Luthers, und zwar schnell.

Melanchthons Schrift verfehlt also ihr Ziel, macht aber, und das ahnen Melanchthon und die Unterzeichner des Textes zu diesem Zeitpunkt noch nicht, Geschichte, denn der Text wird als Confessio Augustana (CA) zur entscheidenden Bekenntnisschrift der Reformation. Der grundlegende Text gehört noch heute zu den verbindlichen Bekenntnisschriften der lutherischen Kirchen, in der Fassung von 1540 (Variata) auch der reformierten Kirchen. Das zeigt, welch hervorragenden Theologen Luther in Melanchthon an seiner Seite hatte.

Nachdem die reformatorisch gesinnten Fürsten gesehen haben, wie ernst es dem Kaiser mit der Verhaftung Luthers ist, schließen sie sich am 27. Februar 1531 in Schmalkalden unter Führung von Kursachsen und Hessen zum »Schmalkaldischen Bund« zusammen, eine Art Verteidigungsbündnis, das sich den päpstlichen Truppen entgegenstellen sollte, wenn diese es tatsächlich auf Luther abgesehen hätten. Das verschärft den Konflikt mit Papst und Kirche. Es riecht nach Krieg und die Schlinge um den Hals Martin Luthers zieht sich weiter zu.

Aber dann sind es ausgerechnet die von Luther beschimpften Osmanen, die ihn indirekt retten, denn diese rücken nach Westen vor und bedrängen – nicht zum ersten Mal – das Habsburger Reich. Luther hatte schon häufig und früh die Osmanen als »Agenten des Teufels« und zugleich deren Invasion in Europa als eine Strafe Gottes gegen das Christentum und den Papst beschrieben.

Nun, da die »Agenten des Teufels« vor Wien stehen, ziehen

sie Luthers Kopf aus der Schlinge, denn der Kaiser braucht jetzt keinen Gefangenen Luther, sondern jeden Fürsten und jeden Mann im Kampf gegen die Osmanen. Gemeinsam ziehen Protestanten und Katholiken gegen den osmanischen Sultan Suleiman II. ins Feld und zwingen ihn zum Rückzug. Wieder hat Luther Ruhe vor dem Kaiser und dem Wormser Edikt.

Diesmal für immer. Luther lebt und lehrt bis zu seinem Tod unbehelligt in Wittenberg. Er predigt, hält Vorlesungen, dichtet und komponiert Kirchenlieder und nutzt die Zeit, um die restlichen Teile der Bibel, vor allem das Alte Testament, zu übersetzen. Im Jahr 1534 ist es geschafft. Erstmals erscheint die ganze Bibel in der Übersetzung Martin Luthers auf Deutsch.

Auch einen Katechismus schreibt er. Damit legt er das Fundament für eine evangelische christliche Erziehung und Bildung.

Seine Heirat mit Katharina war seine vorletzte reformatorische Tat. Die letzte Tat vollbringen beide durch die Art, wie sie das Pfarrhaus führen. Das wird zum Urbild protestantischer Pfarrhäuser in Deutschland. Hier werden nun die Kinder erzogen, findet christliches Familienleben statt, zieht Luther seine Schlüsse über Ehe und Familie. Hier gehen Gäste ein und aus, finden Luthers berühmte Tischgespräche statt, wird fröhlich gegessen, getrunken, gestritten, politisiert, polemisiert. Aus diesem Urbild entwickelt sich das protestantische Pfarrhaus als Institution. In ihr verbringt Luther die letzten zwei Jahrzehnte seines Lebens, das allmählich in ein ruhigeres Fahrwasser gerät.

Andere bestimmen zunehmend den Fortgang der Reformation, die Landesfürsten, die Reichsstädte, auch Luthers Freund und engster Mitarbeiter Philipp Melanchthon. Er ist jetzt der führende Kopf der Reformation, er systematisiert die sprunghafte lutherische Theologie und bringt eine gewisse Ruhe in die weitere Entwicklung und Etablierung der evangelischen Kirchen hinein.

Luther hat nichts dagegen, denn er merkt, wie ihm die Kräfte schwinden. Je älter er wird, desto mehr werden die Leiden, die ihn plagen, und es bleibt trotzdem noch immer genug zu tun. Zahlreiche Länder weit über Deutschland hinaus hatten sich von der Kirche in Rom losgesagt. Daraus entstand der Zwang, sich eine neue Kirchenordnung und eine neue Organisationsstruktur zu geben. Fragen, wie dies zu bewerkstelligen sei, nach welchen Grundsätzen, in welchen Formen, landeten fast zwangsläufig im Zentrum der Reformation, also in Wittenberg.

Die Wittenberger Stadtkirche und die Professoren der Theologischen Fakultät entwickelten sich dadurch auf fast natürliche Weise zu einer Art Aufsichts- und Ordinationsbehörde für den evangelischen Pfarrstand im Reich und im Ausland. Wenn die Professoren nicht mehr weiterwussten, gingen sie zu Melanchthon und Johannes Bugenhagen, dem Wittenberger Stadtpfarrer und Superintendenten, der Luthers Beichtvater und engster geistlicher Vertrauter war und als Visitator und Kirchenorganisator Norddeutschlands und Skandinaviens großen Einfluss gewann. Bugenhagen und Melanchthon wiederum holten sich Rat bei Luther, dem auf diese Weise doch noch die Rolle eines zwar niemals gewählten, aber von allen anerkannten »Oberhaupts« der neu entstehenden Kirche zufällt. Das kleine Wittenberg mutiert dadurch zeitweilig zu einer Art »Rom des Weltprotestantismus«.

Eigentlich hätte Luther in diesen späten Lebensjahren, da er sah, wie sich seine Gedanken über die Welt verbreiteten und stetig neue Anhänger fanden, zunehmend ruhiger, friedlicher und milder gestimmt sein müssen. Doch das Gegenteil ist der Fall. Luther wird zum großen Hasser, der manchmal jegliches Maß verliert. Den Papst, den er immer wieder als Antichrist, ja als Teufel beschimpft, hasst er von Jahr zu Jahr inbrünstiger. Für seine Ausfälle gegen die Osmanen und den Koran müssen sich Protestanten heute gegenüber den mit uns lebenden Türken schämen, und leider entwickelt er sich auch zum großen Judenfeind. 1543 veröffentlicht er die uns heute höchst verstörende Hetzschrift *Von den Juden und ihren Lügen*, die den eh schon vorhandenen Antijudaismus verstärkt und mit dazu beiträgt, dem Antisemitismus in Europa und besonders in Deutschland den Weg zu bereiten. Vier Jahrhunderte später werden sich die Nazis darauf berufen.

In dem Machwerk gibt Luther Ratschläge, wie die Obrigkeit »mit diesem verworfenen, verdammten Volk der Juden« umspringen solle: Sie müsse ihre Synagogen niederbrennen, ihre Häuser zerstören und sie selbst »wie die Zigeuner« in Lager sperren. Noch in seiner letzten Predigt in Eisleben, drei Tage vor seinem Tod, fordert er von der Kanzel, die Juden müssten aus der christlichen Gesellschaft ausgeschlossen werden, da sie nicht abließen, Jesus zu lästern. Äußerungen von ihm aus früheren Zeiten waren wesentlich freundlicher, aber da hatte er noch erwartet, dass die Juden sich früher oder später zum Christentum bekehren würden. Da die Juden nicht daran dachten, sich von ihm bekehren zu lassen, verwandelte sich seine Sympathie in Hass. Die Ausbrüche des alten Luther gegen die Juden stehen erratisch in seiner Vita. In seine Theologie hat er diesen Hass nicht integriert. Es war auch kein rassistischer Hass wie später im Nationalsozialismus, sondern ein religiös bedingter, was den Hass aber auch nicht besser macht. Jene Deutschen, die zuerst die Synagogen anzündeten und später sechs Millionen Juden im Gas ermordeten, interessierte diese feine Unterscheidung nicht – ein beschämendes Erbe des Protestantismus bis heute.

Martin Luther reist am 23. Januar 1546, schon schwer krank, nach Eisleben, um einen Familienstreit zu schlichten.[81] Dort bleibt er einige Wochen, predigt auch mehrmals, zuletzt in der Andreaskirche, wo er einen Schwächeanfall bekommt und abbrechen muss. Zwei Tage danach, am 17. Februar, spürt er heftige Schmerzen in der Brust und leidet unter Atemnot. Unruhig geht er auf seinem Zimmer umher, fühlt die Nähe des Todes und sagt verwundert: »Ich bin hier zu Eisleben geboren und getauft, wie wenn ich hierbleiben sollte?«[82]

Dabei hatte er gerade in seinem ihm eigenen deftigen Humor an seine Käthe geschrieben: »Wenn ich wieder heim gen Wittenberg komm, so will ich mich alsdann in den Sarg legen und den Maden einen feisten Doktor zu fressen geben.«[83]

Den Abend, es geht ihm schon wieder besser, verbringt er in fröhlicher Runde und isst und trinkt viel wie immer, geht gegen acht Uhr ins Bett, schläft ein und wacht zwei Stunden später wieder auf. Die Brustschmerzen sind wieder da, stärker als je, die Atemnot auch, er friert. Seine Umgebung – zwei Söhne, die Wirtsleute, der Schlossprediger – ahnen, dass es zu Ende geht, bleiben bei ihm, rufen zwei Ärzte. Auch Graf Albrecht und seine Gräfin aus dem nahe gelegenen Stadtschloss kommen und bemühen sich um Luther. Die Gräfin reibt ihn mit Aquavit ein, und plötzlich steht die Frage im Raum: Wie soll er sterben? Doch nicht auf katholische Art mit letzter Ölung und den Sterbesakramenten, einem Rosenkranz und der Anrufung der Heiligen?

Den anwesenden Söhnen und Theologen ist sehr bewusst, dass da nicht nur der Vater, ein Privatmann, stirbt, sondern Martin Luther, und dass dieser auf reformatorische Art sterben muss und das auch anschließend zu berichten sein wird. Sie haben noch frisch im Gedächtnis, dass ein paar Monate zuvor in einem aus Italien stammenden Pamphlet verkündet wurde, Luther sei eines schändlichen Todes gestorben. Nach seiner Beerdigung habe es in seinem Grab rumort, und als man es öffnete, sei es leer gewesen, aber voll von schweligem Gestank – eine Anspielung auf den mittelalterlichen Glauben, dass ein Ketzer am Ende seines Lebens seiner Seele beraubt wird von einem nach Schwefel stinkenden Teufel.[84]

Deshalb beten die Anwesenden mit Luther. Dreimal soll er den Vers aus Psalm 31,6 gebetet haben: »In deine Hände befehle ich meinen Geist; du hast mich erlöst, Herr, du treuer Gott.«[85] Und in einer der letzten Minuten, in der er noch bei Bewusstsein war, so berichten sie hinterher, hätten sie ihn gefragt, ob er sich zu Jesus Christus bekenne, und er habe mit einem klaren Ja geantwortet, ehe er verschied.[86]

Luther schafft es also tatsächlich nicht mehr nach Wittenberg. Er stirbt an jenem kleinen Ort, in dem er geboren wurde, in einem Haus, das nur einen Katzensprung von seinem Geburtshaus entfernt ist. Und er stirbt, wie gleich anschließend berichtet wird, einen frommen, christlich-evangelischen Tod. Trotzdem werden von katholischer Seite sofort üble Gerüchte verbreitet, und die Behauptung, er habe Selbstmord begangen oder sei vom Teufel selbst erwürgt worden, hält sich unter Lutherhassern bis ins 19. Jahrhundert.[87]

Luther konnte in dem Bewusstsein sterben, dass sich seine Reformation in Deutschland und darüber hinaus etabliert hat, und in der Hoffnung, dass man sich in Rom doch noch eines Besseren besinnt und seine Lehre annimmt. Er wäre gerne als Reformkatholik gestorben, nicht als Kirchenspalter. Doch daraus wird nichts mehr. Das Land ist offenbar schon unwiderruflich in zwei konfessionelle Lager gespalten, die sich nachhaltig befehden und immer wieder auch blutig bekämpfen. Weniger als ein halbes Jahr nach dem Tod des Reformators gehen Katholiken und Protestanten erstmals mit Waffen aufeinander los.

DER BLUTIGE KAMPF UM DIE WAHRHEIT

Im Jahr 1555 ist Deutschland zu neunzig Prozent evangelisch. Der Augsburger Religionsfriede vereinbart ein Stillhalteabkommen zwischen beiden Konfessionen. Die Luther-Kirche organisiert sich schon zu Lebzeiten des Gründers in Landeskirchen, die sich mit den weltlichen Territorien decken. Deren Regenten sind die Oberherren ihrer regionalen Kirchen. Die Liaison von Kirche und Staat wird im Protestantismus enger, als sie es im Mittelalter mit den Antipoden Papst und Kaiser war und begründet eine über Jahrhunderte andauernde unheilige Allianz zwischen Thron und Altar. Die zerbricht in Deutschland erst mit dem Ende des Kaiserreichs 1918.

Die katholische Kirche beginnt mit einer »Gegenreformation«. Nachdem sie erkennt, dass ihr vorläufig die Kraft fehlt, den Protestantismus gewaltsam zurückzudrängen, führt sie ihren Kampf gewaltlos weiter mit Gegenpropaganda, Missionierung, aber auch mit geistiger Auseinandersetzung und vor allem mit einer Selbstreformation, einer Erneuerung von innen her. So gesehen hat Luther seiner alten Kirche doch noch einen letzten Dienst erwiesen: Dadurch, dass die Kirche durch die Erfolge des Protestantismus genötigt war, nach den Gründen dieses Erfolgs zu suchen und sie, soweit es eben möglich war, zu beseitigen. Tatsächlich ging die Rechnung auf. Viele ehemals Abtrünnige kehrten in den Schoß der katholischen Kirche zurück.

Viele aber auch nicht. Daher gab es nun einfach zwei Kirchen. Also auch zwei Wahrheiten. Wenn es aber zwei Wahrheiten gibt, kann es dann nicht auch drei, vier, viele Wahrheiten geben? Oder vielleicht gar keine, jedenfalls keine absolute?

Diese Fragen sind nun da. Andere gesellen sich dazu. Da ist

dieser schon mehrfach erwähnte Astronom Nikolaus Kopernikus, der sich allein aufgrund irgendwelcher Berechnungen zu
der Behauptung verstiegen hat, die Erde sei keine Scheibe, sondern eine Kugel, und sie stehe nicht im Mittelpunkt des Weltalls, wie es die Kirche lehrt, sondern kreise um die Sonne. Beweisen konnte er es nicht, aber hat es nicht Kolumbus mit seinem
Seeweg nach Indien bewiesen? Wenn die Kirche also in diesem
Punkte irrt, irrt sie dann möglicherweise auch in anderen Punkten?

Und in Nürnberg gibt es einen Maler, Albrecht Dürer, der
nicht mehr Heiligenbildchen und biblische Szenen malt, sondern sich, seine Mutter, Nürnberger Patrizier und ganz gewöhnliche Zeitgenossen. Was hat das zu bedeuten? Werden da etwa
– wie in einer Wohnung die Möbel – die Dinge der Welt so lange
hin und her gerückt, bis nichts mehr an seinem seit Jahrhunderten angestammten Platz steht? Kopernikus rückte die Erde
aus dem Mittelpunkt des Weltalls an den Rand, dafür rückt nun
dieser Dürer den Menschen ins Zentrum der Erde. Gehört er
da wirklich hin? Wird da an der Wende vom 15. zum 16. Jahrhundert die ganze Welt ver-rückt?

Es gab noch Schlimmeres, von dem die große Mehrheit in
Europa nichts mitbekam, etwas für die damalige Zeit ganz und
gar Verrücktes, das in den Giftschrank gehörte und nur von
dazu Berufenen in kleinen Dosen benutzt werden durfte, einen
Text, eine Ketzerei, für die selbst Luther die sofortige Verbren-
nung des Ketzers auf dem Scheiterhaufen gefordert hätte. Der
Ketzer behauptet, dass kein Schöpfergott über die Welt regiere,
dieser Gott gar nicht existiere, die Erde ein zufällig, von selbst
entstandenes Gebilde sei, das nicht im Zentrum des Univer-
sums stehe, der Mensch durch den Tod mit seinem Körper aus-
gelöscht werde, dem keine unsterbliche Seele entweiche. Nur
die Materie, aus der er besteht, wandle sich und bleibe ewig

und unzerstörbar bestehen. Die Liebe zwischen den Menschen sei nichts weiter als eine List der Natur, mit der diese den Menschen dazu bringe, sich fortzupflanzen. Überhaupt bestehe das Grundprinzip des ganzen Kosmos darin, dass sich dauernd Atome mit Atomen verbinden und wieder lösen und dadurch aus sich heraus die Welt und die ganze Vielfalt der Erscheinungen der Natur hervorbringen. Die Religion aber sei nichts als Aberglaube. Es gebe weder Himmel noch Hölle, auch keine Erbsünde und keine Erlösung.

In diesem Text ist sie da, die Neuzeit, viel zu früh, wie es scheint, denn bis sich das darin enthaltene atheistisch-naturwissenschaftliche Weltbild durchsetzt, vergehen noch viele Jahrhunderte. Wer aber hat das geschrieben, und warum hat die Kirche nicht zuvörderst den Urheber dieser Dichtung *De rerum natura* (Von der Natur der Dinge) verfolgt, statt Luther?

Die verblüffende Antwort lautet: Ihr Verfasser konnte nicht mehr verfolgt werden, weil er schon sehr lange tot war. Lukrez heißt er, ein römischer Dichter und Philosoph war er, und geschrieben hatte er diesen Text im ersten Jahrhundert vor Christus. Lange war der Text verschollen. Aber im Jahr 1417 wurde er wiederentdeckt und sofort verbreitet, wenn auch im Geheimen – von Klerikern, Männern der Kirche, aber auch von den Humanisten.

Poggio Bracciolini heißt der Entdecker. Er ließ den Text heimlich nachdrucken. Andere druckten ebenfalls nach und verbreiteten ihn geheim weiter. Als im Jahr 1516 herauskam, was da heimlich verbreitet worden war, schritt die Kirche ein und ließ jeden Nachdruck verbieten. Aber da kursierten längst zahlreiche Drucke und wurden heimlich weitergereicht.

Der Lukrez'sche Atheismus inspirierte und infizierte seit 1417 zahlreiche Gelehrte in Europa und half mindestens so viel wie Luthers Theologie, der Neuzeit und Aufklärung den Weg zu bereiten. Montaigne (1533–1592) hatte das Werk gelesen, Shakespeare (1564–1616) kannte es und schmuggelte in »Romeo und Julia« ein Gespann von kleinen Atomen ein, das über die Nasen von Schlafenden fährt, Molière (1622–1673) übersetzte es ins Französische.

Auch wenn so etwas nur von wenigen Hochgebildeten im stillen Kämmerlein gelesen und nur heimlich darüber diskutiert wird, kann dennoch nicht ausbleiben, dass etwas davon nach außen diffundiert, in andere Köpfe dringt, und sei es nur unbewusst, und sein Werk verrichtet, Zweifel sät, Verunsicherung erzeugt, das Bestehende und scheinbar felsenfest Unverrückbare einem allmählichen Prozess der Erosion und Zersetzung unterwirft – zusätzlich zu dem, was durch Luther für allgemeine Verunsicherung sorgte.

Das Zeitalter des skeptischen Denkens hatte begonnen, des sich Vorwärtstastens durch Versuch und Irrtum – ein schmerzlicher Prozess für Völker, die gewohnt waren, nicht denken zu müssen, da sie ja ihren Glauben hatten, der zugleich Wissen war.

Schon die Existenz zweier christlicher Wahrheiten machte Fürsten, Königen, Geistlichen, Gebildeten, aber auch Handwerkern und Bauern schwer zu schaffen. Viele hielten es tatsächlich für verrückt, dass da zwei einander widersprechende »Wahrheiten« nebeneinander existierten. Es konnte doch nur eine wahr sein! Schlimmstenfalls gar keine. Aber doch nicht zwei gleichzeitig.

Das menschliche Bedürfnis nach Gewissheiten aber ist groß. Man will in Sicherheit leben, sich auf das, was gelehrt wurde und wird, verlassen können, und was schon immer gültig war und ist, sollte auch künftig gültig bleiben. In dem Maß, in dem dieses Bedürfnis enttäuscht wird, wächst die nostalgische Sehnsucht nach alten Gewissheiten und die Bereitschaft, zu diesen zurückzukehren. Im selben Maß wächst auf der Gegenseite das Bedürfnis, die alten Sicherheiten durch neue zu ersetzen, den alten, als Irrtum erkannten Gewissheiten die eigenen neuen, nun gültigen Gewissheiten entgegenzusetzen. Die Folge ist, dass ein tiefer Riss durch die Gesellschaft geht. Und das Ergebnis ist nicht mehr Sicherheit, sondern mehr Verunsicherung.

Golo Mann nennt die Reformation ein »Grundereignis« der deutschen Geschichte, sie habe das Land »glatt in zwei Hälften gespalten«, eine Spaltung, die bis ins postchristliche Heute nachwirkt. Eine Spaltung, unter der so viele litten, dass es zunächst sehr nahelag, eine Entscheidung herbeizuführen, um die Spaltung zu überwinden und zu den alten Gewissheiten zurückzukehren oder sie endgültig zu erledigen.

Wie führt man eine Entscheidung herbei, wenn das ewige Disputieren zu keinem Ergebnis führt? Mit Macht und mit Gewalt. Das ist stets die große Versuchung.

In diese Versuchung schlitterte Europa hinein, als am 23. Mai 1618, ein Dreivierteljahrhundert nach Luthers Tod, drei Männer aus einem Fenster der Prager Burg in den Burggraben geworfen wurden. Eigentlich hätte nur einer aus dem Fenster fliegen sollen, der böhmische König Ferdinand von Steiermark. Aber der war gerade nicht da, als Aufständische in die Burg eindrangen und dann eben die drei Männer ergriffen, die zufällig da waren und dem König im Rang am nächsten standen.

Ursache des Aufstandes war die Verletzung einer Zusage. Dem überwiegend protestantischen Teil Böhmens war 1609 in einem Majestätsbrief von Kaiser Rudolf II. das Recht auf freie Religionsausübung zugestanden worden. Dann aber bemühte sich die böhmische Obrigkeit um eine Rekatholisierung des Landes. Die Protestanten sahen ihre Rechte zunehmend beschnitten, immer häufiger kam es zu Unruhen, und diese kulminierten eines Tages in jenem berühmten Prager Fenstersturz, den die drei Männer aber wie durch ein Wunder überlebten. Tatsächlich behaupteten die Katholiken hinterher, die Jungfrau Maria höchstselbst habe die drei vor dem Tode bewahrt. Die Protestanten konterten mit der Legende, die drei seien in einen weichen, dampfenden Misthaufen gefallen.

Ob es nun so oder anders gewesen war – dieser Fenstersturz markiert den Beginn eines 30 Jahre währenden Krieges, bei dem es anfangs noch um Glaubensfragen ging, im weiteren Verlauf aber immer mehr um Hegemonie, Macht, Interessen, Pfründe, Land, Geld. Gebündelt wurden all diese Konflikte in einen Kampf »katholisch gegen evangelisch«, »Kaiser und Katholische Liga« gegen »Protestantische Union«. Der Kampf eskalierte zu einem brutalen Gemetzel, einem gegenseitigen Sich-Abschlachten, bei dem religiöse Fragen immer mehr in den Hintergrund traten und ein normaler Krieg um Macht und Territorien geführt wurde.

Mord, Raub, Brandschatzung, Vergewaltigung, Hunger und die Pest plagten drei Jahrzehnte lang Soldaten und die Zivilbevölkerung. Ganze Landstriche wurden entvölkert. In Teilen Süddeutschlands überlebte nur ein Drittel der Bevölkerung. Erst als alle Ressourcen erschöpft, alle Teilnehmer so ermattet waren vom Kämpfen, dass die Kräfte für eine Fortsetzung des Schlachtens nicht mehr reichten, waren die Kriegsparteien bereit, zu verhandeln, einen Kompromiss zu schließen und den Frieden herbeizuführen.

Dieser »Westfälische Friede«, der in Münster und Osnabrück beschlossen wurde, hat neben territorialen und verfassungsrechtlichen Veränderungen vor allem eine neuzeitliche Errungenschaft hervorgebracht, die man zwar auch schon dreißig Jahre früher ohne Blutvergießen hätte haben können, aber nun dennoch, besonders bei den Protestanten, feierte: die vollkommene

Gleichstellung beider Konfessionen. Beide hatten das gleiche Recht auf freie Religionsausübung, und auf den Reichstagen durfte in Religionssachen keine Konfession von der anderen überstimmt werden. Es dauerte fast ein Jahrhundert, bis sich das verwüstete, ausgeblutete Land von diesem Krieg wieder erholt hatte.

LUTHER – WER WAR ER EIGENTLICH?

Wenn sich die Welt am 31. Oktober 2017 dieses altdeutschen Bettelmönchs namens Martin Luther erinnert, dann kann in der Flut der Feiern und Reden das erstaunlichste Phänomen der ganzen Geschichte leicht untergehen: dass dieser Mann im Grunde genommen nur vier Jahre gebraucht hatte, um die Weltgeschichte so gravierend zu verändern, dass wir noch ein halbes Jahrtausend später eine so große Sache daraus machen. Eine Sache, die er allein durch sein Wort zustande gebracht hat, vor allem durchs geschriebene.

Dieses Zutexten der Welt hat Luther am 31. Oktober 1517 mit den 95 Thesen begonnen. Ein Mensch von heute, der am liebsten Thriller liest und sich US-Serien wie *Homeland* oder *Breaking Bad* reinzieht, langweilt sich zu Tode, wenn er die Thesen der Reihe nach liest. Aber die damalige Welt war so elektrisiert davon, dass wir noch heute davon sprechen, während wir davon ausgehen können, dass in 500 Jahren niemand mehr von *Breaking Bad* sprechen wird, während die 95 Thesen zumindest in den Geschichtsbüchern und Lexika überdauert haben dürften. Daher sollte man den Text – am besten zwischen zwei Staffeln einer US-Serie – doch wenigstens einmal gelesen haben.

Nach den 95 Thesen veröffentlichte Luther in rascher Folge den *Sermon von Ablass und Gnade*, je eine Schrift über die Sakramente, die Buße, die Taufe, das Abendmahl, das Papsttum und das Neue Testament – und da schreiben wir erst das Jahr 1520. Im selben Jahr erscheinen seine drei Hauptschriften *An den christlichen Adel deutscher Nation*, *Von der babylonischen Gefangenschaft der Kirche* und *Von der Freiheit eines Christenmenschen*. 1521 schreibt er *Wider die Mönchsgelübde* und den *Traktat vom Missbrauch der Messe*.

Damit hat er innerhalb von vier Jahren die Legitimität des Papstamtes bestritten, den Papst als Antichrist beschrieben, das Priesteramt ab- und die weltlichen Berufe aufgewertet, Mönche und Nonnen für überflüssig erklärt, das Priestertum aller Gläubigen begründet, den Laien das Recht auf Mitbestimmung in der Kirche zugesprochen, das Abendmahl neu interpretiert, die Zahl der Sakramente von sieben auf zwei reduziert, die Heiligen- und Reliquienverehrung abgeschafft und den ganzen christlichen Glauben auf drei Säulen gestellt: sola fide, sola gratia, sola scriptura – allein der Glaube, allein die Gnade, allein die Schrift.

In diesen vier Jahren hat er außerdem die päpstliche Bann-Androhungsbulle öffentlich verbrannt, sich in Worms der Aufforderung zum Widerruf verweigert und auf der Wartburg das Neue Testament aus dem Griechischen ins Deutsche übersetzt. Somit war am Ende des Jahres 1521 alles schon da, was die Reformation ausgemacht und zur Entstehung der evangelischen und reformierten Kirchen geführt hat. Das Einzige, was noch fehlte, war seine Selbstentbindung von den Mönchsgelübden und dem Zölibat. Das hat er vier Jahre später durch seine Heirat mit Katharina nachgeholt. Eine Nebenwirkung davon war die Entstehung einer neuen Institution: das evangelische Pfarrhaus.

Wie gewaltig die Leistung Luthers gewesen ist und wie folgenschwer, das ist den Deutschen und der Welt erst im Lauf der Zeit aufgegangen, umso deutlicher, je größer der zeitliche Abstand wurde. Natürlich haben auch Luthers Zeitgenossen schon gesehen, dass hier ein ganz besonderer Geist am Werk ist, aber wie tiefgreifend die Folgen seines Wirkens sein würden, konnten sie weder sehen noch ahnen. Auch Luther selbst hätte wohl sehr gestaunt, wenn ihm damals erzählt worden wäre, wie sehr der Fortgang der Welt- und Geistesgeschichte in den nächsten

500 Jahren von dem beeinflusst wurde, was er in jenen kurzen vier Jahren gedacht und getan hatte – zumal er doch das baldige Weltende erwartet und überhaupt nicht damit gerechnet hatte, dass man ein halbes Jahrtausend später noch über ihn reden würde. Stattdessen breiteten sich seine Lehren über die ganze Welt aus. Der Lutherische Weltbund zählt heute 136 Mitgliedskirchen in 76 Ländern, denen über 61,7 Millionen der weltweit 65,4 Millionen Lutheraner angehören[88]. Sie und die vielen reformierten Kirchen, die nicht zu diesem Weltbund gehören, feiern am 31. Oktober 2017 die Reformation.

Schon früh, noch zu seinen Lebzeiten, wurde Luther auf eine Weise verklärt, die den Blick auf seine Größe eher verstellte als erhellte und die er selbst auch nie gewollt hätte. So wehrte er sich gegen das ab 1522 geläufige Wort »lutherisch«: »Zum ersten bitte ich, man wolle meines Namens schweigen und sich nicht lutherisch sondern Christ nennen. ... Ist doch die Lehre nicht mein, ebenso bin ich auch für niemand gekreuzigt, ... Wie käme denn ich armer, stinkender Madensack dazu, dass man die Kinder Christi mit meinem heillosen Namen benennen sollte? Nicht so, liebe Freunde, lasst uns die Parteinamen tilgen und uns Christen nennen, nach dem, dessen Lehre wir haben.«[89]

Das hat nichts genützt. Im Gegenteil: Nach seinem Tod nahm die Lutherverehrung religiöse Züge an. Man sah in ihm den wiedergekehrten Elia oder den »Engel mit einem ewigen Evangelium«. Es gibt Holzschnitte von ihm, die ihn mit Heiligenschein zeigen.[90] Auf der Wartburg malten die geschäftstüchtigen Burgherren in der Lutherstube den Fleck an die Wand, der seit Luthers angeblichem Tintenfasswurf auf den Teufel geblieben war. Die Pilger bestaunten ihn ehrfürchtig, betatschten ihn, brachen gar ein Stück Putz heraus, brachen auch ein Stück Holz aus Luthers Schreibtisch und nahmen beides als wundertätige Reliquie mit nach Hause. Von Zeit zu Zeit wurde der Tintenfleck erneuert. Allerdings, so protestantisch war man dann doch, man verehrte zwar »den Heros Luther, aber man erwartete von ihm keine Fürsprache bei Gott, keine Wunder am Grabe und erwähnte ihn auch nicht als Fürsprecher in Gebeten«.[91]

Dennoch war die Entwicklung Luthers zum Nationalheiligen kaum aufzuhalten. Der Sockel, auf den er gestellt wurde, wuchs in jedem Jahrhundert mehr in die Höhe und stand zuletzt so hoch über den Menschen, dass der Mensch Luther allmählich unsichtbar wurde und sich in eine Projektionsfläche verwandelte, auf der jeder sehen konnte, was er zu sehen wünschte. Jede Generation malte sich ihr eigenes Lutherbild, und schon Lucas Cranach hatte damit angefangen. Unermüdlich hatte er Luther, je nach Bedarf, als Mönch, Junker und Herkules und Professor porträtiert. »Vor allem das Bild Luthers im Professorentalar wurde massenhaft, ergänzt durch Bilder der Ehefrau und des Freundes Philipp Melanchthon, verbreitet und teilweise bald in Kirchen links und rechts des Altars, stellenweise (wie in Wittenberg) sogar über dem Altar aufgestellt bzw. aufgehängt. Kritische Äußerungen Luthers über die Bilderflut, die von ihm durch die Werkstatt Cranachs verbreitet wurde, sind übrigens im Unterschied zu der kritischen Äußerung über die Nutzung seines Namens zur Bezeichnung einer Konfession nicht bekannt.«[92] So war es praktisch unvermeidlich, dass sich die von Luther und Cranach selbst produzierte Ikonografie im Lauf der Zeit verselbstständigte und schließlich für alle möglichen Interessen vor den Karren gespannt wurde.

In dieser Hinsicht war dann das erste große Reformationsjubiläum noch das unschuldigste. Die Lutheraner hätten es beinahe vergessen und mussten von der innerkonfessionellen Konkurrenz der Calvinisten daran erinnert werden, dass sich am 31. Oktober 1617 der Thesenanschlag zum hundertsten Mal jährt. Bis dahin war man es in protestantischen Regionen eher ge-

wohnt, des »Heiligen Martinus« an dessen Geburts- oder Todes-
tag zu gedenken statt der papierenen Thesen von 1517. Der Ju-
biläumsidee schlossen sich die Lutheraner dann aber rasch und
einigermaßen begeistert an. Man scharte sich um den kämp-
ferischen Luther, der sich gegen die »Römlinge« behauptet hatte, und feierte in der Überzeugung, dass man zusammenstehen
und angesichts der Erfolge der Gegenreformation sich weiter
gemeinsam gegen den Papst und seine Macht behaupten müsse.

   Damals wurden die Protestanten von Rom und den Katholiken heftig angefeindet und aggressiv bedrängt. Der Augsburger Religionsfrieden hatte keinen wirklichen Frieden gebracht.
In Frankreich wurden die Hugenotten – protestantische Calvinisten – von Anfang an von der Staatsmacht verfolgt und schi-
kaniert. In Paris und einigen französischen Landesteilen kam
es in der Nacht vom 23. zum 24. August 1572 zur sogenannten
Bartholomäusnacht, einem Massaker, bei dem Tausende von
ihnen auf Befehl der Königinmutter Katharina von Medici ermordet wurden. Zahlreiche Hugenotten flohen anschließend
aus Frankreich in alle Himmelsrichtungen, auch nach Deutschland, wo bis heute noch hugenottische Gemeinden existieren.
Niemand hätte damals gewagt, auf den Fortbestand des Protestantismus in Europa zu wetten, auch beim hundertsten Jubiläum 1617 nicht, und ein Jahr später ging es dann tatsächlich
drei Jahrzehnte lang um Leben und Tod, denn es begann der
Dreißigjährige Krieg.

   Es begann aber auch etwas gänzlich Neues, Folgenschweres:
Drei Jahre nach dem ersten großen Reformationsjubiläum, 1620,
legte ein Schiff namens Mayflower an der Nordatlantikküste
in Amerika an. Dem Schiff entstiegen englische Puritaner, strenge Calvinisten. Sie gründeten die Stadt Plymouth in Massachu-
setts. Schon vierzig Jahre vor ihnen hatten Briten in Neufund-

land mit der Besiedlung Nordamerikas begonnen. Aber nach der Ankunft der Mayflower 1620 und der Besiedlung durch die später sogenannten Pilgerväter folgte eine Einwanderungswelle nach der anderen. Es kamen nicht nur britische und holländische Calvinisten, sondern auch französische Hugenotten, Schweizer Zwinglianer und deutsche und skandinavische Lutheraner – Amerika wurde protestantisch. Spanier und Portugiesen wanderten nach Mittel- und Südamerika aus. Dieser Kontinent wurde römisch-katholisch.

Der konfessionelle Unterschied zwischen den beiden Kontinenten ist eine der Hauptursachen dafür, dass sich beide kulturell, wirtschaftlich und politisch so unterschiedlich entwickelt haben. Wäre es damals, im 17. Jahrhundert, umgekehrt gewesen, hätten Spanisch und Portugiesisch sprechende Katholiken Nordamerika besiedelt und protestantische Engländer, Deutsche und Skandinavier Südamerika, gäbe es heute vielleicht so etwas wie die Vereinigten Staaten von Südamerika mit einer scharf bewachten Nordgrenze, über die beständig arme Nordamerikaner in den Süden zu gelangen versuchen. Das ist natürlich Spekulation, aber Tatsache bleibt, dass die konfessionell bedingten unterschiedlichen Sichtweisen auf Gott, die Menschen und die Welt in den beiden Kontinenten im weiteren Verlauf sehr unterschiedliche Entwicklungen generierten.

Nicht nur Amerika, die ganze Welt sähe anders aus ohne das Ereignis der Reformation, denn aus ihr entwickelte sich später die westliche Dominanz über die Welt, über andere Völker, andere Kulturen mit anderen Religionen. Daher sind auch diese bis heute von Entwicklungen betroffen, zu deren Auslösern die Reformation gehörte.

Beim 200. Jubiläum im Jahr 1717 hatten sich die Protestanten auch im alten Europa etabliert. Sie waren sich inzwischen ihrer Bedeutung und sich selbst so gewiss, dass sie sich leisten konnten, was sie am liebsten taten, tun mussten: streiten. Streit ist eine natürliche Folge der Tatsache, dass ebenjene letzte Instanz und oberste Autorität fehlt, die entscheidet, was wahr sein soll. Streit um die richtige Interpretation der Bibel, das wahre Gottesbild, das richtige Lutherbild gehört daher zur Grundausstattung des Protestantismus. Davon wiederum ist die natürliche Folge die große »Artenvielfalt«, die der Protestantismus im Lauf der Jahrhunderte hervorgebracht hat. Nicht nur die vielen Kirchen des Lutherischen Weltbunds bilden diese Vielfalt ab, sondern noch zahlreiche, dem Bund nicht angehörende Kirchen und Sekten, die sehr eigene Ansichten darüber haben, was wahrhaft christlich und gottgefällig sei, sich aber mit den Lutheranern immerhin darin einig sind, dass kein Papst über sie herrschen solle.

Um das Jahr 1717 schwanken die Lutherbilder zwischen den Polen der altprotestantischen Orthodoxie, des neu aufkommenden Pietismus und der vorwärtsdrängenden Aufklärung. Die Orthodoxen hatten Luthers prasselndes Feuer gezähmt und in ein solides, auf Dauer angelegtes Paragrafen- und Lehrgebäude gesperrt, dem jeglicher Spirit fehlte. Die Aufklärer sahen in Luther einen der ihren und blendeten aus, was dem widersprach.

Einen wichtigen Puls der Erneuerung steuerten die Pietisten bei. Sie hielten wenig vom Streit um die reine Lehre, aber viel von praktischem Christentum und sozialem Engagement. Ihr berühmtester Vertreter, der Theologe und Pädagoge August Hermann Francke, gründete 1698 in Halle ein Waisenhaus, das sich im Verlauf von 30 Jahren zu einem Dorf aus Schulen, Wohnungen, Werkstätten und Gärten entwickelte, in dem bis zu 2500 Menschen lebten, lernten und arbeiteten. Daraus entstanden die Franckeschen Stiftungen, die ein neues reformatorisches Programm realisierten: Bildung für alle, Selbstbestimmung und soziale Teilhabe.[93]

Schon Martin Luther hatte eine Bildung für alle und die Gründung entsprechender Schulen gefordert. Francke griff diesen vergessenen Impuls wieder auf und gründete eine Schule für alle sozialen Schichten. Aus Luthers Denken leitete er die Erziehung zum selbstständigen Denken, selbstverantwortlichen Handeln und selbstbestimmten Leben ab, aber auch eine allgemeine Pflicht zum Sozialen. Die Kirche, aber auch der Staat und jeder Einzelne habe dafür zu sorgen, dass der Starke den Schwachen stützt.

Francke fand zahlreiche Nachahmer in ganz Europa und steuerte mit seinem Denken und Werk eine weitere wichtige Facette des Protestantismus bei, der sich immer mehr ausdifferenzierte.

Wie groß inzwischen die Unterschiede innerhalb des Protestantismus schon waren, »lässt sich noch heute an zwei Kirchbauten erkennen, die bald nach dem Reformationsjubiläum von 1717 errichtet wurden: der prunkvoll ausgestatteten Dresdner Frauenkirche, einem Denkmal der Sinnenfreude, sowie dem schlichten Saal der Brüdergemeine in dem nicht weit von Dresden entfernten Herrnhut, der auch heute noch von einem an Askese orientierten Glaubensverständnis zeugt.«[94]

Und: Zum Protestantismus gehört nun auch die Musik. Johann Sebastian Bach verbringt 1717 sein letztes Jahr in Weimar, wird Kapellmeister in Köthen und sechs Jahre später Thomaskantor in Leipzig. Er schlägt Funken aus Luthers Theologie, lässt sich aber auch von neuzeitlicher Mathematik und Newtons Mechanik inspirieren und komponiert daraus eine überkonfessionelle, noch nie gehörte Musik.

Ein weiteres Jahrhundert-Jubiläum später verbinden sich die Reformationsfeierlichkeiten mit dem Namen Johann Wolfgang von Goethe. Dieser schlägt 1816 vor, das bevorstehende Fest »so zu begehen, dass es jeder wohldenkende Katholik mitfeierte«. Da war der Kosmopolit Goethe seiner Zeit und der ganzen Ökumene weit voraus. Ein Jahr später empfahl er, die Erinnerung an den Beginn der Reformation und an die Völkerschlacht bei Leipzig, wo Napoleon geschlagen wurde, gemeinsam zu begehen, und zwar als »ein Fest der reinsten Humanität«.[95] Der Empfehlung, Reformation und Völkerschlacht zu einem einzigen großen nationalen Fest zu verbinden, folgte man gern, dem Vorschlag, »ein Fest der reinsten Humanität« zu feiern, nicht.

Stattdessen wurde Luther gerühmt als deutscher Held, pflichtbewusster Hausvater, vorbildlicher Untertan.[96] Zahlreiche Reden waren getränkt mit antifranzösischen Ressentiments und Antipathien gegen den Geist der Französischen Revolution.[97] Von einem Fest der reinsten Humanität, an dem auch Katholiken, ja Franzosen hätten mitfeiern können, war man weit entfernt. Die unselige Geschichte des deutschen Nationalismus und der deutsch-französischen Erbfeindschaft nahm ihren Lauf, und 1917, während des 400-jährigen Jubiläums, befand man sich im Krieg mit Frankreich. Luther wurde vor den Karren des Ersten Weltkriegs gespannt als Retter der Deutschen, Vorbild für Kampfeswillen, Soldat gegen den Feind. »Ein feste Burg ist unser Gott« wurde das Kampflied der deutschen Soldaten.

Das war aber noch nicht der Tiefpunkt. Der kam 1933, das Jahr, in dem Adolf Hitler Reichskanzler wurde und sogleich Luther für seine Zwecke missbrauchte, denn am 10. November 1933 galt es den 450. Geburtstag Luthers zu feiern. Und all die vielen Protestanten, die sich nun »Deutsche Christen« nannten, machten begeistert mit, riefen »Heil Hitler«, beflaggten ihre Kirchen mit Hakenkreuzen, hießen im weiteren Verlauf alle Verbrechen Hitlers, der Wehrmacht und der SS gut. Zwar bildete sich dann auch die »Bekennende Kirche«, welche die Lehren der »Deutschen Christen« und des Nationalsozialismus als »Irrlehre« verwarf, zu einer wirklich kraftvollen protestantischen Opposition gegen Hitler hatte es jedoch nie gereicht. Einzelne, wie etwa Dietrich Bonhoeffer, Martin Niemöller und Helmut Gollwitzer sind in den Widerstand gegangen und haben einen kleinen Rest von Ehre des Protestantismus gerettet. Alle drei waren sehr einsam in ihrer Kirche. Bonhoeffer hat seinen Widerstand mit dem Leben bezahlt.

Die Geschichte der Vereinnahmungen Martin Luthers wäre nicht komplett ohne einen Seitenblick auf die ehemalige DDR. Deren Held war naturgemäß nicht der »Fürstenknecht« Luther, sondern der Führer des Bauernaufstands Thomas Müntzer. Das änderte sich in der Spätphase der DDR. Plötzlich stieg Luther in der Propaganda der damals diktatorisch regierenden SED (Sozialistische Einheitspartei Deutschlands) vom Fürstenknecht zum Exponenten der »frühbürgerlichen Revolution« auf. Der Grund, warum die Lehrer in der DDR jetzt umlernen und ihren Schülern einen neuen Luther beibringen mussten, war ein sehr einfacher: Geld.

Die klamme DDR-Regierung brauchte dringend Devisen, um für das zunehmend mürrischer werdende Volk Waren aus dem Ausland importieren zu können. Daher bot sich an, Luthers 500. Geburtstag im Jahr 1983 groß zu feiern. Hintergedanke: Touristen werden ins Land kommen und die ersehnten Devisen mitbringen.

Der Eindruck, dass Luther nun im Jubiläumsjahr 2017 auch wieder Touristen ins Land locken soll, besonders nach Ostdeutschland, lässt sich nicht von der Hand weisen, wenn man sieht, wie Luther seit Jahren schon in Erfurt, Eisenach, Wittenberg, in ganz Thüringen, Sachsen und Sachsen-Anhalt für das Stadt- und Bundesland-Marketing eingespannt wird. Wieder erhofft man sich Touristen, Geschäfte, ein positives Image mithilfe Luthers, obwohl doch die Zahl der Kirchenmitglieder

– gleich ob evangelisch oder katholisch – gerade in Luthers eigenem Wirkungsbereich einen historischen Tiefstand erreicht hat. In Sachsen-Anhalt, wo einst mit Wittenberg das »reformatorische Rom« lag, sind heute 80 Prozent der Bevölkerung konfessionslos.

Aber man fühlt sich berufen, im Land von Luther, Bach, Händel, Schiller, Goethe das christliche Abendland zu verteidigen. Statt Marketing müsste man eigentlich christliche Missions- und humanistische Bildungsarbeit betreiben …

Auch die EKD erhofft sich einen Imagegewinn, und wenn schon keinen nennenswerten Mitgliederzulauf, dann doch wenigstens einen Rückgang der Kirchenaustritte. Aber wie lauten die Argumente? Warum sollte man heute wegen Luther in die Kirche eintreten? Was hat er uns denn heute zu sagen? Hat er uns überhaupt noch etwas zu sagen? Warum muss es 145 protestantische Kirchen des Lutherischen Weltbunds geben und darüber hinaus noch ein paar Dutzend weitere? Wieso können die sich nicht auf eine einzige große evangelische Kirche einigen? Wäre es nicht angebracht, 500 Jahre nach Luther zu versuchen, mit der katholischen Kirche einen Neuanfang zu versuchen? Und überhaupt, wozu braucht man die Protestanten noch?

Es ist zu hoffen, dass diese Fragen unter der Flut der geplanten Luther-Spektakel und dem ganzen Veranstaltungs-Overkill, der uns bevorsteht, nicht untergehen und wir echte Antworten zu hören bekommen. Im nächsten Kapitel versucht der evangelisch-lutherische Autor, eine eigene, persönliche Antwort zu geben.

PROTESTANTEN – WARUM DIE WELT SIE GERADE JETZT BRAUCHT

Religionen nerven. Sie bekämpfen einander, hassen sich, bringen sich gegenseitig um oder köpfen »die Ungläubigen« vor laufender Kamera. Schiiten gegen Sunniten, Alawiten gegen Aleviten und alle gegen die Juden. Muslime gegen Christen. Hindus gegen Muslime. Liberale Juden, Protestanten und Katholiken gegen konservative Evangelikale, Traditionalisten, Orthodoxe.

Alle zusammen nerven besonders einen: den modernen, westlichen, einigermaßen aufgeklärten Durchschnittstyp, dessen absolute Wahrheit lautet, dass es keine absolute Wahrheit gibt, und wenn es sie doch geben sollte, sie keinem Sterblichen zuteilwird, und das, so dachte dieser moderne Mensch noch bis vor Kurzem, sei eigentlich Konsens unter allen Vernünftigen, zumindest in Mitteleuropa. Jeder soll nach seiner eigenen Façon selig werden, aber den anderen mit seiner Seligkeit in Ruhe lassen.

Daher hat sich der moderne Mitteleuropäer bisher gegenüber eigentlich intolerablen Verhaltensweisen gelassen und tolerant gezeigt und sie unter »nicht weiter ernst zu nehmende Kuriositäten« abgebucht, gegenüber den griechisch-orthodoxen Mönchen vom Berg Athos zum Beispiel. Die nehmen seit fast einem Jahrtausend für sich das Recht in Anspruch, an der Eingangspforte zu ihrem heiligen Berg ein Schild aufzuhängen mit der Aufschrift: Frauen müssen leider draußen bleiben. Das Zugangs-Verbot gilt auch für weibliche Tiere. Ausgenommen sind Katzen (wegen der Ratten) und Hühner (wegen der Eier).

Man muss sich einmal vorstellen, was in Europa los wäre, wenn man die Aufschrift auf dem Schild geringfügig änderte: Juden haben hier keinen Zutritt. Oder Schwarze. Oder Norweger, Rentner, Blonde, Hindus, Linkshänder, Behinderte. In jedem dieser Fälle würde das Schild als Skandal empfunden und von jedem Gericht sofort kassiert. Nur bei Frauen, da geht's. Ist ja schon seit tausend Jahren so. Altehrwürdige Tradition. Muss man respektieren. Religionsfreiheit. Und solange diese komischen Mönche auf ihrem Berg bleiben ...

Aber mit dieser gleichgültigen Toleranz geht es bei uns allmählich zu Ende, seit solche religiösen Kuriositäten nicht mehr in fernen Ländern, sondern vor unserer Haustür praktiziert werden und wir mit allerlei Forderungen konfrontiert werden, von denen wir nicht wissen, wie wir uns dazu verhalten sollen: Kreuze raus aus den Schulen, Gebetsräume für Muslime rein, Speisegebote, Tanzverbot am Karfreitag, keine Fußballspiele am Totensonntag, Kopftücher, Burkas, Minarette, Schächten, Beschneidungen der Vorhaut und Beschneidungen der Meinungsfreiheit aus Rücksicht auf religiöse Gefühle oder aus Gründen der Sicherheit, Diskussionen über eine Verschärfung des Blasphemie-Paragrafen, Angst vor islamistischem, aber auch rechtsradikalem Radikalismus, Angst vor Terror und Gewalt, No-go-Areas in unseren Städten, Flüchtlingselend vor unseren Grenzen – die Zahl der religiös und kulturell bedingten Konflikte nimmt zu in aller Welt.

Und diese Konflikte schwappen herein in unsere bisher so gut geordnete und befriedete europäische Welt. Ihre Zahl steigt mit der Zahl der Einwanderer, die ihre kulturellen und religiösen Hintergründe mitbringen. Der normale alteingesessene Mitteleuropäer möchte davon eigentlich nicht behelligt werden, aber ist gezwungen, sich damit auseinanderzusetzen, obwohl er nicht besonders bibelfest ist und vom Koran in der Regel überhaupt nichts weiß.

Er versteht nicht, warum die Identität eines Mannes an dessen Vorhaut und die Ehre einer Familie am Jungfernhäutchen der Tochter hängen soll. Er weiß nicht, worum es beim Abendmahlsstreit zwischen Protestanten und Katholiken geht, und will es auch gar nicht wissen, auch nicht, was am Schwein schlechter oder unreiner sein soll als am Schaf. Er versteht nicht, wie sich einzelne fehlbare, irrende Menschen als Papst, Imam oder Oberrabiner anmaßen können, für alle verbindliche Wahrheiten zu formulieren. Und noch weniger versteht er, dass sich im 21. Jahrhundert Millionen Einzelne tatsächlich dem jeweiligen Diktum ihrer Autoritäten unterwerfen und sich von diesen bis in ihr Sexualleben und ihre Essensgewohnheiten hinein vorschreiben lassen, was schicklich sei, statt von ihrem eigenen Verstand Gebrauch zu machen.

Es fällt einem modernen, säkularen Menschen schwer, solch einem Verzicht auf selbstständiges Denken den Respekt zu zollen, der von den Autoritäten – allen voran den islamischen – ziemlich laut eingeklagt wird. Dennoch hält er es, wenn auch kopfschüttelnd, aus Gründen der Toleranz und der Religionsfreiheit, für nötig, die Religionen mit ihrem bunten Treiben gewähren zu lassen.

Nur: Sympathischer werden ihm die Religionen dadurch nicht. Glauben und Vertrauen erwecken diese bei ihm nicht. Und statt einer neuen Hinwendung des säkularen Menschen zu religiösen Traditionen erreichen sie dessen völlige und endgültige Abwendung.

Das schafft ein weiteres Problem: Gerade jene multiethnischen, multikulturellen, multireligiösen Gesellschaften, die seit einigen Jahrzehnten und mit wachsendem Tempo in Europa entstehen, brauchen eine Verständigung darüber, wie sie einem Zerfall dieser Gesellschaften in Antagonismen entgegenwirken und stattdessen freundlich miteinander leben und arbeiten können. Dafür sind einige Grundregeln nötig, an die sich alle, aber auch wirklich alle halten und die nicht verhandelbar sind.

Wo aber wäre der Ort, an dem eine überlebensnotwendige Verständigung über Grundregeln des multikulturellen Zusammenlebens stattfinden könnte? Wer könnte die vielen verschiedenen Menschen zusammenbringen, ein Gespräch über die Regeln organisieren, moderieren und für deren Akzeptanz werben? Die politischen Parteien? Denen glauben nur noch wenige etwas. Der Staat? Auch ihm wird misstraut. Also die Kirchen? Ja, und zwar ganz besonders die evangelische, denn es erweist sich nun, dass die ihr in der Vergangenheit oft vorgeworfene und teilweise von ihr selbst so empfundene »Profillosigkeit« in Wahrheit eine Stärke ist.

Ein Profil ist etwas Starres, hat zwar wegen seiner klar definierten Struktur eine hohe Wiedererkennbarkeit, aber was nützt das, wenn das Profil in der Realität nicht greift, nicht auf sie passt? Winterreifenprofile sind nützlich bei Schnee und Matsch, im Sommer gefährdet der ganze Reifen mit seiner für niedrige Temperaturen konzipierten Gummimischung die Sicherheit des Fahrers. Was es bräuchte, wäre ein Reifen mit dynamischem Profil, das sich jeder neuen, auch unvorhersehbaren Situation anpasst.

Über diese Dynamik und Flexibilität verfügt der Protestantismus wie keine andere Konfession, weil deren Mitglieder zwar an eine gemeinsame Wahrheit glauben, aber den Versuch unterlassen, diese Wahrheit zu fixieren. Daher visualisiert das Facettenkreuz, das sich einige Landeskirchen, wie etwa die Evangelische Kirche in Hessen und Nassau (EKHN), als Logo gegeben haben, den Geist des Protestantismus ziemlich gut. Aber eigentlich bräuchte es statt eines Bildes ein Video zur Visualisierung dieses Geistes. Es wäre eine schwingende, flimmernde, schillernde, ständig seine Gestalt verändernde Form, die immer als Kreuz erkennbar bleibt, aber sich nie auf eine einzige Form festlegen lässt.

Protestanten wissen, dass sich die eine, absolute, für alle Zeiten und alle Menschen gültige Wahrheit weder erkennen noch formulieren lässt. Sie wissen, dass jedes Gemeindemitglied immer nur seine eigene jeweilige Teilwahrheit lebt, geben den Glauben an eine »gemeinsame Wahrheit dahinter« trotzdem nicht auf und wirken daher immer rührend hilflos, wenn sie über diese »Wahrheit dahinter« Auskunft geben sollen. Darüber zanken sie auch unentwegt, aber jedes Gezänk endet irgendwann mit der Einsicht: Wir sind alle Gottes Kinder, und darum haben wir die Pflicht, uns zu vertragen, auch dann, wenn wir uns über die eine oder andere Frage nicht einigen können.

Und tatsächlich vertragen sie sich dann wieder, mancher grollend, mancher murrend, mancher unbelehrbar seine eigene Wahrheit für die ganze nehmend, aber sie bleiben beieinander und lernen, einander auszuhalten und wie nebenbei: Konfliktmanagement, Mediation, Moderation. Sie lernen ihre eigene Unsicherheit, Unschärfe, Unbestimmtheit zu akzeptieren. Sie lernen, dass alle großen Probleme komplex und differenziert zu betrachten sind, und wenn sie das dann in ihren Denkschriften ausformulieren, kommen Texte von gähnend-langweiliger Ausgewogenheit zustande, die jeden Leser sedieren. Aber fast immer sind es Texte auf hohem Reflexionsniveau, derer man sich als Protestant nicht schämen muss, und auch wenn ein aktiver oder ehemaliger Ratsvorsitzender – heiße er nun Huber, Schneider oder Bedford-Strohm – in der Talkshow spricht, reißt einen das zwar nicht vom Hocker, aber zumindest ich bin dann oft ein kleines bisschen stolz auf sie, weil sie eigentlich immer vernünftig, intelligent, menschlich, undogmatisch und zumindest dem Anschein nach uneitel und demütig »rüberkommen«.

Die seltsame Unbestimmtheit des Protestantismus macht diesen zwar anfällig für Moden und jeden Zeit-, Zweit- und Drittgeist, und nicht selten wird er auch deren Opfer, aber er berappelt sich dann schon wieder und passt eben gerade deshalb besser in eine multikulturell-säkulare Individualistengesellschaft als jede andere Glaubensgemeinschaft, den uns fremden Buddhismus vielleicht ausgenommen. Der Protestantismus passt auch besser in unsere Welt, weil er für deren Probleme – von der Umwelt über das Klima, die soziale Gerechtigkeit und den Überwachungsstaat – »den Kopf frei hat«, während der Katholizismus sich endlos quält mit seinen heiligen drei Kühen: Pille, weibliche Priester, Homosexualität gleich Sünde. Dazu kamen in der jüngsten Vergangenheit noch die Missbrauchsskandale und der sogenannte Protzbischof von Limburg. Die katholische Kirche hat jetzt und noch eine geraume Zeit mehr mit sich selbst zu tun als mit der Welt und den letzten Wahrheiten.

Es liegt vermutlich an dieser pragmatischen Anpassungsfähigkeit des Protestantismus, dass so viele Protestanten die Geschicke unseres Landes lenken – man sehe sich nur um: der Bundespräsident, die Kanzlerin, der Finanzminister, der Innenminister, die Verteidigungsministerin, die Familienministerin, der Gesundheitsminister, der Fraktionsvorsitzende und der Generalsekretär der CDU, sie alle sind Protestanten. Es gibt auch Katholiken in der Regierung, wie etwa die Arbeits- und Sozialministerin Andrea Nahles, den Justizminister Heiko Maas oder die Umweltministerin Barbara Hendricks, aber sie sind in der Minderzahl. Zehn zu sechs ist das Verhältnis.

So eine an bloßen Zahlen orientierte Aufzählung mag auf den ersten Blick zufällig erscheinen und als reine Äußerlichkeit gelten, aber es lassen sich doch tiefere Gründe finden für die öffentliche Brauchbarkeit von Protestanten in Wissenschaft, Politik und Wirtschaft. Zwei Namen protestantischer Theologen sind damit verbunden: Rudolf Bultmann und Dietrich Bonhoeffer.

Kurz nach dem Ende des Zweiten Weltkriegs hatte der damals

noch unbekannte Theologe Rudolf Bultmann einen aufsehenerregenden Vortrag gehalten, der beinahe zu seinem Rausschmiss aus der evangelischen Kirche geführt hätte.

In diesem Vortrag hatte Bultmann gesagt, all die Wundergeschichten, die in der Bibel stehen, diese Geschichten über Engel, Dämonen und den Teufel, die Einteilung der Welt in die drei Stockwerke Himmel, Erde, Hölle – das alles seien keine Berichte historischer Ereignisse, sondern Mythen.

Mythisch sei die Schilderung von Christus als einem präexistenten Gotteswesen, das sich auf Erden als Mensch inkarniert, die Sünden der Menschen auf sich nimmt, dafür am Kreuz stirbt, am dritten Tage aufersteht, in den Himmel fährt und von dort wieder zurückkommt. Mythisch sei die Vorstellung, dass dieses Wesen nach einem Ablauf verschiedenster kosmischer Katastrophen die Toten aufweckt, vor Gericht stellt und die gesamte Menschheit in Selige und Verdammte scheidet.

Dies alles seien Geschichten, die aus antiken Mythen, spätjüdischer Apokalyptik und gnostischen Erlösungsfantasien komponiert wurden, und diese seien durch das moderne Weltbild erledigt.

Damit, sagt Bultmann, sei auch die Höllen- und Himmelfahrt Christi erledigt, erledigt sei die Vorstellung von einer unter kosmischen Katastrophen hereinbrechenden Endzeit, erledigt die Erwartung des auf den Wolken des Himmels kommenden Menschensohnes, erledigt die Wunder als bloße Wunder, erledigt der Geister- und Dämonenglaube. Man könne nicht »elektrisches Licht und Radioapparat benutzen, in Krankheitsfällen moderne medizinische und klinische Mittel in Anspruch nehmen und gleichzeitig an die Geister- und Wunderwelt des Neuen Testaments glauben. Und wer meint, es für seine Person tun zu können, muss sich klarmachen, dass er, wenn er das für die Leistung christlichen Glaubens erklärt, damit die christliche

Verkündigung in der Gegenwart unverständlich und unmöglich macht.«[98]

Erledigt ist damit aber auch Luther. Luther, wenn er plötzlich als der wiederkäme, der er war, und läse, was Bultmann geschrieben hat, und hörte, welche Theologie an unseren Universitäten gelehrt wird, würde sich schaudernd abwenden, Bultmann als Teufel bezeichnen und der evangelisch-lutherischen Kirche befehlen, seinen Namen aus ihrem Firmenschild zu tilgen. Ebendiese Kirche ist aber durch Bultmann gerettet worden.

Er hat mit seinem Entmythologisierungsprogramm die protestantische Kirche auf den geistigen Stand ihrer Zeit gebracht und sie damit anschluss- und diskursfähig gemacht im Streit mit der Wissenschaft und dem Atheismus – was manch militanter, noch dem 19. Jahrhundert verhafteter Atheist vom Schlage eines Richard Dawkins offenbar noch nicht bemerkt hat. Dank Bultmann können protestantische Theologen heute jeden Angriff Dawkins locker parieren.

Für die Theologie gibt es daher aber auch kein intellektuell redliches Zurück mehr hinter Bultmann und damit auch kein Zurück mehr zu Luthers zeitbedingtem Hexen-, Dämonen-, Teufels- und Höllenglauben. Stattdessen markiert Bultmann eine Wegmarke, die von den diversen Katholizismen, Orthodoxien und Mohammedismen erst noch erreicht werden muss. Aber genau darum sind Protestanten bessere Gesprächspartner für moderne Menschen – und vielleicht auch bessere Geburtshelfer für einen modernen Islam – als ans Dogma gefesselte Katholiken oder militante Atheisten, denen das ganze »religiöse Gedöns« sowieso auf die Nerven geht.

Für Bultmann hat sich zwar das mythische Weltbild erledigt, nicht aber die eigentliche, unmythische christliche Wahrheit, die auch für den modernen Menschen von heute noch relevant ist und erst zugänglich wird, wenn sie von allem mythischen

Ballast befreit wurde. Zu dieser Wahrheit ist die protestantische Kirche noch unterwegs. Aber immerhin ist sie unterwegs, während die anderen noch weit hinter Bultmann auf ihren unhaltbaren, mythisch begründeten Dogmatismen verharren.

Die nächste Wegmarke, die Religionen, wenn sie denn eine Zukunft haben wollen, erreichen müssen, ist Dietrich Bonhoeffers religionsloses Christentum. Dieses auf den Kern reduzierte Christentum ist nicht mehr Religion, sondern Glaube, und als solcher ist er Aufklärung, Religionskritik, Herrschafts- und Autoritätskritik, Kritik auch an einer Religion namens Kapitalismus, Kritik der Götzen Reichtum, Erfolg, Karriere, Schönheit, Dünnsein, Fitness. Mit Bonhoeffer kommt der Glaube von den Nebensachen – Riten, Dogmen, Speiseverbote, Reinheitsgebote, Äußerlichkeiten, Erfolgsgebote – zur Hauptsache. Darin geht's nicht ums Jenseits, sondern ums Hier, nicht um die Zukunft, sondern um das Jetzt und um die Frage: Was ist das gute Leben, und was muss getan werden, um das gute Leben jetzt und hier zu ermöglichen?

Mit Bonhoeffer hätte Luther weniger Probleme gehabt, obwohl natürlich auch Bonhoeffer Bultmanns Theologie gegen Luther verteidigt hätte. Aber dass sich der Wert und die Würde eines Menschen nicht aus seiner Leistung, seinen Werken speisen, darin hätte Luther eine akzeptable Form seiner Rechtfertigungslehre erkannt. Bonhoeffers aktiven Widerstand gegen Hitler wiederum hätte Luther kritisiert. Auch die »Deutschen Christen« hätte er natürlich verurteilt, aber vermutlich noch heftiger den gewaltsamen Widerstand gegen die Regierenden – da hätte er gesagt: das ist nicht lutherisch, sondern müntzerisch.

Mit großem Interesse hätte Luther registriert, dass einige seiner alten Streitfälle mit den Humanisten bis heute nicht geklärt sind. Ob der Mensch einen freien Willen habe, diese

Frage ist weiter unentschieden. Ob der Mensch von Natur aus gut sei oder zumindest durch eine entsprechende Bildung und Erziehung werden könne, wie die Humanisten glaubten, wie später auch die Aufklärer um Jean-Jacques Rousseau behaupteten, ist ebenfalls noch immer mehr eine Glaubensfrage als eine Sache, die durch wissenschaftliche Erkenntnis zu entscheiden wäre.

Mit großer Zustimmung und zugleich mit einem gewissen Erstaunen hätte Luther bei dem Atheisten Sigmund Freud gelesen: Ein gern verleugnetes Stück Wirklichkeit bestehe darin, dass der Mensch nicht ein »sanftes ... Wesen ist, das sich höchstens, wenn angegriffen, auch zu verteidigen vermag, sondern dass er zu seinen Triebbegabungen auch einen mächtigen Anteil von Aggressionsneigung rechnen darf«.[99] Der Nächste sei dem Menschen daher nicht nur ein »möglicher Helfer und Sexualobjekt, sondern auch eine Versuchung, seine Aggression an ihm zu befriedigen, seine Arbeitskraft ohne Entschädigung auszunützen, ihn ohne seine Einwilligung sexuell zu gebrauchen, sich in den Besitz seiner Habe zu setzen, ihn zu demütigen, ihm Schmerzen zu bereiten, zu martern und zu töten«. Homo homini lupus, der Mensch ist des Menschen Wolf – »wer hat nach allen Erfahrungen des Lebens und der Geschichte den Mut, diesen Satz zu bestreiten«?

Der jüdische Aufklärer Freud bestätigt damit Luthers Menschenbild, wie er es vom Alten und Neuen Testament hat: Das Dichten und Trachten des menschlichen Herzens ist böse von Jugend auf (1. Mose, 6,5 und 8,21), sie sind allzumal Sünder (Römer 3,23). Der Mensch ist eben nicht von Natur aus gut. Deshalb bedarf er der Gnade Gottes.

Wie einst Luther quer zu seiner Zeit stand – weder römisch noch humanistisch –, so stehen Freud und dessen Anhänger heute quer zum weitverbreiteten Glauben an das Gute im Menschen. Und so wie er einst den Humanisten Erasmus von Rotterdam gerügt, ja fast verachtet hatte wegen dessen oft unentschiedener Haltung, so würde er heute die oft unentschieden erscheinende Sowohl-als-auch-Haltung der evangelischen Kirche geißeln.

Es tut dieser Kirche gut, so einen lutherischen Stachel im Fleisch zu haben, ihm aber nicht zu sehr nachzugeben, denn mit lutherischer Sturköpfigkeit ist heute kein Blumentopf mehr zu gewinnen. Moderne Protestanten haben sich längst von Luther emanzipiert, und genau darin, dass sie ihrem herrischen Lehrmeister, wo es nötig ist, selbstbewusst widersprechen, erweisen sie sich als wahrhaft lutherisch, denn wahrhaft lutherisch ist es nun mal, keinen Papst zu akzeptieren, auch keinen evangelischen.

Daher ist es gerade die aus dem Geist des Luthertums kommende Widerständigkeit, wegen der die Protestanten heute gebraucht werden. Ihre gesunde Skepsis gegenüber Macht, Autorität und Dogmatismus ist umso nötiger in einer Zeit, in der immer mehr Politiker, Despoten, Diktatoren und religiöse, aber auch wissenschaftliche und ökonomische Autoritäten ihre Machtansprüche und Wahrheiten durchzusetzen versuchen. Es sind nicht nur die Homophobie, Fremdenfeindlichkeit, Frauenfeindlichkeit und der Nationalismus religiöser Fundamentalisten, die uns heute herausfordern, es ist auch der Ökonomismus unserer wirtschaftlichen, technischen und wissenschaftlichen Eliten. Diese sind heute in der Lage, eine Zukunft zu gestalten, in der sich Orwells autoritärer Überwachungsstaat mit der »Schönen Neuen Welt« zu einer Techno-Diktatur verbindet, aus der es kein Entkommen mehr gibt. Dagegen hilft nur protestantische Widerständigkeit.

Durch ihren Anspruch, auf Augenhöhe mit der Wissenschaft und dem Atheismus zu disputieren und jedes Dogma infrage zu stellen, auch wissenschaftliche, atheistische, ökonomische und technische Dogmen, sind die Protestanten für die Gestaltung der Zukunft besser gerüstet als jene, die sich auf die traditionelle Religionsausübung mit ihren unhinterfragten Dogmen, Ritualen und Anmaßungen beschränken. Gebraucht werden die Protestanten auch überall dort, wo der Wert eines Menschen an seinen Werken gemessen und fremden Göttern – Macht, Reichtum, Besitz, Schönheit, Kapital, Wachstum, der Nation, der Klasse – gehuldigt wird. Protestanten haben dank ihrer Lektionen aus der Vergangenheit gelernt, in der Welt mitzuwirken, aber sich gleichzeitig zurückzunehmen. Deshalb ist der Protestantismus so zeitgemäß und – für mich – unter allen Glaubensgemeinschaften eine der fortgeschrittensten und daher so gut geeignet, im Dialog der Religionen eine führende Rolle zu spielen.

Dass dies alles auch mit liberalen, aufgeklärten Juden, Muslimen und Katholiken möglich ist, will ich nicht bestreiten. Sowieso werden die anderen nicht überflüssig. Auch der Papst wird weiterhin gebraucht, um den Christen in der Welt eine Stimme zu verleihen. Wenn er den Kapitalismus kritisiert, wird er auf der ganzen Welt gehört. Wenn der EKD-Ratsvorsitzende das tut, stößt das auf begrenztes Interesse. Darum spricht der Papst, wenn er sich für Frieden, Freiheit und gegen die Herrschaft des Geldes ausspricht, immer auch für die Protestanten mit.

Sagt er aber, Frauen taugten nicht als Priester, die Pille zu nehmen verstoße gegen göttliches Gebot und Homosexualität sei Sünde, dann widersprechen die Protestanten, und darin sprechen sie auch vielen Katholiken aus dem Herzen. Eigentlich ist es also gar nicht so ein großes Unglück, dass es die eine große katholische Kirche und die vielen kleinen chaotischen Schrebergartenkirchen des Protestantismus und darüber hinaus noch die bunte Vielfalt der anderen Religionen gibt. Wenn sie klug sind, fordern sie einander heraus, korrigieren einander, sichern damit ihr gemeinsames Überleben, und bei allem Streit und allen Differenzen gehören sie doch zusammen.

Und was klug ist, dafür ist die Großmutter des israelischen Schriftstellers Amos Oz ein wunderbares Beispiel. Zum ewigen Streit zwischen Juden und Christen, ob der Messias schon gekommen sei, wie die Christen glauben, oder erst noch kommen wird, wie die Juden glauben, sagt sie: »Ist es so wichtig? Warum kann nicht jeder einfach abwarten und schauen? Falls der Messias kommt und sagt: ›Hallo, schön euch wiederzusehen!‹, müssen die Juden nachgeben. Falls er aber sagt: ›Hallo, wie geht's? Schön, mal hier zu sein!‹, wird die gesamte christliche Welt sich bei den Juden entschuldigen müssen.«[100]

Wer sich bei wem wofür warum entschuldigen muss – das wäre eine Frage, die zum 500. Reformationsjubiläum ausführlich erörtert werden sollte.

QUELLENVERZEICHNIS

Hundert Kilometer Einsamkeit

1 Veit-Jakobus Dieterich, Martin Luther. Sein Leben und seine Zeit; dtv München 2013, S. 17 f.
2 Dieterich, S. 18
3 zit. nach Arnulf Zitelmann, »Widerrufen kann ich nicht«. Die Lebensgeschichte des Martin Luther; Beltz und Gelberg, Weinheim 1983
4 Martin Luther: Gesammelte Werke, S. 1623 (vgl. Luther-W Bd. 2, S. 324) (c) Vandenhoeck und Ruprecht, http://www.digitale-bibliothek. de/band63.htm

Ein Mönch geht seinen Weg

5 Thomas Kaufmann: Martin Luther, Verlag C.H.Beck, München 2010, S. 34
6 diese Route nennt Jutta Krauß in: Martin Luther. Lebensspuren, Schnell & Steiner, Regensburg 2016, S. 84
7 Krauß, a.a.O., S. 86
8 Krauß, a.a.O., S. 101

Die Entdeckung eines neuen Gottesbildes

9 Heinz Schilling: Martin Luther. Rebell in einer Zeit des Umbruchs, Verlag C.H.Beck, München 2014, S. 128
10 Schilling, a.a.O., S. 128

Wie alles anfing

11 Zitelmann, a.a.O.
12 zit. nach Christiane Neuhausen, in: Die Welt vom 16.12.2015
13 Schilling, a.a.O.
14 http://www.luther.de/legenden/tanschl.html

15 Dietmar Pieper, Der Spiegel. Geschichte; Die Reformation. Aufstand gegen Kaiser und Papst

16 Pieper, Spiegel, a.a.O.

17 Schilling, a.a.O., S. 145

18 Volker Reinhardt: Luther, der Ketzer. Rom und die Reformation, C.H.Beck München 2016, S. 15

19 Reinhardt, a.a.O.

20 Schilling, a.a.O, S. 145

21 Schilling, a.a.O.

Rom – Die große Hure Babylon

22 Reinhardt, a.a.O., S. 30

23 Diarmaid MacCulloch: Die Reformation 1490-1700, DVA München 2008, vgl. auch John Hirst: Die kürzeste Geschichte Europas, Hoffmann und Campe, Hamburg 2012

24 MacCulloch, a.a.O, S. 174

25 MacCulloch, a.a.O, S. 123

Es geht los

26 Reinhardt, a.a.O., S. 96 f.

27 Martin Luther 1518: Gesammelte Werke, S. 7137

28 Reinhardt, a.a.O., S. 96 f.

Der Bruch, der Bann und der Beginn einer neuen Zeit

29 Ulrich Köpf: Martin Luther. Der Reformator und sein Werk, Reclam Stuttgart 2015, S. 64

30 (lt. Margot Käßmann, in: Spiegel Geschichte, Die Reformation)

Ein Fürst versteckt seinen Untertan vor Papst und Kaiser

31 Schilling, a.a.O., S. 204

32 Köpf, a.a.O., S.95

33 http://www.lutherhaus-eisenach.com/de/das-lutherhaus/luther-in-eisenach.html

34 Kaufmann, a.a.O., S. 64

35 http://www.sueddeutsche.de/wissen/mittelalter-unbekannter-ueber-setzte-bibel-jahre-vor-luther-1.2920823

36 Dieterich, a.a.O., S. 75

37 Schilling, a.a.O., S. 243

38 Schilling, a.a.O., S. 236

39 Harald Meller (Hrsg.): Fundsache Luther. Archäologen auf den Spuren des Reformators, Theiss, Darmstadt 2008, S. 100

Aufräumen in Wittenberg

40 Dieterich, a.a.O., S. 83

41 Köpf, a.a.O., S. 107

42 Jutta Krauß: Martin Luther. Lebensspuren, Schnell & Steiner, Regensburg 2016, S. 100

43 Dieterich, a.a.O., S. 80

Blut und Entzweiung

44 zit. nach Jutta Krauß: Martin Luther. Lebensspuren, Schnell & Steiner, Regensburg 2016, S. 188

45 Kaufmann, S. 81

46 Krauß, a.a.O.

Und plötzlich: »Herr Käthe«

47 zitiert nach Eva Zeller: Die Lutherin. Spurensuche nach Katharina von Bora, Piper, München 2000, S. 20

48 zitiert nach Eva Zeller, Die Lutherin, S. 20; vergl. auch Martin Treu: Katharina von Bora. Biographien zur Reformation, Drei Kastanien Verlag, Wittenberg 2013, S. 17

49 zitiert nach Bruno Preisendörfer: Ehe als Lebenspflicht bei Luther, Deutschlandfunk, 14. 10. 2015

50 zitiert nach Reimar Zeller: Luther, wie ihn keiner kennt, Herder, Freiburg 1982, S. 9

51 alle Briefanreden zitiert nach R.Z., s.o. S. 148, S. 157 f.

52 zitiert nach Veit-Jakobus Dieterich, München 2013, Martin Luther, S. 125

53 zitiert nach Martin Treu, Wittenberg 2013, Katharina von Bora, S. 27

54 zitiert nach Dieterich, s.o., S. 126

55 zitiert nach Wilhelm Lindemann: Reformation heute, Schriftenreihe der EKD zum 500. Jubiläum der Reformation

56 zitiert nach Dieterich, s.o., S. 90

57 zitiert nach Treu, s.o., S. 31 f.

58 ebenda, S. 33

59 zitiert nach Eva Zeller, s.o., S. 94

60 zitiert nach Dieterich, s.o., S. 128

61 zitiert nach Dieterich, S. 131

62 zitiert nach Eva Zeller, S. 82

63 zitiert nach Dieterich, S. 128

64 ebenda

65 ebenda, S. 90

66 ebenda, S. 125

67 ebenda

68 ebenda, S. 136

69 ebenda, S. 135

70 ebenda, S. 127

71 zitiert nach Eva Zeller, S. 155

72 ebenda

73 zitiert nach Dieterich, S. 135

74 ebenda

75 zitiert nach Treu, S. 70

76 ebenda, S. 71

77 zitiert nach Dieterich, S. 125 f.

78 1. Korinther 14, 33-35, zitiert nach Petra Gerster, Andrea Stoll: Ihrer Zeit voraus, cbj, München 2009, S. 47

79 zitiert nach Petra Gerster, Andrea Stoll, ebenda, S. 91

80 vgl. auch ebenda, S. 45 ff.

Der Patriarch von Wittenberg

81 Köpf, a.a.O., S. 223

82 Schilling, a.a.O., S. 524

83 Dieterich, a.a.O., S. 191

84 Schilling, a.a.O., S. 526

85 Dieterich, a.a.O., S. 191

86 Dieterich, a.a.O., S. 192

87 vgl. http://kath-zdw.ch/maria/texte/luthers.lebensende.htm

Luther – wer war er eigentlich?

88 https://www.ekd.de/glauben/abc/lutherischer_weltbund.html

89 Aus GW, »Eine treue Vermahnung an alle Christen, sich zu hüten vor Aufruhr und Empörung«, S. 4219

90 http://www.luther2017.de/kr/wiki/jubilaeum/lutherbilder-im-wandel-der-zeiten-i/

91 Christoph Markschies: Beinahe ein Heiliger, in: Rotary Magazin 4/2012

92 Christoph Markschies, a.a.O.

93 http://www.francke-halle.de/neuigkeiten-n-8604.html

94 Hartmut Lehmann: Die Deutschen und ihr Luther, in: Frankfurter Allgemeine Zeitung, 26.8.2008

95 zit. nach Hartmut Lehmann: Reformationsjubiläum 2017. Vom Helden zur Null?, in: FAZ, 26.10.2014

96 http://www.sonntagsblatt.de/archiv01/44/woche9.htm

97 Hartmut Lehmann, Frankfurter Allgemeine Zeitung, 26.8.2008, a.a.O.

98 Rudolf Bultmann: Neues Testament und Mythologie. 1941, 18
99 Sigmund Freud: Das Unbehagen in der Kultur, S. Fischer, Frankfurt/M
    1974
100 Süddeutsche Zeitung, 24.7.1999

LITERATURVERZEICHNIS

Martin Luther: Gesammelte Werke, hrsg. v. Kurt Aland, Direct Media, Berlin 2002 (ebook Digitale Bibliothek Band 63)

Martin Luther: Tischreden. Vom Einfachen und Erhabenen, hrsg. von Thomas Walldorf, Marix Verlag, Wiesbaden 2014 (ebook)

Martin Luther: Vom unfreien Willen (An Erasmus von Rotterdam), e-artnow 2015 (ebook)

Martin Luther: Von der Freiheit eines Christenmenschen, ofd edition, Norderstedt 2015 (ebook)

Diarmaid MacCulloch: Die Reformation 1490-1700, DVA München 2008

Veit-Jakobus Dieterich: Martin Luther. Sein Leben und seine Zeit, dtv München 2013

Frauen der Reformation, Katalog zur Wanderausstellung 2012 der Evangelischen Frauen in Mitteldeutschland

Petra Gerster, Andrea Stoll: Ihrer Zeit voraus. Frauen verändern die Welt, cbj, München 2009

John Hirst: Die kürzeste Geschichte Europas, Hoffmann und Campe, Hamburg 2012

Katharina von Bora: An der Seite von Martin Luther, Hörspiel 2009

Thomas Kaufmann: Geschichte der Reformation, Verlag der Weltreligionen im Insel Verlag, Frankfurt am Main und Leipzig 2009

Thomas Kaufmann: Martin Luther, Verlag C.H.Beck, München 2010 (ebook)

Ulrich Köpf: Martin Luther. Der Reformator und sein Werk, Reclam Stuttgart 2015 (ebook)

Jutta Krauß: Martin Luther. Lebensspuren, Schnell & Steiner, Regensburg 2016

Volker Leppin: Martin Luther. Vom Mönch zum Feind des Papstes, Lambert Schneider, Darmstadt 2015 (ebook)

Harald Meller (Hrsg.): Fundsache Luther. Archäologen auf den Spuren des Reformators, Theiss, Darmstadt 2008

Volker Reinhardt: Luther, der Ketzer. Rom und die Reformation, C.H.Beck, München 2016

Heinz Schilling: Martin Luther. Rebell in einer Zeit des Umbruchs, C.H. Beck, München 2014 (ebook)

Der Spiegel Geschichte, Die Reformation. Aufstand gegen Kaiser und Papst

Martin Treu: Katharina von Bora. Biographien zur Reformation, Drei Kastanien Verlag, Wittenberg 2013

Eva Zeller: Die Lutherin. Spurensuche nach Katharina von Bora, Piper, München 2000

Reimar Zeller: Luther, wie ihn keiner kennt. Lutherbriefe aus dem Alltag, Herder, Freiburg 1982

Arnulf Zitelmann, »Widerrufen kann ich nicht«. Die Lebensgeschichte des Martin Luther, Beltz und Gelberg, Weinheim 1983

BILDNACHWEIS

Luther – der Rebell

In den ersten Jahrzehnten seines Lebens war der junge Martin
Luther mächtigen Autoritäten ausgesetzt: dem strengen Vater, den
Lehrern, die wenig Verständnis aufbrachten, aber mit Schlägen
nicht geizten, und nicht zuletzt Gott, den sich Luther nur als
»gestrengen, zornigen Richter« vorstellen konnte. Um vor diesen
Autoritäten bestehen zu können, wurde Martin ein gehorsamer
Sohn, ein fleißiger Schüler und ein vorbildlicher Student – und
schließlich ein mustergültiger Mönch. Um seine große Entdeckung eines gnädigen Gottes zu verstehen, muss man auch nach-
vollziehen, wovon sich Luther befreite. Diese Befreiung war notwendig verbunden mit dem Auftrag, Missstände in der Kirche
anzuklagen und gegen ein falsch verstandenes Christentum auf-
zustehen.

*Bestsellerautor Alois Prinz erzählt, wie aus dem ängstlichen und
übreangepassten jungen Martin der furchtlose Rebell Luther wurde.*

Alois Prinz, Wie aus Martin Luther wurde. insel taschenbuch
4555. 80 Seiten

»Und wenn die Welt voll Teufel wär und wollt uns gar verschlingen, so fürchten wir uns nicht so sehr, es soll uns doch gelingen.«

Luther kämpfte nicht nur gegen den Papst, sondern auch gegen den Teufel mit Feder und Tintenfass. Er reformierte den Gottesdienst, sammelte Fabeln und Sprichwörter, verfasste Kirchenlieder – und schaute dem Volk aufs Maul. Er wusste zu allen Dingen ein trefflich Wort zu sagen, in Predigten, Traktaten und Tischgesprächen am heimischen Herd. Vieles hiervon ist noch in aller Munde, häufig falsch zitiert, manches ihm auch nur zugeschrieben.

Martin Luthers legendäre Sprüche zur Bibel, zum Papsttum, zu Kirche, Kaiser und Küche, zu Ehe und Familie, zum Schlemmen und Saufen versammelt dieser Band.

Martin Luther, Luthers kleine Teufeleien. Herausgegeben von Thomas Kluge. insel taschenbuch 4561. 120 Seiten

Eine der spannendsten Geschichten der Neuzeit: wie ein einfacher Mönch zum ersten Star des Medienzeitalters aufstieg.

Als Martin Luther 1517 seine 95 Thesen an die Tür der Wittenberger Schlosskirche nagelte, war er praktisch unbekannt. Doch innerhalb weniger Jahre verbreiteten sich seine Ideen in ganz Europa und erschütterten den Kontinent in seinen Grundfesten. Luther wurde berühmt, ja berüchtigt. Wie hatte er das geschafft? Andrew Pettegree zeichnet nach, wie es Luther gelang, sich in der Öffentlichkeit zu positionieren – als Kritiker der katholischen Kirche, als Vorkämpfer für Frauenrechte, als Demagoge, der auch gegen Juden wetterte. Er schildert den nachhaltigen Einfluss, den die Reformation auf das Buchgewerbe hatte, und umgekehrt. Mit sicherem Gespür für das, was wir heute Imagepflege und Marketing nennen, machte Luther sich die neue Technik des Buchdrucks zunutze, baute Netzwerke auf und schuf gemeinsam mit Lucas Cranach für sich und seine Lehre eine eigene Markenidentität.

Andrew Pettegree, Die Marke Luther. Wie ein unbekannter Mönch eine deutsche Kleinstadt zum Zentrum der Druckindustrie und sich selbst zum berühmtesten Mann Europas machte – und die protestantische Reformation lostrat. Aus dem Englischen von Ulrike Bischoff. Insel Verlag. Gebunden. 450 Seiten

**Wie aus einem Vaterkonflikt
der Konflikt mit der Mutter Kirche
entstand**

Der renommierte Psychoanalytiker Erik H. Erikson erzählt in diesem Klassiker der Lutherforschung die Geschichte der dramatischen Identitätskrise, die Martin Luther zum Reformator machte: Er rebellierte gegen seinen dominanten Vater, weigerte sich zu heiraten und Jurist zu werden; stattdessen trat er ins Kloster ein und ließ sich zum Priester weihen – bis er sich im Alter von 34 Jahren dann mit dem folgenreichen Thesenanschlag entschieden gegen die Autoritäten von Papst und Kirche stellte. Luther hatte damit eine Lösung für seine persönliche Krise gefunden, die gleichzeitig einschneidende Umwälzungen für die gesamte christlich-westliche Welt bedeuteten.

Erik H. Erikson, Der junge Mann Luther. Eine psychoanalytische und historische Studie. Aus dem amerikanischen Englisch von Johanna Schiche. suhrkamp taschenbuch 4711. 450 Seiten

»Was vom Himmel fällt, das ist teuflisch; was auf Erden strauchelt, ist menschlich.«

Fasziniert waren die Zeitgenossen, die Luther im Kreis der Familie im Schwarzen Kloster um sich versammelte und bewirtete, von der Kraft seiner so unverblümten wie subtilen Rede. Schon bald begannen sie, die Worte des Reformators aufzuschreiben: Der eigene Lebensweg, Gotteserfahrung und Teufelsbegegnungen, die Konflikte mit Papst, Schwärmern und Bauern, Bibelauslegung, Ökonomisches, Lebenslehren bis hin zu den Letzten Dingen – das waren Luthers Themen. Dass man nach seinem Tod nur die Hülle finden werde, war Luthers eigene pessimistische Prognose, und doch führen die Tischreden bis heute ins Zentrum seiner Theologie und Persönlichkeit.

Martin Luther, Tischreden. Ausgewählt und erläutert von Christian Lehnert. Mit zehn Bildern von Michael Triegel. Insel-Bücherei 1421. Gebunden. 139 Seiten

Lebendige Sexualität
— Ein „Lebensreiseführer" —

Für Shiva

Veränderung ist das einzig Beständige

Besonderen Dank an A. C. Gallo für die Ermutigung, den Gedankenaustausch und einfach für seine Anwesenheit.
Dank auch an Marlene, Nahum und all die Mitwirkenden bei den Nachforschungen ...

Christopher Scott Kilham

Lebendige
Sexualität

Illustrationen von Peter Lisieski

Aus dem Amerikanischen von
Furuki Christian Stoyer

Bearbeitet von Gerhard Juckoff

INTEGRAL

LebensReiseFührer

sind Bücher des Integral Verlags und
Gemeinschaftsprojekte mit Partner-Verlagen

CIP-Titelaufnahme der Deutschen Bibliothek
Kilham, Christopher Scott:
Lebendige Sexualität : [Energie für die Liebe!; Mit
Illustrationen und praktischen Übungen] / Christopher Scott
Kilham. Ill. von Peter Lisieski. Aus d. Amerikan. von Furuki
Christian Stoyer. Bearb. von Gerhard Juckoff. - Dt. Erstausg. -
Wessobrunn: Integral, 1990
(Lebensreiseführer ; 11)
Einheitssacht.: Stalking the wild orgasm < dt.>
ISBN 3-89304-222-9
NE.: Juckoff, Gerhard [Bearb.]; GT

— 90 91 92 / 6. 5. 4. 3. 2. 1. —

Deutsche Erstausgabe
veröffentlicht 1990 im Integral Verlag
Walserstraße 6, D-8129 Wessobrunn
© 1990 Integral Verlag, Wessobrunn
Das Werk einschließlich aller seiner Teile
ist urheberrechtlich geschützt.
Alle deutschsprachigen Rechte vorbehalten.
Originaltitel:
Stalking the Wild Orgasm
erschienen bei ACS Publications,
San Diego, California, USA
© 1984 by Christopher Scott Kilham
Herausgeber für die deutsche Ausgabe:
Volker Zahedra Karrer
Zitate im Vorwort:
aus Khalil Gibran: Der Narr
© 1984 Walter Verlag, Olten
aus William Ashoka Ross: Sex — There's
more to it than you've been told
© 1987 by William Ashoka Ross
aus Michael Barnett: Ferien in Teufels Küche
© 1989 Integral Verlag und CEC
aus Maruschi Adamah Magyarosy: Vom Ozean
zum Gipfel
© 1990 Laredo Verlag, München

Realisierung: Das Integral Energiefeld
Lektorat: Dr. Birgit Petrick-Sedlmeier
Umschlaggestaltung: Zembsch' Werkstatt München
unter Verwendung des Original-Titelbildes
von Peter Lisieski und Laurie Ortiz
Litho: Lange-Repro, Kaufbeuren
Satz: Satzwerkstatt, München
Druck und Bindung: Westermann Druck, Braunschweig
Printed in Germany
ISBN 3-89304-**222**-9

Inhalt

Letzte Nacht fand ich eine neue Freude. Als ich sie
zum ersten Mal auskostete, kamen ein Engel
und ein Teufel zu meinem Haus gestürmt. Sie trafen
an meiner Tür zusammen und stritten um meine
neue Freude. Der eine rief: »Es ist eine Sünde!«,
der andere: »Es ist eine Tugend!«

Khalil Gibran — Der Narr

Vorwort

Sex kann ein köstlicher, sinnlicher und erfüllender Teil des Lebens sein, so wesentlich wie Essen und Trinken und noch viel genußvoller. Für das sexuelle Erleben ist es überaus wichtig zu wissen, daß man die eigene Verbindung zur Sexualität jederzeit spüren und wahrnehmen kann und daß man Sex so steigern, so erregend und befriedigend gestalten kann, wie man wünscht. Da gesunder Sex für ein ausgeglichenes Leben so wesentlich ist, lohnt es sich, ihn zu kultivieren. Nur wenn wir die verschiedenen Faktoren kennen, die zum sexuellen Wohlbefinden beitragen oder es beeinträchtigen, können wir unser Sexualleben selbstverantwortlich gestalten. Damit erhöhen wir unsere Sensibilität, entwickeln größeres Selbstvertrauen und steigern unsere Freude

> Wer denkt, Sex sei etwas Körperliches oder
> Physiologisches, liegt daneben. Sex ist weder fleischlich
> noch geistig oder spirituell; er ist eine Begegnung von
> beidem. Im Augenblick der höchsten Erfüllung wird der
> Liebespartner, die Liebespartnerin angebetet, wie es
> sonst Gott vorbehalten ist. Denn in diesem Augenblick
> ist sie oder er göttlich g e w o r d e n — ein Ausdruck
> von Gott.

William Ashoka Ross — Sex: There's More To It Than You've Been Told

Dieses Buch ist ein »Lebensreiseführer«, ein praktischer Führer also mit dem Ziel, Ihnen und Ihrem Liebespartner bzw. Ihrer Liebespartnerin zu zeigen, wie Sie Sex so gestalten, daß er befriedigender wird und auch so bleibt. Wenn Ihr Liebesleben Sie unbefriedigt läßt, können Sie es mit den hier gegebenen Informationen verbessern. Wenn es bereits gut ist, kann dieses Buch helfen, es noch besser zu machen.

Wir leben schließlich in einer sexuellen Welt: Die Luft ist erfüllt von herumwirbelnden Pollen wohlriechender Blüten in voller Pracht, und in den Meeren schwimmen Sperma und Eier von Milliarden von Kreaturen. Vögel in prunkvollem Federkleid bieten hochentwickelte Sexualriten dar, und Angehörige aller Arten wetteifern um den besten Gefährten. Die gesamte Natur vermischt und vereinigt sich auf dem Weg zur lebendigen Sexualität.

Wir Menschen sind ein Teil dieses Tanzes; wir sind von dem gleichen elementaren Trieb gesteuert, der uns die Erfahrung der Ekstase in der Vereinigung suchen läßt. Aber obwohl Sex eine natürliche Erfahrung ist, heißt es nicht, daß alles sexuelle Wissen ganz von selbst und ohne Bemühen kommt. Wir können viel tun, um Sex so bedeutungsvoll und erfreulich wie möglich zu gestalten.

Wirkliches sexuelles Wohlbefinden wird nur erreicht, wenn auch alle anderen Dinge im Leben in Harmonie sind. Zugleich durchdringt die Befriedigung eines wirklich erfüllenden Sexuallebens alle Aspekte unseres Seins, gibt uns mehr Energie und tiefere Gefühle. Guter Sex macht uns froh und glücklich, lebendig zu sein.

Wir alle nähern uns der Sexualität auf verschiedenen Wegen. An den äußersten Enden der Skala gibt es Menschen, für die der sexuelle Kontakt die Hauptbeschäftigung ist, Menschen, deren gesamtes Leben sich um sexuelle Betätigung dreht. Und es gibt andere, die jede sexuelle Intimität ablehnen und sich so von einem wesentlichen Teil des menschlichen Lebens ausschließen. Irgendwo dazwischen sind die meisten von uns angesiedelt, die wir versuchen, die Sexualität möglichst mit dem, was sie zu bieten hat zu begrüßen und zu genießen, ohne zur vergessen, daß sie in einem größeren Rahmen steht.

> *Was immer du in diesem Leben auch für deinen Geist*
> *tust, ist ein bleibender Gewinn, ein Schritt weiter*
> *zur Reife, zum Wissen, auf dem Rückweg zu Gott.*
> *Was auch immer du ansonsten für dich tust, es ist ja*
> *auch in Ordnung, denn wir sind hier und haben*
> *einige Dinge zu tun — unseren Körper zu erhalten,*
> *Beziehungen, die Schönheit der Welt, den Sex*
> *zu genießen. Aber das ist ein Spiel — es ist nur auf Zeit.*
> *Du bist also persönlich damit konfrontiert. Ja, genieß*
> *die Welt, genieß den Körper, genieß deine Beziehungen*
> *und Gefühle, ja! All das gehört zum Leben, aber der*
> *Sinn des Lebens ist es, den Geist zu verfeinern.*
> *Und nur was in dieser Dimension geschieht,*
> *überlebt, wenn der Körper stirbt.*
> *Wie gehst du damit um?*
>
> Michael Barnett — Ferien in Teufels Küche

Ob Sex nun ganz oben an in unserem Leben steht oder nicht, auf jeden Fall beeinflußt er alles, was wir tun. Auch wenn wir es versuchten, könnten wir diesen Teil nicht isolieren. Wir sind alle sexuelle Wesen, Produkte sexueller Aktivitäten und mit sexuellen Eigenschaften ausgestattet. Unsere Drüsen und Hormone dienen der Sexualität, jedoch nicht nur ihr. Sie beeinflussen ebenso unser Verhalten, unsere Gefühle, unsere Wünsche dem ganzen Leben gegenüber; wie alle anderen Bereiche unseres Lebens wiederum unsere Sexualität beeinflussen. Wir müssen diese Wechselwirkungen verstehen, wenn wir sie zu unseren Gunsten in unser sexuelles Erleben einbeziehen wollen.

Sexualität ist ein evolutionärer Prozeß. Über bewußt
gelebte Sexualität werden die Seelen von Mann und Frau
eins. Je höher ihr Bewußtsein, desto intensiver die
Verschmelzungsfähigkeit. Wir erleben im bewußt durch-
geführten Liebesakt unsere Spiritualität, verlieren das
Gefühl, daß wir zwei sind. Wir erleben nur noch
e i n e n Körper, e i n e Seele, e i n Herz.

Maruschi Adamah Magyarosy — Vom Ozean zum Gipfel

Die ganzheitliche Erfahrung einer wahrhaft dynamischen Sexualität, wie sie im folgenden beschrieben wird, umfaßt deshalb mehr als nur sexuelle Techniken von Vorspiel, Massage und Beischlaf. Richtige Ernährung, Körpertraining und Bewußtseinstechniken können unsere gesamte sexuelle Erlebnisfähigkeit gewaltig steigern. Es ist nicht schwierig, sich diese ganzheitliche Erfahrung, die zum Teil schon Jahrtausende alt ist und aus dem Orient, den Bergen des Himalaya und anderen fernen Teilen der Welt zu uns kommt, zu erschließen und sie praktisch anzuwenden. In der Tat ist dies höchst angenehm und anregend. Dabei wird auch Ihr Verständnis dafür wachsen, wer Sie als sexuelles Wesen sind, und zugleich wird sich die Intensität zwischen Ihnen und Ihrem Liebespartner bzw. Ihrer Liebespartnerin immer mehr vertiefen. Damit nähern wir uns unserem eigentlichen Lebensziel. Denn wir alle suchen die sich ständig vertiefende Ekstase des Einsseins der Liebe auf dem Weg zu den Gipfeln des Seins.

1
Sexualenergie:
die elementare Lebenskraft

Sexuelle Lebenskraft: Jeder möchte sie haben, und seit Tausenden von Jahren beschwören wir unzählige Methoden herauf, sie zu stimulieren, zu steigern und zu erhalten. Sie ist eine der meistgesuchten, unwiderstehlichen Kräfte im Leben.

Sexualenergie ist primäre Lebenskraft. Sie hat biologische, emotionale mentale und spirituelle Aspekte, und je mehr wir sie verstehen, desto mehr stellen wir fest, daß sie jeden Teil unseres Lebens beeinflußt. Sexualenergie führt uns zu Erfahrungen, die sich von einfachen physischen Bedürfnissen bis zu erregenden Zuständen der Ekstase erstrecken. Was wir erleben, ist weitgehend davon bestimmt, welche Beziehung wir zu dieser Kraft in uns haben.

Viele Menschen glauben, daß die Hauptaufgabe des Sex darin besteht, Nachwuchs zu produzieren und die Erhaltung der Art zu garantieren. Ja, Sex erfüllt die Funktion der Reproduktion, doch er bewirkt viel mehr. Das Gefühl von Intimität, das wir bei der Sexualität miteinander teilen, gehört einfach zu den reinsten, freudevollsten Gefühlen, die wir kennen. Diese Freude ist der Ausdruck von Liebe und Anteilnahme, sie führt zu einer inneren Befriedigung, deren Bedeutung für unser gesamtes Wohlbefinden das bloße Erzeugen von Nachwuchs weit übersteigt. Babys mögen bald in Reagenzgläsern und Laboratorien erzeugt werden, aber Liebe und Freude wird es dort nicht geben — die Erfahrung lebendiger Sexualität kann nicht ersetzt werden.

Zu allen Zeiten haben die Menschen mit der Sexualenergie gerungen, und sie haben in dem Versuch sie zu meistern, verschiedene Systeme entwickelt. Diese reichen von alten *Yoga*-Praktiken und den asiatischen *Kampfkünsten* zu modernen Psychotherapien. In all diesen Systemen ist die Sexualenergie von wesentlicher Bedeutung, sie ist eine grundlegend wirkende Kraft, die zu größerer Befriedigung und gründlicherer Selbsterkenntnis genutzt werden kann.

Alle großen Religionen haben gerade zur Sexualität einen deutlichen Standpunkt eingenommen. Er reicht vom Gutheißen großer sexueller Freiheit bis zu strenger sexueller Repression. Manche Religionen proklamieren Ehelosigkeit und Zurückhaltung und haben auf diese Weise natürliche Gefühle unterdrückt und stattdessen Gefühle von Angst, Schuld und Scham erzeugt. Ich halte es für grausam und skrupellos, Menschen das Gefühl zu geben, daß etwas falsch mit ihnen ist, weil sie im Kontakt mit ihrer eigenen Sexualität sind. Diesen ungeheuer wichtigen Teil des Lebens zu begrenzen, zurückzuhalten und zu behindern kann nur Unzufriedenheit, Mißverständnis und Elend erzeugen.

Es ist jedoch ebenso gefährlich, jeden zur »sexuellen Revolution« aufzufordern, eine soziale Norm von wahllosen sexuellen Begegnungen zu unterstützen. Das kann das Liebevolle und die Freude, den wertvollsten Aspekt der sexuellen Erfahrung, für viele zerstören.

Die chinesischen Taoisten und die indischen Hindus brachten die Bedeutung der Sexualenergie und ihre Funktion als Motor für Erfüllung und Freude ans Licht. Beide Richtungen haben der Sexualität einen speziellen Platz in ihrer Weltsicht eingeräumt. Anstatt sich in Angst vor der Kraft der Sexualität zurückzuziehen, haben sie sich erlaubt, sie zu entdecken. Somit entwickelten die Taoisten das *Tao* (den Weg, oder Pfad) der Liebe und des Sex, und die Hindus den *Tantra* (=Gewebe), ein System zur Vereinigung der göttlichen Energien. Diese zwei Traditionen entwickelten sich gleichartig, ihre Unterschiede sind nur oberflächlich, da jede von dem Beiwerk ihrer Kultur umgeben ist. Die ihnen zugrundeliegende Weisheit ist jedoch grundsätzlich gleich und bahnt den Weg zum Verständnis der Sexualenergie an, so wie er in unserem Buch beschrieben wird.

Die Sexualenergie hat viele Namen. Die Taoisten sahen sie als einen Aspekt des *Chi*, der universellen Lebenskraft, die die ganze Schöpfung durchströmt und uns an Leib und Seele gesund erhält. Die tantrischen Yogis beziehen Sexualenergie auf *Kundalini*, die starke Lebensenergie und evolutionäre Triebkraft in uns. Der Taoist identifiziert die Gegend unterhalb des Nabels als das »Meer des Chi«, ein kraftvoller Bereich, der das Zentrum der Sexualenergie ist. Die Tantriker bezeichnen den Bereich am unteren Ende der Wirbelsäule als Ruheplatz der Kundalini.

Interessanterweise fallen die Zentren von Chi und Kundalini zusammen mit dem Sitz der inneren Sexualorgane. Von hier kommen die Zutaten, die nötig sind, um neues Leben zu schaffen in der Form von Spermien und Eiern. Von derselben Stelle kommt auch die nicht faßbare Lebensenergie.

Sie drückt sich in jedem Aspekt unseres Seins aus, und ist doch ganz und gar sexuell. Wir haben viele Möglichkeiten, diese Lebenskraft freizusetzen. Dazu gehören *T'ai Chi, Yoga, Bauchtanz, Ritualtanz* und einige der sogenannten *Kampfkünste*, besonders *Aikido*. All diese Methoden haben gemeinsam, daß ihr Ergebnis eine fortschreitende Gesundung der gesamten Person ist, wenn die Lebenskraft auf die richtige Art aktiviert wird.

Wie die Sexualenergie funktioniert

Wir wollen zuerst einmal betrachten, wie für die Taoisten und die Tantriker die Sexualenergie funktioniert. Chi bzw. Kundalini kommt aus dem Becken und dem unteren Wirbelsäulenbereich und fließt von dort durch den Körper. Sie strömt durch das gesamte Nervensystem und durch ein Netzwerk feiner, subtiler Energiekanäle. Die Taoisten nennen diese Kanäle *Meridiane*, während die Tantriker sie *Nadis* oder Lebensenergiebahnen nennen. Solange diese Lebenskraft durch uns hindurch fließt, sind wir gesund und vital. Die gleiche Energie kann auch zu höheren Ebenen des Bewußtseins führen. Wenn das Chi oder die Kundalini in der Wirbelsäule aufsteigt, nährt es die höheren intuitiven Funktionen des Gehirns, was unsere Wahrnehmung außergewöhnlich steigert.

Es gibt in unserer Wirbelsäule eine kostbare »goldene« Flüssigkeit, in der Medizin als *Liquor cerebrospinalis* bekannt. Sie fließt vom Ende der Wirbelsäule zu den inneren Hohlräumen des Gehirns und befindet sich — wie das Blut — in ständiger Bewegung. Die Lebenskraft am unteren Ende der Wirbelsäule lädt und »potenziert« diese Flüssigkeit und vitalisiert sie fortwährend. Wenn sie in der Wirbelsäule aufwärts fließt, führt sie Energie vom Becken mit sich hinauf zum Gehirn. Die mit Energie gefüllte Flüssigkeit wird tief in die Hohlräume des Gehirns transportiert. Mit Methoden wie Yoga und den Kampfkünsten wird die Lebensenergie intensiviert und fließt noch kraftvoller durch die Wirbelsäule. Eine enorme Menge an Energie kann so zum Gehirn transportiert werden, und die subtilen intuitiven und psychischen Fähigkeiten können dadurch aktiviert werden.

Darüber hinaus finden durch das Aufsteigen der Sexualenergie in der Wirbelsäule noch eine ganze Reihe weiterer Prozesse statt. Von der Wirbelsäule zweigen Nerven ab, die zu allen Teilen des Körpers führen, von den Zehen bis zu den Augen zu jedem Organ und jeder Drüse. Der kraftvolle Lebensfluß strömt die Wirbelsäule hinauf und aktiviert auf seinem Weg alle diese Nerven, überall Gesundheit und Vitalität anregend. **Deshalb ist es so wichtig für uns, in Verbindung mit unserer eigenen Sexualenergie zu sein.** Jede Blockierung dieses Energieflusses kann einen Mangel oder eine Krankheit erzeugen. Erst wenn sexuelle Befriedigung erreicht wird, gibt es ein größeres Wohlbefinden, und meist verringert sich dabei das Gefühl von Streß und Anspannung. Sex ist also nicht nur ein Genuß, er aktiviert auch unsere Gesundheit!

Methoden wie Yoga und die Kampfkünste nutzen die Heilkraft der Sexualkraft, der Lebenskraft am unteren Ende der Wirbelsäule, und befähigen uns, starke, gesunde Körper sowie auch starke sexuelle Lust und eine enorme sexuelle Vitalität zu entwickeln. Die Taoisten und Tantriker lehren, daß wir die Energie, die am unteren Ende der Wirbelsäule ruht, durch sexuelle Praktiken meistern können, denn diese Energie ist von Natur aus sexuell. Darüber hinaus lehren sie, daß Sex nicht nur für die Gesundheit gut ist (wenn er richtig ausgeübt wird), sondern auch einer der vielen Wege zur Erleuchtung ist.

Das Konzept der Erleuchtung taucht in den östlichen Traditionen immer wieder auf. Erleuchtung wird angesehen als das Äußerste, der Gipfel, die Essenz dessen, was wir in unserem Leben erreichen können. Erleuchtung ist die Vollendung des Menschen, wenn er vollen Frieden erreicht und die Erfüllung des Selbst gefunden hat. Erleuchtet zu sein heißt, alle Angst, Neid, Habgier, Feindseligkeit, Krankheit und alles andere überwunden zu haben, was uns davon abhält, totales Glück und endlose Freude zu erleben. Die Taoisten und Tantriker sehen die Erleuchtung als konsequentes Ergebnis eines gut geführten Lebens an. Sie ist die Vollendung des Geistes und der Seele; sie ist der »Himmel« in diesem Leben, und der Erleuchtete braucht nicht auf ein Leben nach dem Tode zu warten, um glücklich zu sein. Durch den richtigen Gebrauch unserer ursprünglichen Lebensenergie verbessern wir unsere Möglichkeit und Fähigkeit, diese äußerste, totale Erfüllung zu erleben.

Das Tao des Sex und der tantrische Yoga sind im Hinblick auf die totale Erfüllung entwickelt worden. Beide Methoden betrachten Mann und Frau als deutlich verschieden, sowohl vom Körper wie auch vom Temperament her. Diese Unterschiede schaffen jedoch keine Gegensätze, sondern ergänzen sich. Jedes Geschlecht besitzt Qualitäten, die für das andere von Wert sind. Die Taoisten bezeichnen die weibliche Energie als *Yin*-Essenz und die männliche als *Yang*-Essenz. Obwohl Frauen überwiegend *Yin* und die

Männer überwiegend *Yang* sind, ist keiner von beiden dieses ausschließlich. Jeder hat etwas von der Essenz des anderen, so daß kein Individuum einzig Yin oder Yang ist, sondern eine einzigartige Mischung von beiden, mit einem dominanten Faktor.

Wenn Yin und Yang verbunden sind, gibt es Harmonie und Gleichgewicht. Das eine braucht das andere. Den Tantikern und Taoisten zufolge sind Gesundheit und langes Leben das notwendige Ergebnis ausgeglichener Harmonie von Yin und Yang. Wenn die weibliche Yin- und die männliche Yang-Energie, so sagen sie, sich über längere Zeit mischen, stärken sie sich gegenseitig, und das Chi fließt im Überfluß. Zu diesem Zweck haben die Taoisten und Tantriker Übungen entwickelt, die zur Verlängerung des Geschlechtsakts dienen und eine lustvolle Vereinigung für lang ausgedehnte Zeiträume ermöglichen. Das hat nichts mehr mit dem frustrierenden Instant-Sex zu tun, der heute so weit verbreitet ist. Statt dessen finden wir hier eine enorm befriedigende, spielerische und lustvolle Möglichkeit, sich zu lieben; eine Möglichkeit, die die Liebenden Vergnügen, Selbstbewußtsein und Ekstase erfahren läßt. Mit dieser Art der Liebe steigern die Liebenden den Höhepunkt, bis sie auf der »Woge der Wonne gleiten« können.

Seit Urzeiten waren die Menschen auf der Suche nach lebendiger Sexualität, wollten sie immer neue Höhen der Ekstase erreichen. Die Geheimnisse der sexuellen Befriedigung sind über viele Generationen weitergegeben worden und sind uns heute noch zugänglich. Auf den nächsten Seiten finden Sie die wertvollsten dieser Methoden, die Sie zu neuen Bereichen sexueller Wonne führen werden.

2
Eine Meditation zur Entfaltung der Sexualkraft

Ebenso wie Sie mit regelmäßigen Übungen und Training einen kräftigen Körper entwickeln können, können Sie auch Ihre sexuelle Kraft entwickeln. Während Sie beim Training des Körpers die Muskeln durch verschiedene physische Techniken kräftigen, wird die Entwicklung der sexuellen Kraft durch Übung von Konzentration, Sensibilität und die Kontrolle der unsichtbaren Körperenergien entwickelt. Die folgende Übung hat zum Ziel, ein Bewußtsein für die Sexualenergie zu schaffen. Sie hilft Ihnen, sie zu entfalten und sie durch Ihr gesamtes Wesen fließen zu lassen. Da die sexuelle Energie eine Urkraft in uns ist, kann jede Methode, die uns darauf einstimmt und uns hilft, sie zu lenken, uns ein Gefühl dafür geben, wer wir in unserem innersten Wesen sind.

»Energie folgt dem Denken«, heißt eine okkulte Maxime. Wohin auch immer Sie Ihre Aufmerksamkeit lenken, dahin geht auch die Energie. Das ist unter strengen Laborbedingungen mit Erfolg nachgewiesen worden. Dabei haben verschiedene Heiler, Seher und Experten der Kontrolle des Bewußtseins entdeckt, daß man den Herzschlag, den Blutdruck, die Gehirnwellen, die Körpertemperatur und andere unbewußte Funktionen durch geistige Konzentration ändern kann. Von daher ist es auch sinnvoll, spezifische Meditationsübungen zur Entwicklung der Sexualenergie zu machen, um diese stärker durch uns fließen zu lassen.

Es gibt viele verschiedene Vorstellungen von Meditation, aber man kann sie alle auf einen einfachen Nenner bringen: Meditation dient zur Selbstkontrolle des Bewußtseins. Jede Technik, die den Geist sammelt und das Selbst entwickelt, ist eine Meditationstechnik. Sie müssen nicht Vegetarier oder ein gelenkiger Yogi sein, um zu meditieren, und Sie müssen auch keinen Guru haben oder religiös veranlagt sein. Das einzige, was Sie zum Meditieren brauchen, ist der Wille, Ihren Geist zu lenken, und das Verlangen, sich selbst besser kennenzulernen. Durch Meditation kommen Sie stärker in Berührung mit sich selbst, da Sie die Weite und Tiefe Ihres Geistes ausloten. In dem Maße, in dem Sie lernen, Ihre Geisteskraft zu sammeln, lernen Sie auch, in Ihrem Leben Dinge zu bewirken. Man könnte sagen, daß

Meditation Ihnen Überlegenheit durch Kontrolle gibt. Wenn Sie in der Mediation fortschreiten, erweitern Sie Ihren Horizont, und Sie werden in Ihrem Handeln effektiver.

Die Sexualenergie-Meditation kann allein ausgeübt werden, ist aber viel lohnender mit Ihrem Liebespartner bzw. Ihrer Liebespartnerin. Ihre Sexualenergie wird sich vermischen und vereinen, und Sie werden ein gesteigertes Gefühl von Nähe und Vertrauen haben. Erfahrungen auf dieser elementaren Ebene miteinander zu teilen stärkt die Basis Ihrer Beziehung. Wenn Sie sich regelmäßig Zeit dafür nehmen, werden Sie erleben, daß sich die Vitalität in Ihnen und zwischen Ihnen steigern wird.

Einige Punkte sollten bei der Meditation beachtet werden: Üben Sie möglichst zu einer Zeit, wenn Sie eher wach als müde sind und niemals mit vollem Magen. Es ist schwierig, nach dem Essen zu meditieren, da für die Verdauung eine starke Blutzufuhr zum Magen benötigt wird, was die geistige Konzentration stören kann.

Im wachen Zustand fällt es Ihnen leichter, das Denken zu konzentrieren, als bei Erschöpfung. Wenn es Ihnen leichtfällt, aufrecht mit gekreuzten Beinen auf dem Boden zu sitzen, tun Sie es. Anderenfalls sitzen Sie aufrecht auf einem Stuhl. Eine entspannte aufgerichtete Wirbelsäule unterstützt den Energiefluß durch die Spinalnerven. Sorgen Sie dafür, daß Sie ungestört üben können. Jeder Mensch braucht Zeiten, in denen er nicht gestört wird, und das gilt besonders für die Meditation. Wenn Sie sich also entsprechend vorbereitet haben, können Sie beginnen.

Sitzen Sie bequem mit den Händen auf den Knien, schließen Sie die Augen, und nehmen Sie sich etwas Zeit zum Entspannen. Machen Sie einen oder zwei lange, volle, tiefe Atemzüge durch die Nase. Das wird Ihnen helfen, sich zu entspannen und den Kopf zu klären. Danach konzentrieren Sie sich auf das Becken und die Sexualorgane. Machen Sie sich diese Körperteile so bewußt wie möglich, und richten Sie Ihre gesamte Aufmerksamkeit auf das Gefühl in diesem Bereich. Ihr Atem sollte ein wenig tiefer als normal sein; das wird Ihnen bei der Konzentration helfen. Spüren Sie beim Atmen, daß Sie die Energie des Atems in Ihr Becken schicken, und fühlen Sie, daß sich dieser Bereich ausdehnt und mehr Energie bekommt. Es wird ein paar Minuten dauern, aber Sie haben ja keine Eile. Lassen Sie das Gefühl für die Energie langsam, aber stetig anwachsen, und achten Sie darauf, daß Ihre Aufmerksamkeit nicht abschweift. Wenn Sie den Kopf voller Gedanken haben, konzentrieren Sie sich mehr auf den Atem, und atmen Sie etwas

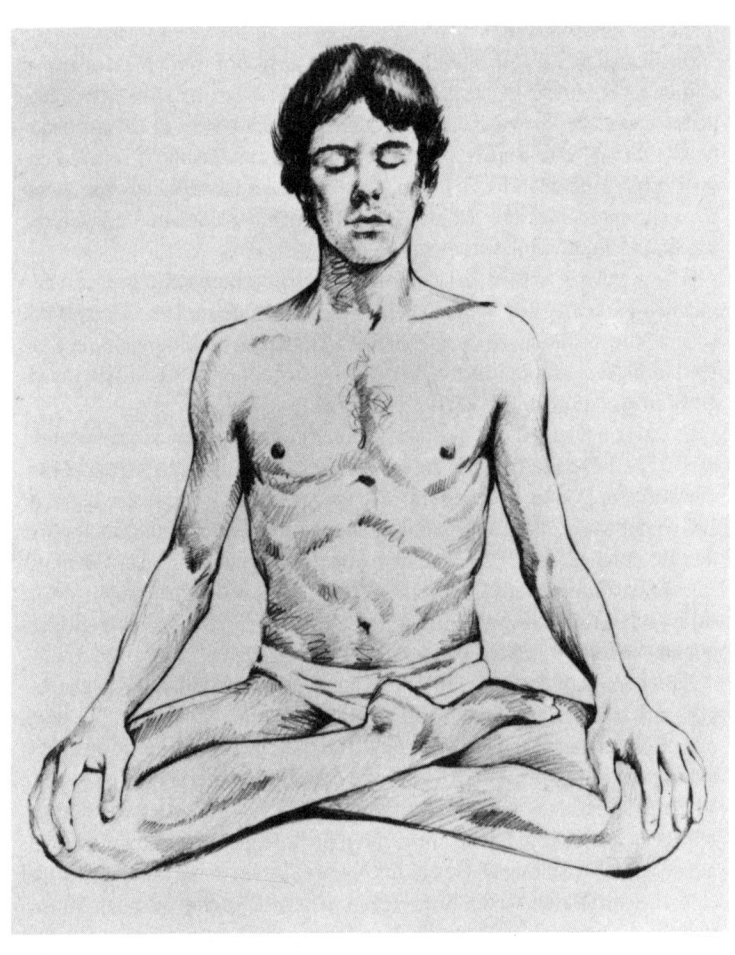

tiefer. Das wird Ihnen helfen, konzentriert zu bleiben. Nach einiger Zeit werden Sie spüren, daß Ihr gesamtes Becken voller Energie ist und daß dort eine starke Kraft aufgebaut wird. Gehen Sie dann weiter zum zweiten Teil der Übung.

Die Sexualenergie im Becken ist nun geweckt. Atmen Sie weiterhin tiefer als gewöhnlich. Spüren Sie dabei, wie die Energie allmählich vom Becken aufzusteigen beginnt und sich über die Wirbelsäule und den Rumpf im gesamten Körper ausbreitet. Nehmen Sie sich dafür einige Minuten Zeit, und konzentrieren Sie sich auf die langsame stetige Aufwärtsbewegung der Sexualenergie. Lassen Sie die gleiche Energie auch durch die Beine fließen, bis sie ganz mit Energie gefüllt sind. Gehen Sie mit Ihrer Aufmerksamkeit in jeden Teil des Körpers, und fühlen Sie, wie die Sexualenergie dorthin fließt, sich ausdehnt und Ihnen Energie gibt.

Nach einigen Minuten werden Sie spüren, daß die aus dem Becken kommende Sexualenergie Sie ganz durchflutet und daß jede Zelle Ihres Körpers in der Urlebenskraft badet. Halten Sie dieses Gefühl einige Minuten fest, und fühlen Sie sich dabei offen und weit. Machen Sie dann zwei tiefe, lange Atemzüge, lassen Sie dabei los und hören Sie auf sich zu konzentrieren. Bleiben Sie noch etwa eine Minute ruhig und entspannt sitzen und kommen Sie zurück zur normalen Wahrnehmung.

Möglicherweise wird Ihnen die zur Übung erforderliche Konzentration und Sensibilität nicht sofort gelingen. Mit einiger Übung werden diese sich aber ganz natürlich entwickeln. Diese Meditation kann 15 Minuten dauern oder auch länger, wenn Ihnen danach zu Mute ist. Seien Sie entspannt dabei in der Gewißheit, daß die Übung mit jedem Tag besser gelingt. Nach einer Weile werden Sie sicher mehr Energie spüren, Sie werden sich leichter fühlen und voller Lebenskraft. Bei regelmäßiger täglicher Übung kann Ihre Sexualenergie sehr kraftvoll werden. Zugleich wächst Ihre Fähigkeit, diese Energie für sich und andere nutzbar zu machen.

Sexuelle Anziehungskraft hat wirklich nicht nur mit einem wohlgeformten Körper und einem hübschen Gesicht zu tun. Einige Menschen vermögen durch ihre bloße Anwesenheit schon eine starke sexuelle Ausstrahlung zu erzeugen. Viel davon beruht auf einer freifließenden Sexualenergie. Wenn Sie die Sexualenergie-Meditation üben, können Menschen in Ihrer Nähe die freigesetzte Energie spüren. Ihre gut ausgeprägte sexuelle Natur wird auf eine andere Art als durch äußerliche Erscheinung, Gesten und Worte wirksam. So können Sie einen sehr starken Sex-appeal entwickeln, was sich positiv auf Ihre Intimbeziehung auswirkt. Ihre Ausstrahlung sexueller Vitalität wird jene anziehen, mit denen Sie tiefer in die sexuellen Freuden eindringen können.

3
Energie-Polarisation

Das menschliche Energiesystem ist ein komplexes Geflecht von Energie-zentren und -bahnen zur Kanalisierung der ungeheuren Vorräte an Lebens-energie. Unser Energiesystem gleicht in vieler Beziehung einem kompli-zierten elektrischen System, nur daß das menschliche System unvergleich-lich viel komplexer und feiner ist, als alle erdenklichen elektrischen und elektronischen Vorrichtungen es je sein werden. Genau wie es Tag und Nacht gibt, männlich und weiblich, heiß und kalt, Nord und Süd und tau-send andere Polaritäten, so gibt es auch polare Energien in uns, die wie Elektrizität positiv oder negativ sind.

Diese Polaritäten sind ein weiterer Ausdruck von Yin und Yang, die unter diesem Aspekt als negativ und positiv erscheinen. Diese polaren Energiela-dungen wirken in uns aufeinander ein und erzeugen den ununterbroche-nen Fluß von Lebensenergie, der uns trägt und erhält.

Wir wissen, daß Gedankenkraft den Körper beeinflussen kann und daß auch das Licht einen starken Einfluß auf uns hat. Neben dem Licht hat aber auch die Farbe eine starke mentale und physikalische Wirkung auf uns. Psy-chologen und Psychiatern ist bekannt, daß unterschiedliche Farben unter-schiedliche mentale Zustände erzeugen und daß sich spezielle farbliche Umgebungen therapeutisch auswirken. Darüber hinaus haben Forschun-gen ergeben, daß auch magnetische Polaritäten einen Einfluß haben. In der folgenden Übung geht es um eben diese drei Faktoren: Gedankenkraft, Farbe und magnetische Polarität.

Diese Energiepolarisationsübung wird Sie mit Strömen dynamisch gela-dener polarisierter Lebensenergie füllen. Diese Ströme werden so aufeinan-der einwirken, daß ein fortdauernder Fluß von kräftigender Vitalität er-zeugt wird, einhergehend mit einem Gefühl von Ruhe und innerem Gleich-gewicht. Ebenso wie die Sexualenergie-Meditation erfordert diese Übung Konzentration und Geduld für die Entwicklung feinerer mentaler Fähigkei-ten. Und wie die Sexualenergie-Meditation kann sie von großem Nutzen sein. Nach einigen Wochen Übung sollten Sie in der Lage sein, den polaren Fluß der Lebensenergie in sich wahrzunehmen und zu lenken. Wozu das gut ist? Es hilft Ihnen ganz einfach, sich selbst besser kennenzulernen und mit sich selbst besser umzugehen.

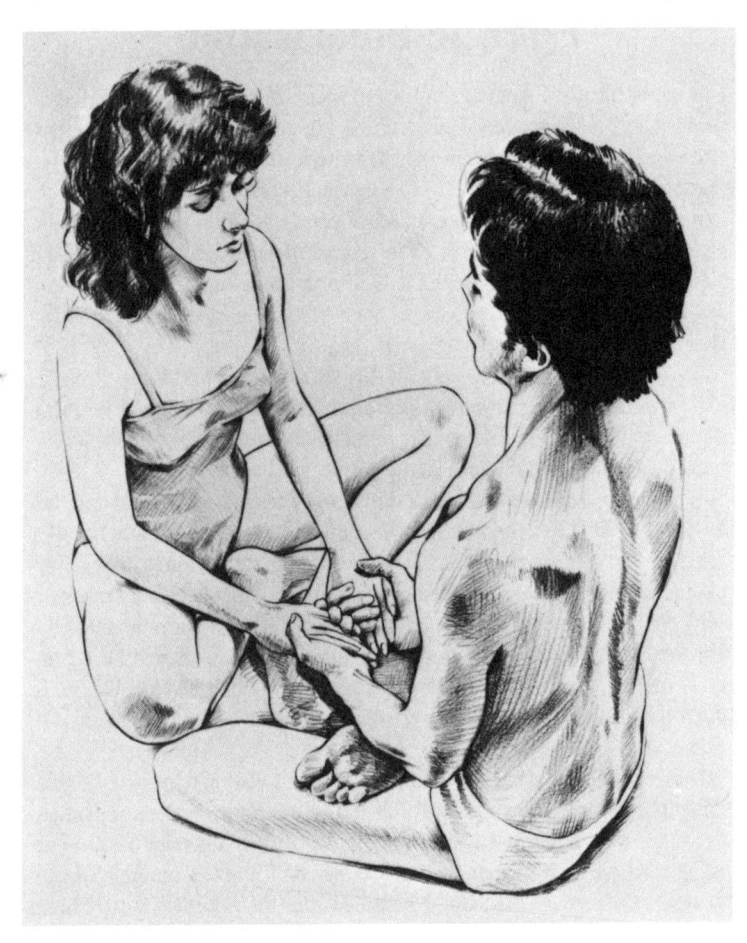

Lebendige Sexualität

Vom Standpunkt der Sexualität aus ist die Energiepolarisation von ganz besonderer Bedeutung. Wenn männlich und weiblich — polare Gegensätze — sich vereinen, kommt es zu einem dynamischen Austausch von Energie. Das Aufeinandertreffen von Yin und Yang, das Sichanziehen beider Ladungen, bewirkt, daß der Kreis der nährenden vitalen Lebensenergie sich schließt. Dann fließt die Energie von einem Liebespartner durch den anderen, und die energetische Ladung, die sie erreichen, steigert sich zu einer Intensität, einem ekstatischen Höhepunkt. Hindus und Taoisten haben das verstanden und geben Hinweise in ihren Texten, wie der geballte Energiestrom, der während des Liebesaktes entsteht, verstärkt und gelenkt werden kann. Energie kann nämlich den Liebespartnern dazu dienen, sich gegenseitig zu stärken und zu verjüngen, während sie sich gleichzeitig in höchste Ekstase steigern. Einige solcher Techniken werden später im Kapitel »Auf der Woge der Wonne gleiten« beschrieben. Hier mag es genügen zu erwähnen, daß es vorteilhaft ist, zu lernen, die eigenen polarisierten Lebensströme zu entwickeln und zu lenken, wenn Sie die Höhen und Tiefen der Sexualenergie entdecken wollen. Wenn Sie auf der »Woge der Wonne« gleiten wollen, ist die Eneriepolarisierungstechnik von unschätzbarem Wert, um sich auf dieses Ereignis vorzubereiten. Das soll nicht heißen, daß es keine sexuelle Dynamik ohne diese Technik gäbe. Auf jeden Fall steigert sie Ihr sexuelles Erleben und läßt Sie ein tieferes Gefühl für die am Liebesakt beteiligten Energien entwickeln.

Die Übung sollte am besten mit leerem Magen ausgeführt werden, möglichst vor dem Schlafengehen, da sie den Schlaf tief und erfrischend macht. Legen Sie sich dabei mit den Füßen nach Süden und dem Kopf nach Norden gerichtet. Damit bringen Sie sich in eine Linie mit den polaren magnetischen Kräften der Erde. Ihr Kopf ist der positive Pol, die Füße sind der negative Pol des Körpers, die beiden Pole entsprechen also dem Nord- und dem Südpol. Liegen Sie auf dem Rücken, mit geschlossenen Beinen (nicht übereinander) und den Armen neben dem Körper. Nehmen Sie sich einen Augenblick Zeit, sich zu entspannen, und atmen Sie ein paarmal tief ein, lassen Sie beim Ausatmen alle Muskelspannung los.

Die Methode beruht auf Visualisierung, d.h. einer inneren, bildhaften Vorstellung, verbunden mit Atmung und geht folgendermaßen: Atmen Sie tief und langsam ein, und stellen Sie sich dabei leuchtend goldgelbes Licht vor, das oben durch den Kopf strömt, und durch den Körper und über die Fußsohlen wieder ausströmt. Bei der Ausatmung visualisieren Sie kühles blaues Licht, das von den Fußsohlen aufwärts fließt und durch die Schädeldecke hinausströmt. Die ganze Methode besteht also darin, goldgelbes Licht von Kopf zu den Füßen einzuatmen und kühles blaues Licht von den Zehen zum Kopf auszuatmen.

Zuerst mag das Visualisieren schwierig sein, aber bleiben Sie dabei. Sie mögen die beschriebenen Farben vielleicht nicht wirklich vor sich sehen, eher so, wie Sie etwas in Ihrer Erinnerung sehen. Das Wichtigste ist, den Geist gesammelt zu halten und nicht in das Durcheinander der Gedanken abzutauchen. Um die Konzentration zu behalten, ist der lange tiefe Atem hilfreich, da er den Kopf klarer macht. Damit diese Energiepolarisationstechnik ihre volle Wirkung entfaltet, sollte sie mindestens 15 Minuten geübt werden. Natürlich werden Sie um so schneller vorankommen, je beständiger Sie üben.

Nach kurzer Zeit können Sie starke Ströme durch sich hindurchfließen spüren, während vor Ihrem geistigen Auge deutlich die Farben erscheinen, mit denen Sie arbeiten. Das ist eine erregende Erfahrung, und sie gibt Ihnen eine Ahnung von den Energien, die in Ihnen wirken.

4
Magnetisieren Sie sich gegenseitig

Wenn entgegengesetzte Magnetpole, Norden und Süden, einander nahekommen, wird die Anziehungskraft sehr stark, und die beiden Pole gehen eine Verbindung ein. Die gleiche Anziehungskraft besteht auch zwischen Menschen, sobald die Chi- oder Kundalini-Energie sich in einem weiblichen Yin- und einem männlichen Yang-Aspekt polarisiert. Wenn Yin und Yang einander nah sind, entsteht eine Anziehung, und die beiden Pole versuchen sich miteinander zu verbinden und eins zu werden.

Wir sind alle von einem im ständigen Wandel befindlichen elektromagnetischen Energiefeld umgeben, das sich in Beziehung zur inneren Stimmung entwickelt. Eine schwächliche, kraftlose Person wird ein dünnes, schwaches elektromagnetisches Feld haben. Eine starke, dynamische Person wird hingegen ein weites, leuchtendes Feld haben, das sehr kraftvoll strahlen kann. Dieses Feld, dessen Ausstrahlung für die meisten von uns jenseits des sichtbaren Lichtspektrums liegt, kann von manchen Menschen auf natürliche Weise beobachtet werden. Für alle anderen kann es mit der Kirlianfotografie sichtbar gemacht werden, einer Technik, die das menschliche Energiefeld auf Film festhält.

Das Feld um uns ist ein Ausdruck dessen, wer und was wir im Inneren sind. Es wird gewöhnlich als Aura bezeichnet. Es hat auch die Funktion eines Filters, der Schwingungen ausfiltert, die nicht mit unserer inneren Natur harmonieren, während er diejenigen durchläßt, zu denen wir eine natürliche Resonanz haben. Wenn wir mit jemandem zusammen sind, den wir mögen oder lieben, ist die magnetische Anziehung stark, und unsere Energiefelder durchdringen und beeinflussen sich gegenseitig.

Die Anziehung zwischen uns und der Energieaustausch zwischen den sich beeinflussenden Feldern können so gesteigert werden, daß ein intensives Potential an Energie entsteht, das sich beim Liebesakt entlädt.

Jemanden zu magnetisieren ist nichts Neues. Seit Tausenden von Jahren haben Menschen verschiedene Techniken benutzt, um die magnetischen Felder von anderen zu verstärken. Derartige Techniken, zu denen vor allem das »Handauflegen« gehört, wurden benutzt, um die sexuelle Feinfühligkeit zu erhöhen und die Anziehungskraft zwischen den Liebespartnern zu steigern.

Moderne Versionen des Handauflegens, wobei die Hände benutzt werden, um Heilenergie gezielt einzusetzen, sind die »therapeutische Berührung« *(Therapeutic Touch), Reiki* u.a. Diese Heilmethoden werden heute von vielen Fachleuten aus den Heilberufen als wirksame Therapie angewandt, und es gibt spezielle Ausbildungen dafür.

Die Methode der Magnetisierung, die wir hier benutzen, ist der ägyptischen Sexualmagie entnommen, eine Technik, die die starke Kraft der Sexualität nutzt, um das Bewußtsein zu erweitern und den Körper zu verjüngen. Mit Hilfe dieser Methode können Sie lernen, die Energie von Ihren Handflächen zu den Wirbelsäulennerven Ihres Liebespartners bzw. Ihrer Liebespartnerin zu lenken. Dazu gibt es eine vorbereitende Übung, die uns dabei helfen soll, das Feingefühl für den Prozeß der Magnetisierung zu entwickeln: Reiben Sie mindestens eine halbe Minute lang die Handflächen kräftig aneinander, und halten Sie die Handflächen dann im Abstand von etwa 10 cm zueinander. Anfangs werden Sie wohl nur Wärme oder Kribbeln von der Hitze und Reibung verspüren. Nach einigen Minuten werden Sie jedoch allmählich eine ungewöhnliche Empfindung zwischen den Händen wahrnehmen, es mag sich sogar anfühlen, als sei etwas wie eine halbfeste Masse dort. Was Sie spüren, ist Lebensenergie, die ungehindert von einer Hand zur anderen strömt. Spielen sie ein wenig mit der Energie, indem Sie die Hände leicht aufeinander zu und voneinander weg bewegen.

Mit etwas Übung werden Sie herausfinden, daß Sie diese Energie jederzeit sehr leicht erzeugen können. Das Befriedigende an dieser vorbereitenden Übung ist, daß Sie die Energie deutlich spüren können. Es gibt da keine Spekulationen, die Erfahrung ist greifbar.

Wenn Sie sich erst einmal an das Gefühl des Energiestroms, der aus Ihren Händen fließt gewöhnt haben, sind Sie bereit Ihren Liebespartner bzw. ihre Liebespartnerin zu magnetisieren. Natürlich können Sie dies in vielen verschiedenen Positionen, sitzend oder liegend tun, aber hier wollen wir uns an die ägyptische Methode halten. Die zu magnetisierende Person kniet, auf die Hände gestützt, mit gehobenem Kopf und einer leicht durchhängenden Wirbelsäule. Nachdem Sie die Hände gegeneinander gerieben und so »aufgeladen« haben, halten Sie sie etwa 10 bis 15cm über der Wirbelsäule Ihres Partners bzw. Ihrer Partnerin. Sie können entweder eine oder beide Hände dafür benutzen. Bewegen Sie die Hände sehr langsam die Wirbelsäule entlang vom Kopf bis zum Steißbein. Dann bringen Sie die Hände zurück zum Kopf und bewegen sie langsam wieder bis zum Steißbein.

Lebendige Sexualität

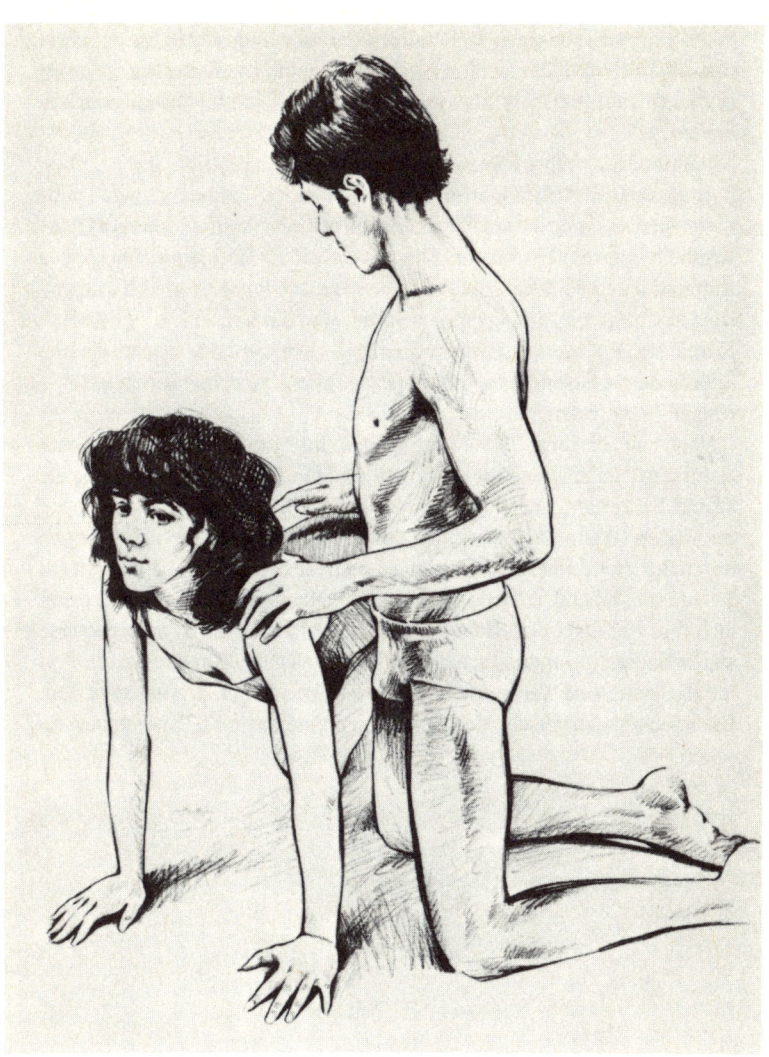

Wiederholen Sie das mehrfach und sehr langsam und achten Sie dabei auf den Energiestrom, der aus Ihren Händen kommt. Die Energie mag zuerst nur leicht zu spüren sein, aber schließlich wird sie kräftig und gleichmäßig fließen.

Während Sie so Ihre Hände langsam und gleichmäßig über Ihren Liebespartner bzw. Ihre Liebespartnerin hinweg bewegen, können einige Dinge geschehen. Sie mögen verschiedene Empfindungen spüren, wie etwa Hitze, Kribbeln oder ein Gefühl von Energie, die durch Sie hindurchfließt. Die Empfindungen sind für gewöhnlich sehr angenehm, fühlen sich energiesteigernd und zugleich entspannend an, was die Sensibilität am ganzen Körper steigert. Wenn man diese Übung vor dem Liebesakt macht, wird die Sexualenergie besonders spürbar und kann tief bewegende sexuelle Erfahrungen hervorrufen.

Nachdem Sie Ihren Liebespartner bzw. Ihre Liebespartnerin magnetisiert haben, entspannen Sie sich für einige Minuten, dann tauschen Sie die Plätze. So werden Sie beide offen sein für die neuen Erfahrungen, die auf Sie warten. Wenn Sie erst einmal darauf eingestimmt sind, die Energien durch Ihre Hände fließen zu lassen, können Sie den Energiestrom in vielen Situationen erzeugen. Beim Händehalten, Massieren oder indem Sie einfach Ihre Hand auf dem Bein des anderen ruhen lassen, können Sie eine starke Energieverbindung schaffen. Das erzeugt ein besonderes Gefühl von intimer Nähe und Vertrautheit. Auf diese Art können Sie jederzeit Ihre Energien auf den verschiedensten Ebenen miteinander teilen und austauschen.

5
Sexualität und Fitness —
das Körpertraining

Regelmäßiges tägliches Körpertraining leistet einen wichtigen Beitrag zu unserem Sexualleben. Obwohl auch die Ernährung wichtig ist, bleiben Sie vor allem durch Übung in Form. Selbst wenn Sie sehr gesund essen, kann Ihr Körper ohne ausreichende Übung nicht über einen längeren Zeitraum vital bleiben. Deshalb ist es wichtig, sich ein Fitneßprogramm zusammenzustellen. Sie mögen laufen, schwimmen oder Tennis spielen, wichtig ist, daß Sie Ihren Körper nicht vernachlässigen, sondern ihm Fürsorge zukommen lassen.

Körperliches Training steigert Ihre Gesundheit in vieler Hinsicht. Es macht Ihren Körper stärker, gesünder und widerstandsfähiger gegen Krankheiten. Es steigert Ihre Energie und befähigt Sie, mit weniger Anstrengungen mehr zu leisten. Es löst Spannungen und Streß und verzögert damit den Alterungsprozeß. Es steigert die Feinfühligkeit, denn bei regelmäßiger Übung lernen Sie, besser auf Ihren Körper zu hören. Es gibt Ihnen eine bessere Selbstkontrolle, und mit fortschreitender Entwicklung werden Sie lernen, sich mit mehr Präzision und Effektivität zu bewegen. Körpertraining behebt viele Gesundheitsprobleme, wie zum Beispiel Fettleibigkeit, Müdigkeit, Kreislaufbeschwerden und Drüsenfunktionsstörungen. Wer kann sich also leisten, ohne Körpertraining auszukommen?

Außerdem ist Körpertraining eines der wirksamsten aphrodisischen Mittel. Wenn wir körperlich fit sind, sind wir attraktiver, haben einen besseren Körpertonus und größere Muskelkontrolle. Gelenkig und geschmeidig zu sein macht wirklich Spaß! Regelmäßiges Körpertraining verbessert die Zirkulation zu den Sexualorganen und allen Drüsen und befähigt Sie so, Ihre sexuelle Gesundheit länger zu erhalten. Körpertraining hilft Ihnen auch, sich beim Liebesakt besser zu bewegen. Da sie feinfühliger werden und mehr Körperkontrolle bekommen, können Sie als Liebespartner besser reagieren — ein deutlicher Vorteil.

Es gibt bestimmte Übungsprogramme, die darauf zugeschnitten sind, den sexuellen Energiefluß zu steigern. Die folgende Zusammenstellung wirkt auf das Drüsen- und Nervensystem, die Muskeln und den Kreislauf.

Es dient dazu die Drüsen zu verjüngen, die Nerven zu stärken, die Muskeln zu dehnen und ihnen einen besseren Tonus zu geben sowie die Zirkulation der Sexualorgane zu intensivieren. Falls Sie einige oder alle Übungen täglich machen, wird sich das für Sie sehr lohnen. Sie werden sich voller Energie fühlen, und Sex wird Ihnen mehr Spaß machen. Ihre sexuelle Sensibilität und Potenz wird sich enorm steigern. Das alles führt dazu, daß sie mehr Freude geben und empfangen können.

Die Übungen sind sehr wirksam. Sie können bedeutende Veränderungen im Körpergefühl, im Aussehen und in der Beweglichkeit hervorrufen. Auch wenn sie Ihnen am Anfang vieleicht sonderbar vorkommen, machen Sie weiter. Nach kurzer Zeit werden Sie ein stärkeres Fließen der Sexualenergie spüren. Diese Übungen werden Ihre sexuellen Bedürfnisse anregen; Sie werden sie zusehends besser befriedigen können. Wie bei so vielen Dingen macht die Übung den Meister. Je mehr und je regelmäßiger Sie üben, desto mehr werden sie davon profitieren.

Da es Ihr Ziel ist, mehr Erfüllung in der Sexualität zu erlangen, werden Sie diese Erfahrung mit Ihrem Liebespartner teilen wollen. Wenn Sie gemeinsam üben, wird sich Ihre natürliche Verbindung stärken und Ihre Vertrautheit miteinander zunehmen. In gewisser Weise ist die gemeinsame Übung eine Erweiterung des Liebesaktes, sie ist Teil des liebevollen, freudigen und fürsorglichen Beisammenseins und schafft ein Gefühl der Zusammengehörigkeit. Der sexuelle Hintergrund erfüllt das Üben mit einem köstlichen Gefühl der Sinnlichkeit.

Viele der hier angebotenen Übungen sind Bestandteil uralter Yogatraditionen. In der Theorie und Praxis des Yoga wird großer Wert auf die Entwicklung der Selbstbeherrschung und die Meisterung der Lebenskraft gelegt, vor allem auch im sexuellen Bereich. Die Yogatraditionen sind besonders reich an Techniken zur Entwicklung sexueller Energie und zur Beherrschung der sexuellen Funktionen. Zum Beispiel können manche Yogis den Samen nach dem Geschlechtsakt durch den Penis wieder zurücksaugen. Solche Techniken beruhen auf der Annahme, daß der Samen besonders starke Lebensenergie enthält und von daher möglichst behalten werden soll. Yoginis (weibliche Yogis) lernen ihre eigenen Sekrete und die des Mannes, mit dem sie Sex hatten, zu absorbieren. Das beruht ebenfalls auf der Annahme, daß die sexuellen Säfte reich an Lebensenergie sind und deshalb nicht vergeudet werden sollten.

Die genannten Techniken mögen für uns unerreichbar sein; aber sie lehren uns, welche Fähigkeiten der Selbstbeherrschung in uns schlummern. Wenn wir auch nur einen kleinen Teil davon wecken, wird uns das in unserem Leben von großem Nutzen sein. Auf sexuellem Gebiet bedeutet das, daß wir mehr Freude und neue Höhen sexueller Befriedigung erreichen können.

Wann sollten die Übungen stattfinden

Früh am Morgen, gleich nach dem Aufstehen, ist eine gute Zeit zum Üben. Die Übungen geben dann den Ton für den gesamten Tag an. Durch Dehnung und Kräftigung des Körpers erzeugen Sie ein ständiges Fließen der Sexualenergie; ein sexuelles Wohlgefühl wird Sie den Tag über bis zum Abend begleiten. Wann auch immer Sie üben, es ist wichtig, dies mit leerem Magen zu tun. Wenn Sie mit vollem Magen üben, kann Ihnen übel werden.

Beim Üben tragen Sie leichte Kleidung, die Sie nicht behindert, oder üben Sie unbekleidet. Üben Sie auf einer Matte, Wolldecke oder etwas Ähnlichem. Harte Böden oder Oberflächen sind zu unbequem.

Richtiges Atmen

Bei vielen der angegebenen Techniken kommt es darauf an, im Rhythmus mit der jeweiligen Übung zu atmen. Viele Menschen wissen nicht, wie sie richtig atmen müssen, um einen möglichst großen Nutzen aus der Atmung zu ziehen und ihre Gesundheit zu steigern. Das mag seltsam klingen, aber es stimmt. Viele Menschen atmen falsch. Es wird Ihnen nützen, Ihre Atemtechnik zu korrigieren und voll die Vitalität jeden Atemzuges zu genießen.

Beim Yoga und in den Kampfkunsttraditionen gibt es Hunderte verschiedene Atemtechniken. Für unseren Zweck in diesem Buch arbeiten wir nur mit zwei Grundarten der Atmung. Die eine ist der normale Atem und die andere der lange, tiefe Atem. Beide Atmungsarten werden im folgenden beschrieben.

Der normale Atem

Sitzen Sie bequem, entweder im Schneidersitz auf dem Boden oder auf einem Stuhl. Halten Sie die Wirbelsäule gerade, so daß Sie aufrecht dasitzen. Die Schultern und die Brust sind entspannt. Nun legen sie eine Hand auf den Bauch. Atmen Sie leicht durch die Nase ein, und lassen Sie den Bauch dabei leicht hervortreten, ohne die Brust mit Luft zu füllen. Es ist ein Gefühl, als wollten Sie einen Luftballon aufblasen. Achten Sie darauf, wie der Bauch sich beim Einatmen ausdehnt und beim Ausatmen zusammenzieht. Dies ist sehr wichtig, wiederholen Sie es also einige Male. Das Atmen wie auch die Techniken, die Sie lernen werden, sind wesentlich im Leben, versuchen Sie daher, genau den Anweisungen zu folgen. Etwa zwei Minuten lang üben Sie so, leicht und sanft zu atmen. Sie lassen einfach den Bauch sich beim Einatmen ausdehnen und beim Ausatmen zusammenziehen. So sollten wir die ganze Zeit atmen. Beachten Sie bitte, daß es wichtig ist, durch die Nase einzuatmen, während die Ausatmung entweder durch den Mund oder die Nase geschehen kann. Die Einatmung sollte immer nasal sein, da sonst die Gefahr der Hyperventilation und starker Nervosität besteht.

Der lange tiefe Atem

Dieser ähnelt dem normalen Atem, nur daß er tiefer ist und die gesamte Lungenkapazität ausnutzt. Legen Sie eine Hand auf den Bauch und eine auf die Brustmitte, um zu üben. So können sie mit den Händen das Sichausdehnen und -zusammenziehen der Atemorgane spüren, während sie den langen, tiefen Atem erlernen. Füllen Sie den Bauch mit einem normalen Atemzug. Nachdem er gefüllt ist, atmen sie weiter, bis auch die Lungen gefüllt sind, indem Sie Ihren Brustkorb sich ganz ausdehnen lassen. Dann lassen Sie den Atem sanft ausfließen und beobachten, wie sich Brustkorb und Bauch zusammenziehen.

Den langen, tiefen Atem kann man mit dem Füllen eines Glases Wasser vergleichen. Man gießt Wasser von oben hinein, aber das Glas füllt sich von unten auf. Genauso ist es mit der Atmung. Sie atmen von oben in den Körper hinein, aber der Atem füllt zuerst den Bauch und steigt dann weiter weiter nach oben in den Brustkorb. Sie füllen sich also von unten her mit Atem.

Üben Sie das täglich ein paar Minuten, bis Sie Ihren Atem verbessert haben. Atem ist Leben; während Sie lernen, den Atem zu entwickeln und zu lenken, werden Sie spüren, wie die Lebensenergie ansteigt, wenn der Atem kräftiger durch Sie hindurchfließt.

Die Hocke und die weite Hocke

Die Hocke ist eine einfache Position mit der sehr wichtigen Funktion, Spannungen im Becken zu lösen. Spannungen im Becken — mögen die Ursachen im Bereich der Gefühle, der Ernährung oder woanders liegen — stören die Zirkulation in den Sexualorganen und schmälern das sexuelle Feingefühl und den Genuß. Beim Lösen der Spannung fließt die Urlebenskraft oder Bioenergie wieder frei. Die Sexualorgane werden feinfühliger und vitaler, und viele sexuelle Störungen können behoben werden. Wenn sich die Beckenspannung löst, verschwinden allmählich Frigidität, Menstruationsschmerzen, Impotenz und Prostata-Probleme. Wenn Sie täglich für ein paar Minuten die Hocke üben, können Sie das Becken von Energieblockaden befreien.

Stellen Sie die Füße etwa beckenbreit nebeneinander. Beugen Sie die Knie und lassen Sie den Po so weit wie möglich absinken. Die Arme halten Sie zwischen den Knien, nicht außerhalb davon, und die Fersen bleiben möglichst flach auf dem Boden. Das mag zuerst schwierig erscheinen, und es wird Ihnen so vorkommen, als würden Sie nach hinten kippen, wenn Sie die Fersen auf dem Boden halten. Wenn Sie tatsächlich die Balance verlieren sollten, können Sie sich an einem schweren Möbelstück oder einer ähnlichen Stütze festhalten, bis Sie sich besser an diese Position gewöhnt haben.

Wenn Sie in der Hocke sind, verschränken Sie die Finger und schaukeln Sie sanft vor und zurück. Anfangs mag diese Position nicht bequem sein, aber mit etwas Übung wird sie immer leichter. Zunächst werden Sie wohl nur eine oder zwei Minuten in dieser Stellung verweilen können. Wenn Sie Ihnen leichter fällt, können Sie sie zehn Minuten oder mehr genießen. Es gibt keine zeitliche Begrenzung, je länger Sie diese Stellung üben, desto besser. Jedenfalls ist es empfehlenswert, täglich mindestens fünf Minuten in dieser Position sanft zu schaukeln, um den vollen Nutzen daraus zu ziehen.

In vielen Teilen der Welt, wo es keine Möbel gibt, bleiben die Menschen manchmal stundenlang in der Hocke. Sie essen, trinken, unterhalten sich, kochen und betreiben sogar Geschäfte in dieser Haltung. Es ist eine ideale Position, um die Darmperistaltik anzuregen, und es ist eine ausgezeichnete Gebärstellung. Für unseren Zweck hat die Hocke die spezielle Eigenschaft, die sexuelle Energie freizusetzen.

Die weite Hocke ist eine etwas schwierigere Position, die dazu dient, die Muskeln und Bänder im Beckenboden zu dehnen, während sie gleichzeitig die Spannung im Becken löst. Die weite Hocke sollte nicht so lange eingehalten werden wie die Hocke, denn sie erfordert mehr Muskelkraft.

Um in diese Position zu gelangen, stehen Sie mit den Füßen etwa zwei Schulterbreit auseinander und die Zehen leicht nach außen gedreht. Gehen Sie langsam in die Knie, legen Sie die Hände auf die Knie, und lassen Sie den Po so weit wie möglich absinken. Die Muskeln und Sehnen in der Hüfte und im Beckenboden werden spürbaren Widerstand leisten. Wenn Sie dort angelangt sind, wo der Widerstand beginnt, wippen Sie behutsam ein bißchen auf und ab. Vermutlich werden Sie das nicht länger als eine oder zwei Minuten machen, denn Sie brauchen dazu wohl mehr Kraft in den Beinen, als Sie gewohnt sind. Also wippen Sie ein paarmal, kommen Sie hoch, ruhen Sie sich aus, und machen Sie es dann noch weitere zwei Mal, jedesmal etwa eine Minute. Zuletzt gehen Sie noch einmal für kurze Zeit in die einfache Hocke.

Die Hocke

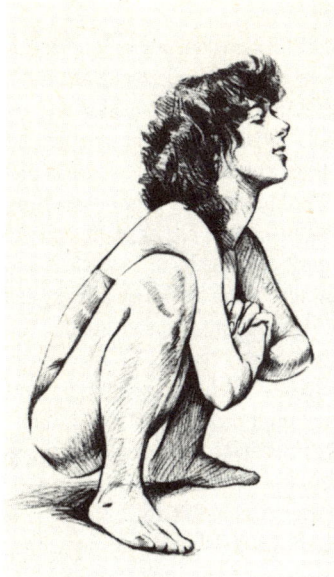

Die weite Hocke

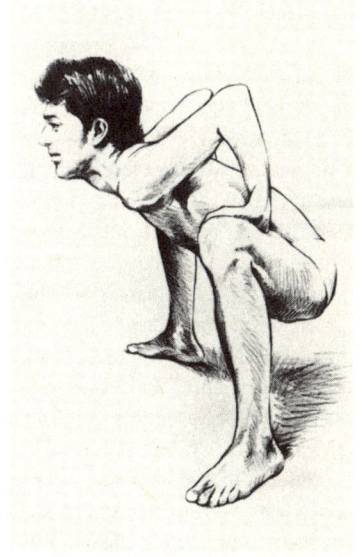

Mulabandha — der yogische Schlüssel zur Sexualkraft

Eine der einfachsten, leichtesten, und kraftvollsten aller yogischen Sexual-
techniken ist *Mulabandha*, der »Wurzelverschluß«. Mit diesem Namen bezeichnet man eine Übung, die die bewußte Anspannung der analen und genitalen Muskeln beinhaltet. Das Wort Mula (»Wurzel«) bezieht sich hier auf
das Ende der Wirbelsäule, und Bandha («Verschluß«) bezeichnet die in dieser Übung praktizierte Muskelkontraktion. Mulabandha gehört zum Kun-
dalini-Yoga, einem System von Yogaübungen, dessen Ziel es ist, die am unteren Ende der Wirbelsäule ruhende latente sexuelle Kraft zu wecken und
zu lenken. Eine gründlichere Erklärung dieser Kraft wird im letzten Teil
dieses Buches gegeben. Im Augenblick wollen wir uns lediglich mit der Mulabandha-Übung befassen.

Mulabandha sollte täglich zur Stärkung und Vitalisierung der Sexualorgane geübt werden. Man sitzt dazu aufrecht im Schneidersitz oder auf einem Stuhl. Spannen Sie die analen und genitalen Muskeln so fest wie möglich für etwa drei Sekunden an und lassen Sie sie dann los. Wiederholen
Sie das etwa zwanzigmal, und ruhen Sie sich anschließend aus. Machen Sie
das täglich, aber immer mit leerem Magen. Diese Übung mag einfach erscheinen, aber ihr Effekt ist enorm. Sie stimuliert unmittelbar die Nerven,
die zu den Sexualorganen führen und lädt die gesamte sexuelle Anatomie
mit starker Lebenskraft auf. Sie wirkt auch auf die Drüsen der Nebennieren
und hilft uns eine natürliche Widerstandskraft gegen Streß zu entwickeln.
Zwei weitere Vorteile dieser Übung sind die Stimulierung der natürlichen
Darmperistaltik und Verdauung und die Befreiung von Hämorrhoiden.
Durch die kräftigen Kontraktionen des analen Schließmuskels werden
nämlich die Darmwände gestärkt, und die kleinen Bläschen oder Krampfa-
dern sind oft schon nach etwa einem Monat täglicher Übung abgeheilt.

Beim Sexualverkehr wird diese Übung zu einem wunderbaren Werkzeug,
um das totale Erlebnis des Liebesaktes zu steigern. Wenn ein Mann in der
Frau voll erigiert ist und Mulabandha anwendet, schwillt der Penis und pul-
siert. Das erzeugt ein erregendes Gefühl und Wellen der Lust im Körper
der Frau. Um wirklich in den vollen Genuß davon zu kommen, sollte sich
das Paar in diesem Moment nicht zu heftig bewegen. Wenn sie dabei still
halten oder sich nur sehr sanft bewegen, kann der Mann durch wiederholtes
Anspannen und Lockerlassen Mulabandha mehrfach anwenden und im-

mer wieder Wellen der erotischen Erregung im Körper der Frau hervorrufen. Sie kann dazu gelegentlich sogar zum Höhepunkt kommen, ganz ohne heftige Bewegungen oder intensive Klitorisstimulation. Ein weiterer Vorteil dieser Übung ist, daß sie, im richtigen Moment angewandt, die Ejakulation beim Mann verhindern kann. Mit ihrer Hilfe kann er seine Erregung besser regulieren und den Liebesakt verlängern. Das braucht etwas Zeit und Übung, aber nur wenige Männer haben sich darüber beklagt, üben zu müssen.

Wenn eine Frau Mulabandha beim Geschlechtsakt anwendet, schließen sich ihre Vaginalmuskeln fest um den Penis des Mannes und halten das Glied auf eine sehr lustvolle Weise fest. Für den Mann erzeugt solch ein starker Griff um den Penis starke erotische Gefühle, die durch das gesamte Becken strömen und manchmal die Wirbelsäule hinaufziehen. Wenn Mann und Frau beide Mulabandha beherrschen, können sie sich damit abwechseln und sich gegenseitig über lange Zeit höchst lustvoll stimulieren. Mit dieser Übung können Sie Ihrem sexuellen Repertoire einen großartigen neuen Höhepunkt hinzufügen. Sie macht den Liebesakt leidenschaftlicher und erotischer, setzt riesige Reserven sexueller Kraft frei und führt zu immer neuen Erlebnishöhen.

Übungsreihe für dynamischen Sex

Diese Reihe von sechs Übungen dient dazu, die sexuelle Vitalität zu steigern. Die Übungen selbst sind nicht besonders schwierig auszuführen, doch muß man sich zunächst daran gewöhnen. Haben Sie sie einmal gelernt, können Sie in etwa 15 Minuten bequem durch die gesamte Serie kommen und Ihr Sexualleben damit energetisch aufladen. Für das, was Sie dafür zurückbekommen, ist die aufgewandte Zeit ein ziemlich kleiner Einsatz. Nach wenigen Wochen der Übung schon werden Sie höchstwahrscheinlich eine deutliche Veränderung in Ihrem Lebensgefühl verspüren.

Jede dieser Übungen ist noch wirkungsvoller, wenn im Anschluß daran die Hocke und die weite Hocke, wie vorher erklärt, ausgeführt werden. Das kostet nur ein paar Minuten mehr bei der gesamten Serie, aber schafft einen enormen Unterschied an Effektivität.

1. Sitzen Sie auf dem Boden, die Füße nebeneinander aufgestellt, also mit gebeugten Knien. Lassen Sie die Knie auseinanderfallen, bis die Fußsohlen sich berühren, und umfassen Sie dann die Zehen; die Fersen sind möglichst nahe am Damm. Wippen Sie sanft mit den Knien auf und ab. Das hilft, die Muskeln im Beckenboden zu dehnen.

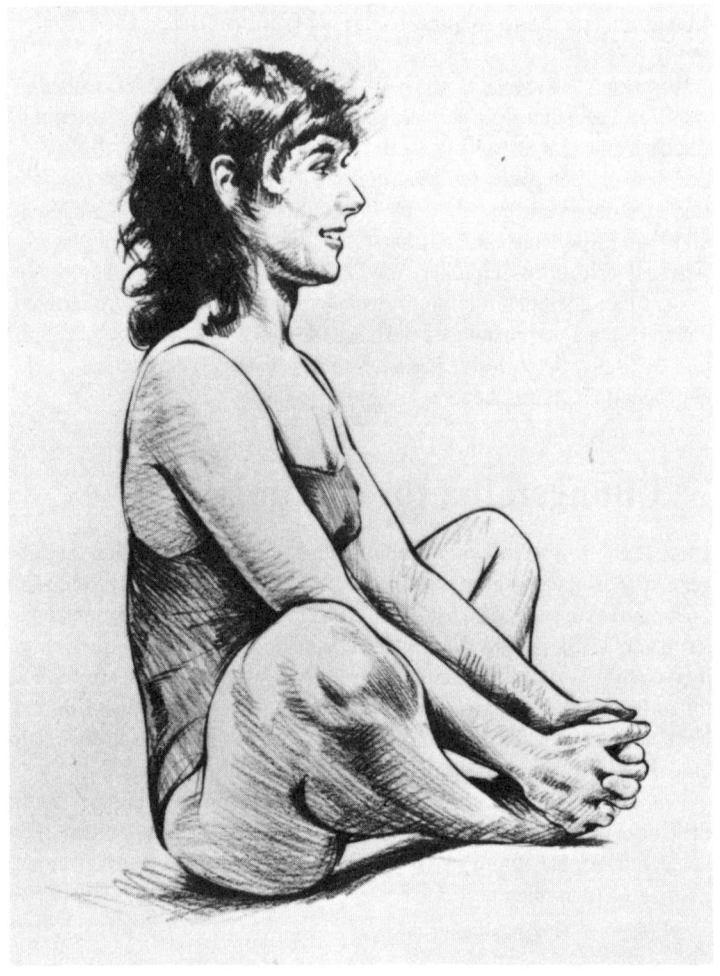

Nachdem Sie etwa eine Minute mit den Knien gewippt haben, atmen Sie ein, während Sie die Wirbelsäule hoch aufrichten. Im Ausatmen beugen Sie sich nach vorn und bringen den Kopf so nah wie möglich zum Boden, wobei die Dehnung aus den Hüften heraus erfolgen sollte. Beim Einatmen richten Sie sich wieder auf und wiederholen dann diese Auf- und Abbewegung etwa ein dutzendmal. [Anm. des Herausgebers: Das ist natürlich bereits Hohe Schule — kein Grund zur Verzweiflung, wenn es anfangs (zu) schwer erscheint. Nähern Sie sich dem Ideal in der Ihnen angemessenen Weise. Ein Meister ist, wie immer, einfach jemand, der vor Ihnen angefangen hat...]

Die Übung weitet das Becken, dehnt die Hüftgelenke, befreit blockierte Energie und stimuliert die Sexualnerven.

2. Legen Sie sich auf den Rücken, stellen Sie die Füße hüftbreit auf und ziehen Sie sie möglichst nahe zum Gesäß heran; die Hände fassen die Fußgelenke.

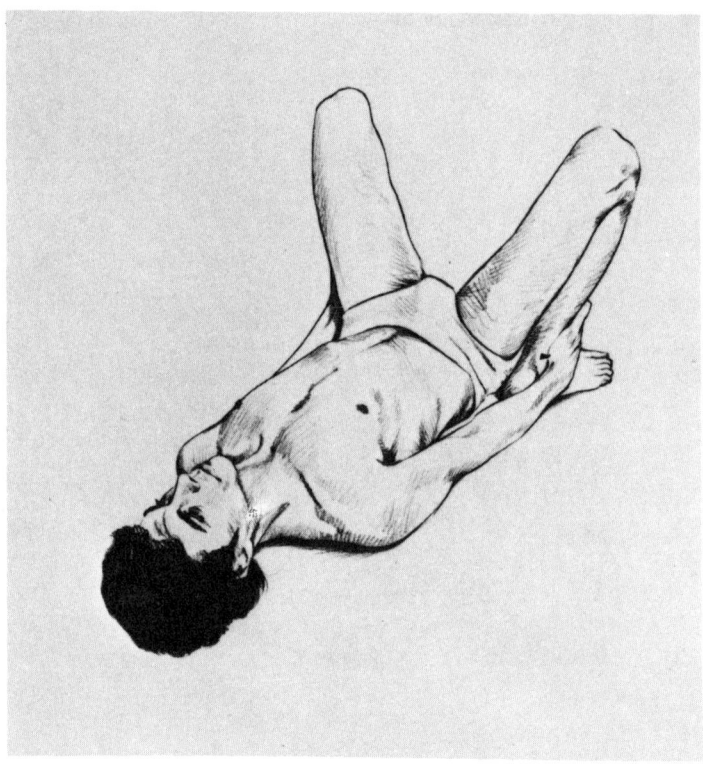

Beim Einatmen, drücken Sie mit den Fußsohlen kräftig gegen den Boden und heben dabei Becken und Rücken so hoch wie möglich. Beim Ausatmen kommen Sie wieder zurück in die Ausgangsposition. Wiederholen Sie das 21mal in einem gleichbleibenden Rhythmus. Versuchen Sie bei jeder Einatmung, sich noch etwas höher zu strecken.

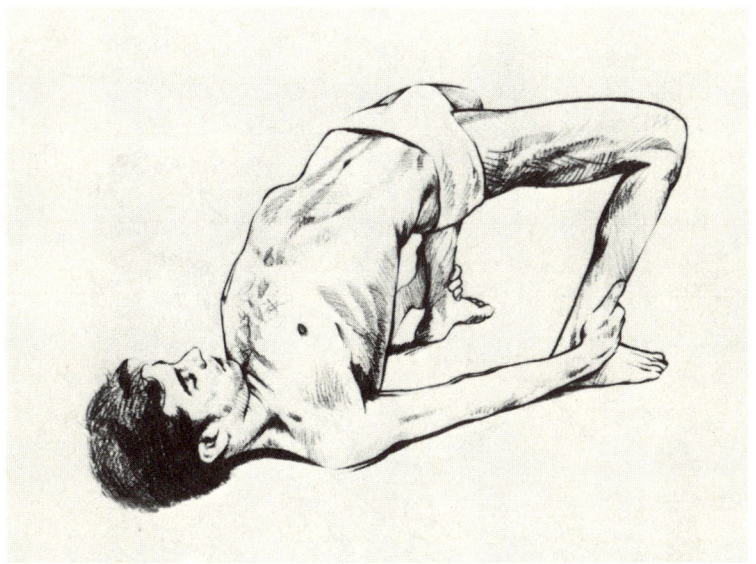

3. Legen Sie sich auf den Rücken und strecken Sie die Beine senkrecht nach oben. Die Beine bleiben geschlossen, die Zehen zeigen nach oben, während der Rücken flach auf dem Boden liegt.

Beim Einatmen grätschen Sie die Beine so weit wie möglich und halten sie dabei weiterhin gestreckt. Beim Ausatmen führen Sie die Beine in die Senkrechte. Machen Sie das 21mal in einem stetigen Rhythmus.

Diese Übung löst Verkrampfungen im Beckenboden und in den Hüften und stimuliert die Nerven in der Gegend des Kreuzbeins.

4. Setzen Sie sich mit gestreckten Beinen auf den Boden, stellen Sie den linken Fuß auf und ziehen Sie ihn unter dem rechten Oberschenkel nach hinten, so daß die Ferse außen an der rechten Pohälfte liegt. Stellen Sie nun auch den rechten Fuß auf, und zwar möglichst weit über den linken Oberschenkel. Ziehen Sie jetzt vorsichtig den rechten Fuß nach hinten zur linken Pobacke, so daß beide Kniee in etwa übereinander liegen. Sitzen Sie dabei so gerade wie möglich. Sie werden einen leichten Druck in der Leistengegend spüren. Wenden Sie etwa eine Minute lang die Mulabandha-Übung im stetigen Rhythmus an. Machen sie dann eine Pause, atmen ein- oder zweimal tief durch und wechseln die Beinposition, so daß jetzt das rechte Bein unter dem linken liegt. Üben Sie Mulabandha auch in dieser Position etwa eine Minute lang.
[Anm. des Herausgebers: Leichter geschrieben als getan! Die Übung steht so ganz richtig im Buch — indes ist sie für die meisten von uns, dank unserer kulturell bedingten körperlichen Steifheit, nicht ohne weiteres durchführbar.]
Diese Übung drückt auf die Genitalien und schafft direkte Stimulation. Zur gleichen Zeit lenkt sie die Energie zu den Sexualnerven und zur untern Wirbelsäule.

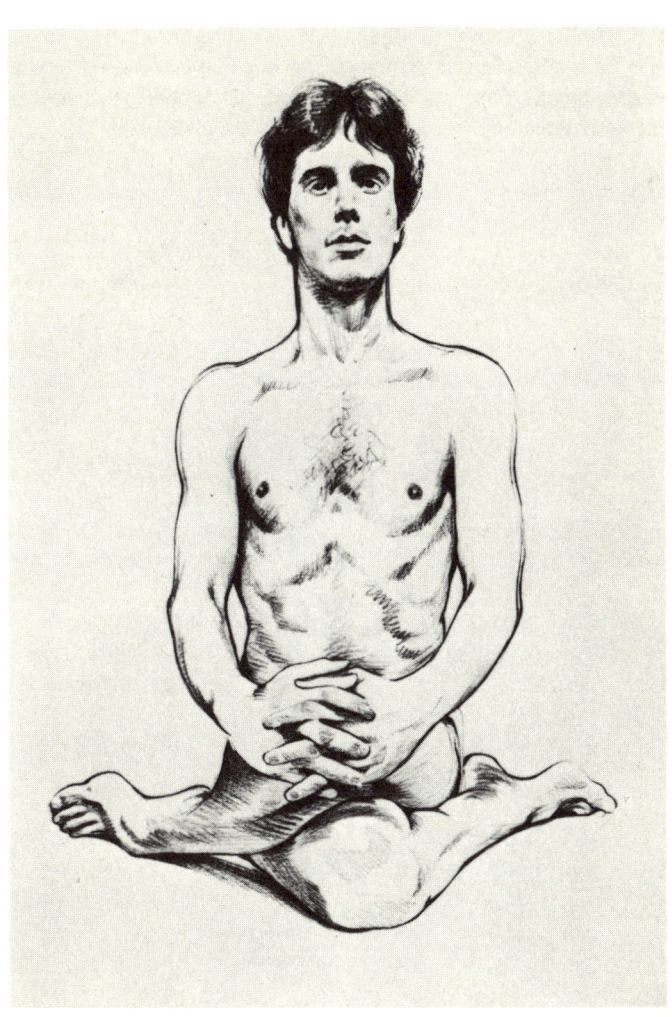

5. Dies ist eine schwierige Übung, aber mit etwas Ausdauer kann auch sie erlernt werden. Sie stehen aufrecht, mit den Füßen etwa zwei Schulterbreit auseinander. Verschränken sie die Hände hinter sich, so daß Sie Ihnen nicht im Weg sind. In dieser aufrechten Position atmen Sie ein.

Nun drehen Sie den linken Fuß nach außen, im Ausatmen beugen Sie das linke Knie und beugen sich zum linken Fuß hinunter. Um mit der Schulter am linken Knie vorbeizukommen, müssen Sie das Knie etwas nach außen drücken. Versuchen Sie, sich so weit hinunterzubeugen, daß Sie die Zehen mit der Nase berühren können, auch wenn Ihnen dies anfangs fast unmöglich erscheinen mag. Im Einatmen richten Sie sich wieder auf und bringen den linken Fuß in die Ausgangsstellung zurück. Wiederholen Sie die Bewegung zur rechten Seite, und machen Sie die Übung 11mal zu jeder Seite.

Ganz gleich, wie unbeweglich Sie anfangs sein mögen, die Übung wird von Vorteil für Sie sein. Sie strafft die Innenseiten der Oberschenkel, stärkt die Beine, öffnet das Becken und ist besonders gut für die Prostata, denn sie verbessert die Kontrolle über die Ejakulation.

6. Legen Sie sich auf den Rücken mit aufgestellten Füßen und bringen Sie die Beine und den Rücken in die Höhe, während Sie die Hüften mit den Händen unterstützen. Der Rücken ist schräg nach oben gerichtet, während die Beine senkrecht nach oben zeigen. Bleiben Sie etwa drei Minuten in dieser Position und atmen Sie tief und langsam. Anfangs mögen Sie finden, daß diese Haltung vielleicht die Handgelenke und Ellenbogen belastet; suchen Sie sich dann eine Position, in der die Belastung geringer ist.

Diese Haltung nimmt den Druck der Schwerkraft von den Sexualorganen und dem Becken und verbessert dadurch den Energiefluß in diesem Bereich. Sie läßt außerdem die Sexualenergie, die im Becken und im Bereich der unteren Wirbelsäule ruht, durch die Wirbelsäule abwärts bis zum Kopf fließen und versorgt dabei alle wichtigen spinalen Nerven mit Energie.

Diese Übungsserie befähigt Sie, durch systematische Stärkung der Sexualorgane, Nerven und Drüsen Ihre sexuelle Vitalität zu entfalten. Wenn Sie die Übungen regelmäßig in der angegebenen Reihenfolge ausführen, wird sich Ihr ganzer Körper mit sexueller Energie aufladen und erneuern. Bei regelmäßiger Übung werden Sie sich Ihrer sexuellen Kraft immer bewußter und finden immer mehr Freude an sexueller Aktivität.

Übungsreihe für Frauen

Diese Serie von vier Yogastellungen ist für jeden gut, ganz besonders aber für Frauen. Wenn sie sie üben, können Menstruationsbeschwerden verschwinden und die monatliche Periode kommt regelmäßiger. Zusätzlich können Frauen, die keinen befriedigenden Höhepunkt beim Sex erleben, durch diese Übungen körperliche und nervliche Anspannungen loslassen, die oft eine der Ursachen des Problems sind. Diese Übungen stimulieren die Eierstöcke, den gesamten Uterus und den Vaginalbereich. Sie verbessern die Blutzirkulation, reduzieren die Muskelanspannung und befreien von Energieblockaden im Becken und an den spinalen Nerven, die die weiblichen Geschlechtsorgane kontrollieren. Wenn subtile oder komplexe Spannungen gelöst sind, entwickelt sich ein inneres Klima, das leichter zu einem vollen und befriedigenden sexuellen Höhepunkt führt.

Beim Üben dieser vier Stellungen werden Sie spüren, wie sich die Spannungen im Becken lösen, die Becken- und Unterleibszirkulation sich verbessert, die Sexualorgane sich kräftigen und eine bessere Flexibilität der Wirbelsäule erreicht wird. Zuerst mögen die Übungen schwierig auszuführen sein, aber lassen Sie sich nicht davon abschrecken. Die meisten körperlichen Aktivitäten brauchen etwas Übung, bis man sich daran gewöhnt hat. Nach einer Weile werden Sie feststellen, daß die Stellungen leichter werden, Sie sie mehr genießen können und daß sich der Aufwand mit Sicherheit gelohnt hat.

Die Heuschrecke

Legen Sie sich flach auf den Bauch, ballen Sie Ihre Hände zu Fäusten, und legen Sie diese unter sich, innen an der Hüfte, direkt oberhalb des Schambeins. Halten Sie das Kinn auf dem Boden, während Sie die Beine anheben, bis auch die Oberschenkel über dem Boden sind. Atmen Sie in dieser Position ein paar Sekunden lang tief ein und aus, und entspannen Sie sich dann.

Wenn Sie sich erst einmal an diese Stellung gewöhnt haben, werden Sie immer länger darin bleiben können, bis Sie sie schließlich eine volle Minute beibehalten können. Wenn Sie aber ganz am Anfang überhaupt nicht in die Heuschrecke hineinkommen, üben Sie eine modifizierte Version. Legen Sie sich dazu flach auf den Bauch, wie beschrieben. Heben Sie abwechselnd das eine Bein und dann das andere, wobei Sie jeweils beim Anheben einatmen und beim Sinkenlassen ausatmen. Machen Sie das etwa zwei Minuten lang. Das wird Sie lockern und kräftigen, so daß Sie schließlich auch die Heuschrecke ausführen können.

Der Bogen

Der Bogen ist eine der schönsten Yogastellungen und leichter als die Heuschrecke, aber auch nicht ganz einfach. Legen sie sich wieder flach auf den Bauch. Beugen Sie die Unterschenkel ab und greifen Sie nach den Fußgelenken, lassen Sie die Arme dabei gestreckt. Heben Sie den Kopf so hoch, wie Sie können, und ziehen Sie gleichzeitig die Füße hoch und nach hinten. Wenn Sie die Übung richtig ausführen, bleibt schließlich nur ein kleiner Mittelbereich des Körpers auf dem Boden. Brust und Oberschenkel schweben über dem Boden während nur der Unterleib noch Bodenkontakt hat. Atmen Sie ein paar Sekunden lang in dieser Position tief ein und aus, und entspannen Sie sich dann.

Wie bei der Heuschrecke sollten Sie die Zeit, die Sie in dieser Stellung verbringen, allmählich steigern, bis Sie sie etwa eine Minute oder länger halten können. Es gibt drei Dinge, auf die Sie vor allem achten sollten, damit Ihnen die Bogen-Position leichter fällt: die Arme gestreckt halten, den Kopf so hoch wie möglich heben und die Füße hoch und vom Kopf weg nach hinten ziehen. Wenn Sie alles beachten, sollten Sie bald in der Lage sein, eine perfekte Bogen-Position einzunehmen.

Die Heuschrecke

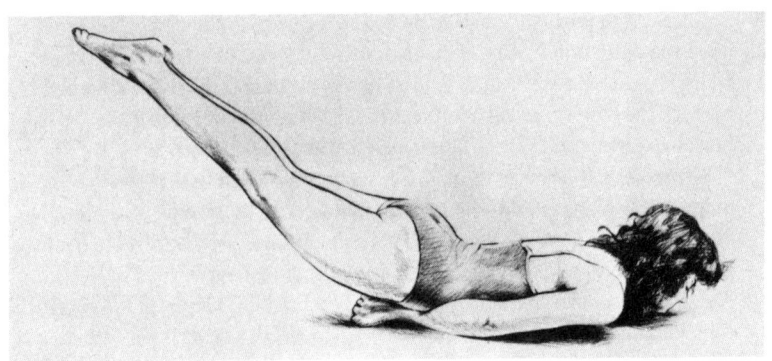

Der Bogen

Lebendige Sexualität

Die Kobra

Leichter als Heuschrecke und auch Bogen ist die Kobra, eine einfache und doch kraftvolle Position. Legen Sie sich wieder flach auf den Bauch, die Hände liegen diesmal mit den Handflächen nach unten unter den Schultern. Heben Sie den Kopf und schauen Sie nach oben und nach hinten. Dabei stützen Sie sich auf die Hände und heben allmählich den Brustkorb, dann den Bauch, bis nur noch die Oberschenkel den Boden berühren. Die Wirbelsäule beugt sich immer weiter nach rückwärts. Halten Sie die Position eine Weile. [Anm. d. Hrsg: Um die Lendenwirbel nicht zu schwächen, spannen Sie die Gesäßmuskeln an und halten Sie sie angespannt.]

Atmen Sie lang und tief, während Sie die Stellung halten. Schon bald werden Sie in der Lage sein, die Position eine Minute oder länger zu halten, aber übertreiben Sie nicht, bis Sie sich wirklich an die Kobra gewöhnt haben. Lassen Sie anschließend Ihren Körper langsam und allmählich nach unten sinken, bis Sie wieder flach auf dem Boden liegen.

Das Kamel

Zum Abschluß der Frauenserie üben wir die Kamelstellung, die der Wirbelsäule noch mehr Flexibilität bietet als die ersten drei Stellungen. Knien Sie
sich mit leicht geöffneten Knien aufrecht hin und beugen Sie sich nach hinten, bis Sie mit den Händen die Fersen greifen können. Lassen Sie den Kopf
vorsichtig nach hinten sinken und schieben Sie das Becken so weit wie möglich nach vorn. Atmen Sie eine Weile lang tief in dieser Position. Möglicherweise müssen Sie etwas daran arbeiten, bis Ihnen diese Stellung wirklich
leicht fällt, aber dann wird es kein Problem mehr sein, sie für eine oder zwei
Minuten zu halten.

Wenn Sie die Serie beendet haben, nehmen Sie sich ein paar Minuten
Zeit, um auf dem Rücken liegend zu entspannen. Das gibt Ihrem Körper
Gelegenheit die Wirkung dieser Übungen zu »verdauen«.

Die »Tibeter«*

Entlang der Grenzen von Indien, Nepal und Tibet gibt es viele Klöster, die Hunderte von Jahren alt und wie kleine unabhängige Städte sind. In vielen dieser Klosterstädte leben und arbeiten mehrere Tausend Menschen zusammen. Sie üben eine spirituelle Praxis, die von Generationen in ungebrochener Linie weitergegeben wird. Eines dieser Klöster war bekannt als ein Ort, zu dem Menschen kommen und sich verjüngen konnten, also vitaler und kraftvoller werden konnten. Es gibt etliche Geschichten von Leuten die — zum Teil alt und gebrechlich — durch die Übungen in diesem Kloster jung und stark wurden.**

Im Mittelpunkt des Verjüngungsprogramms, das in dem Kloster angeboten wurde, stand eine Serie von Energieübungen. Sie sind nicht sehr schwer zu erlernen, aber außerordentlich wirksam für die Erneuerung der natürlichen Lebenskräfte. Sie sollen den Alterungsprozeß aufheben und den, der sie ausübt, mit grenzenloser Vitalität ausstatten können. Außerdem haben sie einen weiteren Nutzen, der uns hier besonders interessiert: Sie sind ein unübertroffenes Übungsprogramm zur Steigerung der Sexualenergie [auf jeden Fall die ersten fünf]. Es gibt viele Übungen und Programme, die die lebendige Sexualität verbessern, aber keines davon ist effektiver und andauernder in seiner Wirkung als die relmäßige tägliche Ausführung der »Tibeter«.

Die »Tibeter« unterstützen und kräftigen das Immunsystem durch starke Stimulierung der Nervenzentren und Drüsen. Sie verbessern die Nervenfunktionen und erzeugen ein ausgewogenes hormonales Klima. Das alles kommt der Gesundheit und Vitalität zugute, es steigert den sexuellen Appetit, die Sensibilität und die Potenz. Zusätzlich straffen und dehnen diese »Tibeter« die Muskeln und schaffen einen stärkeren und flexibleren Körper.

---

* Die Namen »Tibeter« und »Die Fünf Tibeter« für diese Übungen sind geschützt. Verwendung mit Genehmigung des Verlags.

** Eine solche Geschichte wird von Peter Kelder in dem Buch *Die Fünf »Tibeter«* erzählt. Das Abenteuer des bereits vom Alter gezeichneten Colonel Bradford, der sich auf die Suche macht nach der legendären »Quelle der Jugend« (und sie in dem hier erwähnten Himalaya-Kloster tatsächlich findet), bildet den unterhaltsamen Hintergrund für die ausführliche Anleitung zu diesem Energieprogramm, mit vielen interessanten Einzelheiten. Das Buch, das westliche Leserinnen und Leser mit diesen Übungen erstmals bekannt machte, verschaffte den Fünf »Tibetern« in kürzester Zeit eine ungeahnte Popularität.

Als Vorbemerkung zu den Übungen möchte ich auf einige wichtige Punkte hinweisen. Ebenso wie die vorherigen Übungen sollten Sie auch diese **mit leerem Magen** ausführen. Der Morgen ist die beste Zeit dafür, dann laden Sie Ihr gesamtes System mit Lebenskraft und Sexualenergie auf, die Sie den ganzen Tag lang durchflutet. Günstig ist es auch, sie außerdem am Abend vor dem Schlafengehen auszuüben. Das wirkt sich sehr positiv auf Ihren Schlaf aus, es macht ihn tiefer und erfrischender. Aber ganz gleich, wann Sie üben, machen Sie es zusammen mit Ihrem Liebespartner bzw. Ihrer Liebespartnerin. Das steigert das Gefühl der Gemeinsamkeit und läßt Sie gemeinsam erleben, wie sich Ihre sexuellen Energien immer mehr steigern.

Ihre optimale Wirkung entfalten die Fünf »Tibeter«, wenn man jede von ihnen 21mal ausführt. Aber diese Anzahl sollen Sie erst nach einer ganzen Weile erreichen. Lassen Sie sich damit Zeit, und je weiter Sie vorankommen, desto leichter werden Ihnen die Übungen fallen. Das beruht darauf, daß die sexuellen und psychischen Kräfte immer stärker durch Sie hindurchfließen werden. Die Yogis, die diese Übungsserie entwickelt haben, betonen, daß man jede einzelne Übung nicht mehr als 21mal ausführen sollte. Das ist die Zahl, die die kraftvollen Energien in uns aktiviert und sie einmal durch unseren gesamten Körper kreisen läßt. [Das wird durch freies, fließendes Atmen entscheidend verstärkt.]

Der erste »Tibeter«. Stellen Sie sich aufrecht hin und breiten Sie die Arme weit aus, die Handflächen zeigen nach unten. Nun drehen Sie sich im Uhrzeigersinn um sich selbst, **anfangs nur einige Male,** später 21mal ohne Pause. [Dann bringen Sie die Handflächen vor der Brust zueinander und schauen auf Ihre Daumen. Dies hilft Ihnen, sich wieder zu zentrieren.] Lassen Sie dann die Arme sinken, und **atmen Sie zweimal tief durch. Machen Sie zwei solche Atemzüge nach jeder »Tibeter«-Übung.**

Bitte beachten Sie die Drehrichtung: Im Uhrzeigersinn heißt: nach rechts drehen. Anfangs wird Ihnen bei dieser Übung möglicherweise etwas schwindelig. Lassen Sie es mit ein paar Drehungen genug sein. Mit regelmäßiger Übung wird das Schwindelgefühl weniger, und die Drehbewegung wird Ihnen leicht fallen, selbst bei hoher Geschwindigkeit.

Der erste »Tibeter«

Der zweite »Tibeter«. Legen Sie sich auf den Rücken auf eine Matte oder Decke. Die Beine sind gestreckt, die Arme liegen seitlich am Körper mit den Handflächen auf dem Boden.

Atmen Sie ein und heben Sie die Beine gestreckt nach oben. Die Zehen sollten zur Decke zeigen, während der Rücken auf dem Boden bleibt. Gleichzeitig mit den Beinen heben Sie auch den Kopf und drücken das Kinn an die Brust. Die Schultern bleiben dabei am Boden. Führen Sie diese Bewegungen möglichst weich und fließend aus (s.Abb. nächste Seite).
Nun atmen Sie aus und bringen dabei Beine und Kopf wieder zurück in die Ausgansposition, bis Sie also wieder flach auf dem Rücken liegen. Wiederholen Sie die ganze Übung, bis Sie — mit der Zeit — bei 21mal angelangt sind. Einatmen, während Sie Beine und Kopf nach oben bringen, und ausatmen, wenn Sie sie sinken lassen.

Lebendige Sexualität

[Anm. d. Hrsg.: Wenn Bauch- und Lendenmuskulatur noch zu schwach sind, um die Übung mit gestreckten Beinen auszuführen, kann man auch die Füße aufstellen, dann die Beine gestreckt nach oben führen und auf dem »Rückweg« auch erst wieder die Füße aufstellen, dann die Beine ausgleiten lassen. Oder man legt während der ganzen Übung die flachen Hände unter den Po.]

Der dritte »Tibeter«

Der dritte »Tibeter«. Knien Sie aufrecht, die Zehen sind aufgestellt. Die Knie sind etwa zehn Zentimeter voneinander entfernt. Legen Sie die Hände flach von hinten gegen die Oberschenkel. Dehnen Sie zuerst den Nacken, und neigen Sie dann ausatmend den Kopf nach vorn und drücken Sie das Kinn an die Brust (s.Abb. S. 64).

Beim *Einatmen* lehnen Sie sich aus den Leisten nach hinten und lassen den Kopf so weit wie möglich nach hinten sinken. Stützen Sie sich dabei auf die Hände (s.Abb. S. 65). Dann *atmen Sie aus* und kehren dabei in die Ausgangsposition zurück. Führen Sie die ganze Bewegung bis zu 21mal in einem ständigen ununterbrochenen Rhythmus aus.

Der vierte »Tibeter«. Sitzen Sie aufrecht mit gestreckten Beinen. Der Nacken ist gedehnt, die Handflächen sind rechts und links am Gesäß aufgestellt.

Die Plazierung der Hände ist hier besonders wichtig, sie sollten genau neben den Pobacken liegen.

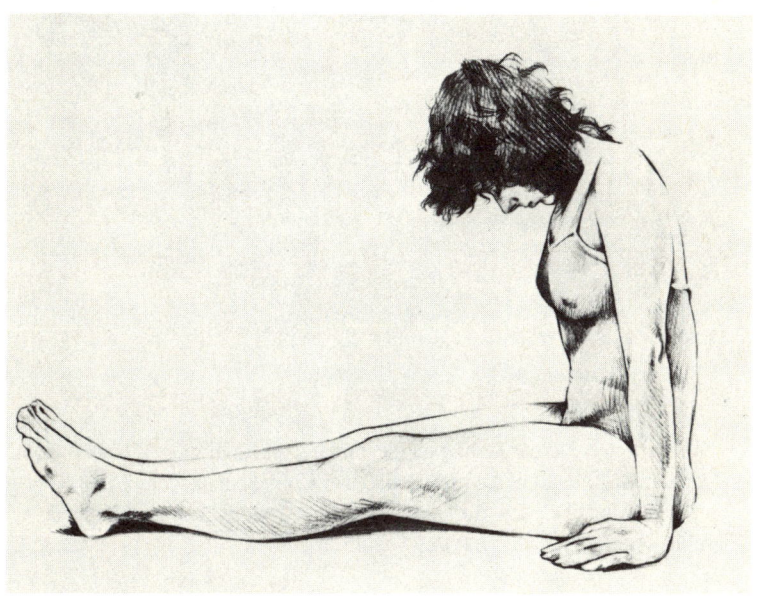

Im *Einatmen* schieben Sie das Becken nach vorn und oben. Die Knie beugen sich dabei, die Fußsohlen bleiben flach auf den Boden. Halten Sie den ganzen Rumpf und die Oberschenkel etwa parallel zum Boden, während Arme und Unterschenkel in vertikaler Stellung sind, und lassen Sie den Kopf weit nach hinten sinken. Im *Ausatmen* kommen Sie zurück in die Ausgangsposition und lassen das Kinn in Richtung Brustbein sinken.

Wiederholen Sie das Ganze im gleichmäßigen Rhythmus — bis 21mal. Beachten Sie bitte, daß die Füße bei dieser Übung am gleichen Platz bleiben und nicht über den Boden gleiten. Die Arme bleiben gestreckt, die Drehbewegung geht nur von des Schultern aus.

Der fünfte »Tibeter«. Stützen Sie sich auf die Hände und die aufgestellten Zehen, als wollten Sie eine Liegestütze machen. Hände und Füße sind jeweils etwa 60 cm voneinander entfernt, der Kopf wird nach hinten gehoben, dabei «hängt» das Gesäß durch.

Lassen Sie Arme und Beine gestreckt, während Sie *einatmen* und das Gesäß nach oben und hinten ziehen, bis der Körper ein Dreieck mit der Spitze nach oben bildet. Das Kinn wird dabei an die Brust gedrückt. Im *Ausatmen* kehren Sie zurück in die Ausgangsposition, bei der der Körper wieder nach unten «durchhängt» und der Kopf in den Nacken sinkt.

Ihr Körper sollte den Boden nicht oder nur ganz leicht berühren. Wiederholen Sie auch diese Übung, bis Sie — mit der Zeit — bei 21mal angelangt sind, und ruhen Sie sich dann ein paar Minuten auf dem Rücken liegend aus.

[Anm. des Herausgebers: Damit haben Sie das hier entscheidende Übungsprogramm abgeschlossen. Der Vollständigkeit halber sei noch die geheimnisumwitterte sechste Übung aufgeführt. Sie scheint in Bezug auf den Verjüngungs-Effekt die Schlüsselwirkung zu haben. Die Idee ist, die Fünf »Tibeter« zur *Aktivierung* der Sexualenergie zu nutzen, um diese dann mit Hilfe der krönenden sechsten Übung *umzuwandeln* in Regenerationsenergie. Das bedeutet, auf körperlich erlebbare Sexualität — zumindest vorübergehend — zu verzichten, denn: »Für die meisten von uns ist es ein Widerspruch, die Sexualenergie in die oberen Chakras zu leiten (was die sechste Übung bewirkt) und gleichzeitig körperlich sexuell aktiv zu sein, also Energie in den unteren Chakras umzusetzen ... Offenbar macht es aber keine Schwierigkeiten, die sechste Übung in Zeiten sexueller Enthaltsamkeit mit anzuwenden ...« (Zitat aus: *Die Fünf* »*Tibeter*«, Integral Verlag)]

Der sechste »Tibeter«. Stellen Sie sich aufrecht hin, mit den Händen auf den Hüften. Die Füße sind etwa zehn Zentimeter voneinander entfernt. *Atmen Sie* in dieser Stellung *tief ein*, dann *atmen Sie aus*, indem Sie sich vorbeugen und mit den Händen auf die Knie stützen.

Lassen Sie in dieser Position den gesamten Atem heraus, bis der Bauch stark eingezogen ist und die Lungen *vollständig geleert* sind. So kommen Sie wieder zurück in die aufrechte Haltung, auf die Hüften gestützt. Bleiben Sie in dieser Haltung mit fest eingezogenem Bauch, und *ohne wieder einzuatmen*, solange es Ihnen ohne große Anstrengung möglich ist. Dann atmen Sie einmal tief durch die Nase ein und entspannen sich.

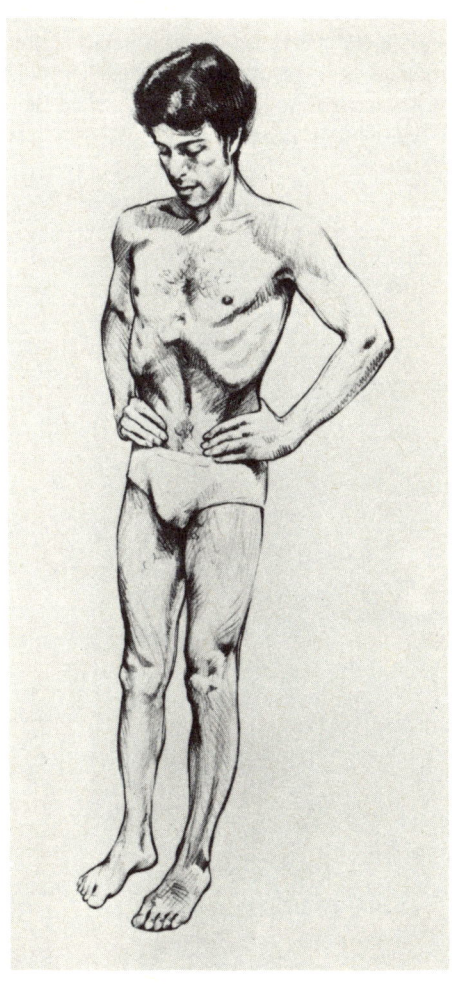

Führen Sie diese Übung **nur dreimal** aus, nicht mehr. Beenden Sie, mit den Händen auf den Hüften, die Übung durch zwei tiefe Atemzüge , so wie bei den anderen fünf Übungen, und entspannen Sie sich dann ein paar Minuten auf dem Rücken liegend.

*

Wenn Sie die »Tibeter« üben, werden Sie sehr schnell Unterschiede in Ihrem Lebensgefühl feststellen. Schon nach wenigen Monaten täglicher Übung werden Ihnen die ungenutzten Energiequellen, die in jedem Menschen latent vorhanden sind, voll zur Verfügung stehen. Stetes, ausdauerndes Üben wird ungeahnte Ergebnisse bringen.

6
Akupressur:
Stimulation der Vitalität

Die Wissenschaft der Akupressur ist eine Jahrtausende alte Therapie, die aus dem Orient stammt. Sie beruht darauf, daß man mit den Fingerspitzen Druck auf bestimmte Körperpunkte ausübt, um den Fluß der Energie durch das gesamte System auszugleichen und zu fördern. Mit dieser Methode kann man Krankheiten vorbeugen und heilen. Die verschiedenen Punkte liegen an Energiebahnen, die Meridiane heißen und eng mit den Hauptnervenbahnen korrespondieren, ohne jedoch identisch mit ihnen zu sein. Sie können mit empfindlichen elektronischen Geräten aufgespürt werden, da sie einen elektrischen Impuls abgeben. Gleichzeitig sind sie jedoch nichtphysisch, man kann sie nicht unter dem Mikroskop beobachten oder sezieren, und doch existieren sie.

Akupressur arbeitet mit dem Prinzip der Stimulation spezieller Körperpunkte. Wenn diese erregt werden, wird die natürliche Heilkraft in Gang gesetzt und erzeugt einen Zustand dynamischen Gleichgewichts. Obwohl Akupressur weitgestreute Anwendungsmöglichkeiten hat, hat sie sich nirgends so bewährt wie zur Steigerung der sexuellen Vitalität. Mit nur ein paar Momenten täglicher Fingerdruck-Stimulation können Sie Ihre Sexualkraft aktivieren und Ihr Liebesleben entscheidend verbessern. Mit den Techniken der Akupressur können Impotenz, Menstruationsprobleme, Schwierigkeiten mit der Prostata und viele andere Störungen im Bereich der Sexualität weitgehend behoben werden. Diese Techniken können auch Frauen helfen, die nicht zum Orgasmus kommen. Sie sind angenehm anzuwenden, sehr effektiv und leicht zu lernen.

Im folgenden geht es um ein Programm zur Maximierung der sexuellen Vitalität. Obwohl Sie zur Ausübung nur einige Minuten täglich benötigen, werden die Ergebnisse ganz gewaltig sein. Ob Sie nun eine Störung im sexuellen Bereich beheben wollen oder einfach nur Ihre Hormone besser in Fluß bringen möchten — wenn Sie sich diese Übungen zur Routine machen, können Sie Ihr Ziel erreichen. Auf jeden Fall wird die Libido durch dieses Übungsprogramm angeregt.

Wählen Sie für diese Übungen eine Zeit, die Ihnen angenehm erscheint. Wenn Sie sie am Morgen ausüben, werden Sie eine sexuell gefärbte Hochstimmung erzeugen, die Sie den ganzen Tag begleitet. Wenn Sie wollen, können Sie die ganze Serie aber auch vor dem Schlafengehen machen. Das wird Ihre sexuelle Energie steigern und den Tag auf eine schöne Art beenden. Natürlich gibt es noch schönere Arten, den Tag zu beenden, weshalb man die Akupressurübungen vielleicht doch lieber morgens beim Aufstehen erledigt.

Für die meisten Punkte gibt es eine sehr einfache Stimulationstechnik: Bringen Sie die Kuppe Ihres Mittelfingers direkt auf den Punkt, drücken Sie auf die Stelle, und bewegen Sie den Finger leicht im Uhrzeigersinn. Das aktiviert die Lebensenergie, die durch diesen Punkt hindurchfließt, und stimuliert die sexuellen Kräfte.

Die zu stimulierenden Punkte sind in einer Reihenfolge angegeben, die Sie einhalten sollten. Jeder Punkt wird nur etwa zehn Sekunden mit leichtem oder mäßigem Druck stimuliert. Es bringt keinen besonderen Nutzen, tief oder mit voller Kraft in die Punkte hineinzubohren oder für längere Zeit an ihnen zu arbeiten. Jeder Punkt ist wie ein elektrischer Schalter, der nur einen kleinen Druck benötigt, um den Kreis der ungehindert fließenden Energie zu schließen.

Die Lebenskraftserie

1. Unser erster Punkt ist das Grübchen am Hinterkopf etwa in Höhe des Haaransatzes. (s.Abb. auf der nächsten Seite) In der Akupunktur ist er als **»Fenster des Himmels«** oder als »Pforte der Stummheit« bekannt. Dort befindet sich der Gehirnstamm, von dem viele Millionen Nervenbahnen, einschließlich die der Sexualorgane, ausgehen und durch den gesamten Körper laufen.

Dieser Punkt steigert die allgemeine Vitalität und setzt Energien frei, die nach und nach auch ein Ansteigen der sexuellen Lebenskraft bewirken. Setzen Sie den rechten oder linken Mittelfinger auf diesen Punkt, pressen und stimulieren Sie ihn zehn Sekunden lang. Dann lassen Sie los, machen einen tiefen Atemzug und wiederholen das Ganze zwei weitere Male.

2. Oben in der Mitte der Stirn befindet sich der Punkt, der in der Akupunktur als **»Hof des Geistes«** oder als »Vorhalle der konstellierenden

Fenster des Himmels

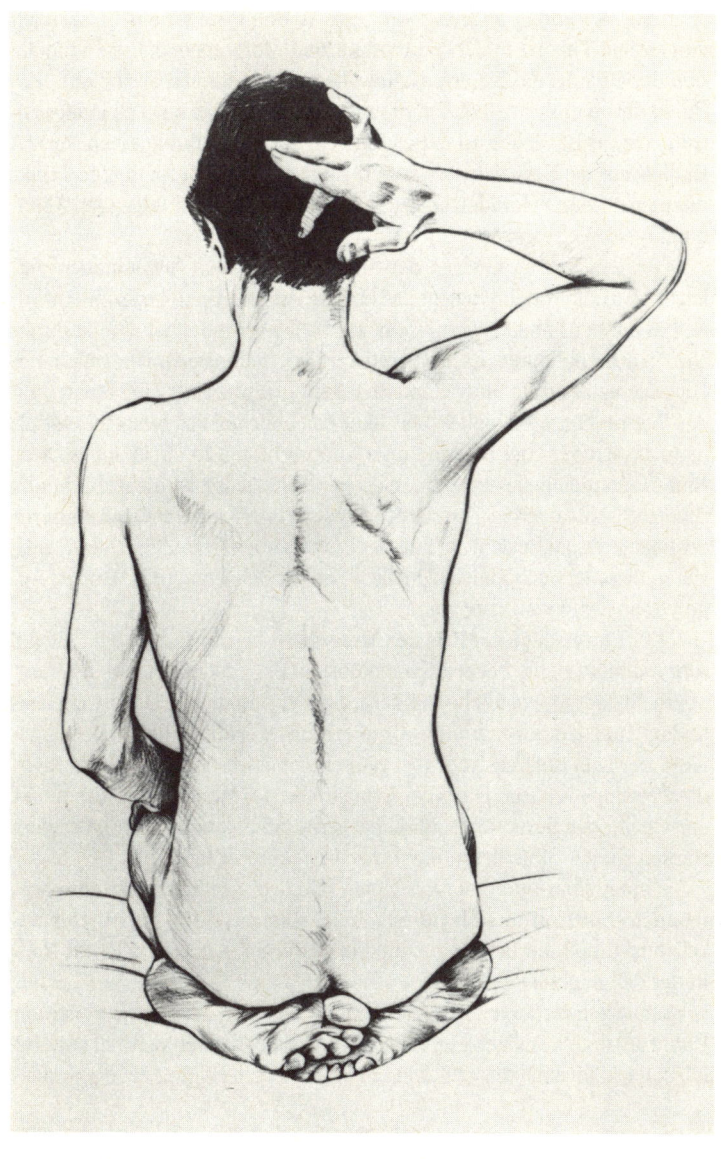

Kraft« bekannt ist. Dieser Punkt wird auch in allen Kampfkünsten als einer der wichtigsten betrachtet. Obwohl er weit von den Sexualorganen entfernt liegt, übt er, wenn er angeregt wird, eine Wirkung auf sie aus. Tatsächlich gibt es eine Theorie in der Akupunktur und Akupressur, daß die Stimulation der Organe, die Sie erreichen wollen, um so stärker ist, je weiter der Punkt davon entfernt liegt. Ich bin nicht sicher, ob das wirklich immer zutrifft, aber es ist wichtig zu wissen, daß ein entfernter Punkt einen starken Einfluß auf die Sexualenergie haben kann. Stimulieren Sie diesen Punkt nur einmal zehn Sekunden lang. (Siehe Punkt Nr. 2 in der folgenden Abbildung.)

3. An der Nasenwurzel, in der Mitte zwischen den Augenbrauen und leicht oberhalb von ihnen liegt das »**Dritte Auge**«, das so bezeichnet wird, weil es mit der Fähigkeit zur visionären Schau verknüpft ist. (Siehe Punkt Nr. 3 in der Abbildung.) Es gibt zahlreiche Meditationstechniken, mit deren Hilfe dieses Zentrum aktiviert werden kann. Das bewirkt eine Steigerung der Wahrnehmungsfähigkeit weit über das übliche Maß hinaus. Zugleich kann das «Öffnen« des Dritten Auges parapsychische Kräfte in uns wecken. Eine Hauptquelle dieser parapsychischen Fähigkeiten ist die latent in uns ruhende Sexualenergie. Das »Dritte Auge« ist direkt mit der Quelle unserer Sexualenergie im Becken am Fuß der Wirbelsäule verbunden, und wir aktivieren diese unerschöpfliche Quelle, wenn wir den Punkt des »Dritten Auges« zehn Sekunden lang stimulieren.

4. Der Punkt, der als »**Mitte des Menschen**« bekannt ist, ist ein weiterer sehr wichtiger Punkt bei den Kampfkünsten. Er liegt direkt unter der Nase, oberhalb der Lippen. (Siehe Punkt Nr. 4 in der Abbildung.) Dies ist der letzte Punkt auf dem sogenannten «**Gouverneur-Meridian**« (oder »Lenkergefäß«), der vom unteren Ende der Wirbelsäule über den Kopf bis kurz vor die Oberlippe verläuft. Da es der letzte Punkt des Meridians ist, der direkt zur Quelle der Sexualkraft führt, hat seine Stimulation einen besonders starken Effekt. Stimulieren Sie ihn zehn Sekunden lang.

5. Unmittelbar unterhalb der Unterlippe liegt der Endpunkt des sogenannten «**Konzeptions-Meridians**« (oder »Dienergefäß«). Auch dieser Meridian ist direkt mit den Sexualfunktionen verbunden. (Siehe Punkt Nr. 5 in der Abbildung.)

Wenn Sie akzeptieren, daß der Einfluß um so größer ist, je weiter ein Punkt auf dem jeweiligen Meridian von dem zu behandelnden Teil entfernt ist, dann sollte auch dieser Punkt einen gewaltigen Einfluß auf die Sexual-

Lebendige Sexualität

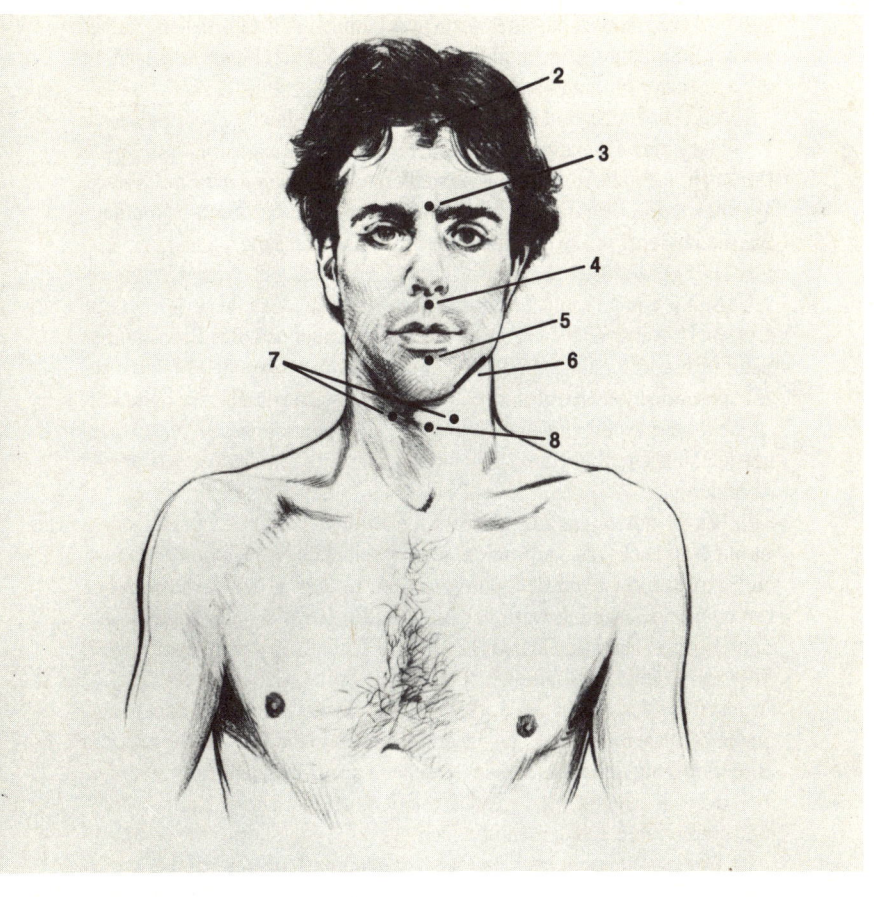

organe und den Sexualtrieb haben. Genauso ist es auch. Stimulieren Sie ihn für zehn Sekunden lang.

6. Entlang den Unterkanten des Kiefers gibt es mehrere Punkte, die einen Bezug zum Magen und zum Dickdarm haben. (Siehe Punkt Nr. 6 der Abbildung.) Es ist wichtig, daß die Bauchorgane in gesundem Zustand sind, weil sie eng mit den Sexualorganen verbunden sind und von Bedeutung für die Gesundheit des ganzen Körpers sind. Die Stimulation der Punkte entlang der Kieferkante hilft, die Verdauungsorgane ins Gleichgewicht zu brin-

gen und eine Atmosphäre des sexuellen Wohlgefühls zu schaffen. Reiben Sie zur Stimulation etwa zehn Sekunden lang mit den Fingerknöcheln am ganzen Kiefer entlang.

7. Am Hals rechts und links von der Schilddrüse liegen zwei Punkte, die als »**Meer der Energie**« oder als »Haus des Chi« bekannt sind. (Siehe Punkt Nr. 7 in der Abbildung.) Sie steigern ganz generell die Energie, sind aber bekanntlich für die Sexualität von besonderer Bedeutung. Stimulieren Sie die beiden Punkte gleichzeitig zehn Sekunden lang.

8. Die Schilddrüse ist verantwortlich für einen ausgeglichenen Stoffwechsel, also für das Aufschließen und Aufbauen der Nährstoffe im Körper. Außerdem hat sie spezielle Funktionen für die Sexualhormone. Eine gesunde Schilddrüse unterstützt die Allgemeinenergie, den sexuellen Antrieb und eine gesunde Menstruation. Um die Schilddrüse zu stimulieren, halten Sie sie behutsam zwischen Daumen und Zeigefinger und massieren sie mit einer leichten Drehbewegung im Uhrzeigersinn. (Siehe Punkt Nr. 8 in der Abbildung.)

9. Wir kommen nun zu zwei Punkten an den Händen. Der erste Punkt ist mit dem Dickdarm verbunden, und er soll auch bei der Kontrolle über die Sexualfunktion von Bedeutung zu sein. Er liegt in der Kerbe zwischen Daumen und Zeigefinger. [In der Akupunktur heißt er »Meisterpunkt des Kopfes« oder »Vereinte Täler«.] Dieser Punkt schafft auch Erleichterung bei Kopfschmerzen und verstopfter Nase. (Siehe Punkt Nr. 9 in der Abbildung.) Drücken Sie den Punkt zur Stimulation mit dem Daumen und dem Mittelfinger. Zu diesem Zweck legen Sie den Daumen in die Handfläche und den Mittelfinger auf den Handrücken. Drücken Sie und lassen Sie mehrere Male los, und wiederholen Sie dies an der anderen Hand. Dieser Punkt ist normalerweise recht schmerzempfindlich.

10. Der zweite Punkt liegt am Handgelenk unterhalb des Daumens. (Siehe Punkt Nr. 10 in der Abbildung.) Diese Stelle ist auch als Druckpunkt in der Hand-Reflexzonentherapie bekannt. Er gilt dort als wichtigster Punkt der Sexualkraft. Stimulieren Sie den Punkt an jedem Handgelenk zehn Sekunden lang.

11. Die Brustwarzen sind die nächsten Punkte, an denen wir arbeiten. (Siehe Punkt Nr. 11 in der Abbildung.) Sie sind zart und empfindsam, reagieren stark auf die Stimulation und erzeugen heftige sexuelle Bedürfnisse im Körper. Wenn Sie diese Punkte aktivieren, fängt der Körper an, Hormone zu produzieren und sich auf sexuelle Aktivität einzustellen. Es gibt zwei

Lebendige Sexualität

Methoden der Stimulation: Die erste besteht einfach darin, Druck mit der Fingerkuppe auf die Brustwarzenspitze auszuüben. Bei der zweiten ergreifen wir die Brustwarze mit Daumen und Zeigefinger und rollen sie zwischen den Fingern hin und her. Wenden Sie die eine oder andere der Methoden zehn Sekunden lang auf jeder Seite an.

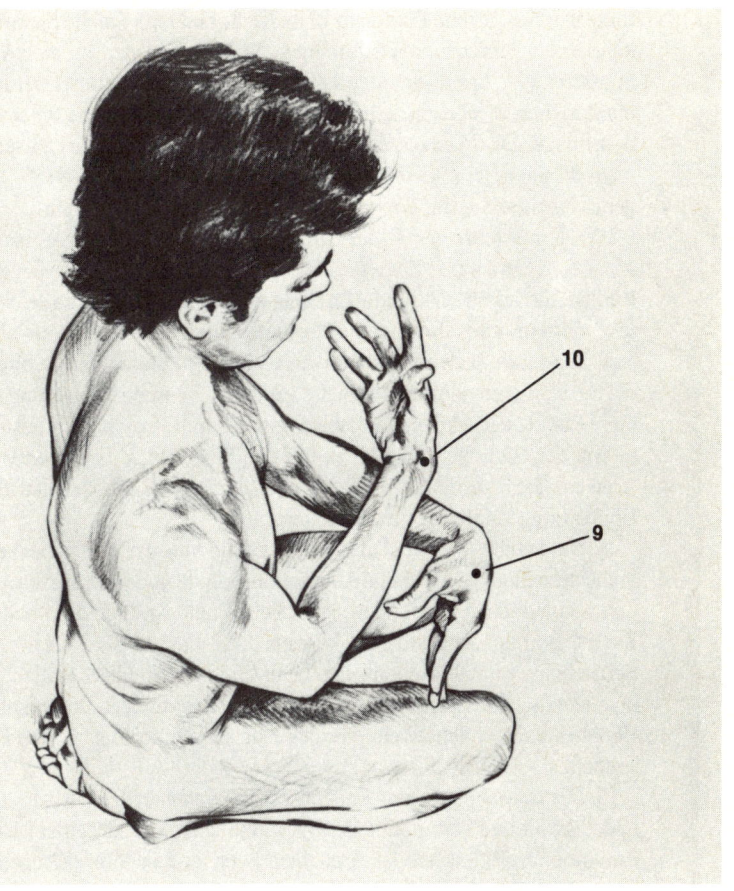

Für Frauen gibt es noch eine andere Übung, und zwar die Brüste gründlich zu massieren. Ergreifen Sie sie fest und massieren Sie bis in die Tiefe. Das kommt den Brüsten sehr zugute; es steigert die Zirkulation, und sie behalten ihre Festigkeit und Form. Außerdem setzt es hormonelle Reaktionen in Gang, die den Körper auf sexuelle Aktivität einstellen.

12. Um den Nabel herum sind Punkte, die von Spannungen im Bauchraum befreien. (Siehe Punkt Nr. 12 in der Abbildung.) Solche Spannungen können zu Verstopfung, Sodbrennen, Völlegefühl oder anderen Verdauungsstörungen beitragen oder davon herrühren. Solche Beschwerden vermindern unsere Vitalität, zehren an unserer Energie und unserer sexuellen Sensibilität. Die Massage des Bereiches um den Bauchnabel ist sehr hilfreich dagegen. Drücken Sie tief in den Bauch und stimulieren Sie die Gegend. Machen Sie das einige Male ganz um den Nabel herum.

13. Die Leistenbeuge — der Übergang vom Becken zum Oberschenkel — ist eine ganz heiße Zone für die sexuelle Stimulation. Hier liegen zwei Punkte, die als »**Stürmende Energie**« oder »Breite Troßstraße des Chi« und »**Stürmendes Tor**« oder »Pforte des großen Troßgefolges« bekannt sind. Sie sind mit den Schamnerven verbunden, die wiederum direkt auf die Sexualorgane einwirken. (Siehe Punkt Nr. 13 in der Abbildung.) Auch diese Punkte der sexuellen Vitalität können durch Massage der Leistenbeuge von der Hüfte bis zum Schritt mit den Fingerspitzen aktiviert werden. Arbeiten Sie von den Hüften aus nach innen und wiederholen Sie die Übung einige Male auf beiden Seiten.

14. Das Schambein bildet die vordere Verbindung der beiden Beckenhälften. Dort befinden sich einige Akupunkturpunkte und viele Nerven, die mit den Sexualorganen verbunden sind. (Siehe Punkt Nr. 14 in der Abbildung.) Zur Steigerung der Sexualität können diese Punkte durch Massage des Schambeins von Oberschenkel zu Oberschenkel stimuliert werden. Dabei erzeugen Sie Tausende von sexuellen Nervenreaktionen. Drücken Sie die Punkte auf die übliche Weise etwa eine halbe Minute lang mit den Fingerspitzen.

15. Das Kreuzbein ist eine knochige Platte unten an der Wirbelsäule und bildet die hintere Verbindung der Beckenknochen. Außer seiner wichtigen Funktion im Skelett hat das Kreuzbein noch zwei weitere wichtige Aufgaben. Einmal steht es in Verbindung mit dem Sakralplexus, einem großen Nervengeflecht, das unter anderem die Sexualorgane steuert. Zum zweiten dient es als Pumpe, die die Spinalflüssigkeit die Wirbelsäule hinauftrans-

Lebendige Sexualität

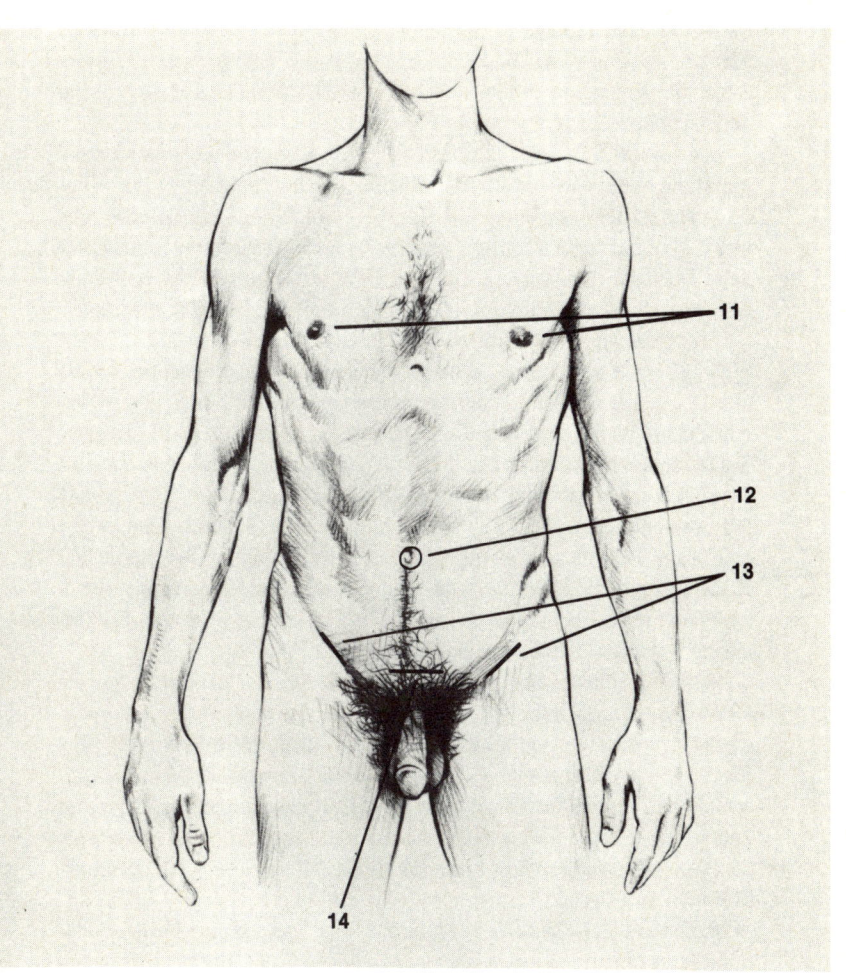

portiert. Wir werden die sexuelle Bedeutung dieser Pumpfunktion später noch genauer untersuchen. Das Kreuzbein ist seiner Lage und seinen anatomischen Verbindungen entsprechend ein Schlüsselbereich in unserer Lebenskraft-Übungsserie. Massieren Sie mit den Fingerspitzen auf beiden Seiten am Kreuzbein entlang. (Siehe Punkt Nr. 15 in der Abbildung.) Das aktiviert besonders die sexuelle Nervenkraft.

16. Ganz am Ende des Steißbeins liegt ein wichtiger Sexual-Akupressurpunkt. Er heißt »**Wachstum und Stärke**«. (Siehe Punkt Nr. 16 der Abbildung.) Es ist der erste Punkt auf dem »Gouverneur-Meridian«, und er wird in der Akupunktur benützt, um eine Vielzahl sexueller Probleme zu behandeln. Durch seine Stimulation läßt sich die sexuelle Sensibilität steigern. Aktivieren Sie diesen Punkt zehn Sekunden lang durch rotierenden Druck.

17. Zwischen dem After und den Genitalen liegt der Damm. Diese weiche Stelle ist ein Hauptakupressurpunkt, der Beginn des «Konzeptions-Meridians«. Diese Stelle gehört auch zu unseren erogensten Zonen und ist deshalb ein kraftvoller Stimulationspunkt der Sexualenergie. Direkte Massage des Damms erzeugt Druck auf das Urogenitalsystem bei Frauen und auf die Prostatadrüse bei Männern und steigert die Energiezirkulation im gesamten Genitalbereich. Massieren sie tief etwa zwanzig Sekunden lang.

18. Eine Technik speziell für Männer zur Kräftigung und Festigung der Hodensäcke: Umschließen Sie die Hoden sanft, aber fest mit einer Hand. Drücken Sie sie etwa 25mal zusammen und lassen Sie sie wieder los. Das aktiviert alle ihre nervlichen und hormonalen Funktionen.

19. Im Zentrum des Ballens unter dem großen Zeh ist ein Punkt, den die Fußreflexologie zu Stimulation der Hypophyse (Hirnanhangdrüse) verwendet. Die Hypophyse liegt im Kopf und ist die wichtigste endokrine Drüse. Sie ist verantwortlich für die Produktion, Steuerung und Harmonie der verschiedenen Sexualhormone. Durch Druck auf das Zentrum jedes großen Zehes und Massage für etwa eine halbe Minute aktivieren und stärken Sie die Hypophyse und verbessern das harmonische Gleichgewicht der Sexualhormone im Körper.

20. Entlang der Achillessehne, oberhalb der Ferse, gibt es Reflexzonenpunkte, die die Sexualorgane stimulieren. Legen Sie Daumen und Zeigefinger auf beide Seiten der Sehne, drücken Sie und lassen Sie dann wieder los. Beginnen Sie bei der Ferse und arbeiten Sie sich von dort etwa 20 Zentimeter nach oben. Machen Sie das etwa eine halbe Minute lang an jedem Bein.

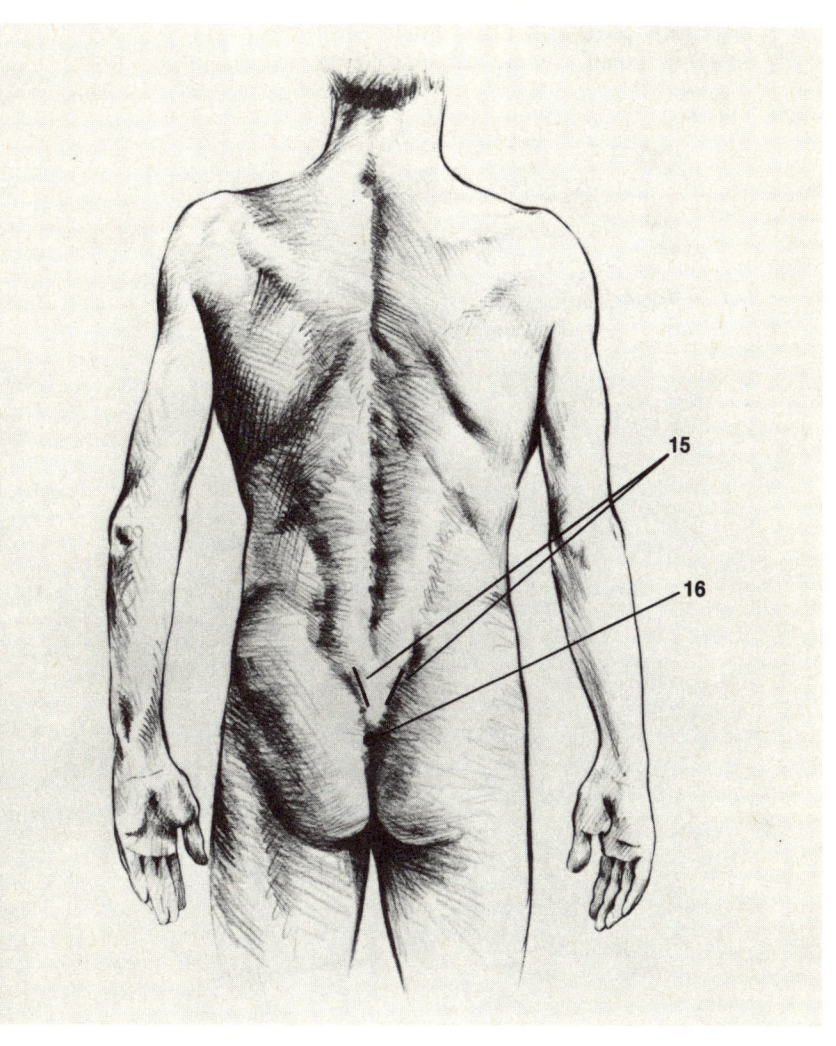

21. Der letzte Punkt dieser Serie liegt auf der Innenseite des Fußgelenks, unmittelbar unter dem Knöchel. (Siehe Abbildung.) Massieren Sie diese Stelle, sie heißt »**Meer der Erhellung**«, jeweils etwa 15 Sekunden lang. Sie ist ein Reflexpunkt für Blase, Prostata, Penis und die gesamte Beckengegend.

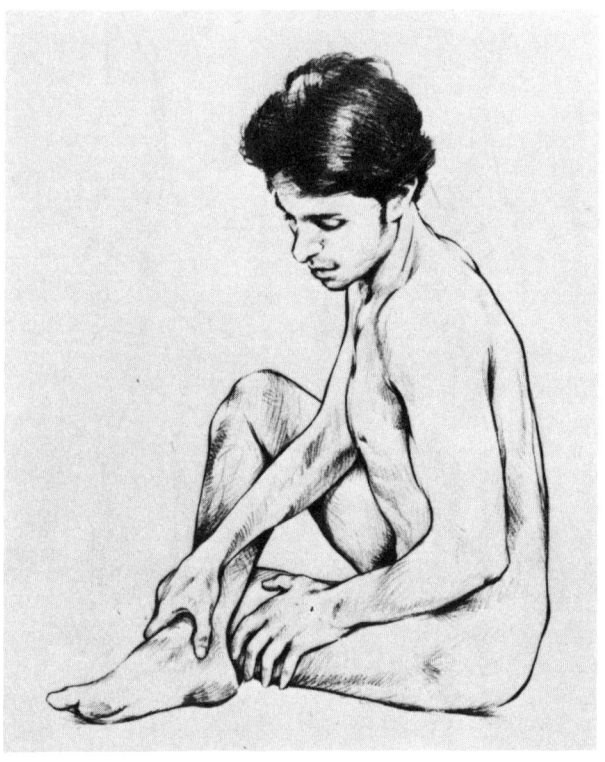

7
Shower-Power

Es gibt eine ganz einfache Technik aus der Wassertherapie, um Ihre Sexual-
energien in Schwung zu bringen: die heiße und kalte Dusche. Sie können
sich diese Technik leicht zur täglichen Routine machen, indem Sie Ihr normales Duschbad entsprechend erweitern. Duschen und waschen Sie sich
zunächst wie gewöhnlich. Das Wasser sollte ziemlich heiß sein, aber nicht
unangenehm. Anschließend stellen Sie das Wasser ganz kalt. Unter dem
kalten Wasserstrahl massieren Sie sich mit den Händen. Reiben Sie Ihr Gesicht, die Unterarme und alle Teile des Körpers, während das kalte Wasser
über die Haut läuft. Halten Sie Ihren Rücken in den kalten Strahl, und lassen Sie das Wasser auch gegen den unteren Rücken und die Nierengegend
spritzen. Das stärkt die Nebennieren und die Nerven, die zu den Sexualorganen führen. Eine solche Stimulation macht die Sexualorgane kräftig und
verbessert den Blutstrom zu ihnen. Eine gründliche Dusche dieser Art
nimmt nicht länger als etwa zwei bis drei Minuten in Anspruch. Aber danach fühlen Sie sich wie neugeboren.

Die Begründung dafür ist folgende: Wenn Sie unter der heißen Dusche
stehen, öffnen sich die Poren und gleichzeitig fließt das Blut ins Innere des
Körpers, da ja die Wärme oben auf der Haut nicht mehr benötigt wird. Statt
dessen werden die inneren Organe gut versorgt und durchgespült.

Unter dem kalten Wasserstrahl dagegen macht Ihr Körper eine Reihe von
Veränderungen durch: Die Poren schließen sich, und das Blut eilt zur Oberfläche des Körpers, um für die Wärme zu sorgen, die nötig ist, um die inneren Organe vor der plötzlichen Invasion der Kälte zu schützen. Das Strömen des Blutes von tief drinnen an die Oberfläche der Haut öffnet die Arte-
rien und Kapillaren und verbessert die Blutzirkulation ganz entscheidend.
Zugleich werden durch den plötzlichen Wechsel von Warm auf Kalt die Nerven und Drüsen stimuliert und sozusagen neu »aufgeladen«. Eine solche
Dusche regt den Wärmehaushalt des Körpers an und stärkt die Widerstandskraft gegen Erkältungskrankheiten. Vor Ihren Übungen hilft Ihnen
die heiß-kalte Dusche sich zu lockern und Ihre Energie in Schwung zu bringen. Aber am wichtigsten ist, daß sie die Drüsen und Sexualorgane stärkt
und Sie dadurch sexuell lebendiger macht.

8
Sexualität und Ernährung

«Der Mensch ist, was er ißt«, und die Ernährung beeinflußt auch unsere Sexualität. Sehr viel hängt von der richtigen, gesunden Ernährung ab, wenn Sie einen starken, gesunden Körper mit einem vitalen Sexualleben behalten wollen. Das liegt daran, daß die Nahrung nicht nur Energie in Form von Kalorien liefert, sondern auch alle Aufbaustoffe zur Bildung von Gewebe, Blut und Knochen zur Verfügung stellt. Ihr Gewebe zum Beispiel benötigt Eiweiß, um kräftig und geschmeidig zu bleiben, und Ihre Drüsen und Organe benötigen verschiedene Vitamine, Mineralien und Spurenelemente, um mit voller Leistung zu arbeiten. Natürlich brauchen Sie außerdem auch Kohlehydrate und Fette für die Energieproduktion. Unterdessen wirken Billionen von Enzymen als Katalysatoren im Körper und lösen Milliarden von verschiedenen Körperfunktionen aus. Die Körperchemie ist so komplex, daß wir sie mit dem Verstand kaum erfassen können. Tatsächlich hat bis jetzt noch niemand sämtliche chemischen Reaktionen, die in nur einer Minute im Körper auftreten, beobachten und beschreiben können. Aber soviel ist sicher: Gute Ernährung ist wichtig, um den Körper ohne Störung und Versagen in einem gesunden Zustand zu erhalten.

Die Sexualorgane und Drüsen benötigen spezifische Nährstoffe, um ihre optimale Gesundheit zu erreichen und zu behalten. Deshalb ist alles, was Sie essen, Ihrer sexuellen Vitalität entweder zuträglich oder abträglich. Wirkliche Lebensmittel unterstützen den Aufbau von Nährstoffen für eine dynamische Sexualenergie, während wertlose Nahrungsmittel dazu beitragen, die gesunde Drüsenfunktion und Hormonproduktion zu behindern und zu zerstören.

Gutes Essen ist noch aus anderen Gründen wichtig, wenn Sie Freude an der Sexualität haben wollen. Es steigert nicht nur Ihre Energie und macht Sie gesünder, sondern läßt auch Ihre Haut strahlen, macht Sie angenehm zu berühren und gibt Ihnen einen frischen Atem. Die Ernährung hat einen entscheidenden Einfluß auf Körpergeruch, Atem Teint und Haut. Wenn Sie also Vollwertlebensmittel zu sich nehmen, wirkt es sich nicht nur günstig auf Ihre Sinnlichkeit aus, sondern auch auf Ihre sexuelle Attraktivität.

Lassen Sie uns einen Blick auf die Lebensmittel und die Eßgewohnheiten werfen, die zu einer Verbesserung der Sexualenergie beitragen.

Vollwert-Lebensmittel

Vollwert-Lebensmittel sind Lebensmittel, die ihren Namen zur Recht tragen: Sie sind voller essentieller Nährstoffe, wie sie von der Natur für uns bereitgestellt werden: Sie sind mit einem Minimum von industrieller Verarbeitung hergestellt. Sie tragen zu einer optimalen Ernährung bei und sind ohne jede schädliche Nebenwirkungen. Sie harmonisieren alle lebendigen Funktionen des Körpers, steigern seine Vitalität und versorgen ihn reichlich mit Lebenskraft. Lebenskraft ist der essentielle Faktor für alle Lebewesen; sie ist ein genauso wichtiger Bestandteil der Nahrung wie Eiweiß, Vitamine und andere Nährstoffe. Ohne sie gäbe es keine Gesundheit. Wahre Lebensmittel enthalten Leben, und durch ihren Genuß stärken wir die Lebenskraft, die durch jede Zelle unseres Körpers fließt. Hier eine kurze Beschreibung der wichtigsten Nahrungsmittelgruppen der Vollwertkost.

Frisches Gemüse und Früchte

Frisches Gemüse und Früchte sind randvoll mit Leben. Sie sind unsere besten Vitamin- und Mineralquellen, und sie versorgen uns auch mit Enzymen, den biologischen Katalysatoren, die für fast alle Funktionen des Körpers benötigt werden. Die Enzyme aus frischen Produkten regen wiederum den Körper an, Enzyme zu produzieren und unterstützen so die Milliarden von Prozessen, die ständig in uns im Gange sind. Viele Enzyme, Vitamine und Mineralien werden durch die Verarbeitung der Lebensmittel verändert, speziell durch die hohen Temperaturen beim Kochen. So gesehen sind gekochte, eingemachte und auch tiefgefrorene Früchte und Gemüse minderwertige Lebensmittel. Sie enthalten nur noch einen Bruchteil der ursprünglichen Vitalstoffe und sind deshalb auch nicht mehr Lebensmittel im eigentlichen Sinn.

Viele sind inzwischen schon auf den Geschmack von frischem, rohen Gemüse und Salat gekommen. Ein geschickt zusammengestellter Salat kann eine köstliche und sättigende Mahlzeit ergeben. Wenn Sie wenigstens einmal am Tag einen Teller rohen Gemüsesalat verspeisen, liefern Sie Ihrem Körper eine enorme Menge von Vital- und Nährstoffen. Rohes Gemüse enthält Vitamine, Mineralien, Enzyme und Ballaststoffe. Ballaststoffe sind wichtig für die Verdauung, die Darmhygiene und den geregelten Stuhlgang.

Viele Krankheiten stammen von einer zu trägen Verdauung; der regelmäßige Verzehr frischer Salate hilft diese Probleme zu verhindern. Grünes Blattgemüse enthält auch Chlorophyll, das die Körperzellen mit Sauerstoff versorgt und zugleich desinfizierend und antibakteriell wirkt.

Je nach Veranlagung und Eßgewohnheiten vertragen einige Menschen einen höheren Anteil an ungekochten Lebensmitteln besser als andere. Jeder, der wesentliche Veränderungen in seiner Ernährung vornehmen will, sollte für einen behutsamen, allmählichen Übergang sorgen. Achten Sie dabei besonders auf Beschwerden wie Verstopfung oder Blähungen.

Wenn sie Ihr Gemüse garen, dämpfen oder dünsten Sie es leicht, anstatt es totzukochen. So behalten die Lebensmittel einen Teil ihrer Vitalstoffe und bleiben saftig und geschmackvoll. Benutzen Sie keine Aluminiumfolie oder -töpfe.

Frisches Obst gibt ein wundervolles Frühstück und eine ideale Zwischenmahlzeit. Obst enthält ebenfalls Vitamine, Mineralien, Enzyme und Ballaststoffe. Es hat reinigende Funktion und versorgt zugleich mit natürlichem Fruchtzucker, dem besten Energielieferanten. Die meisten Früchte brauchen zum Wachsen viel Sonne. Sie speichern also die Energie der Sonne, der größten Energiequelle unseres Planeten, und geben sie als Vitalkraft an uns weiter. Wenn Sie frische, reife Früchte essen, stimuliert das Ihre Lebenskraft und steigert Ihre generelle Vitalität.

Frisches Gemüse und Obst enthält viele wichtige Nährstoffe für den Aufbau und die Erhaltung gesunder sexueller Funktionen und Organe, zum Beispiel die Vitamine A, C, E und des B-Komplexes sowie die Mineralien Kalzium, Phosphor, Silizium, Jod, Eisen und Fluoride. Zu dieser Gruppe von Lebensmitteln gehören beispielsweise Karotten, Erdbeeren, grüner Salat, Spargel, Orangen und Hunderte von anderen köstlichen Produkten. Wenn Sie reichlich Obst und Gemüse in Ihre tägliche Ernährung mitaufnehmen, leisten Sie einen wichtigen Beitrag zur sexuellen Gesundheit.

Frische Säfte

Ebenso wichtig wie frisches, rohes Obst und Gemüse sind frischgepreßte Säfte für Ihre Gesundheit. Solche Säfte sind einzigartige Nahrungsmittel; sie enthalten in konzentrierter Form die gesundheitsspendende Essenz der Lebensmittel, von denen sie stammen. Frische Säfte sind voller natürlicher

Vitamine, Mineralien, Enzyme und Fruchtzucker. Sie enthalten große Mengen unseres täglichen Bedarfs an Nährstoffen, werden schnell vom Körper aufgenommen und sind leicht verdaulich. [Anm. des Herausgebers: Es ist ohne Zweifel wirksam, auf diese Weise größere Mengen dieser »Essenz« in kurzer Zeit zu sich zu nehmen. Von ganz anderem Reiz ist es, sich eine Stunde Zeit zu »nehmen« und ein Pfund Möhren langsam zu kauen.]

Frische Säfte können in unserem Sexualleben Wunder bewirken. Mit ihrer Fülle an Vital- und Nährstoffen regen sie alle Drüsen an, ihr Bestes zu tun. Der frische Strom an Lebenskraft, der aus den Säften in unseren Körper fließt, stimuliert dessen innere Chemie zu Hochleistung. Schwache Verdauungsorgane werden verjüngt, denn die Kraft der flüssigen Nahrung kann ohne hohen Arbeitsaufwand geerntet werden. Das heißt, die Energie des Körpers kann dazu verwendet werden, sexuelle Kraft aufzubauen, anstatt zur Verdauung schwerer Lebensmittel zu dienen. Sie werden feststellen, daß Sie sich viel leichter, stärker und energievoller fühlen, wenn Sie täglich eine Mahlzeit durch frische Säfte ersetzen. Es wird nicht lange dauern, bis Sie erleben, wie auch eine ganz neue lebendige Sexualität in Ihnen erwacht.

Für die Produktion benötigen Sie einen Entsafter. Das ist eine teure Anschaffung, aber Ihre Gesundheit sollte es Ihnen wert sein. Es ist wichtig, die Säfte frisch zu trinken, da die Produkte in Flaschen oder Dosen durch die Herstellung ihren Wert für die Ernährung weitgehend verlieren. Säfte in Flaschen oder Dosen werden meist erhitzt oder einer anderen Behandlung unterzogen, durch die die meisten der Enzyme und Vitamine zerstört werden. Auch wenn die Säfte nicht erhitzt wurden, verlieren sie bei der Lagerung einen Teil ihrer Vitalstoffe aufgrund von Oxydation. Wie Sie sehen, enthalten nur frischgepreßte Säfte ein Maximum an Nährwert und Lebenskraft.

Im allgemeinen tragen frische Gemüsesäfte sogar noch mehr zur Steigerung der sexuellen Lebenskraft bei als Obstsäfte, da sie mehr Mineralien und Vitamine enthalten. Einige der besten Säfte zur Vitalitätssteigerung sind die Säfte von Karotten, roter Bete, Spinat, Petersilie und Gurken. Diese Säfte enthalten Vitamin A, Kalzium, Kalium, Eisen, Magnesium, Phosphor, Silizium und eine ganze Menge anderer wichtiger Spurenelemente. Sie werden oft zur Reinigung und Heilung von Leber, Gallenblase und Sexualorganen benutzt. Mit einem Glas frischen Saft nehmen Sie die Essenz einer großen Menge fester Nahrung zu sich. Diese konzentrierte, lebensspendende

Flüssigkeit wird Ihr Wohlbefinden und Ihre Gesundheit steigern und Ihrem Sexualleben neuen Schwung geben.

Nüsse und Samen

Nur wenige Lebensmittel sind so hochkonzentrierte Speicher vitaler, lebensstärkender Kräfte wie rohe Nüsse und Samen. Samen sind die Essenz, der innerste Kern des Pflanzenlebens. Sie enthalten den gesamten Bauplan für die Pflanzen, die oft mehrere tausendmal größer sind als sie selbst. Im Reich der Pflanzen sind Nüsse und Samen der höchste Ausdruck von Sexualkraft und Fruchtbarkeit. Die Ähnlichkeit zwischen ihnen und den menschlichen Spermien und Eiern ist sehr deutlich. Sie enthalten alles, was zur Entstehung neuen Lebens nötig ist.

Nüsse und Samen liefern Vitamine, Mineralien, essentielle Fettsäuren und Proteine. Von allen Lebensmitteln sind sie am meisten »sexy« und werden seit ältester Zeit in vielen Kulturen benutzt, um die Sexualkraft wiederherzustellen, zu erhalten und zu erhöhen.

Die gebräuchlichsten Nüsse und Samen sind Cashewnüsse, Haselnüsse, Kastanien, Kokosnüsse, Leinsamen, Mandeln, Paranüsse, Pekannüsse, Pistazien, Sesamsamen, Sonnenblumenkerne und Walnüsse. Man sollte Nüsse nicht rösten, sondern roh essen, denn das Rösten tötet die Enzyme, zerstört die Vitamine und macht die wertvollen Öle schwerer verdaulich. In rohem Zustand hingegen sind diese kleinen lebendigen Kraftspender wahre Juwelen.

In richtiger Kombination versorgen uns Nüsse und Samen mit Eiweiß von höchster Qualität. Eiweiß ist unentbehrlich für den Aufbau des Gewebes, für die Abwehr von Krankheiten und zum Wiederaufbau des Körpers nach einer Krankheit. Männer brauchen Eiweiß unter anderem für die Produktion von Sperma, das ja reich an Eiweiß ist; bei Frauen ist Eiweiß entscheidend für einen gesunden Menstruationzyklus.

Auch die essentiellen Fettsäuren, die in Nüssen und Samen vorkommen, sind wichtig für die sexuelle Gesundheit. Sie werden für viele Reproduktionsfunktionen sowie für eine gesunde Prostatadrüse und normale Menstruation benötigt. Sie sind von speziellem Wert für die Funktion der Nebennieren. Die Nebennieren schützen den Körper vor Streß und Müdigkeit. Sie erzeugen auch Aldosteron, ein Hormon, das eng mit den Sexual-hormonen verwandt ist.

Nüsse und Samen können während der Mahlzeit gegessen werden oder als Zwischenmahlzeit, allein oder mit Früchten. Am wenigsten Kalorien aufgrund des Fettgehalts haben Kürbiskerne, Pinienkerne und Sonnenblu-menkerne. Je nach Art der Nüsse oder Samen benötigen wir ein bis drei Eßlöffel ihres Öls, um unseren Tagesbedarf an essentiellen Fettsäuren zu stillen. Nüsse und Samen lassen sich gut aufbewahren; sie sind leicht zu transportieren und können, regelmäßig genossen, einen wichtigen Beitrag zu unserem sexuellen Wohlbefinden leisten.

Milchprodukte und Eier

Eine große Rolle zur Erhaltung oder Steigerung der Vitalkraft spielen auch Milch, Milchprodukte und Eier. Schon vor Tausenden von Jahren waren diese Nahrungsmittel für ihre kraft- und potenzsteigernde Wirkung be-rühmt. Es gibt viele Gründe dafür. Milch, Milchprodukte und Eier sind reich an wertvollem, gut nutzbarem Protein, wichtigen Vitaminen und Minera-lien und haben einen hohen Nährwert. Allerdings sollte der Nährwert nicht der einzige Gesichtspunkt sein, unter dem man ein Lebensmittel be-trachtet.

Es gibt eine andere Betrachtungsweise, die einmal in den meisten Kultu-ren üblich war und heute fast vergessen ist. Bei dieser Betrachtungsweise legt man großen Wert darauf, woher die Lebensmittel kommen und wie sie hergestellt wurden, und danach richtet sich auch ihr Wert für die Gesund-heit. Nehmen wir zum Beispiel Eier. Ein befruchtetes Ei von freilaufenden Hühnern (nicht die Massenware, die man in den meisten Supermärkten be-kommt) ist der embryonale Keim, aus dem einmal ein ausgewachsenes Huhn entstehen würde, wenn man es ausbrüten lassen würde. Es ist rand-voll mit Leben, und es ist das Produkt der Paarung zwischen männlich und weiblich.

Eier sind auf einzigartige Weise Produkte und Symbole der Sexualität. Die Wissenschaft bezeichnet sie als protomorphogen, was bedeutet, daß ih-re spezifische Proteinstruktur uns dazu dient, Teile unseres Körper aufzu-bauen, die gleichen Ursprungs wie die Eier selbst sind. Einfacher gesagt: Eier sind Produkte der Sexualorgane, und sie bauen, wenn man sie als

Nahrung zu sich nimmt, speziell die Sexualorgane auf. Rohes Eigelb von frischen, befruchteten Eiern wurde schon vor Jahrhunderten zur Regeneration der sexuellen Kraft benutzt. Die Tibeter verwenden rohes Eigelb als Teil ihrer einfachen und doch gesunden Diät, die ihnen den Ruf einer starken Manneskraft und eines langen Lebens einbrachte. Rohes Eiweiß enthält übrigens Avidin, eine Substanz die das Biotin (Vitamin H) des rohen Eigelbs bindet und so dessen Aufnahme im Köper verhindert. Wenn man zuviel davon ißt, kommt es deshalb zu Biotinmangel.

Und schließlich die Milch: Auch die Rohmilch ist ein Produkt mit sexueller Bedeutung: das flüssige Sekret der reifen, vollentwickelten Brustdrüsen von befruchteten weiblichen Säugetieren. Sie entsteht aufgrund eines hormonalen Reifeprozesses, wenn das Weibchen seine Jungen trägt, und taucht normalerweise zu anderen Zeiten nicht auf. Die Milch selbst ist also ein Produkt des sexuellen Reifeprozesses. Ist es dann verwunderlich, daß frische rohe Vollmilch zur Steigerung der Sexualkraft so sehr geschätzt wird? Bedauerlicherweise leiden viele Menschen an einem Mangel an Laktase-Enzymen, die notwendig für die Verdauung von Milch sind, und reagieren deshalb allergisch auf Milch. Das ist eine der am häufigsten vorkommenden Lebensmittelallergien.

Getreide

Historisch gesehen ist Getreide das am weitesten verbreitete Grundnahrungsmittel. Gemeint sind Weizen, Roggen, Hafer, Gerste, Dinkel, Reis, Hirse, Buchweizen und Mais. Diese Produkte sind bis heute die wesentliche Nahrungsquelle der Weltbevölkerung, und das mit gutem Grund, denn sie sind Kraftpakete. Das volle Korn ist eine kraftvolle Nahrung; es ist zugleich Same und Frucht des langen Getreidegrases. Alles, was robuste, gesunde Pflanzen zum Wachsen brauchen, ist in den kleinen Körnern zu finden. Ebenso wie Nüsse und Samen sind Körner höchst fruchtbare Lebensmittel.

Getreidekörner sind randvoll mit Lebenskraft. Sie wachsen im Sonnenlicht und absorbieren eine enorme Menge an Sonnenkraft, die gleiche Sonnenkraft, die uns hilft zu wachsen. Wenn wir Getreide essen, nehmen wir also zusätzlich zu allen guten Nährstoffen auch die gespeicherte, vitale Sonnenenergie in uns auf. Täglich werden neue Entdeckungen gemacht, mit denen man die lebensspendenden Eigenschaften des Vollkorns nachweist.

So hat man vor noch nicht allzulanger Zeit im Weizenkorn eine Substanz entdeckt: das Oktakosanol. Oktakosanol ist ein Ausdauerfaktor, ein hochkonzentrierter Nährstoff, der enorme Stärke und Ausdauer erzeugt, wenn man ihn regelmäßig zu sich nimmt, und der besonders auf die Sexualorgane wirkt. Es ist allerdings nur im vollen Korn vorhanden. Werden Weizenkörner zu weißem Mehl zermahlen, geht alles Oktakosanol verloren. Wir haben es dann nur noch mit einem minderwertigen Nahrungsmittel zu tun, das nicht nur diesen einen wichtigen Nährstoff verloren hat. Tatsächlich gehen etwa 83% der Nährstoffe des Weizens verloren, wenn er zu Weißmehl verarbeitet wird.

Ähnlich verhält es sich mit allen anderen Getreidearten. Sie sind kraftvolle nährstoffreiche Lebensmittel, die die sexuelle Gesundheit verbessern können. Aber wenn sie verarbeitet und raffiniert werden, verlieren sie ihre Kraft. Aus diesem Grunde sind ganze Körner und Vollkornprodukte gegenüber ihren »raffinierten« Mitstreitern zu bevorzugen. In Bioläden und Reformhäusern finden Sie solche Produkte reichlich. Meist können Sie sich dort auch informieren, wie man sie zubereitet. Wenn Sie Vollkornprodukte in Ihre tägliche Ernährung miteinbeziehen, werden Sie damit zum Wohlbefinden und zur Steigerung Ihres Sexuallebens beitragen.

Fleisch und Fisch

Das beste Fleisch für Ihre sexuelle Gesundheit ist zartes, mageres Fleisch, wie Geflügel, Fisch und Meeresfrüchte. Fleisch enthält Protein von hoher Qualität. Trotzdem sollte rotes Fleisch aus verschiedenen Gründen nur sparsam gegessen werden. Erstens hat es ziemlich hohe Anteile an Milch- und Harnsäure. Diese Säuren lagern sich im Körper ab und übersäuern das Blut. Das belastet die Leber und die Nieren und stört auch die Funktion der Sexualorgane. Zweitens stammt rotes Fleisch überwiegend von Tieren, denen man Medikamente, wie Antibiotika, Amphetamine und Steroide verabreicht hat. Leider verbleiben die Medikamente im Fleisch und können ernsthafte Probleme verursachen. Besonders gefährlich sind die Steroide; sie gehören zu den Hormonen und werden den Tieren zum Zweck der Wachstumsbeschleunigung und Gewichtssteigerung verabreicht, um mit möglichst wenig Aufwand in kurzer Zeit mehr Geld zu verdienen. Dieses Profitdenken kann sich verheerend auswirken. Ein oft verwendetes Steroid

zum Beispiel, Diäthylstilböstrol (DES), erzeugt Impotenz und Gebär-
mutterkrebs. Das dürfte ein guter Grund sein, auf das Steak zu verzichten.
Hinzu kommt aber noch folgendes: Da rotes Fleisch normalerweise nach
dem Schlachten nach kurzer Zeit schon grau wird, fügt man in aller Regel
geruchlose und geschmacklose chemische Zusätze hinzu, die eigentlich
nur zur Fußbodenreinigung und nicht zur Ernährung taugen. Bei regelmäßigem Genuß zeigen sich Vergiftungserscheinungen. Falls Sie also ihr rotes
Fleisch nicht von einem zuverlässigen, kontrolliert biologischen Bauernhof
bekommen, ist es besser, die Finger davon zu lassen.

Auch Geflügel aus kontrolliert biologischer Zucht ist gar nicht so leicht
zu bekommen, aber allmählich wird es doch etwas einfacher. Manche Bioläden führen bereits Fleisch von Geflügel, das auf natürliche Weise ohne Drogen und Hormone aufgewachsen ist. Und bald wird es zweifellos immer
mehr Verbraucher geben, die nach solchen gesunden Lebensmitteln fragen. Geflügel, wie etwa Huhn und Truthahn, enthält gutes Eiweiß und weniger Milch- und Harnsäure als rotes Fleisch. Außerdem ist Geflügel zarter
und magerer und deshalb leichter zu verdauen.

Fisch und Meeresfrüchte sind die gesündesten Eiweißquellen und gelten
seit langem als vitalitäts- und potenzsteigernde Nahrungsmittel. Wenn man
einmal von der Verschmutzung des Wassers absieht, ist Fisch die sauberste
tierische Nahrung. Er ist eine ausgezeichnete Eiweißquelle mit wenig Fett
und mehr Vitaminen und Mineralien als rotes Fleisch oder Geflügel. Fisch
sollte daher regelmäßig in die Ernährung eingebaut werden; es gibt ja eine
Vielfalt von Fischsorten, unter denen man seine Wahl treffen kann.

Vom Gesichtspunkt der Sexualität aus stehen Meeresfrüchte hoch im
Kurs, weil sie von allen Fleischsorten am mineralreichsten sind. Die Meere
sind voll von essentiellen Mineralien und Spurenelementen, die im Gewebe
der Fische gespeichert werden. Alle Meeresfrüchte sind angereichert mit
»magischen Mineralien«, die unentbehrlich für die meisten Funktionen unseres Körpers und speziell für unsere Drüsen sind. Muscheln und Austern
haben eine besonders hohe Konzentration an Mineralien. Das liegt an der
Art und Weise, wie sich diese Tiere ernähren: Sie filtern ihre Nahrung direkt
aus dem Wasser. In Frankreich galten Schnecken immer als besonders aphrodisische Lebensmittel, während in anderen Gegenden wiederum Austern
als potenzsteigernd gelten, aufgrund ihres hohen Zinkgehalts.

Fleisch, Fisch und Meeresfrüchte sollten, wenn möglich, frisch sein. Kon-
servierte oder tiefgefrorene Lebensmittel verlieren viel von ihrem Wert

durch die Verarbeitung und Lagerung und sie behalten nicht den Geschmack der frischen Produkte.

Nahrungsmittel, die man meiden sollte

Es gibt nichts umsonst im Leben, das gilt auch für unsere Gesundheit im allgemeinen und für unsere sexuelle Vitalität im besonderen. Wenn Sie eine gesündere Sexualität erreichen wollen, müssen Sie schon einiges dafür tun und sich an einige Regeln halten. Zu diesen Regeln gehört zum Beispiel der Verzicht auf bestimmte Substanzen und Nahrungsmittel. Im folgenden werden die Nahrungsmittel genannt, die die sexuelle Gesundheit zerstören. Wenn Sie diese von Ihrem Speiseplan streichen, unterstützen Sie den optimalen Aufbau sexueller Gesundheit.

Z u c k e r. Weißer, gebleichter, raffinierter Kristallzucker, Würfelzucker, Puderzucker, aber auch brauner Zucker und sogenannter Rohzucker sowie Maissirup oder andere Sirups sind der Inbegriff von Wertlosigkeit und erzeugen große gesundheitliche Probleme. Zucker ist ein »leeres« Nahrungsmittel mit einer Menge Kohlehydraten und sonst nichts. Er schädigt die Leber, die Nebennieren, die Bauchspeicheldrüse, die Zähne, das Zahnfleisch und den Vitamin- und Mineralhaushalt. Der Verzehr von Zucker kann zu Diabetes führen, einer Krankheit, die katastrophale Auswirkungen auf Ihr Sexualleben hat. Es ist bewiesen, daß 70% aller Erwachsenen in den U.S.A. unter gesundheitlichen Problemen leiden, die vom Zuckergebrauch herrühren. Eigentlich enthalten alle Müslimischungen sowie Gemüse- und Obstkonserven Zucker. Kuchen, Torten, Kekse, Süßigkeiten und Eiscreme sind ebenfalls reichlich mit diesem Stoff versehen. Er taucht in Brot, Fertiggerichten und vielen anderen industriell hergestellten Lebensmitteln auf.

Als Alternative zu Zucker und mit Zucker gesüßten Lebensmitteln kann man Honig und honiggesüßte Lebensmittel nehmen. Aber bitte mit Maß. Jedes konzentrierte Süßmittel sollte sparsam verwendet werden, da alle diese Mittel sich stark auf die Drüsen und auf den Blutzuckerspiegel auswirken.

W e i ß e s M e h l. Ausgemahlenes, raffiniertes, gebleichtes Weißmehl ist nichts anderes als eine übermäßig »verfeinerte« Form von Stärke, deren Wert darin besteht, daß man damit aufgeblasene Backwaren herstellen kann. Die meisten Brotsorten sowie Back- und Teigwaren werden ausschließlich oder in erster Linie mit weißem Mehl hergestellt. Bei der Verarbeitung von Vollkorngetreide zu Weißmehl verliert das Korn über 80% seiner Nährstoffe und wird auf seinen Stärkeanteil reduziert.

Essen Sie daher Vollkornprodukte anstatt Weißmehl. Sie schmecken besser, sind besser für Ihren Körper und helfen Ihnen, eine Vielzahl von Gesundheitsproblemen zu verhindern. Raffiniertes Mehl ist schwer zu verdauen und erzeugt oft Verstopfung und Völlegefühl, die die Sensibilität der Sexualorgane abtöten. Vollkornprodukte andererseits enthalten nicht nur alle natürlichen Vitamine und Mineralien des Getreides, sondern sie liefern auch die richtige Menge an Ballaststoffen, die wir für eine gesunde Verdauung brauchen.

Kaffee und Koffeinprodukte. Kaffee, Tee, Kakao, Cola und alle anderen koffeinhaltigen Getränke sollten Sie vermeiden. Koffein ist eine starke Droge, die das Nervensystem stimuliert; es schädigt Nerven, Leber, Nieren, Nebennieren und Sexualdrüsen. Koffein bringt die Körperchemie völlig durcheinander und führt zur Abhängigkeit. Nachforschungen haben ergeben, daß Koffein an der Entstehung verschiedener Krankheiten mitbeteiligt ist, so zum Beispiel an einem krankhaften Anschwellen der Brüste. Wenn Sie sich gut ernähren, brauchen Sie keinen «Koffeinschuß» für die Energie.

Konservierungsstoffe und andere chemische Zusätze. Farben, Geschmacksverbesserer, künstliche Süßstoffe, das sind alles chemisch hergestellte Nahrungsmittelzusätze. Diese Produkte verlängern das Leben der Nahrungsmittel und verkürzen dafür das Ihre. Es ist bekannt, daß sie Krebs erzeugen können, Hyperaktivität bei Kindern, Allergien, Impotenz, Nervosität und andere Gesundheitsstörungen. Diese Zusätze werden aus rein finanziellen und kommerziellen Gründen benutzt. Ein gutkonserviertes Getreideprodukt zum Beispiel kann jahrelang im Regal des Händlers stehen und immer noch genauso schmecken wie Jahre zuvor. Aber das rechtfertigt nicht die damit angerichteten Gesundheitsschäden. Sie können feine, gutschmeckende naturbelassene Lebensmittel bekommen, die absolut keine chemischen Zusätze enthalten. Sie haben die Wahl. Sie müssen nicht zum Opfer der Großindustrie werden. Wenn Sie gesund genug sein wollen, um ein langes und befriedigendes Sexualleben führen zu können, lassen Sie die Finger von Nahrungsmitteln, die chemische Zusätze enthalten.

Alkohol. Das ist für viele ein heikles Thema. Fast jeder Erwachsene trinkt gelegentlich, und viele trinken regelmäßig. Alkohol ist eine starke Droge, die auf das Zentralnervensystem wirkt und bei längerem Gebrauch süchtig macht. Sie zerstört gesunde Zellen, vor allem im Gehirn und in den Drüsen. Als Droge wird Alkohol den hypnotischen Beruhigungsmitteln zugeordnet. Der anfängliche Effekt ist eine leichte Stimulation und ein Gefühl des Wohlbehagens. Stärkerer Gebrauch hat weniger angenehme Folgen und führt bei Volltrunkenheit bis zur völligen Abstumpfung und Betäubung. Alkohol wurde ursprünglich als Narkosemittel benutzt, da er die Schmerzempfindlichkeit herabsetzt. Sein Gebrauch im Übermaß tötet die Empfindung und schwächt die Drüsen bis zu einem Grade, wo Sex entweder unmöglich ist oder einfach keinen Spaß mehr macht.

Wein und Bier haben zwar auch einen gewissen «Nährwert», wenn sie in Maßen genossen werden, das gilt aber nicht für hochkonzentrierte Schnäpse. Bleiben Sie also maßvoll, wenn Sie trinken. Gelegentlicher Genuß von Wein und Bier ist in Ordnung, aber halten Sie sich zurück beim Gebrauch «härterer Sachen« — sie sind vor allem hart für Ihre Gesundheit. Genießen Sie Alkohol mit Vorsicht.

Drogen und Medikamente. Sie brauchen zum Leben kein Valium, Kokain, »Speed«, Beruhigungsmittel, Antidepressiva, Laxative oder die vielen anderen tausend Drogen, die Sie über und unter dem Ladentisch oder um die Ecke besorgen können. Ob »harte« oder »leichte« Drogen, ob mit Verschreibung oder ohne, diese Rauschmittel haben alle eines gemeinsam: Sie haben gefährliche Nebeneffekte, ebenso wie viele Arzneimittel. Sogar Aspirin, eine der meistbenutzten legalen Drogen der Welt, kann einen Menschen töten. Verschreibungspflichtige Drogen sind allerdings noch gefährlicher als die rezeptfreien. Wenn Sie etwas verschrieben bekommen, schauen Sie sorgfältig auf den Beipackzettel. Dort finden Sie alle Details über die möglichen Schädigungen, die die Substanz hervorrufen kann. Wenn Sie es nicht wirklich schrecklich nötig haben, sollten sie eine alternative, naturheilkundliche Therapie bevorzugen. Kompetente Homöopathen und Heilpraktiker können Ihnen helfen die geeignete Therapie zu finden und die häufig lebensgefährlichen Wirkungen der Drogen zu umgehen.

Die wenigsten Rauschmittel erzeugen ein Gefühl von Erfüllung und Wohlbefinden; Sie steigern damit nur Ihre innere Unzufriedenheit und schieben den Tag immer weiter hinaus, an dem Sie anfangen, Ihr Leben selbst in die Hand zu nehmen. Sie werden viel mehr sexuelle Befriedigung finden, wenn Sie Ihren Körper von gefährlichen Substanzen freihalten. Ohne Drogen steigern Sie Ihre sexuelle Sensibilität und werden fähig sein, die Welt mit klarem Kopf zu erleben.

R a u c h e n . Muß man das überhaupt noch diskutieren? Rauchen erzeugt Krebs, Geburtsschäden, Impotenz, Herzstörungen und eine Menge anderer gesundheitlicher Probleme. Lassen Sie's sein, wenn Ihnen Ihre Gesundheit lieb ist.

*

Das sind die wesentlichen Verbote. Es sind nur praktische Orientierungshilfen, die sich auf ein wesentliches Prinzip reduzieren lassen: Gehen Sie achtsam mit Ihrem Körper und Geist um, dann haben Sie mehr vom Leben. Und denken Sie an eines: Für alles, auf was Sie verzichten, gibt es Hunderte von anderen wundervollen Dingen, die Sie schmecken und genießen können.

Empfehlungen für das Essen

Genau so wichtig wie, was wir essen, ist wie wir essen. Die Verwertung der Nahrung, die wir verzehren, hängt in hohem Maße davon ab, wie wir die Speisen zu uns nehmen. Hier sind einige Richtlinien, die Ihren Speiseplan gesünder und genußvoller gestalten.

Das wichtigste Prinzip heißt: **Essen Sie in Frieden**. Beim Essen hastig oder aufgeregt zu sein ist schlecht für den Körper, unabhängig davon, wie gut das Essen ist. Wenn Sie gestreßt oder nervös sind, warten Sie lieber mit dem Essen, bis Sie sich besser fühlen, sonst belasten Sie mit dem Essen nur Ihre inneren Organe, die durch den Streß ohnehin schon eine Menge ertragen müssen.

Hierher gehört auch das Prinzip, daß Sie das, was Sie essen, auch **genießen** sollten. Ob Sie nun nur reine, natürliche Lebensmittel zu sich nehmen oder ob Sie vielleicht einmal Junk-food essen, auf jeden Fall sollten Sie das, was Sie essen, um Ihres inneren Wohlbefindens willen auch genießen. Essen Sie auf keinen Fall mit Schuldgefühlen, das nützt keinem etwas. Wir sind hier, um Erfüllung und Befriedigung zu finden, und nicht, um uns mit neurotischen Launen selbst das Leben schwerzumachen. Das betrifft das Essen genauso wie alles andere. Das Schlimmste, was Sie tun können ist, sich einzureden, daß das, was Sie gerade essen, ungesund ist und Sie krank, dick oder sonst was macht. Wenn Sie etwas weniger Gutes zu sich nehmen, sollten sie das nicht durch die Vorstellung, daß Sie gegen Ihre Gesundheit sündigen, noch schlimmer machen. Auch Ihre Gedanken haben eine Wirkung und können Sie krank machen. Wenn Sie tatsächlich glauben, Sie sollten etwas nicht essen, dann tun Sie es nicht. Denken Sie daran, Sie sind für sich selbst verantwortlich.

Durch **gründliches Kauen** können Sie Ihre Verdauung wesentlich verbessern. Der Mund ist voller Zähne, die die Aufgabe haben, das Essen zu zerkleinern und zu zermahlen. Der Magen hat keine Zähne, also muß das Zerkleinern der Nahrung vom Mund geleistet werden. Kauen Sie die feste Nahrung, bis sie verflüssigt ist. Das macht nicht nur die Verdauung leichter, sondern gibt Ihnen auch die Möglichkeit, den Geschmack der Speisen voll zu genießen. Wenn Sie die Nahrung hastig hinunterschlingen, können Sie ihren wahren Geschmack gar nicht entdecken. Ein weiterer Nutzen des gründlichen Kauens ist, daß Ihr Hunger mit weniger Nahrung befriedigt wird und daß Sie weniger Gefahr laufen sich zu überessen.

Das bringt uns zu der letzten Empfehlung beim Essen: **Vermeiden Sie das Überessen.** Unser Körper benötigt nur eine bestimmte Menge Nahrung. Wenn Sie mehr als diese Menge verspeisen, belasten Sie Ihren Organismus, anstatt ihm zu nützen. Zuviel Essen ist der Hauptgrund für Fettleibigkeit, eines der größten Gesundheitsprobleme der zivilisierten Welt. Trotz aller Sprüche wie »Dick macht frei« oder «Fett ist nett« ist dies die Wirklichkeit: Übergewicht ist ein Gesundheitsproblem. Dicke Menschen leben kürzer und leiden häufiger an chronischen Krankheiten als schlanke.

Das schwierigste für den Organismus ist das ständige Hin und Her, immer wieder abzunehmen und zuzunehmen. Aufgrund neuerer Untersuchungen wissen wir, daß man auch mit einem leichten Übergewicht oder geringem Untergewicht völlig gesund sein kann. Aber das plötzliche Zunehmen und Abnehmen bedeutet Streß für den Organismus. Das gesündeste ist ein **gleichbleibendes Gewicht** durch sinnvolle Eßgewohnheiten und regelmäßige Körperübungen. **Systematisches Körpertraining** unterstützt die Gesundheit und verzögert das Altern.

Aber auch Ihre Einstellung in Bezug auf Nahrung und Leben hat einen großen Einfluß auf Ihre Gesundheit. Nahrung kann eine Quelle der Freude sein, und man muß sie nicht als Trostpflaster oder Streicheleinheit benutzen. Wenn Sie um der Nahrung willen essen und nicht zum bloßen Vergnügen (wie etwa im Kino oder vor dem Fernseher), werden

Sie länger gesund bleiben. Und wenn Sie gesünder sind, haben Sie mehr von der Sexualität.

Das Fasten

Von allen natürlichen Arten, den Körper zu heilen, ist das Fasten eine der wirksamsten. Wenn Ihr Körper nicht mit festen Stoffen ernährt wird, kann all die Energie, die normalerweise für die Verdauung aufgewendet wird, zur Selbstregeneration verwendet werden. Darüber hinaus findet beim Fasten eine großartige Reinigung statt. Giftiger Abfall, Schleim und angesammelter Schutt, wie etwa tote Zellen, werden ausgeschieden. Damit werden wir von einer großen Last befreit, und unser Körper kann sich der komplexen Aufgabe des Wiederaufbaus widmen. Die inneren Organe werden wieder funktions- und leistungsfähig, und ihr Gewebe wird kräftig und gesund. Die Haut wird jung und straff, das Übergewicht geht verloren, der Energiepegel steigt an, und wir fühlen uns innen und außen gereinigt. Fasten ist natürlich. Wenn wir krank sind, verlieren wir unseren Appetit. Tiere fasten aus Instinkt.

Was das alles mit der Sexualität zu tun hat? Sehr einfach: Gelegentliches Fasten bringt die Sexualität in Schwung und steigert die Funktion der Drüsen und Sexualorgane. Ein kurzes Fasten von einer Woche oder weniger wird nicht nur ein Gefühl der Erneuerung und Belebung erzeugen, sondern auch Ihre Sexualenergie unerwartet auffrischen. Im Gegensatz zur weit verbreiteten Meinung bedeutet Fasten aber nicht Hungern. Es ist eine altbewährte Methode, die natürlichen Körperkräfte zu erneuern, indem man dem Körper Zeit gibt, innerlich zu heilen. Noch ein weiterer sexueller Vorteil sollte hier erwähnt werden: Sie werden die Höhepunkte, die Sie in der Zeit danach erleben noch lange in Erinnerung behalten. Ihre Sensibilität und Ihre Fähigkeit zu genießen werden sich um einiges steigern.

Es gibt viele verschiedene Möglichkeiten zu fasten. Eine der einfachsten und effektivsten ist die **Zitronensaftkur.**

Zitronensaft ist ein kraftvoller Entgifter, und in Verbindung mit Wasser kann er Ihnen helfen, Ihren ganzen Organismus sanft und gründlich zu reinigen. Bei der Zitronensaftkur trinken Sie täglich etwa acht Viertellitergläser stilles Mineralwasser (natriumarm), jedes mit dem Saft einer frischgepreßten Zitrone. Alle halbe Stunde trinken Sie im Wechsel ein Glas dieser

»Zitronenlimonade« und ein Glas reines Mineralwasser. Es ist wichtig, beim Fasten so viel zu trinken, um die Reinigung damit zu unterstützen. Fügen Sie dem Zitronensaft etwas Ahornsirup sowie eine Prise Cayennepfeffer bei, um den Blutzuckerspiegel vor einem Absturz zu bewahren.

Wenn Sie zum ersten Mal fasten, sollten Sie nicht gleich mit einem langen Fasten beginnen. Wenn Sie es übertreiben, schadet es nur, und Sie verlieren den Mut. Fasten Sie zuerst nur einen Tag lang. Trinken Sie einfach den ganzen Tag über nur verdünnten Zitronensaft und Mineralwasser. Machen Sie das einige Male, vielleicht einen Tag in der Woche, und gewöhnen Sie sich zunehmend an das Fasten. Versuchen Sie dann, drei Tage zu fasten, indem Sie einfach drei Tage lang nur verdünnten Zitronensaft (s. oben) trinken. (Anm. d. Hrsg.: In diesem Fall und natürlich auch bei längerem Fasten müssen Sie allerdings den Einstieg ins Fasten mit einer gründlichen Darmentleerung (Glauber- oder Karlsbadersalz) unterstützen. Alle zwei Tage müssen Sie auf diese Weise (später auch mit Einlauf) für die Entleerung sorgen, da Sie sonst von innen vergiften.)

Das Beenden der Fastenkur (das sogenannte »Fastenbrechen«) und die nachfolgende **Aufbauphase** ist ein wichtiger Teil des Fastens und sollte achtsam ausgeführt werden. Wenn Sie mehr als ein oder zwei Tage gefastet haben, sollten Sie das Fasten mit einer kleinen Menge leichter Nahrung, wie etwa Salat oder frischem Obst, beenden. Wenn Sie nämlich gleich nach einem längeren Fasten eine schwere Mahlzeit verzehren, so kann das heftige Störungen verursachen. Ein Freund von mir beendete ein 27 Tage langes Fasten mit Polenta und anderen schweren Nahrungsmitteln und war danach drei Monate lang krank. Als Faustregel gilt: Man sollte so lange leichte Nahrung zu sich nehmen, wie das Fasten gedauert hat. Wenn Sie also drei Tage gefastet haben, dann essen Sie auch drei Tage lang leicht, zum Beispiel Früchte und leichte Gemüse.

Falls Sie irgendein ernsthaftes Gesundheitsproblem haben, wie etwa Diabetes, Herzstörungen, niedrigen Blutzucker oder etwas anderes, sollten Sie einen Arzt konsultieren, bevor Sie zu fasten beginnen. Aber im Normalfall können Sie sicher sein, daß Fasten ein Gewinn für Ihre Gesundheit und von großem Wert für Ihr Sexualleben sein wird.

9
Vitamine und Mineralien für die Sexualenergie

Vitamine, Mineralien und ähnliche Lebenmittelergänzungen sind wesentliche Komponenten zur Erreichung der vollen sexuellen Gesundheit. Obwohl solche Zusätze zum Teil umstritten sind und noch näher erforscht werden müssen, bevor man wirklich weiß, was sie wert sind, können wir heute schon sagen, daß Ergänzungen verschiedener Art für eine gute und ausgewogene Ernährung notwendig sind. Man sollte zwar annehmen, daß wir alle benötigten Nährstoffe aus der Nahrung beziehen können. Aber dem ist leider nicht so. Das hat verschiedene Gründe.

A u s g e l a u g t e r B o d e n. Der Boden, auf dem unsere Lebensmittel wachsen, ist meist ausgelaugt. Die wertvollen Nährstoffe, die er einmal enthielt, sind Opfer der Massenanbaumethoden und eines schlechten Bodenmanagements geworden. Den Nahrungsmitteln, die auf solchen Böden wachsen, fehlen bestimmte wichtige Nährstoffe.

T r a n s p o r t z e i t. Die Lebensmittel werden über große Entfernungen von einer Gegend zur anderen transportiert. Dabei werden die Vital- und Nährstoffe noch weiter reduziert.

V e r a r b e i t u n g. Viele Lebensmittel werden industriell aufbereitet. Auch das verringert ihren Nährstoffgehalt. Am Ende enthält die Nahrung, die wir zu uns nehmen nicht mehr das, was wir für eine optimale Versorgung brauchen.

Aber auch aus anderen, meist umweltbedingten Gründen brauchen wir Ernährungsunterstützung.

U m w e l t v e r s c h m u t z u n g. Die Verschmutzung des Wassers, des Bodens, der Luft und anderen Teilen unserer Atmosphäre entzieht unserem Köper viele wesentliche Nährstoffe. Blei, Kohlenmonoxid, Quecksilber, Strahlung und andere Umweltgifte können unsere Gesundheit ernsthaft schädigen. Die toxischen Effekte können durch gezielte Lebensmittelzusätze zumindest teilweise verringert werden.

S t r e ß. Gleich, ob er durch Umweltlärm, Schwierigkeiten bei der Arbeit oder andere Faktoren des Alltagslebens produziert wird, Streß ist eines der entscheidensten und frustrierendsten Kennzeichen unseres modernen Lebens. Streß entzieht dem Körper ständig viele Nährstoffe und beschleunigt den Alterungsprozeß. Geeignete Zusätze können helfen, die Auswirkungen des Streß zu verringern; sie können uns befähigen, leichter und in besserer Gesundheit zu funktionieren.

Chemie in den Lebensmitteln. Pestizide, Herbizide, Fungizide, künstliche Hormone, Düngemittel, Konservierungsstoffe, Farbstoffe und künstliche Geschmackstoffe schädigen unseren Körper, erschweren die Verdauung und behindern die Aufnahme der Nährstoffe. Beigaben können helfen, den Körper von diesen Chemikalien zu reinigen, unser System wieder aufzubauen und die Nährstoffe wieder voll verwertbar zu machen.

Unbekannte Faktoren. Mikrowellengeräte, Neonlicht, Ozonloch und andere noch weitgehend unerforschte atmosphärische Faktoren haben möglicherweise tiefgreifende Wirkungen auf unsere Gesundheit. Zusätze können uns helfen, gesund zu bleiben, indem sie die dadurch bedingten Schädigungen so gering wie möglich halten.

Wie Sie sehen, gibt es eine Reihe guter Gründe Lebensmittelergänzungen zu akzeptieren, denn schließlich geht es nur darum, gesund zu bleiben. Im sexuellen Bereich bewirken solche Produkte einen deutlichen Unterschied in der Antriebskraft und in der Fähigkeit, den Sex zu genießen.

Die folgenden Zusätze enthalten eine speziell auf die Sexualität ausgerichtete Auswahl an Nährstoffen. Wenn Sie sie regelmäßig zu sich nehmen, können Sie Ihre sexuelle Gesundheit verbessern. Natürlich müssen Sie selbst entscheiden, ob Sie solche Zusätze brauchen und nehmen wollen. Die Informationen, die hier gegeben werden, sind ausschließlich Empfehlungen und können kein Ersatz sein für die ärztliche Diagnose und Therapie irgendwelcher größeren Gesundheitsprobleme. Im Zweifelsfall holen Sie ärztlichen Rat ein, um sicherzugehen, daß die hier genannten Zusätze auch für Sie geeignet sind.

Vor allem sollten Sie daran denken, daß Vitamin nicht gleich Vitamin ist. Billige Produkte sind oft deshalb billig, weil sie minderwertig sind. **Wenn Sie überhaupt Zusätze nehmen wollen, nehmen Sie nur gute Sorten**, die Sie in Apotheken, Drogerien, Reformhäusern und Bioläden erhalten. Solche Zusätze sind hochspezialisierte Produkte, die mit großer Sorgfalt hergestellt werden müssen, um Frische und Wirksamkeit zu garantieren. Wenn Sie Zugaben von bester Qualität verwenden, versorgen Sie sich auf optimale Weise mit den fehlenden Stoffen, und das wird zu einer Veränderung Ihres Lebensgefühls beitragen.

Multivitamin-Mineral-Tabletten

Diese Tabletten enthalten ein breites Spektrum aller Vitamine und Mineralien, die wir täglich benötigen. Sie sollten zum Essen eingenommen werden, da Vitamine und Lebensmittel zur Assimilation im Körper aufeinander angewiesen sind. Eine solche Tablette oder Kapsel versorgt Sie normalerweise mit der empfohlenen täglichen Menge an Vitaminen wie A, D und B-Komplex, enthält aber nicht genug Vitamin C oder E, da diese Substanzen unverhältnismäßig viel Raum in der Tablette benötigen würden. Auf jeden Fall sind solche Tabletten eine solide Grundlage für ein Nährstoffzusatzprogramm und damit das wichtigste Produkt, das Sie nehmen sollten. Die empfohlene Dosierung: täglich eine Tablette zu einer Mahlzeit, vorzugsweise zum Frühstück. Statt einer Multivitamintablette können Sie auch ein bis zwei Gläser Multivitaminsaft trinken.

Vitamin C

Vitamin C ist das am häufigsten verwendete Zusatzvitamin, und es gilt als wirksam, die Abwehrkräfte gegen Krankheiten wie Erkältung und Grippe zu verstärken und die Zellwände zu kräftigen. Vitamin C ist auch wichtig für die Nebennieren, die die Aufgabe haben, den Körper vor Streß zu schützen. Geschlechtsdrüsen, Prostata, Schilddrüse und Eierstöcke benötigen eine Menge Vitamin C. Ausgedehnte Untersuchungen weisen nach, daß Vitamin C eine wichtige Rolle dabei spielt, den Körper vor schweren degenerativen Erkrankungen wie Krebs zu schützen, so daß es in Zukunft vermehrt bei der Vorbeugung und Behandlung einer großen Anzahl von Krankheiten angewandt werden wird. Daß Vitamin C den Alterungsprozeß verzögert, ist weithin bekannt und von besonderer Bedeutung für den sexuellen Bereich. Denn je länger wir uns fithalten können, desto länger können wir unser Sexualleben genießen. Besser, wenn auch sehr viel teurer als künstliches Vitamin C (Ascorbinsäure), ist natürliches Vitamin C, zum Beispiel aus der Hagebutte.

Vitamin E (Tocopherol)

Kein Vitamin wirkt stärker auf die sexuelle Vitalität als Vitamin E. Dieses Vitamin zählt zu den Antioxydantien, das heißt, es verhindert die Zerstörung von gesunden Zellen und sorgt dafür, daß alle Zellen jung und intakt bleiben. Es hilft auch bei der Auflösung von Blutgerinnseln (Thrombosen), bei der Verhinderung und Verheilung von Narben und bei der örtlichen Behandlung von Verbrennungen. Seinen legendären Ruf aber hat sich Vitamin E speziell wegen seiner Wirkung auf die Sexualorgane erworben. Es wird erfolgreich eingesetzt in der Behandlung von Unfruchtbarkeit, Impotenz, Menstruationsschwierigkeiten und Fehlgeburten und gilt im ganzen Sexualbereich als Wunderelexier. Es verbessert nicht nur die Zirkulation zu den Sexualorganen, sondern steigert zugleich die sexuelle Antriebskraft. Wahrscheinlich wird Vitamin E mehr als jede andere Substanz eine spürbare Wirkung in Ihrem Sexualleben haben. Kaufen Sie nur natürliches Vitamin E, erhältlich in jedem Reformhaus.

Vitamin B$_{12}$ (Cobalamin) — das »rote Vitamin«

Vitamin B$_{12}$ gehört zum Vitamin-B-Komplex und ist meist in Multivitaminpräparaten enthalten. Es ist besonders wertvoll für die sexuelle Gesundheit, spielt in der Produktion und Regeneration der roten Blutkörperchen eine Rolle (Antianämiefaktor), verstärkt den Appetit und das Wachstum bei Kindern und sorgt für eine gute Umsetzung und Verarbeitung der Nahrung. Ganz allgemein ist Vitamin B$_{12}$ nützlich bei Müdigkeit, Schwäche und Vitalitätsverlust, im besonderen aber hilft es zur Wiederbelebung der sexuellen Vitalität und Antriebskraft.

Zink

Zink ist als »sexy« Mineral bekannt und wird vor allem wegen seiner beachtlichen Auswirkung auf die sexuelle Antriebskraft und die Potenz geschätzt. Obwohl man Zink in vielen aphrodisischen Lebensmitteln wie Weizenkeimen, Austern und Zwiebeln findet, enthält unsere normale tägliche Ernährung meist zu wenig davon. Zink spielt in Entwicklung und Wachstum der Reproduktionsorgane eine Rolle und ist für die Gesundheitserhaltung von Bedeutung. Für Männer ist Zink besonders wichtig, da er in sehr hoher Konzentration in der Prostatadrüse vorkommt. Tatsächlich kann die Gabe von Zink einer kranken Prostata wieder zu normaler Funktionsfähigkeit verhelfen. Bei Frauen hilft Zink, die Probleme einer unregelmäßigen Periode zu korrigieren.

Lezithin

Jede Körperzelle enthält Lezithin, es hat verschiedene wichtige Funktionen in unserem Körper: Es ist notwendig für den Wiederaufbau und den Erhalt der Zell-Gesundheit, es ist wichtig für den Stoffwechsel und die größtmögliche Wirksamkeit der Vitamine A, D und E; es hilft den Cholesterinspiegel im Blut sowie den Blutdruck zu senken und löst Arterienverkalkungen. Es verzögert auch den Alterungsprozeß und hilft beim Wiederaufbau und der Erhaltung der sexuellen Kraft. Besorgen Sie sich Lezithin flüssig oder als Granulat und mischen Sie es in Säfte, ins Müsli oder in andere Speisen. Lezithin ist auch eine der Zutaten von *Chris'* »*Zaubertrank*« (siehe Rezept am Ende des Kapitels). Wenn Sie diesen Drink, wie ich es empfehle, täglich zu sich nehmen, haben Sie bereits die Hälfte des täglichen Bedarfs an Lezithin.

Algen

Algen sind Meerespflanzen, die eine Menge von Mineralien und Spurenelementen, besonders Jod, enthalten. Jod ist wichtig für die störungsfreie Funktion der Schilddrüse, und diese wiederum ist beteiligt an der Funktion und Stimulation der Sexualorgane, da sie viele andere hormonelle Prozesse und damit unsere gesamte Sexualität beeinflußt. Wenn Sie Algen in Ihren täglichen Speiseplan mitaufnehmen, benötigen Sie keine Tabletten. Abgesehen von Bienenpollen enthalten Algen wohl mehr Vitamine und Mineralien als jedes andere Lebensmittel. Sie können übergewichtigen Menschen helfen abzunehmen. Weit verbreitet ist der Gebrauch von Algen zu Förderung des Haarwuchses sowie gegen Verstopfung und Verdauungsprobleme.

Bierhefe

Bierhefe ist eine der nährstoffreichsten und wertvollsten Lebensmittelzugaben. Sie ist sehr reich an B-Vitaminen und hochwertigem Eiweiß und enthält auch den Glukosetoleranzfaktor (GTF), der für den Zuckerhaushalt von besonderer Bedeutung ist. Bierhefe ist ursprünglich ein Nebenprodukt bei der Herstellung von Bier; es gibt aber auch Hefe, die nur für Ernährungszwecke gezüchtet wird und unter der Bezeichnung »Edelhefeflocken« im Handel ist. Obwohl Bierhefe auch in Tablettenform erhältlich ist, sind die Flocken kostengünstiger, da Tabletten in großer Menge genommen werden müßten, um der empfohlenen Menge zu entsprechen. Im sexuellen Bereich hat Bierhefe verschiedene Vorteile: Eiweiß ist wertvoll für die Versorgung der Sexualorgane, während die B-Vitamine und das GTF dazu beitragen, den Blutzuckerspiegel zu regeln und damit die sexuelle Antriebskraft aufrechtzuerhalten. Wenn Sie der Geschmack nicht stört, können Sie Chris' »Zaubertrank« Bierhefe hinzufügen, sie läßt sich aber auch gut in Ananas- oder Gemüsesaft mischen.

Frischzellen

Frischzellenprodukte sind Gewebezellen, die tierischen Drüsen und anderem tierischen Gewebe (von Kühen und Schweinen) entnommen werden. Die Frischzellen sind »Protomorphogene«, das heißt, sie arbeiten nach dem Prinzip »Gleiches behandelt Gleiches«. In der Frischzellentherapie werden spezifische Proteinstrukturen verschiedener tierischer Drüsen und Organe dazu benutzt, die Aktivität und das Wachstum entsprechender Teile des menschlichen Körpers zu stimulieren. Gewebe der Nebennieren wird zum Beispiel benutzt, um die Nebennieren eines Menschen wieder aufzubauen und anzuregen.

Es gibt für fast jeden Teil des Körpers, inklusive der Sexualorgane, solche Frischzellenprodukte. Aus dem Gewebe tierischer Sexualorgane werden speziell männliche und weibliche Frischzellenpräparate hergestellt, die bei regelmäßigem Gebrauch die Genitalien aufbauen, anregen und stärken. Das gibt der Sexualenergie neuen Schwung und hält die Drüsen und Organe bei ausgezeichneter Gesundheit. Es gibt verschiedene Marken solcher Produkte, die Sie auch durch Ihre Apotheke oder Ihr Reformhaus beziehen können. Lassen Sie sich von Ihrem Apotheker oder Heilpraktiker beraten, was den richtigen Umgang mit diesen Produkten betrifft.

Kalzium, Magnesium und Eisen

Zusätzlich zu dem bisher Erwähnten braucht der Körper oft mehr Kalzium, Magnesium und Eisen. Kalzium, das für Wachstum und Gesundheit der Zähne und Knochen, Blutgerinnung, Beruhigung der Nerven, Vitalität, Ausdauer sowie für die Regulierung des Herzrhythmus von Bedeutung ist, ist für Frauen besonders wichtig, weil es Menstruationskrämpfe lindern oder beseitigen kann. Kalziumpräparate,idealerweise kombiniert mit Magnesium, sind im Reformhaus bzw. in der Apotheke erhältlich.

Eisen wird zu Herstellung von Hämoglobin im Blut gebraucht und hilft beim Sauerstofftransport im Blut. Es steigert den natürlichen Widerstand gegen Krankheit und Streß und baut Energie auf. Damit es durch den Blutverlust bei der Menstruation nicht zu einem Eisenmangel kommt, ist es sinnvoll, dem Körper Eisen in Form eines Eisenpräparates zuzuführen.

Frauen die solch Präparate benutzen, bemerken oftmals einen wesentlichen Unterschied in ihrer Energie und Frische.

Diese Vitamine und Mineralstoffe zusammen mit einem guten Speiseplan, können sich sehr positiv auf Ihr Sexualleben auswirken. Denken Sie jedoch daran, daß all diese Beigaben **Ergänzungen** sind und **kein Ersatz für eine gute Ernährung**. Zusätze und eine gesunde, ausgewogene Ernährung müssen zusammenkommen, wenn man sexuell lebendig und gesund bleiben will.

Chris' »Zaubertrank«

Hinter diesem vielversprechenden Namen erwarten Sie sicher ein erstaunliches Getränk — und mit Recht, denn dieses Getränk ist ein wahres Kraftpaket. Es enthält eine enorme Menge konzentrierter Nährstoffe, die alle besonders gut für die Sexualorgane sind, und es ist speziell zur Steigerung der sexuellen Vitalität zusammengestellt. Wenn es je einen sexuellen Jungbrunnen gegeben hat, dann ist es dieses Getränk. Sie benötigen dazu nur die Zutaten und einen Mixer.

Nehmen Sie:
1/4 l Milch, möglichst Vorzugsmilch aus dem Reformhaus oder Rohmilch vom Biobauern.
1 rohes Eigelb von einem befruchteten Ei
2 Tl. Honig bester Qualität
1 El. Sesamsamen oder Tahin
8 bis 10 Mandeln
1 El. frische Weizenkeime
1 El. Weizenkeimöl
1 bis 2 El. Lezithin (flüssig oder als Granulat)
Einige Tropfen Vanilleextrakt (bzw. zwei Messerspitzen in pulverisierter Form) für den Geschmack.

Geben Sie alles zusammen in den Mixer und mixen Sie 1 bis 2 Minuten mit hoher Geschwindigkeit. Dann trinken und genießen Sie. Dieses Getränk ergibt ein gutes Frühstück und ist sehr sättigend. Die Zutaten, die Sie in jedem guten Reformhaus oder Bioladen bekommen, sollten kühl aufbewahrt werden, damit sie sich besser halten. Ein wirklicher Zaubertrank!

10
Aphrodisische Lebensmittel:
Liebe auf den ersten Biß

Im Laufe der Jahrhunderte hat die Suche nach größerer sexueller Kraft und Befriedigung zur Entdeckung vieler Lebensmittel geführt, die wegen Geschmack, Geruch, chemischer Wirkung oder Form (oder einer Kombination davon) als aphrodisisch gelten. Als aphrodisisch im weitesten Sinn bezeichnet man alles, was die Liebe weckt und den Geschlechtstrieb steigert. Das können bestimmte Speisen, Nacktfotos oder auch Strümpfe mit Strapsen sein, je nach persönlicher Neigung. Die Liste der aphrodisischen Lebensmittel ist endlos lang. Jede Kultur kennt wenigstens einige Dutzend Speisen, die garantiert die Leidenschaft stärken und die sexuelle Vitalität steigern. Einige Behauptungen sind allerdings recht grotesk. So heißt es zum Beispiel von einem Rezept aus dem Mittleren Osten, daß ein Mann, der von dieser Speise ißt, über einen Monat ein erigiertes Glied behält. Man sollte es nicht übertreiben, auch nicht mit den Liebesspeisen. Aber das soll nicht heißen, daß alle Versprechungen, die gemacht werden unwahr sind. Im Gegenteil! Es gibt in der Tat Lebensmittel, die das Feuer der sexuellen Leidenschaft entfachen.

Im folgenden eine bescheidene Übersicht, in der überwiegend die bekannteren aphrodisischen Lebensmittel genannt werden. Zur Auflockerung einige Exotika darunter gemischt, deren aphrodisischer Ruf seit altersher unantastbar ist. Der Autor hat die meisten der hier aufgelisteten Artikel selbst gründlich geprüft und schließt sich aus ganzem Herzen dem Urteil der Experten an, die diesen Lebensmitteln einen derartigen Stellenwert beimessen.

Artischocke. Die tiefgründige Artischocke ist eine faszinierende Frucht. Außer einer halbierten Papaya hat wohl keine Frucht so unverkennbare Ähnlichkeit mit der Vagina: Ihre vielen wie Schamlippen übereinandergelegten Blätter umschließen ein weiches fleischiges Inneres, das von einem seidigen schamartigen Haarpelz umgeben ist. Bei den Franzosen wird die Artischocke als »Liebesspeise« angesehen; man sagt dort, sie »erhitze die Genitalien«. Schon der Verzehr der Artischocke ist eine ungewöhnlich aufregende Angelegenheit: Von den gedämpften Früchten wird jeweils nur der kleine untere Teil der fleischigen Blätter abgenagt und der Rest fortgeworfen. Mit marinierten Krabben gefüllt, werden Artischocken zu einem unvergeßlichen Mahl für Liebende.

Austern. Bei diesen köstlichen Meeresfrüchten braucht man wohl kaum eine Erklärung abzugeben. Die geöffnete Muschel sieht offensichtlich sehr »sexy« aus; ob sie nun an die weiblichen Sexualorgane oder auch an die männlichen Hoden erinnert, das hängt vom jeweiligen Standpunkt ab. Austern hatten schon immer einen legendären Ruf; zu ihren Verzehrern zählten Casanova, Napoleon, Ludwig XIV., König Heinrich IV., Madame Dubarry, Rabelais, Voltaire und eine Reihe anderer Berühmtheiten. Nicht zuletzt trägt auch ihr hoher Phosphor- und Zinkgehalt dazu bei, daß sie auf Männer und Frauen gleichermaßen anregend wirken. Austern legen Millionen von Eiern und füllen die Meere mit ihrem Sperma, womit sie ihre ausgeprägte Fruchtbarkeit demonstrieren. Auch medizinische Autoritäten haben mehrfach die aphrodisischen Qualitäten der Auster bestätigt. Austern werden in großen Mengen verspeist, und in der Geschichte hat es immer wieder Männer gegeben (Frauen sind offenbar weniger anfällig für solche Verlockungen), die versucht haben, einen Rekord als größte Austernesser aller Zeiten aufzustellen um damit ihre ungeheure sexuelle Potenz zu betonen. Solche Rekordleistungen sollte man sich sparen; klüger ist es, ein maßvolles Austern-Diner mit Ihrem Liebespartner bzw. Ihrer Liebespartnerin zu verspeisen und sich dann zum Dessert gemeinsam zurückzuziehen.

Avocado. Der Name dieser köstlichen Frucht stammt von der Azteken und bedeutet »Hodensack«, und tatsächlich: Wer sie einmal am Baum hängen sieht, weiß warum sie so heißt. Dieses hochkonzentrierte Nahrungsmittel kann als Fleischersatz verwendet werden; es ist reich an Eiweiß, Vitamin A, Vitamin C, Kalium und essentiellen Fettsäuren. Es gibt vielerlei Arten von Avocados, und man kann sie auf die verschiedenste Weise zubereiten, unter anderem in Salat geschnitten, als Avocadobutter, als Avocadococktail und mexikanisch als »Guacamole«. Die Avocado hat eine lange Tradition als stimulierendes und stärkendes Nahrungsmittel; zu ihren Verzehrern zählte Ludwig XIV., der sie aß, um seine sexuelle Energie zu erhalten.

Banane. Wegen ihrer phallischen Form ist die Banane zum Gegenstand vieler Witze geworden. Mae West hat einmal zu einem ihrer Bewunderer gesagt: »Ist das eine Banane in Ihrer Hosentasche, oder freuen Sie sich, mich zu sehen?« Die Banane wird im *Ayurveda* [der traditionellen Naturheilkunde Indiens — das Wort bedeutet »Wissen vom Leben«] als aphrodisisch bezeichnet, sie ist reich an Kalium und Fruchtzucker. Ein Rezept für Verliebte: die Banane in Scheiben schneiden, mit Butter bestreichen und mit Walnüssen belegen. Wenn Sie das zum Frühstück essen, wird Ihre verliebte Stimmung den ganzen Tag über anhalten. Die äußere Form der Banane ist mit Sicherheit einer der Gründe für ihre Beliebtheit als Aphrodisiakum, und der Penis wird häufig als Banane bezeichnet.

Datteln. Diese süßesten Früchte der Welt wachsen unter anderem in Afrika, im Orient und in Südkalifornien. Die Dattel ist eines der Hauptnahrungsmittel in vielen tropischen Ländern und Wüstengebieten, wo die hohe stattliche Dattelpalme zugleich auch Schatten spendet und Schutz vor der glühenden Sonne bietet. Im Ayurveda sieht man die Dattel als blutreinigend und samenvermehrend an. Als Aphrodisiakum gilt sie wohl vor allem deshalb, weil ihr hoher Gehalt an schnell verwertbarem Zucker die in der Liebe verausgabten Energien rasch wieder auffrischt. Dattelkonfekt ist ein klassisches aphrodisisches Dessert aus kleingeschnittenen, zerdrückten Datteln, die in Kokosnusssplittern gewälzt und mit einer blanchierten Mandel gefüllt werden. Oh, là, là!

Eier. Eier sind eine perfekt ausgewogene Eiweißnahrung und gelten seit Jahrhunderten als sexuelle Stimulantien. Casanova genoß reichlich davon, um sich auf endlose Liebesnächte vorzubereiten. Im *Ayurveda* werden Eier als »augenblicklich wirkendes Stärkungsmittel« bezeichnet. Im »Duftenden Garten« des Sheik Nefzawi heißt es, man solle soviel in Butter gebratene Eier essen, wie man verspeisen könne, das liefere den Kraftstoff für ein heftiges Marathonliebesspiel von der Abenddämmerung bis zum Morgengrauen. »Eggnog«, ein Getränk aus Eiern, Milch, Sahne, Honig, Vanille und Muskatnuß, ist der Trank für Verliebte in den U.S.A. Quiches, Eiercreme, Eierkuchen, Soufflés, Eierpunsch und Eierlikör sind nur einige der zahlreichen Möglichkeiten, diese ovalen Fruchtbarkeitspakete zu genießen. Kaufen Sie nur frische befruchtete Eier vom Bauernhof, nicht die kränklichen, chemiegeladenen Produkte, die in den meisten Geschäften und Supermärkten angeboten werden.

Ghee. Ghee oder geklärte Butter ist ein fester Bestandteil der indischen Küche, wo es oft anstelle von Öl für Currys, Gemüse und andere Gerichte verwendet wird. Man sagt, Ghee verbessere die Sicht, steigere den Appetit, stärke das Erinnerungsvermögen, vermehre den Samen und die Spinalflüssigkeit und liefere den Brennstoff für das sexuelle Feuer. Ghee ist leicht zu verdauen und gibt den Speisen einen delikaten Geschmack. Es ist eine wichtige Zutat der meisten indischen Liebesgerichte. Um Ghee herzustellen, erhitzt man Butter bis sie Blasen wirft. Dann schöpft man sorgfältig den Schaum und die festen Milchstoffe, die an die Oberfläche kommen, ab. Das gründlich geklärte Butterfett hält sich für längere Zeit.

Honig. Honig ist ein süßes Elixier, das von Bienen aus dem Nektar der Blüten hergestellt und manchmal als »Götternektar« bezeichnet wird. Es gibt Hunderte Honigsorten, die von verschiedenen Blüten stammen. Ihr Geschmack ist jeweils einzigartig und variiert vom dunklen, kräftigen Tannenhonig über duftende Köstlichkeiten wie Lavendel- und Thymianhonig zu den hellen, milden Sorten wie Akazien- und Kleehonig. In der Liebesliteratur aller Kulturen hat Honig einen Ehrenplatz wegen seiner anregenden Wirkung auf das Sexualleben. Er frischt die Kräfte auf und findet sich in vielen aphrodisischen Rezepten in Kombination mit Nüssen, Früchten, Eiern und Fleisch. Honig sollte man nur in naturbelassener Form genießen, kaltgeschleudert und auch zur Weiterverarbeitung nur schwach erhitzt (bis 35 Grad Celsius).

Kaviar. Der Rogen des Störs, auch als »Perlen des Meeres« bezeichnet, zählt zu den begehrtesten und teuersten Delikatessen und wird von manchen als die Krönung der Liebesspeisen betrachtet. Ein einziger Stör kann bis zu 100 Pfund Rogen liefern — eine erstaunliche Höchstleistung an Fruchtbarkeit. Bonvivants von Casanova bis zum heutigen Jet-set haben Kaviar als unentbehrlich für ein glückliches Liebesleben angesehen. Wie alle anderen Eier, ist Kaviar reich an Eiweiß und leicht zu verdauen. Sein spezieller Stimulationseffekt auf die Sexualorgane ist nicht zu leugnen.

Knoblauch. Ah! Quel odeur! Ja, wenn sein Geruch nicht wäre, der Wände durchdringt, könnte Knoblauch einen der höchsten Ränge auf der Skala der Liebesspeisen einnehmen. Diese Knolle, die wegen ihrer außergewöhnlichen antibiotischen Eigenschaften als »russisches Penizillin« bezeichnet wird, ist im Orient und in Indien ein weit verbreitetes Heilmittel. Aber auch als Sexfood kann Knoblauch mit anderen legendären Speisen mithalten. Die als feurige Liebhaber bekannten Italiener benutzen eine Menge Knoblauch, und aus der Feinschmeckerküche ist er nicht mehr wegzudenken. Wenn Sie allerdings zur Steigerung der Leidenschaft ein Knoblauchgericht genießen wollen, achten Sie darauf, daß auch Ihr Partner bzw. Ihre Partnerin davon ißt, sonst könnte Ihr Feueratem womöglich abkühlend wirken. Knoblauch mit Eiern, in Butter gedünstet, ist eines der beliebten traditionellen Gerichte für eine lange Liebesnacht.

Kokosnuß. Charaka, der Begründer des Ayurveda, sagt, daß die Kokosnuß den Samen vermehrt und die Blase reinigt. Die Nuß ist fleischartig und reich an Fett; deshalb wird sie in den Tropen als Fleischersatz gegessen. In der indischen Medizin wird die Kokosnuß als wertvolle Nahrung für Rekonvaleszenten und chronisch Kranke eingesetzt. Kokosmilch mit Honig, so heißt es dort, bekämpft den Durst, unterstützt die Verdauung und erzeugt sexuellen Appetit. Ein Cocktail aus Ananassaft, Papaya, Banane und frisch gehackter Kokosnuß, im Mixer gründlich vermischt, ergibt ein delikates Frühstücksgetränk, es reinigt, verjüngt, füllt die Enzyme wieder auf und weckt das sexuelle Interesse.

Mandeln. Die Mandel, die «Königin der Nüsse», ist reich und Vitamin B$_2$ (Riboflavin), Eiweiß, Vitamin E und Kalzium. Seit vielen Jahrhunderten gelten Mandeln bei Hindus, Arabern und Chinesen als potenzsteigernd. Im Ayurveda, dem klassischen Naturheilkundetext Indiens, heißt es, daß Mandeln gut für das Gehirn sind, daß ihr Öl die Rückenmarksflüssigkeit anreichert und daß sie aphrodisisch wirken. Marzipan, das überwiegend aus Mandeln besteht, ist ein Feinschmeckergenuß und wird als höchst aphrodisisch angesehen. Mandeln werden vor allem im Orient, in Italien, Spanien und Kalifornien angebaut — Gegenden, in denen die Sexualität hoch im Kurs steht.

Mango. Will man das Wort »himmlisch« für eine Frucht benutzen, dann paßt es für die Mango am besten. Diese süße und saftige tropische Köstlichkeit läßt einem das Wasser im Munde zusammenlaufen. Sie wächst überwiegend in Indien und wird im Ayurveda als verdauungsfördernd, stärkend und aphrodisisch erwähnt. Auch die hodenähnliche Form erregt die Sinne und weckt die Leidenschaft.

Okra. Die Inder nahmen sie in ihr Heilmittelrepertoire auf, die Araber aßen sie mit Hingabe, die schwarzen Sklaven brachten sie nach New Orleans. Dort sind sie Hauptbestandteil der »Gumbos«, das sind herzhafte Eintöpfe, die als sexuell kräftigend und anregend gelten. Im Ayurveda werden Okras für die Verjüngung und allgemeine Verbesserung des Tonus sowie als aphrodisisches Mittel empfohlen. Okra ist ein interessantes Gemüse wegen der gallertartigen samenartigen Konsistenz ihres Inneren. Schon allein deshalb ist sie einmalig.

Olivenöl. Olivenöl ist das nahrhafteste und am leichtesten verdauliche Pflanzenöl. Unerhitzt können Sie es für längere Zeit aufbewahren, ohne daß es ranzig wird. Es ist reich an essentiellen Fettsäuren und dadurch nützlich für die Gesundheit der Sexualorgane. Am besten ist das «Jungfern-öl», das aus der ersten Pressung stammt. Die Griechen trinken morgens nüchtern einen Schluck Jungfernöl, gefolgt von einem großen Löffel Honig, um die Gallenblase zu spülen und die Sexualorgane zu nähren. In Verbindung mit Taragona-Essig ist es eine unschlagbare Marinade für Pilze. Beim Gebrauch von Jungfernöl brauchen Sie sich nicht zurückzuhalten, da es eines der gesündesten Lebensmittel ist. Auch als Haut- und Massageöl ist es hervorragend geeignet; viele Jahrhunderte lang wurde es im mediterranen Raum als Salböl für rituelle Zwecke benutzt.

Pilze. Der Pilz ist umgeben von einer Aura Jahrtausende alter Riten, Fantasien und Intrigen. Die eßbaren, berauschenden oder gar giftigen Pilze, deren Form manchmal an einen Penis erinnert, werden in der Überlieferung vieler Kulturen als göttliches Aphrodisiakum, als Mittel der mystischen Offenbarung oder als Bote des Todes bezeichnet. *Soma*, in alten indischen Texten als legendäre Substanz der kosmischen Vision beschrieben, wird von vielen als der halluzinogene Pilz *Amanita Muscaria* angesehen. Pilze waren einst nur die Speise der Elite. Heute werden sie in großen Mengen kommerziell angebaut und als Zutat zu allen Arten von Suppen, Salaten, Eintöpfen, Saucen und Pasteten verwendet. An Nährstoffen hat der Pilz nicht viel zu bieten, nur sein hoher Zinkgehalt mag den phänomenalen Ruf als sexuell anregende Speise erklären. Trotzdem haben Tausende die libidosteigernde Wirkung am eigenen Leibe verspürt und so den Ruf des Pilzes gefestigt.

Pistazien. Stundenlang kann man diese köstlichsten aller Nüsse knabbern, und seit langer Zeit werden sie in der Liebestradition des Orients als sexuell erregend angesehen. Pistazien sollen blutreinigend und aphrodisisch wirken. In Verbindung mit Honig frischen sie die Libido auf.

Pollen. Dieses kostbare Lebenselixier enthält wohl mehr Vital- und Nährstoffe als jedes andere Lebensmittel. Es ist reich an Aminosäuren, Vitaminen, Mineralien und seltenen Substanzen wie RNS, DNS und Superoxyd-Dismutase (SOD), einer Substanz, die das Altwerden hinauszögert. Pollen werden von Sportlern auf der ganzen Welt zur Steigerung von Kraft und Ausdauer verwendet. Hundertjährige, die in Rußland interviewt wurden, haben jahrelang Mengen von Pollen zu sich genommen und damit die Ernährungsgrundlage für ein langes und gesundes Leben geschaffen. Pollen können als Sexfood in höchster Potenz bezeichnet werden. Sie sind die fruchtbare Essenz geschlechtsreifer Pflanzen, die von den Bienen in einem unendlich mühsamen Prozeß aus den Staubgefäßen der Blüten eingesammelt werden.

Rocky-Mountain-Austern. Bei uns weniger bekannt, findet man diese gebratenen Kalbshoden auf den Speisekarten vieler ländlicher Restaurants in Colorado. Ihre Wirksamkeit beruht wohl auf dem Prinzip »Gleiches mit Gleichem behandeln«, und viele zufriedene Menschen beiderlei Geschlechts können ihre Effektivität bestätigen. Die Idee, Hoden zu verspeisen, mag zunächst befremdlich erscheinen, aber letztendlich schmecken sie genauso gut wie andere Teile vom Kalb, und mit aller Wahrscheinlichkeit werden Sie nach dem Verzehr von Rocky-Mountain-Austern einen stärkeren Anstieg Ihrer Sexualität erleben als nach einem Wiener Schnitzel.

Schnecken. Weinbergschnecken gelten in vielen Ländern als Delikatesse; die Franzosen sehen sie sogar als einen kulinarischen Höhepunkt ersten Ranges an und schätzen sie als ebenso sexuell anregend ein wie Knoblauch, Pilze und Austern. Glücklicherweise sind Schnecken im Überfluß vorhanden, ganz im Gegensatz zu Kaviar und Trüffeln. Schon Julius Cäsar war begeistert von ihnen und half mit, ihren Ruf als Delikatesse überall zu verbreiten. In Butter mit Pilzen gekocht oder mit Koriandersauce serviert, erwecken Schnecken sogar die müdesten Drüsen und steigern die Leidenschaft.

Seetang. Wer hätte gedacht, daß auch normaler Seetang ein Aphrodisiakum sein kann? Tatsächlich gehören Tang und Algen in die gleiche Kategorie wie Pollen, was die Wirksamkeit ihrer Inhaltsstoffe betrifft. Sie enthalten eine ganze Reihe wichtiger Vital- und Nährstoffe. Besonders ihr hoher Mineralgehalt bringt die Drüsen auf Hochtouren. Seetang wird mit Gemüse, Fisch oder in köstlichen Eintöpfen zubereitet; getrockneter, knusprig gerösteter Seetang ist eine Beilage zu Reis und anderen Gerichten. Bei täglichem Genuß bleiben Sie in Hochform für ein aktives Liebesleben.

Sesam. Sesam wurde immer schon hoch geschätzt, und in einigen Kulturen schrieb man ihm sogar mystische Kräfte zu. Daher kommt wohl auch der Spruch «Sesam öffne dich». Sesam ist in der Tat ein wunderkräftiger Samen. Im ganzen Orient, wo er zu den Grundnahrungsmitteln gehört, wird sein Öl zum Kochen und der gemahlene Samen in Standardgerichten wie *Hummus* und *Baba Ganouj* verwendet. Sesam enthält reichliche Mengen von Vitamin E und ist vermutlich aus diesem Grunde als potenzstärkend bekannt. In Indien wird Sesam als *Rasayana* oder Lebensverlängerer angesehen. *Tahin*, die gemahlene »Sesambutter«, ist ein ausgezeichneter

Fleischersatz und kann in Verbindung mit Honig verbrauchte Sexualkraft rasch wiederbringen. *Halwa* aus gemahlenem Sesam und Honig ist eine beliebte aphrodisische Süßigkeit im Nahen und Mittleren Osten.

Spargel. Dieses seit alters hochgeschätzte Mittel gegen Prostatabeschwerden ist ein ganz und gar phallisches Gemüse: Sein langer, harter, einem Speer gleichender Schaft richtet sich steil aus der Erde auf. Spargel enthält *Asparagin,* ein diuretisches Mittel, das den Harnblasentrakt stimuliert und dadurch sexuell erregend wirkt. Im *Kamasutra* wird er zur Steigerung der Manneskraft empfohlen. Die zarten Sprossen werden im Frühling (zur »Spargelzeit«) geschnitten und möglichst frisch zubereitet. Die dünneren Stengel sind geschmackvoller und sollten nur kurz gedämpft werden, damit ihre wertvollen Stoffe erhalten bleiben. Spargel wird seinem Ruf als sexuell anregendes Lebensmittel gerecht durch seinen hohen Anteil an Vitamin A, Phosphor, Kalzium und Kalium.

Trüffel. Ach, wie selten und kostspielig diese Dinger sind! In Ihrem Stammrestaurant werden Sie wahrscheinlich keine Trüffeln finden, es sei denn, Sie gehören zu den Superreichen. Aber es soll doch erwähnt werden, daß Trüffeln als crème de la crème der aphrodisischen Lebensmittel angesehen werden und noch vor Kaviar und Austern rangieren. Was sind Trüffeln überhaupt? Sie sind kleine, fleischige, eßbare Pilze, die vor allem in Westeuropa, aber auch im Nordwesten der U.S.A. gefunden werden. Sie wachsen unterirdisch in Waldgebieten, meistens unter Laub und nahe von Baumwurzeln. Sie sind bisher noch nie erfolgreich angebaut worden, was sie nur noch geheimnisvoller und teurer macht. Schon in alten griechischen und römischen Texten gibt es Trüffelrezepte und Hinweise auf ihre große aphrodisische Wirkung. Berühmte Gourmets wie Casanova, Madame Dubarry, Ludwig XIV. und eine Menge anderer enthusiastischer Genießer bezeichnen ausdrücklich die Trüffeln als eine der köstlichsten Speisen, die es überhaupt gibt. Ihren Geschmack kann man nicht beschreiben. Aufgrund der zunehmenden, von Menschen verursachten Umweltverschmutzung, auf die die kleinen Pilze sehr empfindlich reagieren, werden Trüffeln immer seltener. So oder so werden die meisten von uns Trüffeln nie zu kosten bekommen; für unseren Gaumenkitzel werden wir auf den ärmeren Vetter, den gewöhnlichen Pilz, zurückgreifen müssen.

Weizenkeime. Der vitalstoffreichste Teil des ganzen Weizenkorns, der Weizenkeim, gehört zu den beliebtesten Lebensmitteln der Gesundheitskost. Weizenkeime sind reich an Vitamin E, dem berühmten »Sexvitamin«, sowie an *Oktakosanol*, das die Ausdauer und Widerstandskraft stärkt. Weizenkeime frischen tatsächlich Kraft und Energie auf und beeinflussen das Liebesleben sehr positiv. Man kann sie übers Müsli streuen, zum Backen verwenden oder Getränken beimischen. Gleich, in welcher Form Sie sie zu sich nehmen, Weizenkeime wirken Wunder. Kaufen Sie sie vakuumverpackt, sonst bekommen die Flocken einen bitteren Geschmack oder werden ranzig. Auch Weizenkeimöl ist sehr zu empfehlen; es eignet sich gut als Salatöl und hat — noch konzentrierter — die gleichen positiven Wirkungen wie die Flocken.

Wilder Reis. Wildreis ist in Wirklichkeit kein Reis, sondern ein schilfartiges Wassergras, das in den Sumpf- und Seengebieten Nordamerikas wächst. Er ist extrem teuer und wird sparsam als eine Delikatesse verwendet, zum Beispiel als Füllung für Wildbret oder gemischt mit braunem Reis. Wilder Reis hat einen köstlichen, mit nichts vergleichbaren Geschmack und gilt zudem als sexuell stimulierend. Genießen Sie ihn zusammen mit Krabben und gefüllten Champignons und erfreuen Sie sich an den feurigen Leidenschaften, die ein solches Mahl weckt.

Zwiebeln. Dieses alltägliche Nahrungsmittel gehört in die Spitzengruppe der Lebensmittel, die uns mit sexueller Kraft versorgen. Es gibt viele verschiedene Arten von Zwiebeln, darunter die Silber- oder Perlzwiebeln, weiße Zwiebeln, braune Zwiebeln, Lauch- oder Grünzwiebeln, Schalotten usw. Julia Child, die berühmte Gourmetköchin sagte, sie könne sich eine Welt ohne Zwiebeln nicht vorstellen. Die Zwiebel, auch »Moschus der Armen« genannt, wird im Ayurveda als abführend, wiederaufbauend, tonisierend, stimulierend, blutreinigend und aphrodisisch bezeichnet. In der islamischen, chinesischen, indischen und europäischen Liebestradition wird kein Lebensmittel so häufig benutzt wie die Zwiebel. Roh, gebacken, gekocht, in Butter gedünstet, gehackt, gerieben oder zu Saft verarbeitet, wird die Zwiebel als wichtiger Spender sexueller Kraft angesehen. Aus den Küchen der Klöster, deren Mönche und Nonnen im Zölibat leben, ist sie zumeist verbannt — um so mehr kann es wohl als ein Zeichen ehelicher Freuden gelten, wenn die Zwiebel am heimischen Herd ihren Platz hat.

11
Bringen Sie »Pfeffer« in Ihr Liebesleben

Kräuter und Gewürze sind magische Substanzen, deren Gebrauch weit in die Geschichte zurückreicht. Der Handel mit diesen exotischen Gütern war Jahrtausende lang mit wilden Abenteuern, Wagnissen und Gefahren verbunden. Die Menschen unternahmen beschwerliche Reisen in ferne Länder, um in den Besitz der wertvollen Kräuter und Gewürze zu gelangen. Warum all die Mühe, fragt vielleicht manch einer. Diese Produkte sind wie Edelsteine. Sie erregen den Gaumen genauso, wie wertvolle Steine das Auge blenden. Kräuter und Gewürze geben vielen Speisen eine pikante, delikate Note, und sie verbinden sich oft mit exotischen Gefühlen und romantischen Erinnerungen.

In der hohen Kunst der Küche für Liebende werden viele Gewürze wegen ihrer aphrodisischen Wirkung geschätzt und gerühmt. Ob es nun chemische, aromatische und andere subtile Eigenschaften sind, die diese Wirkung hervorrufen, das ist manchmal schwer zu unterscheiden. Aber seit Jahrhunderten sind spezielle Kräuter und Gewürze bekannt dafür, daß sie den sexuellen Appetit steigern. Hier folgt nun eine Liste von einem runden Dutzend solcher Substanzen, deren Gebrauch in der Geschichte vom Hauch der Leidenschaft und Romantik umgeben ist.

Bohnenkraut. Bohnenkraut ist ein delikates Gewürzkraut, das sich in vielen Kräutergärten findet. Frisch oder getrocknet dient es zum Würzen von Bohnen- und Kohlgerichten, Suppen und Soßen, Fisch, Geflügel und Fleisch.

Curry. Curry ist nicht ein einfaches Gewürz, sondern eine Kombination verschiedener Gewürze, deren Zusammensetzung vom Geschmack des Curryherstellers abhängt. Folgende Zutaten gehören normalerweise dazu: Gelbwurz, Kreuzkümmel, Koriander, Cayennepfeffer, Kümmel, Bockshornklee und Nelken sowie eine Reihe anderer Gewürze. Currypulver ist eine Art Schrotflinte unter den Gewürzen; mit all diesen Zutaten muß es wohl sehr anregend wirken. Man benutzt es vor allem in Saucen, Gemüsen, Bohnengerichten, Eiern und Fleisch.

Fenchel. Dieses nach Lakritz riechende Kraut hat eine lange und bewegte Geschichte. Der Stiel des süßen Fenchel wird wie Sellerie und als würzende Zutat in italienischen und spanischen Fischgerichten und Suppen verwendet. Ein Getränk von Fenchelsamen, in Milch gekocht, wird in der indischen Volksmedizin benutzt, um außergewöhnliche sexuelle Kraft zu geben.

Gewürznelken. Sie wurden schon in alter Zeit von den Chinesen und Römern benutzt. Es handelt sich dabei um die Blütenknospen eines kleinen immergrünen Baumes. Nelken machen sich von allen Gewürzen am deutlichsten bemerkbar, und man braucht nur wenig davon. Sie werden überwiegend auf den Inseln in der Karibik und im Indischen Ozean angebaut und unter anderem zum Würzen von Obstgerichten, Glühwein, Apfelsaft, Desserts und Eintöpfen benutzt.

Ingwer. Diese ausdauernde, tropische Gewürzpflanze wächst auf den Fidji-Inseln, Jamaica, Hawai, in Indien und Malaysia. Die Wurzel wird entweder kandiert oder getrocknet und gemahlen. Er ist aber auch roh erhältlich. Ingwer ist recht scharf, regt den Appetit an und fördert die Verdauung. Wenn Sie Mengen davon frisch verspeisen, werden Sie ins Schwitzen kommen. Ein Tee aus Ingwerwurzeln, mit Honig gesüßt, wird als Mittel gerühmt, um verlorene Kräfte wiederzugewinnen. Ingwer wird ausgiebig in indischen, chinesischen und japanischen Gerichten verwendet. Man benutzt ihn auch für Apfelmus, Obstkonserven, Kuchen, Gebäck und Brot.

Koriander. Koriander ist dem Kümmel und Kreuzkümmel ähnlich, er wird in der indischen Küche bevorzugt. Sein leicht süßer Geschmack macht ihn geeignet für Kuchen, Brot, Geflügel, Saucen und Currys.

Muskatnuß. Sie ist der innere Samenkern in der Frucht einer immergrünen tropischen Pflanze. Man verwendet Muskat unter anderem als Gewürz für Spinat, Blumen- und Rosenkohl, Sahnesaucen, Pudding, Obstgerichte und Backwerk. Muskatnuß in größeren Mengen ist auch ein starkes Halluzinogen, aber es ist mit starken Nachwirkungen verbunden. Benutzen Sie es lieber nicht für diesen Zweck; bleiben Sie dabei, es über Ihren Spinat oder Blumenkohl zu streuen.

Rosenblätter. Was könnte romantischer sein, als Rosenblätter zu verspeisen? Diese herrliche Blüte wird in der ganzen Welt als Symbol der Liebe geschätzt. Man benutzt die Blütenblätter zum Würzen von Obst, Konfitüren, Konfekt und dergleichen. Rosenwasser verwendet man in Getränken, im Badewasser und als erfrischendes Parfüm nach dem Baden.

Rosmarin. Die aromatischen Blätter der grünen mediterranen Pflanze werden mit langanhaltender Liebe in Verbindung gebracht. Ophelia im »Hamlet« lobt seine Qualitäten. Rosmarin wird unter anderem für Fisch, Fleisch, Suppen und Salate benutzt.

Safran. Wahrscheinlich das teuerste aller Gewürze, sicher aber auch eines der bemerkenswertesten. Safran besteht aus den leuchtend orangen Staubfäden der Blüte einer asiatischen Pflanze der Irisfamilie. Nur wenige Safranfäden können einen ganzen Topf Reis färben und würzen. Safran wird auch als natürliches Färbemittel benutzt. In der Küche dient es vor allem zum Würzen von Reis, Currys, Soßen, Kuchen und Keksen — es ist sehr sparsam zu verwenden.

Thymian. In der Volksmedizin wird Thymian schon seit alters gegen Krankheiten der Lunge und der Verdauungsorgane verwendet. In den Tempeln des alten Griechenlands diente es als Weihrauch. In der Küche verwendet man ihn unter anderem für Geflügel, Suppen, Füllungen und Saucen. Berühmt wegen seines köstlichen Dufts und Geschmackes ist der Honig aus Thymianblüten.

Vanille. Vanille wurde schon von den Azteken benutzt und ist die Frucht einer Pflanze aus der Orchideenfamilie. Vanilleschoten oder Vanillepulver werden vor allem für die verschiedensten Süßspeisen und Getränke verwendet. Bei den Indianern diente die Vanille, in Milch gekocht, auch als sexuelles Tonikum.

12
Stärkende Kräuter und Pflanzenpräparate

Kräuter sind seit Tausenden von Jahren zur Heilung und Stärkung verwendet worden. Jede Kultur besitzt ihre eigene umfangreiche Kräuterkunde, und überall in der Welt stand das Wissen um die Heilkraft der Pflanzen in hohem Ansehen. Die moderne Kräuterkunde, die auf dieses Wissen und ausgedehnte Erfahrungen zurückgreifen kann, ist wesentlich komplizierter in Theorie und Praxis als ihr ärmerer Vetter, die medizinische Pharmakologie. Kräuter sind natürliche Substanzen mit einer ganzheitlichen Zusammensetzung aus Nährstoffen und aktiven Substanzen, wohingegen Medikamente aus isolierten Einzelstoffen hergestellt werden, die wiederum oftmals synthetisch gewonnen sind. Gerade auf ihrer ganzheitlichen Wirkungsweise beruht die schnell ansteigende Popularität der Kräuter und Pflanzenpräparate, die heute wieder weithin für Heilzwecke eingesetzt werden. Kräuter sind ein Geschenk der Natur für unsere Gesundheit.

Aphrodisische Pflanzen und Kräuter sind in der Pflanzenheilkunde seit jeher besonders hoch angesehen. Ohne unerwünschte Nebenwirkungen zu erzeugen, können sie dazu dienen, die Potenz zu steigern und das sexuelle Erleben zu intensivieren, was sowohl auf ihre Nährstoffe als auch auf eine Reihe spezifischer Wirkstoffe zurückzuführen ist. Im folgenden eine kleine Auswahl aphrodisischer Kräuter und Pflanzen, die vor allem in Kräutertees Verwendung finden. Sie sind im allgemeinen in Apotheken und Reformhäusern oder in Kräuterspezialgeschäften erhältlich.

Damiana *(Turnera aphrodisiaca)*. Dieses Kraut, das auf deutsch auch »Liebesreizende Turnera« heißt, wächst in den Südweststaaten der USA und in Mexiko. Es wird allein oder in Kräutermischungen als Kräutertee verwendet und ist, wie sein Name schon andeutet, als aphrodisisch bekannt. Turnera-Tee soll besonders effektiv bei der Behandlung von Impotenz und Orgasmusschwierigkeiten sein. Bereiten Sie den Tee wie jeden anderen Tee zu, und trinken Sie eine bis drei Tassen täglich davon.

Echinacin *(Echium angustifolium)*. Echinacin ist ein blutreinigendes Mittel und wird schon seit langem bei Vergiftungen und gegen Infektionen angewendet. Zusätzlich zu seiner medizinischen Verwendung ist Echinacea auch weit verbreitet als Mittel zur Anregung und Stärkung sexueller Kraft. Die Wurzel ist hierfür der wertvollere Teil der Pflanze. Trinken Sie ein bis drei Tassen Tee aus Echinacin [im Reformhaus oder in der Apotheke erhältlich] täglich.

Ginseng *(Panax gin-seng oder Panax quinquefolius).* Beide Arten sind berühmt für ihren libidosteigernden Effekt. Ginseng ist vermutlich eine der bekanntesten Heilpflanzen der Welt. Das hat seinen guten Grund. Man betrachtet ihn fast als Allheilmittel, denn er wird für die Behandlung sehr unterschiedlicher Gesundheitsstörungen verwendet. Ginseng wirkt stimulierend auf die Drüsen und stärkt allgemein das Immunsystem. Er regt das Gehirn an, erhöht die geistige Wachheit und steigert die gesamte Energie. Aber die bekannteste Tugend von Ginseng, die ihn vor allem so begehrt macht, ist seine bemerkenswerte Stimuluation der sexuellen Energie. Es darf als bewiesene Tatsache gelten, daß Ginseng ein vorzügliches Aphrodisiakum ist.

Man bekommt Ginseng in den verschiedensten Formen: als ganze Wurzel, als Tee, als Instantpulver, als Kapseln, Tabletten, Flüssigextrakt und Paste. Darunter sind manchmal Produkte, die nur einen sehr geringen Ginsenanteil haben. Kaufen Sie ganze Wurzeln, Kapseln, Flüssigextrakte (Tinkturen) oder die dicken Pasten. Darunter finden sich die besten Produkte aus reinem, konzentriertem Ginseng von exzellenter Qualität. Es gibt heute koreanischen, japanischen, chinesischen, sibirischen und amerikanischen Ginseng auf dem Markt [auf dem deutschen vor allem den koreanischen].

Ginsengprodukte variieren in der Konzentration, achten Sie deshalb auf die Dosierungsempfehlungen, die den Produkten beigegeben sind.

Sarsaparilla *(Smilax officinalis).* Die Wurzel einer Stechwindenart wurde bekannt als Grundlage des in Amerika sehr beliebten »Wurzelbiers« (root beer), das sattelmüden Cowboys ebenso wie Reisenden, Geschäftsleuten und raffinierten Ladys im Wilden Westen als bevorzugtes Erfrischungsgetränk diente. Der Grund dafür ist einfach: Sarsaparilla bringt die Drüsen in Schwung, da es die Sexualhormone Testosteron und Progesteron enthält. Diese Wirkstoffe werden fast augenblicklich absorbiert und wirken sexuell stimulierend. Sarsaparilla wird seit langem gegen Impotenz verwendet und hilft besonders auch Frauen, für die der Geschlechtsakt wegen ungenügender Sekretion oder Uteruskrämpfen schmerzhaft ist. Man gibt einen Teelöffel Sarsaparillawurzel auf eine Tasse Wasser und läßt das Ganze etwa zehn

Minuten kochen. Das ergibt einen geschmackvollen, anregenden Kräuter-tee. Das heutige kommerzielle »root beer« enthält kein Sarsaparilla mehr, hat also auch keinerlei Wirkung mehr auf Ihr Sexualleben.

Yohimbe *(Corynanthe yohimbe).* Wird aus der Rinde des Yohimbebau-mes gewonnen und ist bekannt dafür, daß es stark sexuell anregend wirkt. Im Gegensatz zu anderen aphrodisischen Pflanzen und Kräutern, die oft nur eine relativ milde Wirkung haben, wirkt Yohimbe ausgesprochen heftig auf Ihre sexuelle Erlebnisfähigkeit. Hüten Sie sich also vor einem übertrie-benen Gebrauch. Man kocht einen Teelöffel der Rinde mit einer Tasse Was-ser zehn Minuten lang. Abgießen und trinken.

[Anm. d. Hrsg.: Bei uns sind darüber hinaus eine Reihe weiterer Heil-pflanzen gebräuchlich, die aktivierend auf die Sexualorgane wirken. Zum Beispiel Brennesselsamen, Schafgarbe, Frauenmantel, Hirtentäschel.

Zu guter Letzt noch ein Tip des Autors für die Leserinnen und Leser, die ihr Weg nächstens nach Chinatown, San Franzisco, oder das Chinesenvier-tel einer anderen amerikanischen Großstadt führt:]

Tzepau-Sanpien-Pillen. Diese chinesischen Kräuterpillen sind leider nur in wenigen chinesischen Spezialgeschäften aufzuspüren. Ich nenne sie »Wonnekugeln«, da sie die wundervollsten Hilfsmittel zur Steigerung se-xueller Energien sind, die ich je kennengelernt habe. Tzepau-Sanpien-Pil-len sind meist in Kartons zu zehn Packungen verpackt. Jede Packung ist mit einem goldenen Siegel versehen. Eine Packung enthält eine Pille in der Größe einer Murmel, die aus exotischen chinesischen Zutaten besteht. Man nimmt nur eine täglich, entweder morgens gleich nach dem Aufstehen oder abends unmittelbar vor den Zubettgehen. Die Pille wird langsam mit war-mem Wasser zerkaut. Ich empfehle die Einnahme am Abend, da das Ihrem Körper die Möglichkeit gibt, den komplexen Inhalt der »Wonnekugeln« un-gestört zu absorbieren. Ein Zehntagesprogramm ist genug, um müde Drü-sen in Schwung zu bringen und um jedermann zu neuen Höhen der Lust zu führen.

13
Wer, Was, Wo, Wann

Der Liebesakt ist eigentlich eine einfache Sache. Es ist natürlich, jemanden sehr nah und so intim miteinander zu sein, daß es über unsere normalen, alltäglichen Erfahrungen weit hinausgeht. Andererseits kann die Liebe aber aufgrund der vielen verschiedenen Variablen, die uns beeinflussen, sehr komplex sein. Manchmal sind wir uns gar nicht im klaren darüber, warum wir bestimmte sexuelle Erlebnisse suchen, weshalb Sexualität ein so wichtiges Mittel der Kommunikation ist oder weshalb wir nicht bekommen, was wir möchten. Oftmals sind die Erfahrungen unbefriedigend oder jedenfalls anders, als wir sie wünschen, weil wir uns nicht die Zeit nehmen, zu klären, was wir eigentlich wollen. Wenn uns unsere eigenen Wünsche und Ziele nicht klar sind, werden wir oft Enttäuschungen erfahren. Aber selbst wenn Ihre sexuellen Erfahrungen heute schon sehr befriedigend sind, können sie nur noch besser werden, wenn Sie Ihre sexuellen Wünsche und Ziele klären. Zu diesem Zweck wollen wir einmal das Wer, Was, Wo und Wann der Sexualität etwas näher betrachten.

Wer ist Ihnen am nächsten, und welche Beziehung besteht zwischen Ihnen? Jeder Mensch wird von unterschiedlichen Liebespartnern angezogen, und jeder drückt seine Bedürfnisse nach Intimität anders aus. Das wohl wichtigste Element der Liebe ist die Auswahl des richtigen Liebespartners. Sie sollten für sich klären, was Sie von einem Liebespartner wollen und welche sexuellen Erfahrungen Ihnen wichtig sind. Soll Ihr Partner bzw. Ihre Partnerin körperlich attraktiv, verlockend und herausfordernd sein? Oder suchen Sie den Liebespartner, der versteht, wie Sie denken und fühlen, oder möchten Sie eine Kombination von allem?

Manche sagen, rein körperlicher Sex sei besser als gar keiner, aber das trifft nicht für jeden zu. Wenn Sie ein Mensch sind, der tiefe, liebende Gefühle braucht, um die Sexualität zu genießen, dann werden Sie von einer gelegentlichen sexuellen Erfahrung mit einem Fremden nichts haben, ganz gleich, wie attraktiv oder sexy Ihr Partner bzw. Ihre Partnerin sein mag. Andererseits gibt es etliche Menschen, die zu größerer sexueller Offenheit bereit sind, wenn nicht so viele starke Gefühle daran beteiligt sind, die vielleicht unerwünschte Erwartungen erzeugen. Ob Ihnen nun die zufällige

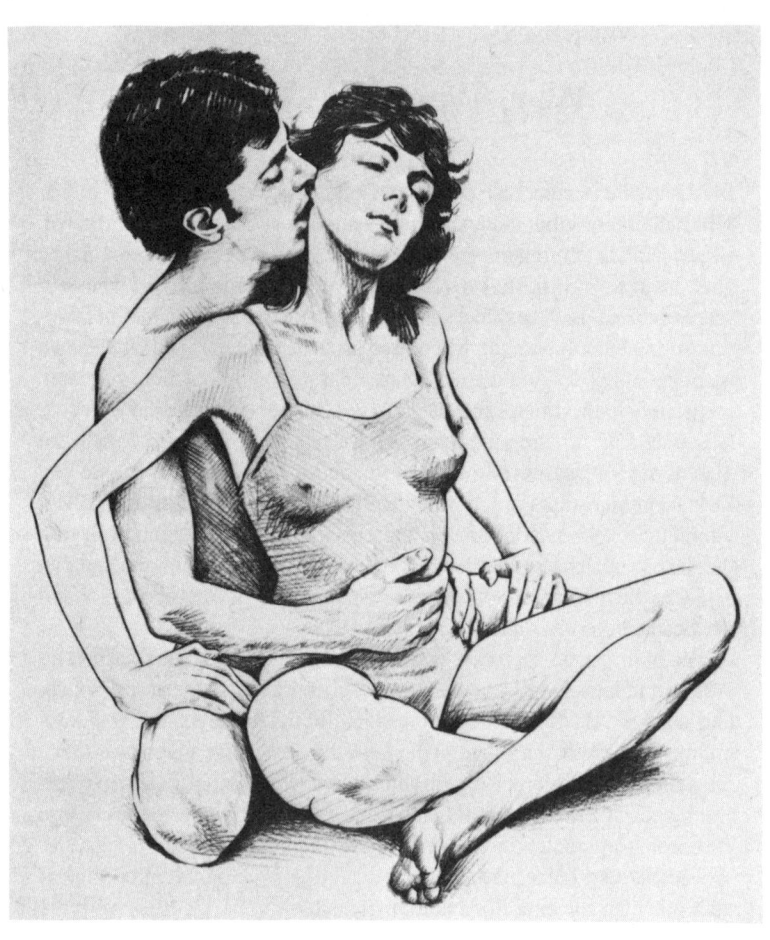

und oberflächliche sexuelle Beziehung oder die leidenschaftliche, andauernde Liebe mehr liegt, das müssen Sie für sich selbst entscheiden. Vielleicht ziehen Sie mal das eine, mal das andere vor. Auch das ist völlig in Ordnung. Wichtig ist, Ihren Bedürfnissen gegenüber ehrlich und realistisch zu sein. Das erspart Schmerzen und gegenseitige Verletzungen.

Ganz gleich was Sie tun, geben Sie sich nicht mit traditionenellem Rollenverhalten zufrieden. Religion und Moral wollen uns gern die Gesetze unseres Lebens diktieren, am liebsten im Gewand göttlicher Gebote. Lassen Sie sich nicht auf Vorschriften ein, die andere Menschen Ihnen machen wollen; Sie müssen mit Ihren Entscheidungen leben, nicht die anderen. Falls jeder um Sie herum die Ehe bevorzugt, Sie aber den Sex mit wechselnden Partnern mehr schätzen, dann bleiben Sie sich selbst treu. Sie einzig und allein sind von Ihren Beziehungen entweder frustriert oder befriedigt.

Es gibt natürlich keine Garantie dafür, daß Sie den perfekten Liebespartner bzw. die perfekte Liebespartnerin finden, obwohl auch das möglich ist. Aber wenn Sie sich im klaren darüber sind, was Sie eigentlich wollen, werden Sie besser verstehen, wie Ihre Sexualität funktioniert und wen Sie als Partner bzw. Partnerin brauchen. Wenn Sie ein schüchterner, sensibler Typ sind, wird ein extrovertierter und aggressiver Liebespartner wahrscheinlich nicht zu Ihnen passen. Andererseits könnte es aber auch genau das sein, was Sie brauchen, um frischen Wind in Ihr sexuelles Erleben zu bringen. Vielleicht werden Sie erst, wenn Sie eine Reihe verschiedener sexueller Erfahrungen gemacht haben, beurteilen können, mit wem Sie schlafen wollen, und den Menschen finden, der am besten zu Ihnen paßt.

Was erwarten Sie vom Sex? Was mögen Sie und was regt Sie an? Sicher haben auch Sie sexuelle Fantasien. Jeder hat sie. Aber die meisten Menschen sind so konditioniert, daß sie ihre Vorlieben und Fantasien für sich behalten — als ob nicht viele andere diese Vorlieben und Fantasien mit ihnen teilen würden. Es gibt eine Menge Hemmungen, das ehrlich auszusprechen, was wir bevorzugen, sogar während des Liebesaktes selbst. Wenn Sie sich dabei ertappen, etwas zu tun, obwohl Sie eigentlich viel lieber etwas anderes tun würden, dann drücken Sie entweder nicht klar aus, was Sie wollen, oder Ihr Partner bzw. Ihre Partnerin hört Ihnen nicht zu. Wenn Sie die Sexualität genießen wollen, muß auf jeden Fall eine offene Kommunikation dasein.

Für selbstverantwortlich lebende Menschen gibt es nur zwei Regeln in der Sexualität. Die erste ist, ehrlich zu sich selbst zu sein, nur das zu tun, was wirklich mit Ihrem inneren Gefühl übereinstimmt, und Freude aus dem zu ziehen, was Sie tun. Die zweite ist, die Bedürfnisse, Wünsche und Werte Ihres Liebespartners bzw. Ihrer Liebespartnerin zu respektieren und zu fördern. Wenn Sie zum Beispiel oraler Sex nicht reizt, fühlen Sie sich nicht gezwungen, dabei mitzumachen. Wenn Sie andererseits, das Verlangen danach haben, dann bekunden Sie Ihren Wunsch. Wenn Sie das nicht tun können, was Ihnen den größten Spaß macht, dann werden Ihre sexuellen Erfahrungen nicht besonders erfüllend sein. Und wenn Sie deutlich zeigen, was Sie mögen, und Ihr Liebespartner bzw. Ihre Liebespartnerin nicht mitspielt, dann haben Sie wahrscheinlich nicht den richtigen Partner bzw. die richtige Partnerin.

Jeder von Ihnen hat natürlich eigene Gefühle und Wünsche. In vielen Fällen stimmen Sie soweit überein, daß Sie eine Menge köstlicher, kreativer Liebeserfahrungen miteinander teilen können. Dann wird es auch reichlich Gelegenheit geben, neue Erfahrungen zu erforschen und gemeinsam zu entscheiden, was Spaß macht und was nicht. Sollte es aber einen großen Unterschied in Ihren Gefühlen und Wünschen geben, dann versuchen Sie nicht, Ihren Liebespartner bzw. Ihre Liebespartnerin zu zwingen, das zu tun, was Sie wollen. Das schafft nur Ärger und Feindseligkeit und macht den Sex sehr oberflächlich. Denn wenn Sie eingestimmt sind auf das innere Sichmitteilen im Liebesakt, werden Sie Ihren Partner bzw. Ihre Partnerin niemals zu etwas zwingen, was er bzw. sie nicht wünscht. Sollten Sie feststellen, daß zwischen Ihnen eine wirkliche Kluft besteht, dann überprüfen Sie lieber, warum Sie überhaupt zusammen sind, und versuchen Sie jemanden zu finden, mit dem Sie Ihre Vorlieben besser ausleben können.

Gehen Sie auf Entdeckungsreise und erforschen Sie Ihre eigenen sexuellen Vorlieben und die Wünsche Ihres Partners bzw. Ihrer Partnerin. Sie haben dabei Gelegenheit, ein weites Spektrum sinnlicher Freuden zu entdecken. Nehmen Sie ein gemeinsames Bad, lieben Sie sich in der Küche, und probieren Sie alles, wozu Sie beide wirklich Lust haben. Wenn Ihnen eine neue Liebesposition einfällt oder wenn Sie von exotischen sexuellen Spielen träumen, dann probieren Sie diese ruhig aus. Denken Sie daran: Sex ist nicht schmutzig. Er ist eines der reinsten, saubersten und unschuldigsten Dinge, die wir kennen. Nur unsere komplizierte und verdrehte Art, Sex zu betrachten, läßt ihn schmutzig, schamvoll oder pervers erscheinen. Wenn beide Partner sensibel für die Wünsche und Bedürfnisse des anderen sind, dann wandeln sie auf sicherem und sauberem Boden.

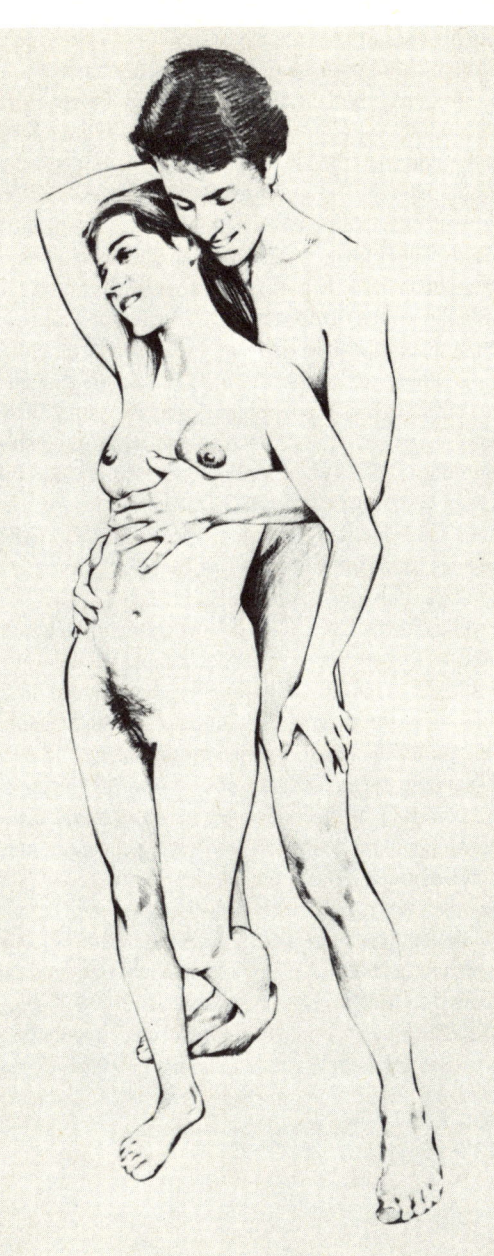

Wenn Ihre Fantasie zu schwach ist, scheuen Sie sich nicht, in Bücher und Zeitschriften zu schauen. Es ist nichts Falsches daran, wenn Sie noch etwas über die Sexualität hinzulernen wollen. Es gibt niemanden, der alles über sexuelle Freuden weiß. Sexuelle Literatur kann Ihrer Kreativität neue Impulse geben. Je mehr Sie hinzulernen und neu entdecken, um so schöpferischer und verständnisvoller werden Sie bei dem, was Sie tun. Die Liebe mag auf sehr natürliche Weise entstehen, aber es gibt eine Menge dabei zu lernen. Wenn Sie all die verschiedenen Möglichkeiten des Liebesspiels ausprobieren, bleiben Sie offen für eine immer größere sexuelle Befriedigung.

Wo Sie Sex haben, kann von großer Bedeutung für Sie sein. Sicher, die meisten Menschen ziehen sich zum Liebesspiel ins Schlafzimmer zurück. Aber es gibt auch andere wundervolle Plätze, um sich zu lieben, wie etwa Wiesen, Strände, Badewannen und Boote, Seen und Flüsse und alle Arten von Plätzen, an denen Sie sich in trauter Zweisamkeit befinden. Sich zu lieben kann dabei ein wirkliches Abenteuer werden. Das Picknick auf einer versteckten Lichtung im Wald zu Beispiel kann zu einem langen, lustvollen Liebesabenteuer werden. Und Sie mögen entdecken, daß Sex dort genußvoller für Sie ist als irgendwo je zuvor. Manchmal kann so der Wechsel des Schauplatzes die Liebe ganz neu beflügeln.

Das soll nicht heißen, daß das Schlafzimmer gemieden werden soll, im Gegenteil, es wird wohl immer der bevorzugte Ort des Liebesspiels sein. Da das so ist, sollten Sie alle Möglichkeiten ausschöpfen, in Ihrem Schlafzimmer eine angenehme, anregende und sinnliche Atmosphäre zu schaffen. Wenn Jugendstilbilder von Beardsley oder Spiegel an der Decke Sie erregen, bringen Sie sie an. Oder ziehen Sie frische Blumen, sanfte Musik und den Duft von Räucherstäbchen vor? Sie kennen Ihrem Geschmack besser als jeder andere, und Sie haben das Recht, genau das zu tun, was Ihnen in Ihrem Lebensraum gefällt. Sie werden herausfinden, daß Sie in einem Schlafzimmer, das genau Ihrem Geschmack entspricht, auch die Sexualität mehr genießen. Gestalten Sie es so, daß Sie sich rundum wohl darin fühlen. Schließlich ist es draußen manchmal kalt und naß, und es gibt kaum Menschen, die sich triefend naß im strömenden Regen lieben mögen. Besonders an solchen Tagen freuen Sie sich an einer Umgebung, die genau Ihrem Geschmack entspricht. Wo und wie immer es Ihnen interessant erscheinen mag, sich zu lieben, probieren Sie es. Vielleicht entdecken Sie eine wundervolle Neuigkeit, die Sie erregt und erfreut.

Wann Sie Sex haben, ist natürlich auch sehr wichtig für Ihr Liebesleben. Nicht jeder ist ein Nachtmensch. Nach einem langen, harten Arbeitstag sind Sie vielleicht abends zu abgespannt. Vielleicht ist der Morgen besser? Für alles gibt es so etwas wie die richtige Zeit. Wenn Sie sich zum Sex zwingen müssen, dann achten Sie doch einmal darauf, ob es vielleicht an der falschen Zeit liegt. Der eine hat nach einem erschöpfenden Arbeitstag keinerlei Lust zur Liebe mehr. Aber für einen anderen mag es genau das Richtige sein, einen harten Tag ausklingen zu lassen. Oder gehören Sie zu denen, denen Tag oder Nacht, Morgen oder Abend gleich recht ist? Wir sind alle verschieden, was unsere Bedürfnisse und Energiezyklen angeht. Und es ist hilfreich zu wissen, wann wir «an-» bzw. »abgeschaltet« sind.

Obwohl ein wirklich guter Liebesakt eher Kraft gibt als ermüdet, mag es Zeiten geben, wo Sie einfach nicht in der Stimmung sind, um Sex zu haben. Fühlen Sie sich niemals gezwungen, in solchen Momenten Ihre Gefühle zu mißachten. Wenn Sie keine Lust haben, dann lassen Sie's lieber. Aber teilen Sie es Ihrem Partner bzw. Ihrer Partnerin mit, damit Ihr *vis-à-vis* nicht unbefriedigt an die Decke starrt und wissen möchtet, was es falsch gemacht hat. Besonders in neuen Beziehungen oder bei Jungverheirateten kann es unnötigen, meistens selbst geschaffenen Druck geben, sich in Momenten zu lieben, wo es nicht günstig sein mag. Das liegt daran, daß man seinem Liebes- oder Ehepartner beweisen will, daß man ihn mag. Wenn Sie klar miteinander reden, wird diese Art von Mißverständnis niemals auftauchen. Natürlich gibt es auch die Möglichkeit, daß beide Partner entdecken, daß sie sich so oft wie möglich lieben wollen. Um so besser!

Das Wichtigste ist herauszufinden, was für Sie richtig ist und offen zu sein für neue Erfahrungen. Wenn Sie immer zu selben Zeit jeden Morgen Verkehr haben, kann die Liebe zur Routine werden und ihre Anziehungskraft verlieren. Ändern Sie die Zeiten. Versuchen Sie es am Nachmittag, am frühen Abend, mitten in der Nacht, am Vormittag und zu völlig unerwarteten Zeiten. Scheuen Sie sich nicht, spontan zu reagieren. Die Spontanität wird sicher auch Ihrem Liebespartner bzw. Ihrer Liebespartnerin gefallen. Sexualität ist eine ganz besondere Art der Kommunikation. Jede gute Beziehung benötigt klare, offene Kanäle, um zu wachsen und zu gedeihen. Sie werden Ihre Beziehung nicht nur befriedigender gestalten, sondern zu tiefer, andauernder Freude bringen, wenn Sie Ihre Bedürfnisse, Wünsche und Vorlieben mitteilen.

14
Liebevolle Massage

Obwohl unter Sex meist das Miteinanderschlafen verstanden wird, gehört zum lebendigen Liebesspiel natürlich viel mehr als das. Es gibt tausend verschiedene Arten, sich zärtlich zu berühren. Eine der schönsten Arten, verliebte Gefühle auszudrücken, ist die Massage. Die Massage erfüllt viele Aufgaben. Sie tut gut, lockert, entspannt, heilt und stärkt. Und wenn sie auf die richtige Weise ausgeführt wird, kann sie auch sexuell sehr erregend sein. Massage als Teil des Liebesspiels erhöht die Sinnlichkeit und macht offener für den Fluß der sexuellen Energie. Sie bereitet den Körper auf die tiefe, mitreißende, allumfassende Intensität der sexuellen Vereinigung vor und läßt Ihre Liebesfähigkeit anwachsen. Sie kommen zu einer länger anhaltenden Freude am Liebesspiel. Durch nichts können Sie Ihren Liebespartner bzw. Ihre Liebespartnerin so gut kennenlernen wie durch eine Massage. Ganz gleich, wie nah Sie sich schon sind, die Massage wird Ihre Kommunikation noch vertiefen. Mit einem Wort: Richtig ausgeführt, ist die Massage ein wichtiger Bestandteil der hohen Kunst der Liebe.

Manche Menschen haben ein natürliches Talent für die Massage und ein intuitives Gefühl für den Körper. Solche Menschen können gar nichts falsch machen, wenn sie den Partner liebevoll berühren. Jeder Punkt am Körper seufzt vor süßer Freude bei der Berührung. Für die meisten Menschen jedoch ist die Massage ein Handwerk, das es zu lernen und zu üben gilt. Das Üben allerdings macht meist beiden Beteiligten großen Spaß, und sogar Anfänger werden normalerweise keine Schwierigkeiten haben, jemanden zum Üben zu finden.

Ehe Sie jedoch mit der Massage beginnen, gibt es einige Dinge zu beachten. Das Erste ist: Seien Sie achtsam. Das mag sonderbar klingen, aber es ist das allerwichtigste. Massage ist eine sehr feinfühlige Art der Kommunikation, und um gut darin zu werden, müssen Sie sehr darauf achten, was Sie tun. Das heißt, daß Sie ständig soviel wie möglich durch Ihre Hände fühlen müssen. Wenn also Ihre Hände auf jemandem liegen, muß Ihre Aufmerksamkeit genau dort sein, wo Ihre Hände sind. Nur so können Sie die Wünsche des Körpers gut erspüren und erfüllen.

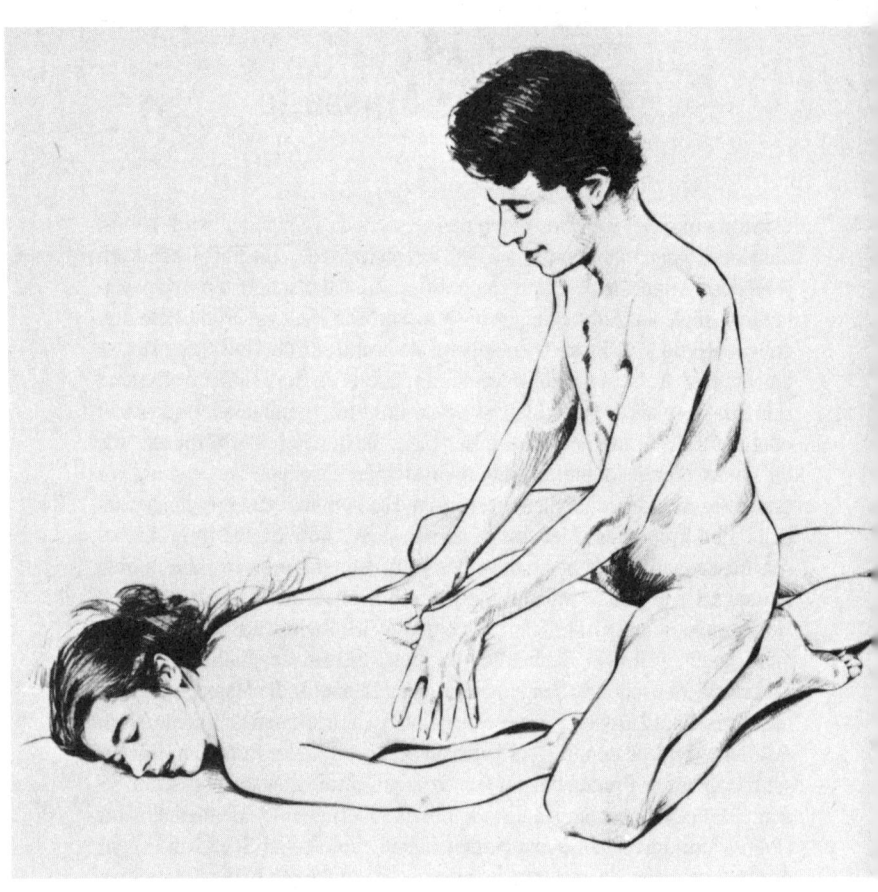

Obwohl Sie nicht besonders groß und stark sein müssen für die Massage, hilft es doch, wenn sie Kraft in den Händen haben. Wenn Ihre Hände schwach sind, wird die Massage Sie schnell ermüden, und es wird harte Arbeit für Sie. Um Ihre Hände zu trainieren, üben Sie einen Tennisball zu greifen und zu drücken, oder kaufen Sie sich einen Handtrainer vom Sportgeschäft. Ein paar Minuten tägliches Handmuskeltrainig wird Ihre Hände kräftigen und Sie zu einer besseren Massage befähigen.

In dem gleichen Maße, wie Sie Ihre Hände kräftigen, sollten sie aber auch lernen, das Feingefühl Ihrer Hände zu entwickeln. Ihre Hände müssen in der Lage sein, die Muskeln, Bänder und Sehnen zu fühlen und verspannte oder schmerzende Stellen von entspannten Partien zu unterscheiden. Beginnen Sie damit, die vielen verschiedenen Teile des Körpers Ihres Partners bzw. Ihrer Partnerin durch Berührung zu erforschen, damit Sie diese Feinfühligkeit entwickeln. Berühren Sie die Füße, die Knie, die Ellbogen, die Wirbelsäule, die Schulterblätter und fühlen Sie die verschiedenen Hautoberflächen. Fühlen Sie die zarten, runden Formen, die kantigen, hervortretenden Knochen, die festen Sehnen und Bänder und die längeren, weicheren Muskeln. Nehmen Sie sich ausreichend Zeit, um ein Gefühl für die verschiedenen Teile des Körpers zu entwickeln. So lernen Sie, Ihr Feingefühl für den gesamten Körper zu steigern, und werden zusehends vertrauter damit, wie er sich anfühlt.

Haben Sie keine Angst vor der Massage. Lernen Sie durch die Praxis, indem Sie ständig neue Techniken ausprobieren, wie man die verschiedenen Teile des Körpers berühren, drücken, streicheln oder sogar kneten kann. An manchen Stellen können Sie mehr Druck anwenden, als Sie denken. Achten Sie aber darauf, mit den Knöcheln nicht zu stark zu pressen oder gar mit den Fingernägeln zu kratzen. Üben sie lange, tiefe Striche am Rücken entlang, an den Seiten, den Beinen und Armen. Gehen Sie vorsichtig über die besonders empfindlichen oder kitzligen Stellen hinweg, und benutzen Sie immer Massageöl, um die Haut nicht unnötig zu reizen.

Wohlriechende Öle steigern die sinnliche Atmosphäre einer liebevollen Massage. Einige Düfte, wie Myrrhe, Jasmin, Moschus und Vanille, sind wegen ihrer aphrodisischen Qualität bekannt. Aber vielleicht mögen Sie Geißblatt oder Rose lieber. Es gibt viele angenehme Düfte und Sie sollten Ihrer ganz persönlichen Vorliebe folgen. Sie können Ihr eigenes Massageöl herstellen, indem sie Mandelöl mit einem ätherischen Öl vermischen. Mandelöl ist ein neutrales Pflanzenöl, das zart duftet und von der Haut leicht aufge-

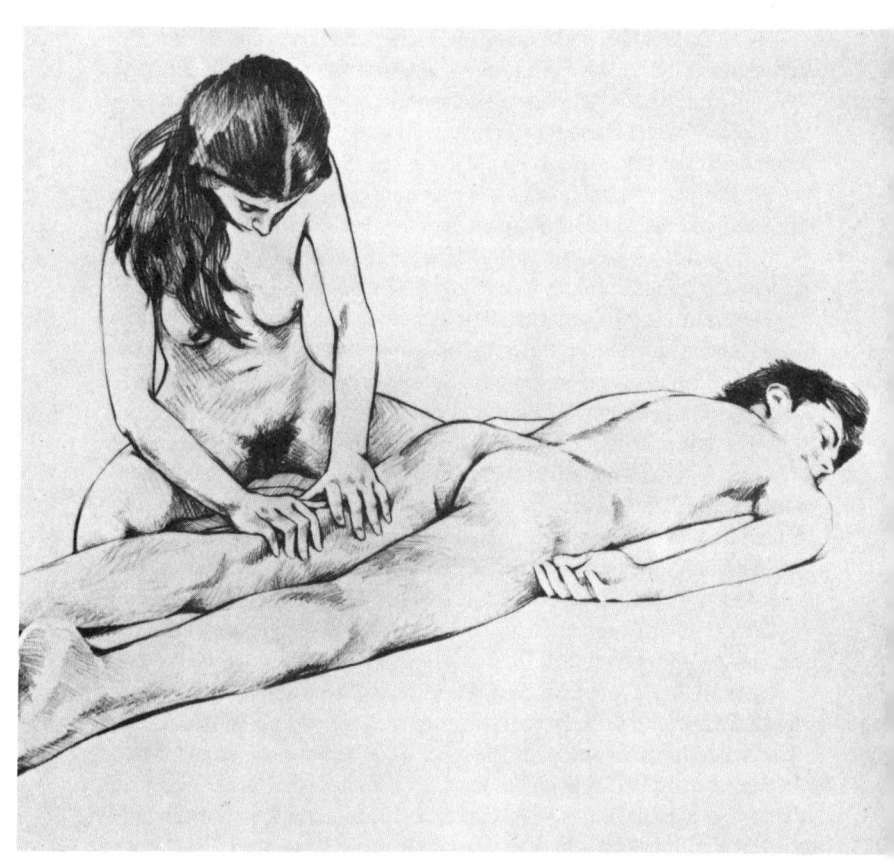

starkes, süßes Aroma besitzt und zum Würzen von Süßspeisen verwendet wird. Ätherische Öle sind konzentrierte Duftessenzen, die aus verschiedenen Blüten und Früchten gewonnen werden. Sie duften sehr unterschiedlich, und es gibt Hunderte von ihnen. Da ätherische Öle meist sehr konzentriert sind, dürfen Sie sie beim Mischen mit dem Mandelöl nur sehr sparsam verwenden. Meist reichen einige Tropfen, um einen halben Liter Mandelöl mit einem angenehmen Duft zu versehen. Achten Sie aber auf die Qualität der Öle, denn Massageöl dringt in die Haut ein und entfaltet dort seine Wirkung.

Geben Sie also zu Beginn der Massage ein paar Tropfen Massageöl in Ihre Handflächen und reiben Sie die Hände zum Erwärmen des Öls. Gießen Sie niemals das Massageöl direkt auf die Haut, da es meist kalt ist und unangenehm wirken kann, wenn es die Haut unmittelbar berührt. Streichen Sie jetzt mit Ihren Händen behutsam über die Teile des Körpers, die Sie massieren wollen, und achten sie darauf, nicht zuviel zu nehmen. Sie sollten noch etwas Widerstand in Ihren Händen spüren, wenn Sie über den Körper streichen. Ein Ölbad auf der Haut anzurichten und darin herumzuschmieren, kann für Sie ganz lustig sein, ist aber nicht sehr anregend für Ihren Partner bzw. Ihre Partnerin.

Wenn die Massage ein Teil des Liebesspiels ist, kommt es darauf an, daß sie sich möglichst anregend und angenehm anfühlt. Ihre Hände werden Werkzeuge der Liebe, die den gesamten Körper in eine erogene Zone verwandeln. Jede Berührung, jedes Streicheln, jeder Druck weckt neue Gefühle und steigert die Leidenschaft. Natürlich sind einige Stellen des Körpers feinfühliger als andere und reagieren stärker auf eine sinnliche Berührung. Denken Sie aber nicht, daß Sie sofort die Genitalien berühren sollten, weil sie besonders feinfühlig sind. Im Gegenteil, wenn Sie schon am Anfang die Klitoris bzw. den Penis anfassen, steigert das im allgemeinen nicht die Erregung, sondern zeigt oft nur die totale Unempfindlichkeit den Bedürfnissen Ihrer Liebespartnerin bzw. Ihres Liebespartners gegenüber. Statt dessen ist es viel lustvoller, die Dinge langsam sich entwickeln zu lassen. So können Sie die sinnlichen Gefühle sich allmählich steigern lassen, bis der Austausch von Berührung und Gefühlen ungeahnte Höhen erreicht.

Die folgenden Vorschläge sollen Ihnen helfen, Ihre Sexualmassage aufregender zu gestalten.

Zunächst liegt der Partner bzw. die Partnerin auf dem Bauch. Der Nacken ist sehr feinfühlig und sensibel. Helfen Sie etwaige Spannungen zu lösen, indem Sie mit langen, langsamen Strichen mit den Fingerspitzen vom Haaransatz am Hinterkopf zu den Schultern hin arbeiten. Wechseln Sie die kräftigen Striche mit einem federleichten Strich ab, bei dem die Hände kaum die Oberfläche der Haut berühren. Fügen Sie im richtigen Moment leichte Berührungen mit der Zungenspitze hinzu, und Ihrem Liebespartner bzw. Ihrer Liebespartnerin werden vor Aufregung die Haare im Nacken zu Berge stehen. Leichtes Küssen ist eine angenehme Berührung.

Die Kreuzgegend des Rückens ist sehr empfindsam, weil von diesem Bereich einige Hauptnerven zu den Sexualorganen führen. Es gibt viele Möglichkeiten, dort zu massieren. Sie können mit langen festen Strichen vom Kreuz- zum Steißbein abwärts und aufwärts massieren. Oft ist es noch angenehmer, wenn Sie mit kleinen Kreisbewegungen genau im Kreuz massieren. Dies sind übrigens Massagetechniken, die Sie mit Gewinn auch noch in der sexuellen Vereinigung selbst anwenden können, wenn die Stellung es erlaubt, denn sie regen die Nerven zu den Genitalien an und steigern die sinnliche Lust. Wenn Ihr Partner bzw. Ihre Partnerin auf Ihnen liegt, können Sie beim Lieben im Rhythmus über das Kreuz streichen.

Der Po spielt in der Liebe und in der Werbung ein große Rolle. Große Teile der Mode und Bekleidungsindustrie dienen nur dazu, das Hinterteil gut (sichtbar) zu verpacken. Zeitschriften, Kino und Fernsehen leben von seinen Abbildungen. Zweifelsohne ist das hintere Ende der am meisten diskutierte Teil des menschlichen Körpers, zumindest aus sexueller Sicht gesehen. Ein wohlgeformter Po kann sehr aufregend sein. Aber mag es noch so schön sein, den Po anzusehen, es ist noch viel schöner, ihn zu massieren oder massiert zu bekommen. Es gibt Spielraum für Ihre Kreativität, ob Sie es nun mit einem schlanken, flachen Hinterteil oder mit großen fleischigen Hügeln zu tun haben. Eine tiefe Massage mit viel Druck wirkt gewöhnlich herrlich entspannend, da viele von uns dort ziemlich verspannt sind. Sie können den Po fast wie Brotteig kneten, in Kreisen massieren oder mit einem langen Strich vom Rücken bis zu den Beinen streichen. Wenn Ihnen noch niemals der Po massiert wurde, steht Ihnen ein aufregendes Erlebnis bevor, das zugleich befreiend, entspannend und anregend sein kann. Probieren Sie es auch einmal mit federleichten Strichen von der Rückseite der Oberschenkel bis zum Po und benutzen Sie dabei nur die Fingerspitzen. Das empfinden manche als besonders angenehm oder aufregend.

Lebendige Sexualität

Jetzt liegt der Partner bzw. die Partnerin auf dem Rücken. Die Brust steht auf ähnliche Weise im Mittelpunkt des Interesses wie der Po. Sie ist hochsensibel und zeigt eine sichtbare Reaktion: Bei richtiger Erregung werden die Brustwarzen immer fester, bis sie fast hart sind und weit hervorstehen. Trotz der Unterschiede zwischen Männer- und Frauenbrüsten ist die Massage grundsätzlich gleich. Legen Sie die Handfläche über die gesamte Brust, halten Sie sie fest und massieren Sie in langsamen Kreisbewegungen. Frauen haben empfindlichere Brüste als Männer, also seien Sie sanft. Denken Sie daran, daß das bloße Anfassen der Brust nicht unbedingt lustvoll ist. Achten sie auf die Feinfühligkeit dieser Region. Sehr angenehm wirkt die folgende Massagetechnik: Halten Sie die Brustwarzen zwischen dem Daumen und dem Zeigefinger und drücken Sie dann mit dem Daumen zur Spitze der Brustwarze. Mund und Zunge können hierbei sehr hilfreiche Werkzeuge sein.

Das Becken beherbergt alle inneren Sexualorgane und hat einige sehr empfindliche bzw. erogene Zonen. Die Massage des Beckenbereichs kann Spannungen lösen und auch die Sexualorgane direkt stimulieren. Fangen Sie mit einer sehr sanften Massage an, da manche Menschen hier sehr empfindlich reagieren, und steigern Sie erst allmählich den Druck Ihrer Hände. Eine sehr angenehme Art der Massage in diesem Bereich besteht darin, daß Sie mit den Händen kleine Kreise machen und sie über den gesamten Beckenbereich bewegen. Streichen Sie sanft zu den Genitalien hinunter und lassen Sie Ihre Finger leicht in der Leistenbeuge und Hüftgelenksfalte entlangwandern. Dann lassen Sie Ihre Hände behutsam vom Becken zu den Innenseiten der Oberschenkel gleiten und berühren dabei sanft die Genitalien. Machen Sie das immer wieder und erlauben Sie ihren Fingern, alles zu streifen, womit Sie in Kontakt kommen. Das ist für beide Partner sehr anregend und aufregend, und Sie werden wahrscheinlich feststellen, daß Sie dabei anfangen, heftiger zu atmen.

Die Innenseite der Oberschenkel sind erogene Zonen, weil sie so nah an den Genitalien liegen und sie empfindlichere Haut besitzen als der Rest der Beine. Zur Massage streichen Sie von der Leistenbeuge bis hinunter zu den Knien. Benutzen Sie Ihre ganze Hand. Beginnen Sie mit einem kräftigen Druck, und lassen Sie die Berührung dann leichter werden, bis Ihre Hand kaum noch die Haut berührt. Sie können sicher sein, daß Ihr Liebespartner bzw. Ihre Liebespartnerin diese Art der Massage über alle Maßen genießen wird.

Eine sinnlichen Massage hat so viel zu bieten! Entdecken Sie den Körper Ihres Liebespartners bzw. Ihrer Liebespartnerin mit Ihren Händen, und lassen Sie dabei keinen Teil aus. Dabei wird Ihnen immer vertrauter, was Ihrem Partner bzw. Ihrer Partnerin gefällt und ihn bzw. sie erregt, und Sie lernen, die Erregung des Liebesspiels zu steigern und zu bereichern.

15
Auf der Woge der Wonne gleiten

Alles was bisher gesagt wurde, dient schließlich zur Vorbereitung für Sex auf höchstem Energie-Niveau. *Energetischer Sex* ist eine Art der Liebe, die durch die Verlängerung der sexuellen Vereinigung entsteht. Das Denken ist dabei frei von Sorgen und Ängsten, das Ich wird ausgeschaltet, und es kommt zu einem tiefen gegenseitigen Austausch. Wenn all das zusammenkommt, können die Liebespartner »auf der Woge der Wonne gleiten«, wie die Taoisten sagen. Der Ausdruck »Energetischer Sex« besagt, daß diese Art der Vereinigung weitaus schöner, intensiver und kräftigender ist als übliche sexuelle Erlebnisse. Energetischer Sex ist wie die gleißende Sonne, glühend, funkelnd und strahlend.

Um eine solche Beziehung zu erreichen, muß man an sich selbst arbeiten, an der Entwicklung eines zarten Feingefühls und einer gesteigerten Vitalität, wie in den vorangegangenen Kapiteln beschrieben. Das Wundervolle daran ist, daß diese Arbeit nicht langweilig ist, sondern äußerst lustvoll und wohltuend. Jeder Fortschritt, den Sie machen, jede Energie, die Sie einsetzen, bringt Sie zu einer größeren Befriedigung und Erfüllung. Schritt für Schritt spüren Sie, wie Sie eine immer intensivere Verbindung zu Ihrer eigenen Sexualität und der Ihres Partners bzw. Ihrer Partnerin gewinnen und wie der Liebesakt zu einem immer schöneren Erlebnis wird.

Wenn wir von einer Verlängerung der sexuellen Vereinigung sprechen, meinen wir damit eine Vereinigung, die eine Stunde oder länger, vielleicht mehrere Stunden ohne Pause dauern kann. Und das hat überhaupt nichts mit irgendeiner sportlichen Leistung zu tun. Das ganze Liebesspiel, zu dem Küssen, Streicheln, Liebkosen, Massieren und andere Arten des kreativen Vorspiels gehören, kann eine Stunde dauern. Warum soll dies nicht auch für die Vereinigung zutreffen? Ganz gleich, wie kurz und unkontrolliert Ihr Beischlaf momentan sein mag, Sie können lernen, ihn auf längere Zeit auszudehnen. Es gehört nur Know-how und ein bißchen Übung dazu.

Frauen können sich ziemlich leicht an den verlängerten Koitus gewöhnen, sie finden ihn befriedigender als eine hastige Zwei-Minuten Affäre mit heftigen Bewegungen, rhythmischem Zucken und einem plötzlichen Erschlaffen. Frauen benötigen im allgemeinen länger als Männer, um voll erregt zu sein. Eine Verlängerung des Liebesakts gestattet es den Frauen, viele, viele Höhepunkte zu haben und vollständige sexuelle Befriedigung zu finden. Deshalb werden Frauen diese Art von Sex bevorzugen und sich darauf freuen. Männer haben aus verschiedenen Gründen ein paar Probleme damit. Frauen sind meistens körperlich in der Lage, sich einem Mann sexuell anzupassen, leichter als umgekehrt. Ein Mann muß eine Erektion bekommen und sie während des Verkehrs beibehalten. Meistens ist es kein Problem zu erigieren. Aber es ist möglich — und jeder Mann hat einmal mit diesem Problem zu tun gehabt —, daß sich das Organ unter keinen Umständen aufrichten will.

Wenn es um die Ausdauer des Mannes geht, ist die Erektion nur der Anfang. In manchen Fällen kann der Penis auch während des Beischlafes weicher und härter werden, aber meist bleibt er jedenfalls nur bis zur Ejakulation erigiert. Nach der Ejakulation sinkt die Erektion schnell ab. Um die Zeit des Beischlafes zu verlängern, muß ein Mann also in der Lage sein, die Erektion beizubehalten, und das heißt, er muß Kontrolle über die Ejakulation gewinnen. Viele Männer haben diese Kontrolle nie erlernt, weil niemand ihnen gesagt hat, wie. Aber sie ist erlernbar, ohne daß Sie zu einer anästhesierenden Creme, die den Penis betäubt, Zuflucht nehmen müssen und ohne komplizierte Praktiken wie die sogenannte »Quetschtechnik« von Masters und Johnson.

Solange er diese Kontrolle nicht gelernt hat, fühlt sich der Mann oft unfrei und gehemmt beim Sex. Dafür gibt es verschiedene Gründe. Zunächst einmal sind sich die Männer bewußt, daß sie schneller ihren Höhepunkt erreichen als Frauen. Wenn der Mann vor dem Höhepunkt der Frau ejakuliert, läßt er eine frustrierte Frau zurück, und das gibt ihm ein Gefühl von Unzulänglichkeit. Hinzu kommt, daß unsere Kultur immer noch hartnäckig das »Machobild« vom Mann unterstützt, der Tag und Nacht lieben kann, ohne müde zu werden, und tausend Frauen hintereinander befriedigen kann. Einen solchen Mann gibt es in Wirklichkeit nicht, aber die Bilder davon bleiben in den Köpfen der Männer hängen. Im stillen vergleichen sich die Männer oft mit diesen Helden — und fühlen sich minderwertig.

Die Ejakulationskontrolle zu lernen heißt, in der Lage zu sein, die Sexualität freier zu genießen, eine Frau vollständiger zu befriedigen und Angst und Scheu aus dem Liebesleben zu verbannen. Um die Kontrolle zu erlernen, sollte ein Mann den «Wurzelverschluß» (Mulabandha), der im fünften Kapitel beschrieben wurde, üben. Wenn ein Mann die Wurzelverschlußtechnik regelmäßig übt, kann er die Ejakulation meistern. Wenn er sich beim Verkehr dem »Punkt ohne Umkehr« nähert, sollte er seine Bewegungen stoppen, den Penis teilweise zurückziehen (aber nicht ganz!) und den Wurzelverschluß anwenden, bis der Drang zu ejakulieren verschwindet. Zunächst mag es erscheinen, als ob das den gesamten Rhythmus und Fluß des Liebesaktes unterbricht. In einem gewissen Sinne tut es das auch, aber Sie können die Bewegung ja wieder aufnehmen, wenn der Drang zu ejakulieren fort ist. Die kleine Pause kann man in Kauf nehmen, wenn man damit das vorzeitige Erreichen des Höhepunkts verhindert. Außerdem gibt es sowieso viele verschiedene Rhythmen und Bewegungen, die beim Verkehr verwendet werden können. Dazu gehört es auch, daß Sie mal pausieren und still sind, um dann vielleicht wieder zu heftigeren Bewegungen überzugehen. Gerade dieser Wechsel bringt eine willkommene Abwechslung und steigert das Vergnügen. Wenn Sie die Rhythmen während des Liebesspiels ohnehin wechseln, wird eine gelegentliche Pause, in der Sie den Wurzelverschluß anwenden, für Sie keine große Unterbrechung bedeuten.

Die Übungen, die im ersten Teil dieses Buches beschrieben wurden, also sowohl die «Übungsreihe für dynamischen Sex» als auch die »Tibeter«, wirken sehr kräftigend. Einem Mann helfen sie, sich wirksam selbst zu kontrollieren. Mit regelmäßiger, täglicher Anwendung der Übungen und häufigem Üben des Wurzelverschlusses kann sich ein Mann von der Angst, die Kontrolle zu verlieren, befreien. Er wird sich seiner selbst bewußt werden und in der Lage sein, stundenlang zu lieben, wenn er es möchte.

Tatsächlich braucht ein Mann überhaupt nicht zu ejakulieren, um das Lieben zu genießen. Das mag erstaunlich klingen, aber es ist so. Die Ejakulation ist zwar im allgemeinen ein Teil des Liebesaktes, aber sie ist nicht dessen wichtigster Aspekt. Obwohl die meisten Fachmediziner behaupten, daß der Samen des Mannes fast unerschöpflich ist und immer wieder erneuert werden kann, gibt es andere Autoritäten, die von häufiger Ejakulation abraten. Die Tantriker und Taoisten betonen, daß der Samen die lebensspendende Essenz ist, mit der man sparsam umgehen sollte, um Stärke und Gesundheit zu erhalten. Sie sagen, daß der Mann mit zunehmenden Alter weniger häufig ejakulieren sollte, obwohl er noch täglich oder sogar mehrmals täglich verkehren könne. Dabei wird er feststellen, daß ein Koitus ohne Ejakulation bedeutend lustvoller und zugleich viel befriedigender sein kann. Das müssen Sie nicht unbesehen glauben, aber versuchen sollten Sie es einmal. Denn es ist der einzige Weg, wie ein Mann jemals herausfinden kann, ob es stimmt. Und Sie werden feststellen, daß diese Art des Verkehrs auch für Sie von Genuß ist.

Wenn ein Mann die Kontrolle über die Ejakulation gewonnen hat, dann kann er frei von Sorgen und Ängsten werden. Aber auch seine Partnerin wird dabei lernen, befreiter mit der Sexualität umzugehn. Viele Frauen sind gewohnt, nach dem Beischlaf unbefriedigt und mit einem unguten Gefühl zurückzubleiben. Die Folge sind oftmals Ängste und Spannungen auf beiden Seiten, beide Liebespartner erwarten das Schlimmste und bekommen es auch. Aber wenn ein Mann auf seine Selbstkontrolle vertraut, kann die Frau sich entspannen, wohlwissend, daß sie befriedigt und mit der größtmöglichen Freude erfüllt wird. Das trägt zur Ausschaltung der Ichbezogenheit beider Partner bei. Wenn jeder Sexualpartner nur mit seinen eigenen Ängsten zu tun hat, kann es kein echtes Interesse für den anderen geben, und jeder könnte gleich für sich allein bleiben und masturbieren. Wo jeder nur an sich denkt, kann es keine richtige Verbindung geben, keine Gemeinsamkeit, keine wirkliche Vereinigung. Aber wenn die Ichbezogenheit verschwindet, weil es keinen Grund mehr für Angst und Sorgen gibt, dann können die beiden Liebespartner sich auf allen Ebenen begegnen. Dann kann es zu einem tiefen Austausch kommen, und alle Bedingungen für den Energetischen Sex sind erfüllt.

Wenn Sie erst einmal in der Lage sind, den Koitus so lange auszudehnen, wie Sie möchten, dann sollten Sie sich mit den Möglichkeiten der Bewegung befassen. Liebende müssen lernen, sich gemeinsam zu bewegen, miteinander im Rhythmus zu sein, schneller oder langsamer zu werden, anhalten und wieder zu beginnen, spontan die Bewegung zu verändern, wie es der Augenblick will. Das erfordert Feingefühl füreinander, den Wunsch, sich näher zu kommen und schließlich eins zu werden. Männer und Frauen müssen vor allem ihre Beckenbewegung angleichen und lernen, wie sie sich optimal bewegen. Die einzige Möglichkeit, dies zu erlernen ist Übung, und das macht Spaß und ist aufregend. Derartige »Arbeit« ist köstlich!

Zur richtigen Bewegung gehören drei Dinge, nämlich Geschwindigkeit, Tiefe und Rhythmus. In den taoistischen Texten gibt es ausgedehnte Anweisungen hierzu. Aber für unseren Zweck genügen ein paar einfache Regeln, zu denen dann auf jeden Fall die eigene Übung und Erfahrung hinzukommt. Was die Geschwindigkeit angeht, so ist es besser, langsam zu beginnen. Das gestattet der Frau, ihre Lust sanft und stetig wachsen zu lassen.

Eine gleichbleibende Geschwindigkeit wird allerdings leicht monoton, deshalb sollte der Mann sein Tempo variieren, langsamer und schneller werden, immer dem Augenblick angepaßt. Zugleich wird auch die Tiefe seiner Bewegungen variieren. Manchmal mag er nur in eine geringe Tiefe von drei vier Zentimetern vordringen und damit seine Partnerin zu größerer Lust herausfordern. Dann wieder wird er tiefer gehen, mit langen, gleichmäßigen Bewegungen. Und dann genau in dem Augenblick der vollen Erregung seiner Partnerin wird er so tief wie möglich eindringen.

Wenn Sie erst einmal mit Geschwindigkeit und Tiefe experimentiert haben, können sie Ihren Bewegungen auch den Rhythmus hinzufügen. Rhythmus ist aufregend, wie Tanzen beim Lieben. Rhythmus kombiniert Geschwindigkeit und Tiefe miteinander und gestattet endlose Variationen. Es gibt viele gebräuchliche Rhythmen, wie zum Beispiel ein Rhythmus, bei dem der Mann neunmal mit geringer Tiefe vordringt und dann einmal tief eintaucht, dann wieder neunmal flach und einmal tief und so weiter. Aber das ist nur eine von vielen Möglichkeiten und kann natürlich auch nicht mehr als eine Anregung sein. Selbstverständlich ist es besser, beim Lieben nicht zu zählen, weil das die Aufmerksamkeit von Ihrem Partner bzw. Ihrer Partnerin abziehen würde. Es geht vielmehr darum, zu erkennen, wie viele Möglichkeiten der Bewegung es gibt, so daß Ihr Körper eine große Auswahl hat. Wenn Sie die Tiefe Ihrer Bewegungen verändern, können Sie zugleich auch die Geschwindigkeit variieren. Sie können zum Beispiel einen Rhythmus von drei flachen und zwei tiefen Bewegungen zuerst mit langsamer, dann mit schneller Geschwindigkeit ausführen. Durch Abwechslung dieser Art wird die Erregung ständig aufrechterhalten, zugleich haben Sie dabei die Chance, immer wieder neu zu entdecken, was Sie und Ihr Partner bzw. Ihre Partnerin am liebsten mögen.

Den stoßenden und drängenden Bewegungen des Mannes entspricht eine Vielfalt an Beckenbewegungen der Frau. Die Frau kann ihr Becken langsam und gleitend hin und her bewegen, sie kann schneller werden, kreisförmige Bewegungen machen, rhythmisch auf und ab stoßen, plötzlich tief zusammensinken, sich wieder aufladen, angreifen, sich zurückziehen, sich entspannen oder einfach still liegen. Es gibt endlose Variationsmöglichkeiten der Beckenbewegung. Während Ihr Liebespartner sich rhythmisch bewegt, können Sie ihm mit Ihren Bewegungen begegnen, ihn tiefer in sich aufnehmen, bis Sie sich ganz von ihm durchdrungen fühlen. Wenn er tief genug in Ihnen ist, bringt das Wiegen und Reiben Ihres Schambeins gegen das seine eine starke Klitorisstimulation. Das gleiche können Sie durch Schaukeln mit dem Becken erreichen, wobei die Klitoris vom Schaft seines Penis, der sich auf und ab bewegt, stimuliert wird. Sie können aber auch den Wurzelverschluß anwenden und dabei den Penis fest mit den Vaginalmuskeln umspannen. Es gibt endlose Variationen, wie bei einem exotischen Tanz. Jede Bewegung, jede kleine Veränderung der Position schafft neue Empfindungen.

Wenn Sie all diese verschiedenen Möglichkeiten der Bewegung ausprobieren, lernen Sie, freier mit Ihrem Körper umzugehen und eine Vielfalt von Empfindungen und Gefühlen zu genießen. Die Geschicklichkeit im Liebesspiel soll aber nur dazu dienen, daß Sie und Ihr Partner bzw. Ihre Partnerin mehr voneinander haben, keineswegs dazu, um sich gegenseitig Ihr Können zu beweisen. Das praktische Wissen dient also nur als Werkzeug, um die Intimität zu steigern. Wenn Sie mit jemanden ins Bett gehen, denken Sie nicht daran, ihr oder ihm eine gute Show zu liefern. Darum geht es in der Liebe nicht. Außerdem wären Sie in dem Moment, in dem Sie sich darauf konzentrieren, es richtig gut zu machen, wieder bei der ichbezogenen Sexualität. Entspannen Sie sich statt dessen und genießen Sie die feinen Berührungen und das Streicheln. Keiner hat etwas dagegen, wenn Sie es zur Meisterschaft bringen und ein »Drachen der Liebe« werden, wie die Taoisten sagen. Wenn Sie an sich arbeiten, können Sie es sicher werden. Aber wichtiger, als *Lover* im olympischen Stil zu werden, ist es, daß Sie und Ihr Liebespartner bzw. Ihre Liebespartnerin sich wirklich nahe kommen und sich einander öffnen. Genießen Sie einfach die Sexualität, ohne sich viel Gedanken darüber zu machen, und überlassen Sie die Show den Athleten und Komikern.

Wenn Sie den Liebesakt verlängern, Ihre Angst und Scheu verlieren, sich auf Ihren Liebespartner bzw. Ihre Liebespartnerin einstimmen und sich gemeinsam lustvoll und sinnlich bewegen können, dann haben Sie alle Zutaten für den Energetischen Sex. Nach einer gewissen Zeit der gemeinsamen Bewegung wird eine starke Sexualenergie in Ihnen beiden entfacht werden und vom Ende Ihrer Wirbelsäule aus nach oben und nach außen fließen. Sie werden auch Wärme oder feurige Ströme in Ihrem Becken spüren und beginnen, sexuelle Energien miteinander auszutauschen. Wenn eine Frau diesen Zustand erreicht, beginnt sie ihre »Yin-Essenz« mit ihrem Liebespartner zu teilen, und in dem Maße, in dem sie sich seiner Leidenschaft öffnet, wird er auch seine »Yang-Essenz« mit ihr teilen. Wenn das geschieht, werden Sie sich beide sehr »high« fühlen, aber nicht so wie mit Alkohol oder anderen Drogen; hier erleben Sie ein reines »High«-Sein, ein wirklich erhebendes Gefühl, das sich in Ihrem ganzen Körper und Geist ausbreitet.

Wenn Sie sich gemeinsam so bewegen, wird eine wunderbare Energie in Ihnen frei werden. Zunächst erscheint sie als eine leichte physische Reizung, die Sie in Ihren Genitalien spüren, aber mit fortschreitender Bewegung wird das Gefühl deutlicher werden, sich in alle Richtungen Ihrer Körper ausbreiten und immer mehr anwachsen. Sie werden sich Ihrem Liebespartner bzw. Ihrer Liebespartnerin immer näher fühlen — so als ob es keine Stelle gibt, wo Sie aufhören und der andere beginnt. Es gibt nur noch ein Fließen und Ineinanderströmen der Energie.

An diesem Punkt fühlen Sie sich so stark und so innig miteinander verbunden, daß jedes Gefühl der Trennung aufgehoben ist und Sie sich ineinander verlieren. Jetzt sind Sie wie eine leuchtende, elektrische Ladung, die mit einer köstlichen, sanften Intensität ständig dahinfließt. Es liegt an Ihnen, wie lange Sie dafür benötigen, diese Ladung aufzubauen; es hängt davon ab, wie sehr Sie sich Ihrem Liebespartner bzw. Ihrer Liebespartnerin hingeben können. Sie müssen vielleicht viele Male üben, bis Sie so weit kommen, aber Sie können das Ziel erreichen. Wenn Sie sich erst einmal ohne störende Gedanken und ohne jedes Gefühl des Getrenntseins einander hingeben, wird das reinste sexuelle Gefühl, das es gibt, Sie wie eine gewaltige Woge erfassen und dahintragen.

Wenn das geschieht, kennen Sie keine Zeit mehr und an einem ganz bestimmten Punkt kommt ein tiefes Vergessen über Sie, in dem alle Zeit stehenbleibt: Das ist die pure Ekstase. Niemand kann beschreiben, was in solchen Augenblicken geschieht. Der stetig sich aufbauende Spannungsbogen der vollkommenen sexuellen Vereinigung steigert sich zu einem wundervollen Orgasmus, der jede Zelle Ihres Körpers erstrahlen läßt. In diesem Augenblick erfahren Sie das höchste Gefühl der Lust, einer Lust die alle Flammen der Begierde löscht. Dann gibt es kein Denken mehr, sondern nur noch reine Wonne. Sie sind beide tief verbunden in einem wohligen Gefühl des Einsseins. Und nach dem gewaltigen Höhepunkt, nachdem die Sexualenergie explodiert ist und Sie darin gebadet haben, gibt es einen lang andauernden Frieden, einen Frieden, der tief in Ihnen Platz greift und Sie beide davonträgt. Sie gleiten gemeinsam dahin auf der Woge der Wonne.

Ist es wirklich so einfach? Sie können diese Erfahrung nur machen, wenn Sie völlig auf den Moment und aufeinander bezogen und auf allen Ebenen miteinander verbunden sind. Dazu braucht es sehr viel Hingabe und Anteilnahme. Sie müssen sich ganz ohne Vorbehalt, ohne etwas dafür zu wollen, hingeben können. Dann wird die Woge der Wonne über Sie kommen und sich wie ein endloser Wasserfall über Sie ergießen. Aber dieses Erlebnis ist nur dann möglich, wenn Sie füreinander Sorge tragen und wenn genug wirkliche Liebe zwischen Ihnen lebt, um die hier beschriebene Energie zu erzeugen. Obwohl die sexuelle Technik an und für sich sehr wichtig ist, genügt sie nicht zur höchsten sexuellen Vereinigung. Sie können eine Menge schöner sexueller Erfahrungen ohne besonders tiefe Liebe machen, aber die schönsten aller sexuellen Beziehungen sind tatsächlich auf tiefer Hingabe und Anteilnahme gebaut. Energetischer Sex (manchen auch unter dem Namen »Karezza« bekannt), entsteht auf natürliche Weise, wenn zweierlei zusammenkommt: eine entwickelte sexuelle Technik und Liebe — die wichtigste Zutat.

16
Die Neun »himmlischen« Positionen

In der Liebe gibt es unendlich viele Stellungen, die Ihnen und Ihrem Sexualpartner bzw. Ihrer Partnerin Freude machen werden. Wenn Sie erst einmal gelernt haben, den Liebesakt zu verlängern, und wissen, daß Sie ihn beliebig lange ausdehnen können, wird ein Wechsel der Stellungen zunehmend wichtiger — und spontaner. Er wird wichtiger, weil die Vielfalt Ihnen größere Tiefe des Erlebens ermöglicht und immer wieder neue und andere Empfindungen erzeugt. Er hält Ihr Liebesspiel frisch, interessant und aufregend. Und er wird spontaner, weil Sie erst, wenn Sie völlig entspannt und frei von Ängsten und Sorgen sind, ganz auf Ihre Gefühle vertrauen können. Dann wird jede Berührung, jede kleine Empfindung Sie erschauern lassen vor Lust, ohne daß Sie darüber nachdenken müssen. Dann können Sie sich ganz dem Auf und Ab der Leidenschaft überlassen, die Sie in einem Moment feurig und aggressiv und im nächsten wieder sanft und ergeben sein läßt.

Wenn Sie die Sexualität mit Feingefühl und Hingabe genießen, wird Ihr Körper zu einem Spielfeld der Freuden sexuellen Ausdrucks, und Ihr Geist wird frei — Sie können sich voll und ganz an Ihrem Liebespartner bzw. Ihrer Liebespartnerin erfreuen. Wenn Ihre Energien zusammenfließen und verschmelzen, werden Sie möglicherweise über Stunden von einer Stellung zur anderen wechseln, Ihren körperlichen Freuden und Ihren Fantasien anpassen. Wenn Sie sich küssen und streicheln und miteinander bewegen, wenn Ihre Arme und Beine sich ineinander verschlingen und wenn Ihre Körper sich umeinander winden und drehen, dann folgen Sie dem Rhythmus Ihres eigenen Sexualtanzes. Die Stellungen sind Schritte in diesem Tanz. Entdecken und erforschen Sie, was Ihnen Spaß macht, und finden Sie heraus, was Ihr Liebespartner bzw. Ihre Liebespartnerin mag. Wenn Sie keinerlei Vorbehalte voreinander haben, können Sie aus vollem Herzen experimentieren.

Die neun »Himmlischen Stellungen«, die hier gezeigt werden, gehören zu meinen Favoriten, und Sie mögen sich ebenso daran erfreuen. In den Traditionen des Yoga und Tantra wird angenommen, daß verschiedene Liebespositionen sich auf unterschiedliche Teile des Körpers vorteilhaft für die Gesundheit auswirken. Das hängt davon ab, auf welchen Wegen die sexuelle Kraft durch den Körper fließt und den Streß im gesamten Organismus löst. Aber der große Vorzug dieser Positionen ist, daß sie das Liebesspiel aufregender und sinnlicher gestalten. Die anschaulichen Namen der Stellungen zeigen schon, wieviel Abwechslung sie bieten. Sie werden auch Ihr Liebesspiel köstlicher und lebendiger machen.

Kobra

Die Frau liegt auf dem Rücken, mit den Beinen auseinander, die gebeugten Knie und Füße hoch. Der Mann liegt über ihr, auf die Hände gestützt, Beine geschlossen und mit dem Oberkörper aufgerichtet, so daß das Becken der Hauptkontaktbereich ist. Beide Partner bewegen sich tief und gleichmäßig, gehen fast bis zur Trennung auseinander und dringen dann in einem langen, gleichmäßigen Rhythmus wieder ineinander. In dieser Position können sich beide bei ihrer Bewegung voll anschauen, und das kann sehr aufregend sein! Die Erregung wird kontinuierlich ansteigen, und es ist am schönsten, wenn man sich danach in enger Umarmung einander hingibt.

Wippender Schmetterling

Der Mann liegt auf dem Rücken, mit ausgestreckten Beinen. Die Frau sitzt auf ihm, entweder kniend mit den Füßen nach hinten, oder in der Hocke. Sie gibt sich völlig den verschiedenen Rhythmen hin, den langsamen Bewegungen, bei denen die Vaginalmuskeln den Penis fest umklammern, dann wieder dem schnellen, spielerischen Schaukeln. Bei richtiger Ausführung bringt diese Stellung ein Maximum an Erregung für beide Partner. Sie ist ausgezeichnet geeignet, um einen dynamischen Höhepunkt zu erreichen, nachdem Sie bereits verschiedene andere Stellungen eingenommen haben.

Kobra

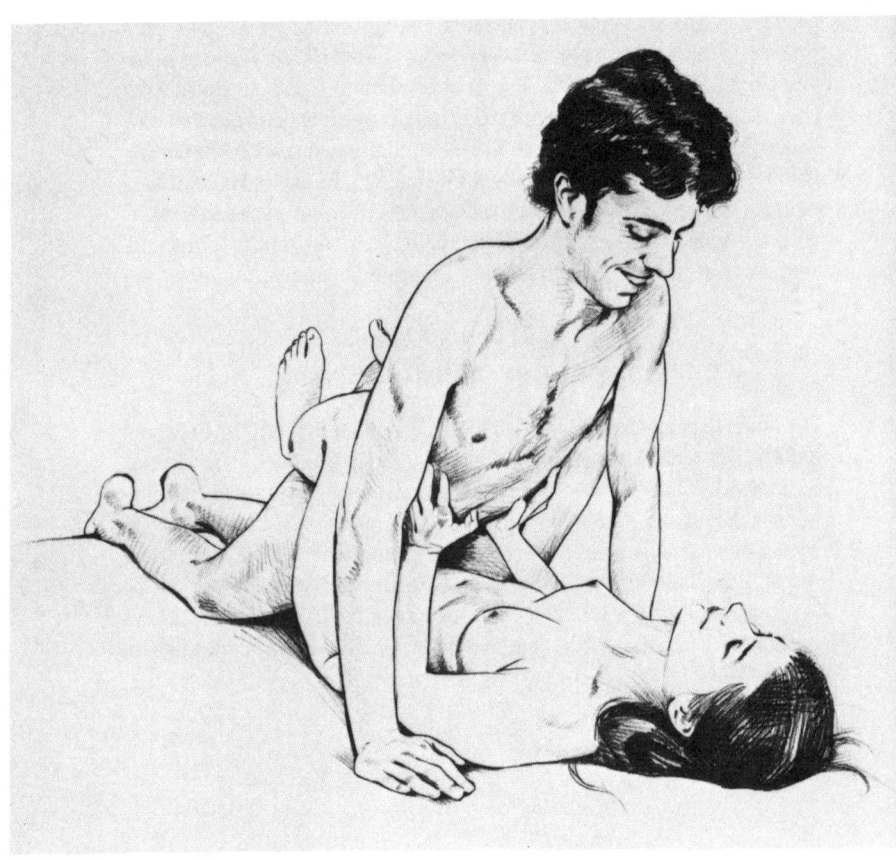

Wippender Schmetterling

Leopard im Dschungel

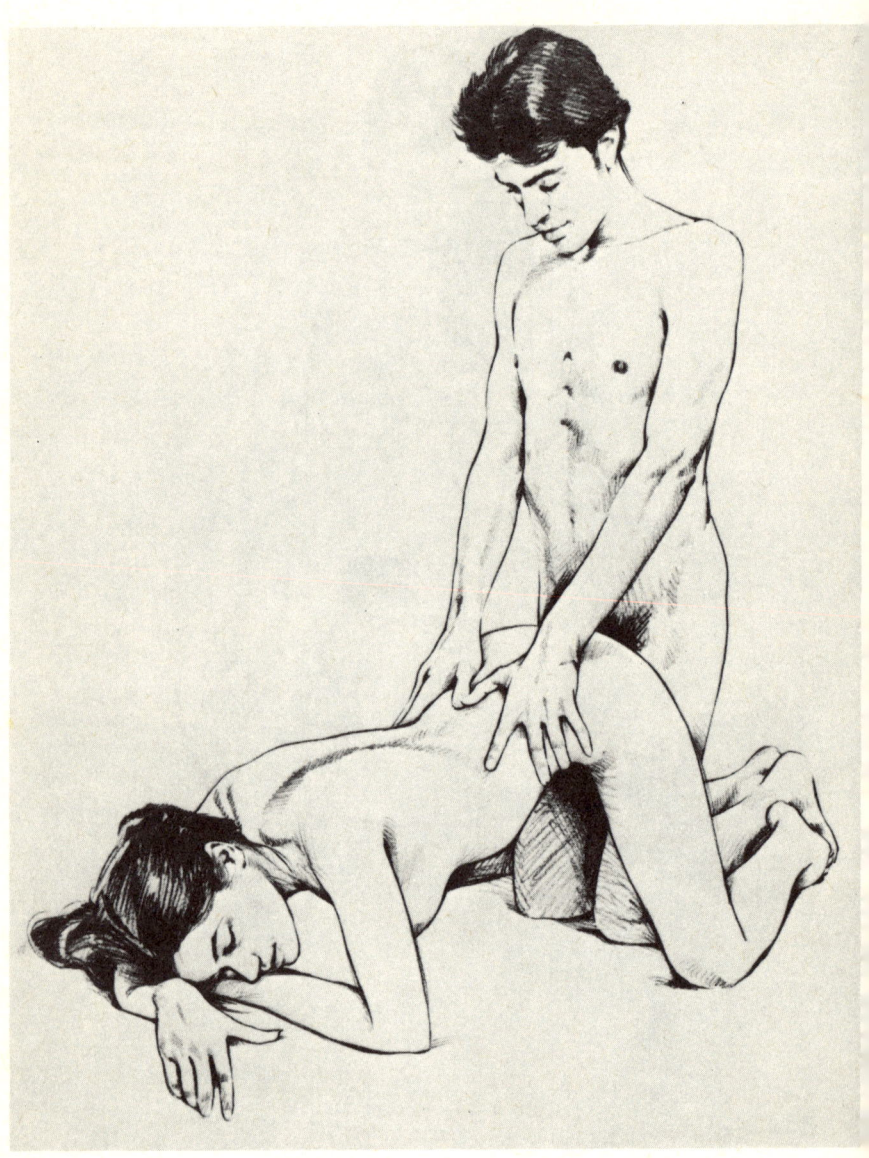

Leopard im Dschungel

Die Frau kniet, wobei Kopf und Arme den Boden berühren, während der Po hochgereckt ist. Der Mann kniet hinter ihr, hält ihre Hüften oder massiert ihren Rücken. Sie nimmt seinen Penis mit der Hand und führt ihn ein. Der Mann dringt tief ein und bewegt sich kräftig.

Regenbogen

Der Mann sitzt flach auf den Fersen, die Frau sitzt auf ihm, schaut ihn an und hat ihre Füße hinter ihm aufgestellt. Dann läßt sie sich zurücksinken, sie kann dabei ihre Arme nach hinten führen und sich wie ein Regenbogen biegen. Der Mann hält die Hüften der Frau, und sie bewegen sich gemeinsam, wie es ihnen gefällt. Wo der Mann und die Frau sich treffen, liegt ein Schatz: der Krug voller Gold am Ende des Regenbogens.

Phönix

Die Frau liegt auf dem Rücken, und ihre Unterschenkel ruhen auf den Schultern des Mannes, der flach auf seinen Fersen sitzt. Diese Stellung erlaubt ein tiefes Eindringen, starke Bewegungen und volle Stimulation. Sie sollten aus dieser Stellung zu einer engen Umarmung übergehen, in der beide Liebespartner den Höhepunkt in inniger Vereinigung finden.

Regenbogen

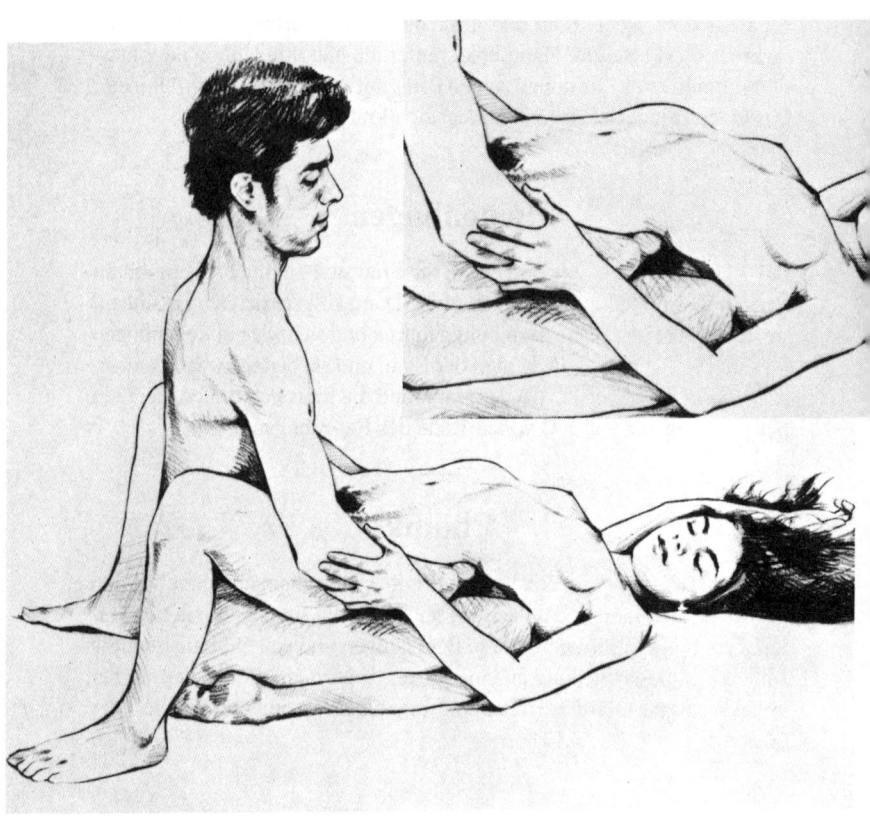

Phönix

Regen hinter dem Berg

Die Frau liegt auf der Seite, mit einem Bein ausgestreckt und dem anderen angewinkelt und hochgezogen. Auch der Mann liegt auf der Seite, etwas hinter ihr, mit einem Bein ausgestreckt und dem anderen angewinkelt und hochgezogen zwischen ihren Beinen. Er dringt von hinten in sie ein und zieht sie mit seinen Armen fest an sich. Beide bewegen sich langsam mit tiefer Hingabe und für lange Zeit.

Liane

Der Mann liegt auf der Frau, mit seinen Armen unter ihren Schultern, und drückt sie fest an sich. Die Frau legt ihre Arme um seinen Hals und schlingt ihre Beine um seine Hüften, indem sie ihre Füße hinter seinem Rücken überkreuzt. Zusammen wechseln sie den Rhythmus von zarten zu heftigen Bewegungen, ganz wie es gefällt.

Regen hinter dem Berg

Liane

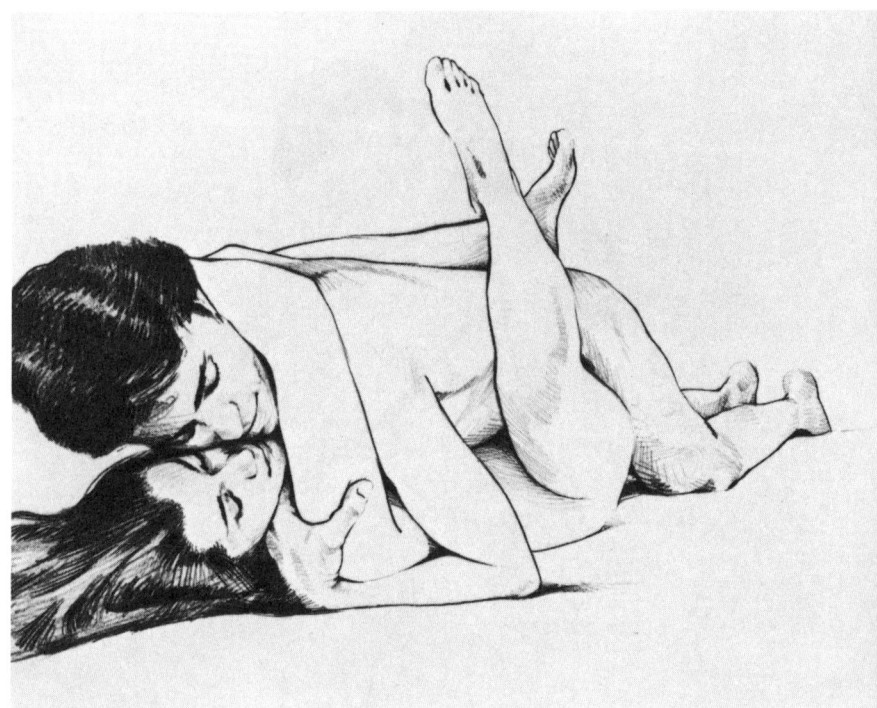

Lotuspaar

Lotuspaar

Der Mann sitzt im Schneidersitz. Die Frau sitzt auf seinem Schoß und schaut ihn an. Ihre Beine sind hinter seinem Rücken und ihre Arme hinter seinen Schultern zusammengelegt. Sie bewegen sich langsam und gleichmäßig, schaukeln ihre Becken in einem stetigen Rhythmus vor und zurück. Auf innige Weise teilen sie miteinander die aufsteigende Sexualenergie.

Vogel im Nest

Die Frau liegt auf dem Rücken oder gegen ein Kissen gelehnt, die Unterschenkel hat sie um die Hüften den Mannes geschlungen. Der Mann hockt zwischen ihren Beinen und dringt spielerisch in wechselnden Rhythmen in sie ein.

Vogel im Nest

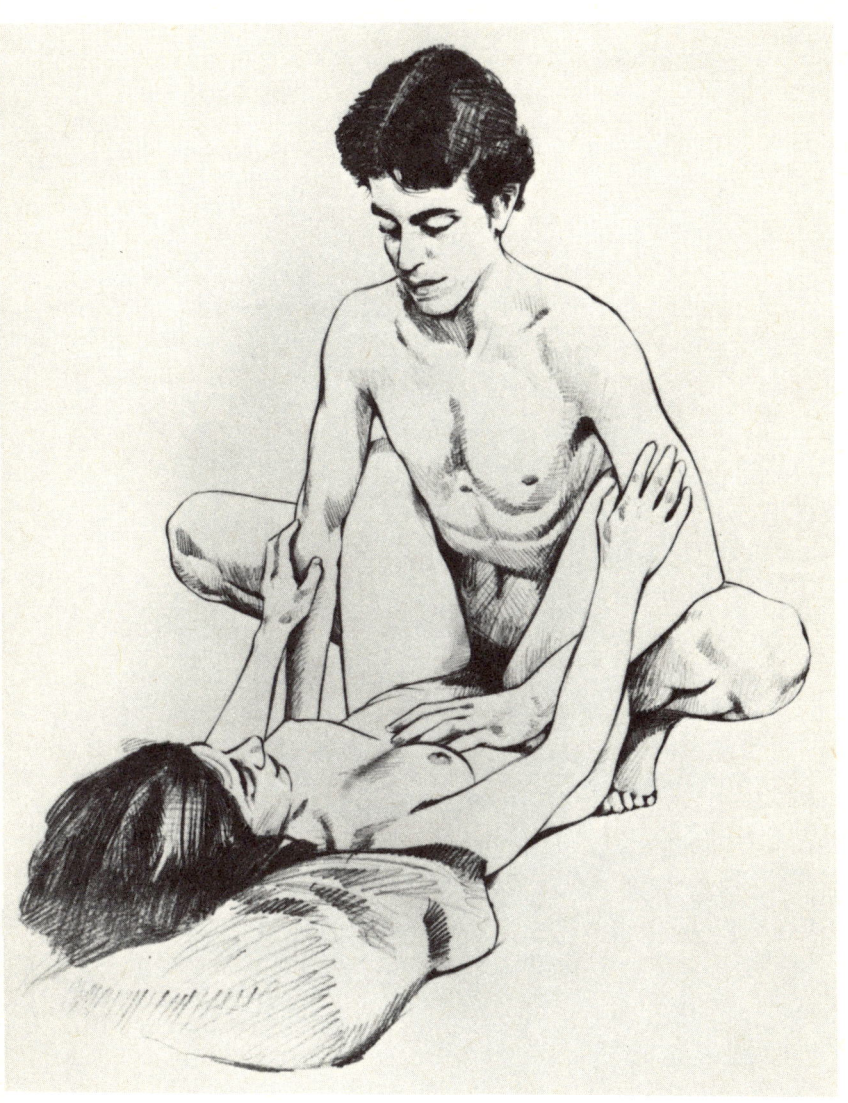

Epilog

Jeder Mensch, jede Jahreszeit und jeder Augenblick ist einzigartig und unterscheidet sich von allen anderen, während sie doch alle zutiefst in die Ganzheit des Lebens integriert sind. Im fließenden Übergang von einem Augenblick zum anderen gibt es einen grenzenlosen Spielraum für den Ausdruck persönlicher Kreativität. Ständig können wir etwas zur Welt beitragen, die Zustände, die wir vorfinden, verändern oder weiterentwickeln. Das Beste, was wir sind und was wir sein können, ist in der kreativen Kraft der Liebe und Intelligenz in uns zu finden. Diese Kraft fließt bei einigen als verhaltenes Rinnsal, während sie bei anderen zu einem gewaltigen Strom wird.

Einer der besten Zugänge zu dieser Kraftquelle in jedem Menschen kann durch das Lieben gefunden werden. Denn kein Bereich menschlicher Erfahrung bietet so viele Möglichkeiten der Kreativität wie das Reich der Liebe und der innigen Intimität. Wenn wir es richtig machen, sind wir mit unserem ganzen Wesen daran beteiligt. Unser Körper, unser Gefühl und unser Geist: alles wird kraftvoller, leuchtender und lebendiger in dem Maße, in dem wir uns nahekommen, uns mitteilen und miteinander verschmelzen. Ein tiefes Gefühl für unsere eigene Sexualität und deren Integration mit allem anderen befähigt uns, die Grenze unserer Individualität zu überschreiten und die tiefe Vereinigung mit einem anderen Menschen zu erfahren.

Die Liebe in all ihrer Leidenschaft und Glut, in all ihrer Feinheit und Köstlichkeit, mit all ihren wahrhaft tiefen Gefühlen gibt uns den Zugang zu den persönlichen und kollektiven Quellen innerer Kraft. Wenn sie unbehindert ist von Vorstellungen und Wertungen, frei von Unsicherheit, Angst und Zweifel, ist die Liebe das ideale Instrument zum Erwecken des Selbst, zur Feier des Lebens und zum freudigen Umgang mit dieser herrlichen Welt und all ihren Geheimnissen.

Literaturauswahl

Sie behalten im Blick, daß auch das beste Kochbuch,
die schönste Speisekarte niemals das Menü ersetzt.
So werden Sie aus den folgenden, beispielhaft ausgewählten Büchern
reichlich Anregung und Gewinn ziehen können.

Der Weg der neuen Liebenden

Eros und Ekstase von Marcus Wawerzonnek — Protokolle und Erfahrungen lust-
betonter Sexualität. Über die erotische Lernfähigkeit von Männern und Frauen.
(Hoffmann und Campe)
Die Erweckung des inneren Geliebten von Julie Henderson — Ein praktisches Arbeits-
buch der Energielenkung allein und zu zweit. Der Weg zur inneren Versöhnung von
weiblichem und männlichem Seelenanteil. (Ansata)
Lebendige Sexualität von Christopher Scott Kilham — Energie für die Liebe.
«Lebensreiseführer» mit praktischen Anregungen. (Integral)
Sex mit Seele von Christine Unseld-Baumanns — Mit Lust leben und lieben. Eine Ent-
deckungsreise ins Reich der Sinne. (Peter Erd)
Transzendenter Sex von Jerry Gillies. Durch einfache Meditationstechniken den ekstatischen Zustand vollkommener physischer und psychischer Harmonie erreichen. (Heyne)

Tantra und Tao — Lieben als Kunst

Feuer der Sinnlichkeit — Licht des Herzens von Sunito M. Plesse und Bijo St. Clair
— Tantrische Selbsterfahrung für Einzelne und Paare. (Edition 2000 / Aurum)
Das große Buch des Tantra von Nik Douglas und Penny Slinger — Sexuelle
Geheimnisse und die Alchimie der Ekstase. Mit 600 Abbildungen. (Sphinx)
Tantra Asana von Ajit Mookerjee — Ein Weg zur Selbstverwirklichung. (Schroll, Basel)
Tantra — Die Kunst bewußten Liebens von Charles und Caroline Muir. (Ariston)
Tantra — Weg der Ekstase von Margo Anand. Erfolgsbuch, das erstmals Tantra einem
großen Publikum zugänglich machte. (Herzschlag / Simon + Leutner)
Tantra oder Die Kunst der sexuellen Ekstase von Margo Anand. Handbuch, das »als
erotische Liebesschule dient und das eine höhere spirituelle Erlebnisdimension für
Sexualität und Erotik eröffnet.« (Goldmann)
Tao Yoga der Liebe von Mantak Chia — Der geheime Weg zur unvergänglichen
Liebeskraft. (Ansata)

Weitere Quellen der Inspiration

Aber die Liebe ... von Karin Petersen. Über Freiheit und Angst, Sex und Begehren und so vieles mehr. (Simon+Leutner)

Bonjour, mon amour von Ezzelino von Wedel. »Erotik braucht Zeit und Muße erotisiert.« Erzählungen. (Kreuz)

Drehbuch II — Das Mann/Frau Buch von Ron Smothermon — Die Transformation der Liebe. Unbequemes und faszinierendes Arbeitsbuch, das hilft, das Bewußtsein zu klären und die Beziehung zu entschlacken. (Context)

EinsSein von Richard Bach (»Die Möwe Jonathan«). Roman über eine kosmische Reise für zwei. (Goldmann)

Eros und Religion von Fritz Tanner — Sexualität und Spiritualität. (Panorama, Altstätten/Schweiz)

Die Heilung der Gefühle — Angst ist eine Lüge von Chris Griscom. (Goldmann)

Körpermeditation im Alltag von Maruschi Adamah Magyarosy. »Wir erfahren bewußt unsere Polarität, und während wir der Weisheit unseres Körpers lauschen, lernen wir, unsere scheinbaren Gegensätze zu integrieren«. (Peter Erd)

Kosmobiologische Geburtenkontrolle von Shalila Sharamon und Bodo J. Baginski. Ein informativer Ratgeber für unkomplizierte Anwendung. (Windpferd)

Die Kunst des Liebens von Erich Fromm. Klassiker. Für die Entwicklung der Fähigkeit zum Lieben, »zu einer Liebe, die Reife, Selbsterkenntnis und Mut umfaßt«. (Ullstein)

Die Kunst der zärtlichen Massage von Gordon Inkeles und Murray Todris. (Bauer)

Liebe, Sex und Dein Herz von Alexander Lowen. Das Herz ist »nicht bloß das Symbol für die Liebe« — Liebe und Sexualität sind wichtig für ein gesundes Herz. (Kösel)

Liebestrank und Ritual von Richard Alan Miller — Aphrodisiaka und die Kunst des Liebens. (Sphinx)

Die Lüge mit der Lust von Stefan Esser — Vom klammheimlichen Ende unserer Sexualität. Anstoß zur Neubewertung von Harmonie und Spannung in Liebesbeziehungen. (Goldmann)

Vom Ozean zum Gipfel von Maruschi Adamah Magyarosy. »Sexualität, Sterben und Geburt sind eine Reise ins Leben — von einem ins andere«. Mit der Sehnsucht unterwegs — Begegnungen, Erkenntnisse. Vorwort von Michael Barnett. (Laredo, München)

Sanfte Fitness für Körper, Geist und Seele von Rolf Herkert — Yoga und Meditation im Computerzeitalter. (Econ)

Handbuch der Sexualmagie von Frater V.·. D.·. — Praktische Wege zum eingeweihten Umgang mit den subtilen Kräften des Sexus. (Akasha, Haar bei München)

Sexuelle Kraft und Yoga von Elisabeth Haich. Die Umwandlung der sexuellen Kraft in höhere geistige Kräfte. Mit Yoga- und Atemübungen. (Drei Eichen)

Touch Love von Sigurd Olivier (Fotos) und Jeanette Gorrie (Verse). Kultbuch für Liebende. (The Amazing Aquarian Dream Factory, Pöcking bei Starnberg)

Das Buch Sidari von Dieter Duhm — Über Schöpfung, Kunst und sinnliche Liebe. (Meiga, Radolfzell)

Venus und Mars von Michael Roscher — Partnerschaft und Sexualität im Horoskop. (Knaur)

Yoga für alle Lebensstufen vom Shivananda Yoga Zentrum. (Graefe+Unzer)

LebensReiseFführer

INTEGRAL
LebensReiseFührer

*Ihr werdet
sehen, meine Freunde,
diese großartigen Riten werden Euch
sicher auf den Pfad des
Selbst führen ...*

In Liebe
Chris Griscom

Peter Kelder
Die Fünf »Tibeter«
Das alte Geheimnis aus den
Hochtälern des Himalaya läßt
Sie Berge versetzen
Einführung von Chris Griscom
ISBN 3-89304-**117**-6
80 S., mit 19 Abb., Kart.
DM 16,80

Das Integral Energiefeld
Die Fünf »Tibeter« — Audio-Set
Musik und Motivation für die
täglichen Übungen. Die prak-
tische Ergänzung zum Buch.
Mit Musik von Blue Star
ISBN 3-89304-**379**-9
2 Cass., 4 x 20 Min.,
Mini-Übungsposter
DM 49,00 unverb. empf. Preis

Kelder / Integral-Energiefeld
Die Fünf »Tibeter« — Medien-Set
Das Energieprogramm.
ISBN 3-89304-**405**-1
Buch und Audio-Set zusammen
DM 63,00 unverb. empf. Preis

Andere werden es sehen

Es sind nicht die Übungen, es sind
nicht die »Tibeter« — es ist die geistige
Einstellung, die zum Jungbrunnen
führt. Trinken mußt du allein. Aber
jede Bewegung aufs Ziel hin läßt dich
einen Tag jünger werden.
Es ist kaum zu glauben; auch ich
mußte mich erst einmal an den
Gedanken gewöhnen, wieder jung zu
werden. Was da geschah, mußte ich
mir auch erklären.
Die Derwische, das wußte ich, drehten
sich; wirbelten, und wenn man diese
Männer sah, war man erstaunt, wie
kraftvoll sie wirken und jugendlich
gesund trotz ihres Alters. Aber
das ist nicht alles ...
Die physischen Übungen helfen,
Positivität zu entwickeln, was der
Körper aus Freude an Bewegung tut.
Die geistige Einstellung wird so
gestützt. Positivität und das Drehen
des Energiekörpers auf ein höheres
Niveau hinauf: Das ist der Punkt
der Befreiung ...
Solange noch ein Funken Positivität in
dir ist, stirbst du nicht, heißt es in
einem alten taoistischen Text. Die
Übungen helfen, den Jungbrunnen
auszumauern; solide, wie es sich
gehört, damit die Quelle
fließen kann.

Die Texte sind Buchbesprechungen von **Thomas Illmaier** entnommen.

Energiepfade

Eigentlich gibt es keinen Weg. Die
andere Welt ist immer da. Wer sie
erreicht, weiß, daß er längst in ihr und
durch sie gelebt hat. Die andere Welt
ist Stille, Schweigen. Der Grund
unserer Existenz . . .
Man lernt dort, sich selbst zu
vergessen. Die höhere Ebene, nicht
zu vergessen; denn darauf kommt es
an: auf die Energie des Bewußtseins.
Es schwingt sich ein. Ein guter Lehrer
hilft dir, auf eine höhere Schwingungs-
ebene zu kommen. Sein Energiefeld,
das er schafft — gibt Stille, dem
Frieden Raum. Hier kann alles
wachsen, bis auf das Ego, das sich
nicht halten kann.
Alles im Fluß
Wunderbar!

Michael Barnett
Ferien in Teufels Küche
Von der Vision zum Erwachen
Vorwort von Hans-Curt Flemming
ISBN 3-89304-**330**-6
184 S., Kart., DM 24,00

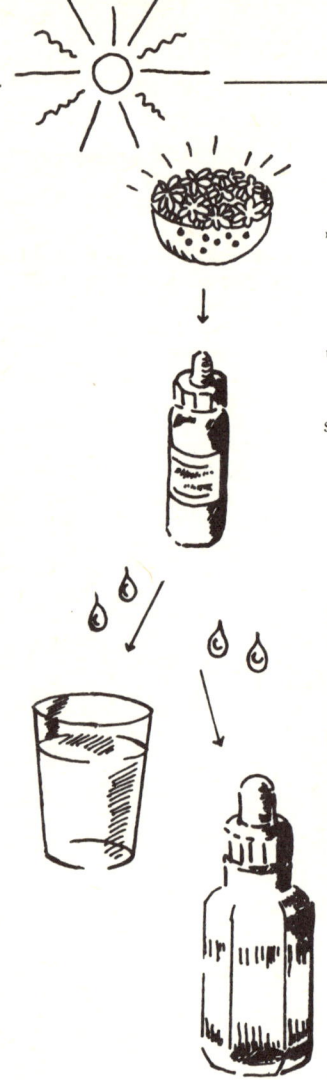

Heilende Pflanzen

Edward Bach pointierte die Maxime:
»Behandle den Patienten und nicht die
Krankheit.« Die tiefste Wurzel einer
Krankheit muß man kennen, um sie
ganz auszurotten.
Daß Krebs in unserem Jahrhundert
unter den Menschen der Kriegsgenera-
tion so hervortritt, daß Aids die
Jüngeren heimsucht, hat tiefere Ursachen, als die Krankheit rein physisch
betrachtet auch nur vermuten läßt.
Reinheit des Geistes ist Grundvoraus-
setzung für Genialität. Um erleuchtet
zu sein, braucht der Mensch noch
etwas anderes, nämlich Energie.
Edward Bach suchte in der Natur
spezielle Energiefelder, um die
Menschen zu erleuchten oder, was nur
ein anderes Wort dafür ist, sie gesund
zu machen, das war sein Ziel.
Bachblüten wirken auf die Seele, und
Julian Barnard, der uns in die Lehre
Dr. Edward Bachs einführt, macht dies
an einem einfachen Beispiel deutlich:
»Man nimmt etwas davon wahr, wenn
man 'seine' Pflanzen betrachtet — es
umgibt sie eine Aura von großer
Leichtigkeit und Klarheit.«
Auf dieses Kraftfeld
kommt es an.

Julian Barnard
Blüten für die Seele
Das Bachblüten-Brevier für
die ersten Schritte
Mit 114 Affirmationen zu den
einzelnen Blütenmitteln
ISBN 3-89304-**142**-7
64 S., Kart., DM 14,00

INTEGRAL
»Classics«

Im Spiegelkabinett

»Spiele spielen, die verwandeln«
eröffnet uns die Perspektive, spielend
zu lernen mit der Welt umzugehen, sie
wahrhaft zu unserer Welt zu machen.
Gewöhnlich bewegen wir uns kämpfend
durch die Landschaft: Dies paßt uns
nicht, das wollen wir erobern, hier
fühlen wir uns zurückgesetzt usw. Diese
Kämpfe bedeuten, wir sehen nicht
richtig; denn was wir bekämpfen,
sind wir selbst ...
Was Hugh Prather spielerisch ver-
mittelt und was wir in gröberer Form
im Sprichwort: »Wie man in den Wald
hineinruft, so schallt es heraus«
kennen, ist in Wahrheit eine ganz
diffuse und zugleich außerordentlich
subtile Materie. Es ist gleichsam Magie.
Um nämlich zu erkennen, daß etwas in
der Außenwelt nicht stimmt, muß
unser Inneres auf kaum merkliche Art
antworten. Denn wir nehmen nur wahr,
was wir in uns bereits kennen,
und nur zu oft gehen wir am
Offensichtlichen vorbei.
Zu sehen, daß wir es sind, denen wir
begegnen, schafft eine Ruhe und
Vertrautheit mit uns im Umgang
mit der Welt.

Hugh Prather
Spiele spielen, die verwandeln
Fantasiespiele — inspiriert vom
»Course in Miracles«
Vorwort von Dr. Gerald Jampolsky
ISBN 3-89304-**002**-1
144 S., 9 Abb., Kart., DM 24,00

Unterwegs
sind wir alle
Übende